LANGUE   ANGUES

Co   apo
Ecole n   nt-Cloud

CREDIF

GRAMMAIRES
ET
DIDACTIQUE DES LANGUES

Henri BESSE, Rémy PORQUIER

HATIER / Didier

ISBN 2-278-06933-0

Avant-propos

On ne trouvera pas dans cet ouvrage de théories grammaticales nouvelles, ni de nouvelles pratiques pédagogiques de la grammaire en classe de langue, mais une présentation synthétique de théories et de pratiques, anciennes et actuelles, et un essai d'articulation méthodique entre les unes et les autres. Nous pensons que cet entre-deux constitue une partie du champ même de la didactique des langues, et qu'il est à construire conceptuellement en tant que tel, en raison des questions qu'il pose au linguiste ou au grammairien, et en raison de celles qui s'imposent à l'enseignant, à l'auteur de manuel et au formateur de professeurs de langue.

Cet ouvrage est nourri d'une série d'expériences et d'études menées par ses auteurs depuis une dizaine d'années dans le cadre de leurs recherches portant sur ce champ didactique, de la formation initiale et continue des enseignants de langue, de l'élaboration de manuels et de la prise en charge de cours de langue. Il rend donc compte, en prenant appui aussi souvent que possible sur des exemples et des observations concrètes, d'un terrain d'expérimentation et de réflexion particulier (centré surtout sur le français langue étrangère), mais qui nous paraît bien refléter la problématique actuelle de l'enseignement/apprentissage de la grammaire de n'importe quelle langue seconde ou étrangère. On trouvera en bibliographie l'essentiel des publications des deux auteurs dans ce domaine.

Cet ouvrage forme un tout, dont les deux premières parties, rédigées par H. Besse, traitent de l'épistémologie du savoir grammatical (qu'est-ce que la connaissance grammaticale d'une langue ?) et des pratiques grammaticales en classe de langue, qu'elles soient dites « implicites » ou « explicites » ; et dont la troisième partie, rédigée par R. Porquier, porte essentiellement sur l'apprentissage de la grammaire et sur les grammaires d'apprentissage. Celles-là concernent plutôt l'enseignement de la grammaire, celle-ci son acquisition par les étudiants.

Nous tenons à remercier chaleureusement Marie-Thérèse Moget, Sophie Moirand, Eliane Papo, Daniel Coste et Michel Galmiche pour leur relecture du manuscrit et pour leurs suggestions.

Les auteurs

3

SOMMAIRE

PREMIÈRE PARTIE
Eléments pour une épistémologie grammaticale

Introduction 9

Chapitre 1. Trois types de connaissance grammaticale

1. La polysémie du mot « grammaire » 10
2. La grammaire intériorisée 13
3. Descriptions et simulations grammaticales 16
4. Les modèles métalinguistiques 22
Conclusion 29

Chapitre 2. L'article français et ses descriptions

1. Les trois articles du français 31
2. Les articles comme marques des cas 33
3. La théorie des deux articles 35
4. Il n'y a qu'un seul article en français 37
5. L'émergence de l'article partitif 38
6. Les articles comme « mouvements de pensée »
   (G. Guillaume) 41
7. L'article comme modalité (B. Pottier) 44
8. Les articles comme traces d'opérations (A. Culioli) 45
Conclusion 47

Chapitre 3. De la construction des descriptions
et simulations grammaticales

1. La description traditionnelle du verbe français 49
2. La double énonciation d'E. Benveniste 53
3. Monde commenté et monde raconté d'H. Weinrich 57
4. Une description transformationnelle des temps du français 60
5. De la grammaire intériorisée à la description grammaticale 61
6. Du choix des modèles métalinguistiques 66
Conclusion 69

DEUXIÈME PARTIE
Les pratiques grammaticales en classe de langue

Introduction 71

Chapitre 4. Acquisition, apprentissage et descriptions grammaticales

1. Le modèle de S.D. Krashen 73
2. Les activités métalinguistiques
   d'enseignement/apprentissage 76
3. Grammaire explicite et grammaire implicite 80
4. Acquisition et apprentissage dans l'histoire
   de la didactique des langues 87
Conclusion 91

Chapitre 5. La grammaire explicitée

1. De la communication d'une description grammaticale ... 93
2. Les limites de la grammaire explicitée 98
3. L'enseignement d'un savoir métalinguistique 102
4. La perception métalinguistique de l'apprenant 109
5. Rhétorique et nouvelles grammaires 115
Conclusion 117

Chapitre 6. Les exercices grammaticaux

1. L'exercice dans l'enseignement des langues 119
2. Pour une typologie des exercices 123
3. Les exercices à trous 126
4. Les exercices structurels 131
5. Les exercices de reformulation 138
Conclusion 146

Chapitre 7. La grammaire implicitée

Introduction 148
1. Les progressions d'enseignement 149
2. Les progressions d'enseignement sont-elles nécessaires? 154
3. Dialogues didactiques et documents authentiques 158
4. Compréhension globale et expression grammaticale 166
5. Brève remarque sur les jeux et simulations 171
6. Ecrit et grammaire traditionnelle 174
Conclusion 176

TROISIÈME PARTIE
Grammaires d'apprentissage et apprentissage de la grammaire

Introduction 179

Chapitre 8. Descriptions grammaticales et grammaire d'apprentissage

1. Grammaire et pédagogie 181
2. Aperçu d'une grammaire d'apprentissage 183
3. Grammaires descriptives, grammaires pédagogiques et grammaires d'apprentissage 184
4. Quelques aspects des grammaires pédagogiques 187
5. La réalité empirique des grammaires pédagogiques 193
6. L'apport des grammaires d'apprentissage 195

Chapitre 9. Analyse contrastive et analyse d'erreurs

1. Bases et principes de l'analyse contrastive 200
2. Critiques de l'analyse contrastive 202
3. L'analyse des erreurs 206
4. L'apport de l'analyse des erreurs à la pédagogie des langues 211

Chapitre 10. L'interlangue et ses descriptions

1. Caractères et spécificités des interlangues 216
2. Quelques aspects de l'interlangue 219
   - Systématicité et variabilité 219
   - Simplification ou complexification 222
   - Perméabilité 224
   - Interlangue, langue-cible et langue maternelle 225
3. Développement de l'interlangue 227
4. Interlangue et communication 234
   - Interlangue et intercommunication 235
   - L'interlangue comme compétence de communication ... 237
   - Les stratégies de communication 238

Chapitre 11. Dimensions psycho-linguistiques de l'apprentissage de la grammaire

1. Psychologie cognitive et acquisition de la grammaire 241
2. Processus ou stratégies d'appropriation 243
3. L'utilisation : l'activité du locuteur 248
4. Tâches et activité mentale 252
5. Exercices et tâches 255
Conclusion 260

Remarque conclusive 263

Bibliographie 265
Index des notions 280

PREMIÈRE PARTIE

Eléments
pour une épistémologie
grammaticale

Par épistémologie grammaticale, nous entendons un examen critique des conditions, des moyens et des produits de la connaissance qu'on reconnaît ordinairement comme relevant de la **grammaire**. A partir d'exemples concrets, décrits aussi précisément que possible, nous analysons les conditions à la fois théoriques et empiriques de son élaboration, les catégorisations diverses et les raisonnements plus ou moins explicités au moyen desquels elle se construit, et un échantillon varié des descriptions ou simulations qui sont les produits de l'activité réflexive grammaticale. Même si cette analyse semble parfois s'éloigner des préoccupations habituelles de l'enseignement/apprentissage des langues, elle demeure orientée par celles-ci : il s'agit de dégager les options et les critères qui serviront à l'approche des pratiques grammaticales en classe de langue, abordées dans la seconde et la troisième parties de cet ouvrage.

Dans un premier chapitre de cette partie, sera examinée la polysémie du mot **grammaire** dans les usages courants qu'on peut en faire en français, afin de distinguer les différents types de connaissance grammaticale que met en jeu toute classe de langue et d'en tenter une caractérisation épistémologique sommaire. Cette caractérisation sera à la fois illustrée et explicitée, dans le second chapitre, par huit descriptions et simulations, anciennes et contemporaines, de **l'article en français**. Le troisième, enfin, s'efforcera, à propos de quatre approches différentes du **système verbal français**, de préciser les options métalinguistiques et philosophiques propres à la réflexion grammaticale occidentale.

Il n'y a pas d'observation sans une certaine «théorie» de l'observation. De même, l'examen critique des pratiques didactiques d'enseignement/apprentissage de la grammaire d'une langue étrangère implique l'élucidation des points de vue plus abstraits à partir desquels il est mené. Ces points de vue, on le verra, relativisent passablement ce que les professeurs de langue considèrent habituellement comme leur savoir, mais il nous semble qu'ils permettent de mieux percevoir et de mieux rendre compte de ce qui se passe réellement dans l'enseignement/apprentissage grammatical d'une langue étrangère. Ce qui devrait aider les professeurs à mieux comprendre les échecs et les réussites actuellement observés dans ce domaine.

Chapitre 1

Trois types
de connaissance grammaticale

1. La polysémie du mot « grammaire »

En français, le mot **grammaire** est particulièrement ambigu : selon les contextes, ou bien il prend des acceptions sensiblement différentes les unes des autres, ou bien il confond ces mêmes acceptions, comme si elles renvoyaient à une seule réalité.

Ainsi dans les exemples suivants, il désigne clairement un principe d'organisation interne, propre à une langue donnée :

*En parlant ou en écrivant, on n'est généralement pas
conscient de la grammaire qu'on utilise.*
*L'enfant qui commence à parler utilise une grammaire en
partie différente de celle d'un adulte.*
*Quand il entre à l'école primaire, l'enfant connaît déjà sa
grammaire.*
Toute langue, tout dialecte a une grammaire.

Sauf dans le dernier exemple, **grammaire** est un parasynonyme de **langue**, entendu le plus souvent comme « langue maternelle »[1]. Il désigne une entité à la fois psycho-génétique et psycho-sociale dont on postule l'existence au cœur des pratiques langagières propres à une communauté donnée (certains linguistes parleraient de « compétence linguistique » ou, plus largement, de « compétence communicative »).

Mais dans d'autres contextes, **grammaire** renvoie, tout aussi clairement, à un savoir plus ou moins méthodique sur la langue :

*Il s'agit là de langues ou de dialectes qui n'ont pas encore de
grammaire.*
Dans ce cours de langue, on ne fait pas de grammaire.
*La grammaire est indispensable pour acquérir une bonne
orthographe et pour s'exprimer correctement.*
*Dans certains pays, on n'enseigne la grammaire qu'au niveau
universitaire.*

Grammaire renvoie alors à l'étude, à la connaissance réflexive des régularités, règles ou normes caractéristiques d'une langue.

---

1. La notion de « langue maternelle » n'est claire que dans certains contextes culturels. Nous l'utiliserons cependant en concurrence avec celle de « langue de départ ».

Dans d'autres exemples, enfin, **grammaire** évoque un point de vue particulier sur le savoir grammatical propre à une langue, une école de pensée particulière, une théorie sur le fonctionnement interne des langues :

Très critiquée, la grammaire traditionnelle reste à la base des cours de langue les plus récents.

La grammaire générative et transformationnelle peut être considérée comme un prolongement de la grammaire structurale.

Il y a des ressemblances entre la grammaire indienne ancienne et la grammaire structurale.

A partir de ces trois séries d'exemples, on peut délimiter trois acceptions sensiblement différentes les unes des autres : 1) un certain fonctionnement interne caractéristique d'une langue donnée, 2) l'explicitation plus ou moins méthodique de ce fonctionnement, 3) la méthode d'explicitation suivie. Les acceptions 2 et 3 relèvent d'activités métalinguistiques ; l'acception 1 renvoie essentiellement à des activités linguistiques. C'est le sentiment que l'on a de ces distinctions qui permet des énoncés comme celui-ci : « En fait, ce qu'ils [les étudiants étrangers] connaissent, ce sont les livres de grammaire et non la grammaire. » (A. Wisniewska - Visnin, 1981, p. 34)

Mais dans de nombreux contextes, concernant en particulier la pédagogie et la didactique des langues, ces distinctions s'obscurcissent ou se confondent. Ainsi, une **faute de grammaire** peut être relative au non-respect des pratiques langagières usuelles (première acception), ou au non-respect d'une règle établie par les grammairiens (seconde acception). Par exemple, ne pas accorder le participe passé qui suit *avoir* avec son complément d'objet direct placé avant le verbe ne heurte guère, à l'oral, le sentiment linguistique de la plupart des francophones (**cette lettre, je te l'ai écrit hier*[1]), mais sera sanctionné par de nombreux professeurs et puristes de la langue, conscients qu'il existe une règle explicite régissant ces emplois. Un **livre de grammaire** est un manuel qui, le plus souvent, traite des constantes d'une langue donnée (première acception), pour en proposer une description systématique (deuxième acception), en s'appuyant sur une théorie grammaticale attestée, en particulier, dans la terminologie choisie (troisième acception).

Le Dictionnaire de Didactique des Langues (R. Galisson et D. Coste, 1976, article **grammaire**) reconnaît que les emplois du mot « sont aussi flous que multiples, surtout en méthodologie de l'enseignement des langues » et propose de retenir six acceptions différentes. Cinq d'entre elles « sont relatives à des entreprises d'ordre métalinguistique » :
1. Description du fonctionnement général d'une langue naturelle généralement maternelle.

---

1. L'astérisque à gauche d'une phrase indique qu'elle n'est pas grammaticale.

2. Description de la morphologie et de la syntaxe d'une langue naturelle.

3. Discipline étudiant les règles de fonctionnement ou d'évolution d'une langue naturelle.

4. Ensemble de prescriptions normatives (...).

5. Système formel construit par le linguiste (...).

L'acception 6 « réfère à la base même de ce que les grammairiens et linguistes cherchent à décrire, à codifier ou à simuler », c'est-à-dire le « système intériorisé par le locuteur - auditeur d'une langue et lui permettant de produire et de comprendre les phrases de cette langue ».

Il est clair que les acceptions 1, 2, 4 du *D.D.L.* relèvent de notre seconde acception ; que 3 et 5 relèvent de notre troisième acception, et que seule la sixième relève de notre première acception.

B. Combettes et J.P. Lagarde (1982) distinguent, quant à eux, sept acceptions différentes. Une renvoie à notre première acception : « En ce sens, la grammaire d'une langue est la rationalité qui préside à son fonctionnement et que les observations et descriptions prennent pour objet d'étude. » (p. 14) Deux renvoient plutôt à notre seconde acception : « l'art d'écrire et de parler correctement »[1], « une activité scolaire ». Une nous paraît renvoyer à la fois à notre seconde et à notre troisième acceptions : la grammaire comme « discipline scientifique ». Deux renvoient nettement à la troisième acception : « une branche de la linguistique », « un ensemble de symboles reliés entre eux par un ensemble donné de règles ». La septième enfin (« produits manufacturés et commercialisés ») est métonymique de notre seconde ou de notre troisième acception, selon qu'on a affaire à des livres portant sur la grammaire d'une langue particulière ou à des livres traitant de théories grammaticales.

Par souci de simplicité, nous nous en tiendrons au trois acceptions que nous avons initialement distinguées. Les distinctions qu'elles posent peuvent être marquées lexicalement de manière différente dans d'autres langues. Ainsi, en arabe et en chinois, **grammaire** n'est pas traduit par le même mot dans notre première série d'exemples et dans les deux suivantes. En anglais, **grammar** recouvre les trois acceptions, non sans ambiguïté. N. Chomsky (1969, p. 126, note 1) reconnaît qu'on « utilise souvent le terme de **grammar** de façon ambiguë, pour désigner tout à la fois le système intériorisé des règles et la description qu'en donne le linguiste », et l'utilise lui-même « de façon systématiquement ambiguë pour désigner, premièrement, « la théorie de la langue » telle que le sujet l'a intérieurement représentée et, deuxièmement, la formulation linguistique de celle-ci » (*id.*, 1971, p. 43). On pourrait dire que le projet épistémologique chomskyen, d'élaborer un mécanisme abstrait capable de reproduire ce qui se passerait réellement dans la pensée d'un locuteur-auditeur « compétent », part de cette ambivalence lexicale.

1. Dans les textes des XVIIIe et XIXe siècles, cette acception très courante renvoie souvent à notre premier sens, *art* étant entendu comme « l'industrie de l'esprit humain ».

2. La grammaire intériorisée

C'est ainsi que nous appellerons la réalité complexe relative à notre première acception. Cette dénomination de **grammaire intériorisée** (proche de celles adoptées par N. Chomsky) n'est pas très satisfaisante en ce qu'elle laisse entendre que la grammaire pourrait exister en dehors des sujets qui la possèdent, mais elle correspond assez bien à ce qui se passe quand il s'agit d'intérioriser la grammaire d'une langue étrangère.

D'un point de vue épistémologique, cette dénomination n'est pas non plus innocente. Elle postule que la faculté de langage propre aux membres d'une communauté donnée est rationalisable, réductible à des règles qu'on peut chercher à décrire méthodiquement. Elle affirme que dans la diversité, l'hétérogénéité et l'instabilité des pratiques langagières, il y a des régularités repérables. En d'autres termes, elle présuppose que cette expérience humaine repose sur une organisation dont on peut rendre compte rationnellement. Ce présupposé sur la rationalité du monde est celui de toutes les sciences : on ne peut le raisonner que si on le suppose raisonnable. Or il y a toujours eu des philosophes et des linguistes pour contester que ce principe s'applique aux langues naturelles : certains Grecs «ne voulaient reconnaître dans la langue qu'irrégularité et désordre» (O. Ducrot, T. Todorov, 1972, p. 171), et certains grammairiens du XVIᵉ siècle estimaient qu'une langue vulgaire comme le français ne pouvait avoir de règles. Attribuer une organisation grammaticale à une langue est déjà une option philosophique, récusable en tant que telle.

Ce qu'on appelle ici la grammaire intériorisée d'une langue est un phénomème proprement humain encore mal connu. D'ordre bio-génétique et psycho-social, il n'est pas accessible directement, mais seulement à partir de ses manifestations externes, normales ou pathologiques (troubles du langage, comme l'aphasie, certaines amnésies, la surdité, etc.). Grammairiens et linguistes travaillent essentiellement à partir de deux types de manifestations de la grammaire intériorisée : d'une part, les productions orales ou écrites des sujets qui sont censés la posséder, d'autre part l'aptitude intuitive que ces mêmes sujets ont pour porter des jugements sur la plus ou moins grande grammaticalité ou acceptabilité de ces productions (* *il fait froide* est agrammaticale, *je suis froide* est grammaticale mais n'est acceptable que dans des contextes particuliers).

On a souvent opposé la démarche qui consiste à observer une grammaire intériorisée à partir d'un recueil de productions réellement attestées, ce qu'on nomme techniquement un **corpus**, et la démarche qui vise à reconstituer abstraitement cette grammaire à partir de l'**intuition linguistique** d'un locuteur-auditeur idéal qui en aurait une compétence parfaite. La querelle est ancienne : Vaugelas s'en tenait aux usages observés à la Cour et dans certains milieux parisiens, Arnauld et Lancelot (auteurs de la grammaire dite de

Port-Royal) illustraient leurs analyses d'exemples inventés par eux-mêmes ; les structuralistes, surtout du courant distributionnel, partent de corpus, les générativistes préfèrent le plus souvent s'appuyer sur leur propre sentiment linguistique de la langue dont ils cherchent à «découvrir» la grammaire (pour des arguments allant dans le sens de ces derniers, voir N. Ruwet, 1967, et pour des arguments favorables aux premiers, voir, entre autres, W. Labov, 1976).

L'enfant qui acquiert une grammaire intériorisée au sein de sa communauté de naissance, ou l'adulte qui l'intériorise progressivement dans une communauté étrangère (immigrant par exemple), est confronté à une diversité de productions infiniment plus grande que celle sur laquelle travaillent grammairiens et linguistes, quelle que soit la démarche adoptée. Les grammairiens qui s'appuient sur des recueils de productions en privilégient toujours certaines aux dépens d'autres tout aussi attestées. Pour des raisons d'ordre à la fois méthodologique et idéologique, ces recueils ne constituent pas à proprement parler un échantillon statistiquement représentatif des pratiques langagières qu'une grammaire intériorisée régit ou peut régir. Certains revendiquent ce relatif arbitraire au nom du «bon usage», en prenant comme objet d'étude les seules productions qui jouissent, dans une société donnée, d'un certain prestige social : pour la langue française, ce furent successivement les usages du peuple de Paris (comme chez Ramus et Meigret, grammairiens du XVIᵉ siècle), de la Cour du roi (comme chez Malherbe et Vaugelas au XVIIᵉ siècle), des grands écrivains (au XVIIIᵉ et XIXᵉ siècles), de la bourgeoisie cultivée parisienne (XIXᵉ et XXᵉ siècles). D'autres prétendent ne prendre en compte que ce qui est commun au plus grand nombre des membres d'une communauté donnée : ainsi J. Dubois, dans sa grammaire structurale, affirme s'en tenir à une norme objective constituée par «la moyenne des emplois actuels, une fois rejetés les écarts les plus grands» (1965, p. 5), mais sans donner d'indications précises sur la manière dont est calculée cette moyenne, et sur ce qui permet de décider de l'importance d'un écart. Toutes les études un peu fines des pratiques langagières réelles d'une communauté donnée (définie par l'intercompréhension de ces pratiques) montrent qu'il existe toujours une grande diversité des normes objectives, concrètement suivies, selon les milieux et les situations d'interaction, même s'il est vrai que tous les membres de cette communauté reconnaissent et admettent certaines normes subjectives comme plus «correctes» que d'autres, parce qu'elles sont, très généralement, celles du groupe social le plus prestigieux. Les grammairiens qui s'appuient sur l'intuition linguistique des sujets parlants sont également loin de prendre en compte l'ensemble des données potentielles d'une grammaire intériorisée. D'abord parce qu'il «se trouve la plupart du temps que les sujets parlants auxquels le linguiste a effectivement recours se réduisent à lui-même et à son entourage familial et professionnel, ce qui restreint évidemment la variété linguistique étudiée» (N. Gueunier, 1982, p. 22). Ensuite parce que, pour une grammaire intériorisée donnée, l'intuition linguistique peut varier considérablement d'un sujet compétent à l'autre, et que pour un même sujet elle ne permet pas toujours de porter des jugements de grammaticalité avec certitude : «Celui qui a donné ou reçu un cours d'initiation à la syntaxe, peut dire que les locuteurs ne portent pas toujours des jugements clairs ou uniformes sur la bonne formation des phrases ou sur leur interprétation. Presque chaque phénomène syntaxique ou sémantique possède une zone d'ombre où les jugements des locuteurs sont peu clairs...» (G. Lakoff, 1973, p. 271) Voici quelques phrases (relevées au cours d'un débat télévisé entre francophones) qui, très probablement, ne seraient pas retenues dans les corpus d'un grammairien même «descriptiviste» ou par l'intuition d'un locuteur-auditeur compétent :

Ils ont peur que vraiment ça leur marque (au lieu de *ça les marque*); *Je devrais lui aider à vivre* (pour *l'aider à*); *Je vois pas que j'ai(e) perdu rien* (pour *je ne vois pas que j'aie perdu quelque chose*); *Il ne faut pas que j'eus des ennuis (... que j'aie des ennuis); Je suis juste pas certaine de vous avoir compris (... Je ne suis pas tout à fait certaine...)*, etc.

Ces phrases, bien que parfaitement compréhensibles dans leur contexte d'occurrence, n'en seraient pas moins exclues du champ d'investigation, parce que considérées soit comme des «ratés», soit comme des écarts ou des variantes individuelles ou régionales, soit comme des archaïsmes, selon le point de vue du grammairien ou du linguiste. Entre le français réellement pratiqué (celui auquel est confronté l'enfant dont il deviendra la langue maternelle ou l'étranger qui l'acquiert en «contact» direct avec des francophones) et le français décrit dans les grammaires et les dictionnaires même les plus récents, il y a des différences notables, celui-ci ne recouvrant qu'une zone relativement étroite et normalisée de celui-là. Et il en va de même dans toutes les langues.

Ce qui explique, en partie, qu'une grammaire intériorisée ne soit acquise qu'au cours de multiples interactions communicatives avec des sujets qui la possèdent déjà, et qu'elle appartienne le plus souvent à la langue maternelle de ces sujets, même s'il est vrai que certains bi- ou multilingues précoces peuvent développer simultanément plusieurs grammaires intériorisées sans que celles-ci interfèrent entre elles. Il s'agit, comme le note S. P. Corder, «d'une connaissance implicite du système de la langue acquise par un processus inconscient de traitement des données, de formation et vérifications d'hypothèses» (1980, p. 80), processus que simule toujours imparfaitement un cadre scolaire ou institutionnel d'enseignement des langues. Ce cadre peut, certes, être à l'origine de l'intériorisation d'une nouvelle grammaire (en particulier pour un adolescent ou un adulte), mais celle-ci n'est, presque toujours, pleinement acquise qu'après de longs séjours dans la communauté qui en use spontanément, et l'intuition linguistique qu'elle suscite reste plus incertaine que celle suscitée par une langue apprise dès l'enfance.

Une grammaire intériorisée relève à la fois de l'inné et de l'acquis. De l'inné, en ce sens qu'elle est un phénomène apparemment spécifique à l'espèce humaine, et que tout enfant d'homme est apte à acquérir n'importe quelle langue terrienne pour peu qu'il vive au milieu de ceux qui la parlent. Ce qui conduit à faire l'hypothèse qu'il existe bio-génétiquement, en chaque être humain, une disposition, une aptitude, une «programmation génétique», lui permettant d'acquérir indifféremment n'importe quelle langue connue, et que celle-ci présente en conséquence des traits très généraux, universels, qui constituent une partie de leur grammaire intériorisée. De l'acquis, en ce sens que ce dispositif génétique ne se développe qu'au sein d'une communauté langagière donnée (les enfants qui survivent auprès d'animaux, en dehors de la société des hommes, n'acquièrent pas de langue articulée), et selon les règles et les normes propres à cette communauté. C'est l'aspect particulier, spécifique à une langue, de toute grammaire intériorisée. A la fois anté-babélienne et post-babélienne, une grammaire intériorisée est aussi à la fois individualisée et collective. Individualisée, en ce qu'elle est à la base des **idiolectes**, c'est-à-dire l'ensemble des variantes (phonétiques et lexicales surtout, mais aussi morpho-syntaxiques) propres à un sujet; collective, en ce qu'elle présente des caractéristiques communes à l'ensemble des sujets qui en font usage. La question de l'inné et de l'acquis, de l'universel (universaux du langage) et du particulier dans l'apprentissage, l'utilisation, la description d'une langue et partant de sa grammaire intériorisée, est depuis toujours une des plus controversées (pour un débat récent, on pourra lire les échanges entre N. Chomsky et J. Piaget, dans Piattelli - Palmarini, 1979).

3. Descriptions et simulations grammaticales

C'est ainsi que nous dénommerons la connaissance méthodique et explicite que les grammairiens et linguistes élaborent à partir de l'observation des manifestations d'une grammaire intériorisée particulière. Par **description**, nous entendons ici les résultats d'une démarche de catégorisation des unités de la langue et de mise en relation de ces catégories (ce sont les «parties du discours», leurs paradigmes morphologiques et les règles syntaxiques des approches traditionnelles, l'analyse en constituants et les «structures» des approches structurales, par exemple). Par **simulation**, nous entendons la construction abstraite et hypothétique par laquelle on essaie de reproduire, de simuler, le mécanisme d'engendrement des phrases bien formées qu'on postule au sein d'une grammaire intériorisée donnée (c'est surtout le cas des travaux qui suivent l'approche générative et transformationnelle, laquelle prétend rendre compte explicitement de la «compétence» grammaticale du sujet parlant dans une langue donnée). Une description apparaît comme plus analytique, plus proche des faits observés, qu'une simulation dont l'appareillage conceptuel, parfois formalisé, renvoie clairement à une théorie. Mais ni l'une, ni l'autre ne relèvent jamais de l'observation naïve, non construite. Elles mettent toujours en jeu, comme nous le verrons, des présupposés théoriques, que ceux-ci soient exhibés ou qu'ils soient masqués.

Contrairement à l'acquisition d'une grammaire intériorisée, la connaissance d'une description ou d'une simulation grammaticale résulte toujours d'un apprentissage scolaire ou institutionnel, et ne constitue une véritable acquisition que chez certains sujets dont la profession concerne directement le langage. L'apprentissage d'une description ou simulation se fait le plus souvent à propos de la langue maternelle et en liaison avec l'apprentissage de l'écriture de cette langue. Mais il peut arriver qu'il se fasse à propos d'une première langue étrangère (ainsi les élèves chinois apprennent certains rudiments grammaticaux souvent d'abord à propos de la langue anglaise). Il est patent, et depuis longtemps, que cet apprentissage apparaît, quelle que soit l'habileté professorale, comme particulièrement rébarbatif, obscur et difficile pour nombre d'élèves (la littérature de nombreux pays contient maintes notations sur l'ennui que peuvent susciter les cours de grammaire). C'est sans doute pourquoi il est rare qu'une description ou une simulation puisse être considérée comme réellement acquise : une enquête menée auprès d'adultes francophones (niveau fin d'études primaires) montre qu'ils n'ont retiré de leur scolarité «aucune certitude quant aux opérations qu'il convient de mettre en œuvre lorsqu'il s'agit d'observer et d'analyser le fonctionnement de (leur) langue maternelle» (M. Dabène, C. Martin-Saurat, 1979, p. 93). Ce constat peut, à notre avis, être généralisé, en ce qui concerne le français, aux étudiants qui entrent à l'Université : la plupart ne retiennent de l'enseignement grammatical reçu pendant une dizaine d'années que quelques «règles» applicables directement à l'orthographe, des lambeaux de terminologie et quelques tabous morphologiques, syntaxiques ou lexicaux. Mais il leur reste la conviction et la culpabilité d'ignorer les règles qui sont supposées régir la langue qui est leur, et ce sentiment patiemment inculqué n'est pas sans conséquence dans leurs stratégies d'apprentissage d'une langue étrangère : persuadés que celle-ci, comme leur langue maternelle, est organisée par des règles qu'il faut connaître pour en faire un usage approprié, ils considèrent qu'il est nécessaire d'apprendre ces règles (une enquête menée auprès d'adultes en formation continue à l'Université de Toronto, Canada, atteste que, pour 97 % d'entre eux, l'explication des points de grammaire de la langue étrangère est «importante» ou «utile», voir J.H. Hayne et C.A. Yorio, 1982, pp. 145-149). Le «besoin de grammaire», au sens de besoin d'explications grammaticales, apparaît comme un besoin essentiellement induit par la formation scolaire antérieure des apprenants quant à l'enseignement/apprentissage d'une description ou d'une simulation grammaticale relative à leur langue maternelle ou à une première langue étrangère. D'une manière empirique, il est possible d'avancer que plus cet enseignement/apprentissage a été prégnant et décevant, plus le besoin de grammaire est ressenti comme déterminant dans la réussite de l'acquisition de la langue étrangère.

Les difficultés d'un enseignement/apprentissage d'une description ou d'une simulation grammaticale, même relative à la grammaire intériorisée des apprenants, sont liées d'abord, nous semble-t-il, à l'abstraction considérable de toute description ou simulation, bien que cette abstraction soit souvent gommée dans les pratiques pédagogiques.

La grammaire s'est constituée en savoir méthodique explicite par une limitation drastique de l'objet qu'elle analyse. Nous avons vu que grammairiens et linguistes sont loin de s'appuyer sur l'ensemble des manifestations attestées d'une grammaire intériorisée donnée. Non seulement ils écartent des productions attestées, parce que considérées comme non conformes à la norme qu'ils ont décidé d'étudier, mais ils écartent aussi l'ensemble des processus bio-physiologiques, physico-chimiques et psycho-sociaux sans lesquels ces productions n'existeraient pas. Le français décrit ou simulé résulte d'une abstraction-simplification extrême du français produit et vécu.

Traditionnellement, y compris dans le structuralisme et le post-structuralisme générativiste-transformationnel, la grammaire s'en tient uniquement à quelques composantes de la phrase, elle-même étant une abstraction de l'énoncé réellement échangé. En effet, le grammairien qui analyse une phrase ne tient compte ni des réalités auxquelles elle peut renvoyer, ni de la matérialité des signes qui la constituent : ainsi, pour une phrase comme *Le chat est sur la table,* peu importe l'espace, la taille, la couleur, l'appartenance, etc. du chat ou de la table, et peu n'importe qu'elle soit prononcée oralement ou transcrite cursivement ou en caractères d'imprimerie. En termes empruntés à L. Hjelmslev, on pourrait dire que sont exclues d'emblée et « la substance du contenu » et « la substance de l'expression », seule « la forme » du contenu et de l'expression est soumise à l'analyse. Mais dans cette « forme », seules certaines composantes sont admises comme « grammaticales ». Bien que les limites, entre ce qui est posé comme relevant de la grammaire et ce qui est posé comme n'en relevant pas, varient selon les grammairiens et les écoles auxquelles ils se rattachent, on peut affirmer que très généralement le champ de la grammaire se circonscrit aux unités significatives qui constituent des classes fermées, et aux relations entre ces classes qui apparaissent comme relativement stables (ce qu'on appelle morpho-syntaxe, laquelle exclut traditionnellement ce qui relève de la phonétique, d'une partie de la phonologie, de la lexicologie, de la pragmatique, etc.). Ainsi, seuls *le, la, est, sur* seront considérés comme « grammaticaux » parce qu'entrant dans des paradigmes de substitution limités ; l'espèce, le genre et le nombre de *chat* et *table*, parce que ce sont des caractéristiques générales à la classe des mots à laquelle ils appartiennent ; et les relations (rections, fonctions, modalités) que ces unités entretiennent entre elles, parce que ces relations peuvent se retrouver dans d'autres phrases très différentes, lexicalement en particulier, de celle-ci. De plus, le grammairien classique ne tient pas compte du contexte discursif dont l'énoncé est extrait, ni plus largement de la situation de communication pour laquelle il a été conçu. Peu lui importe que *Le* *chat est sur la table* apparaisse dans un récit pour enfants ou qu'il soit un avertissement pour éviter que la viande soit mangée ; ne le concernent pas les caractéristiques de celui ou de celle qui l'énonce ou peut l'énoncer, les circonstances concrètes et subjectives dans lesquelles il est ou peut être échangé, les intentions, les effets, les interactions, les représentations sociales qu'il véhicule ou provoque, etc., tous facteurs qui sont déterminants dans la communication authentique de cet énoncé.

La phrase, objet d'étude habituel de la grammaire, n'est qu'un schéma formel et sémantique, résultat d'un processus abstractif draconien à partir d'un énoncé réellement ou potentiellement échangé. Ce schéma est cependant considéré comme ayant un sens complet, appelé souvent **sens littéral**, à partir duquel œuvre le grammairien. Et c'est ce schéma, considérablement plus simple et plus ténu que l'expérience communicative de l'énoncé dont il est tiré, qui sera comparé à d'autres schémas (ou éléments de schémas) de phrases, qui n'auront en commun avec celle citée ici que des ressemblances ou des analogies très abstraites et souvent formelles.

Il en va de la grammaire comme de tout savoir scientifique. Elle relève du général, que celui-ci soit compris par rapport au langage humain dans son universalité ou par rapport à une langue particulière. La simplification qu'elle impose à son objet est une condition nécessaire à l'élaboration de ses règles. Comme l'écrit N. Chomsky : « Ce processus d'abstraction n'est nullement illégitime, mais l'on doit comprendre qu'il exprime un point de vue, une hypothèse sur la nature de la pensée qui n'est pas *a priori* indiscutable. Il exprime l'hypothèse de la « connaissance d'une langue » (...) sans tenir compte des problèmes posés par la façon dont le langage est utilisé. » (1972, p. 145) Mais ce point de vue, qui nous a été légué par le courant principal de la réflexion grammaticale occidentale, suppose une attitude métalinguistique particulière que nombre d'apprenants, enfants ou adultes, n'adoptent pas spontanément. « Lorsque l'enfant commence à parler, ses premiers mots ne sont pas des signes arbitraires mais des symboles qui s'appliquent à des classes de signifiants en fonction des actions susceptibles d'être exercées sur les objets ou les événements qu'ils représentent. La construction de la représentation gardera par la suite son caractère fondamental, en particulier il ne peut être question avant huit ans de traiter des énoncés isolés comme des objets sur lesquels on effectuera un certain nombre de manipulations. La plupart des enfants de cet âge sont encore incapables d'un tel fonctionnement métalinguistique. » (M.-L. Le Rouzo, 1975, p. 48) Et bien qu'adolescents et adultes soient, en principe, capable de saisir ce fonctionnement, nombre d'entre eux résistent, souvent non consciemment, à cette dissociation imposée par l'activité réflexive grammaticale traditionnelle entre l'énonciateur, ses conditions d'énonciation et de réception, et l'énoncé lui-même, simplement parce que cette dissociation n'est pas habituelle, « naturelle », dans l'usage ordinaire des langues et que les mots ou les énoncés n'y ont pas, communicativement, de signification précise en dehors de leurs conditions énonciatives d'emploi. Ce qui pose la question de la validité didactique de la notion de « sens littéral », ou de celle de « contexte neutre », de « contexte le plus général », à partir desquelles travaillent la plupart des grammairiens de la phrase, question qui n'est pas sans incidences pédagogiques, comme nous le verrons.

Certes, depuis une vingtaine d'années, de nombreux linguistes et grammairiens, renouant avec une tradition médiévale et antique qui associait l'étude de la grammaire à celle de la rhétorique, ont cherché à étendre leur champ d'étude, de la phrase à l'ensemble du discours, et à intégrer à leurs analyses des facteurs contextuels, discursifs, énonciatifs, pragmatiques, interactionnels, autrefois exclus de l'aire grammaticale. D'où les appellations multiples qui désignent moins souvent des différences d'écoles que des zones particulières de l'activité langagière et communicative : grammaire du **récit**, grammaires du **discours**, grammaires de **textes** ou **textuelles**, grammaires **énonciatives** ou de **l'énonciation**, grammaires **pragmatiques**, grammaires **interactionnelles**, etc.

Sans minimiser les apports déjà considérables que cette extension du champ grammatical a pu apporter à notre connaissance du fonctionnement des langues, il faut noter que ces descriptions, nouvelles mais encore très parcellisées, sont beaucoup plus présentes dans les discours des linguistes et des théoriciens de l'enseignement/apprentissage des langues que dans les manuels ou les pratiques de classe, probablement parce qu'elles ont très peu rénové les connaissances morphologiques traditionnelles ou structurales, et que ces connaissances demeurent déterminantes, tant dans l'apprentissage de l'orthographe de la langue maternelle que dans celui des régularités d'une langue étrangère.

De plus, ces descriptions n'ont pas encore acquis le degré d'exhaustivité et de particularité, quant au champ traité, des descriptions plus anciennes, du moins en ce qui concerne le français. D. Maingueneau, dans un ouvrage traitant de l'énonciation en linguistique française, note que « les phénomènes qui entrent aujourd'hui dans le cadre des recherches se réclamant de l'énonciation sont trop nombreux et trop instables pour qu'on puisse prétendre en offrir une synthèse achevée », si ce n'est que parce qu'il n'existe pas encore « une théorie capable d'articuler rigoureusement syntaxe et opérations d'énonciation » (1981, p. 4). Cette remarque nous paraît pertinente pour l'ensemble des travaux grammaticaux portant sur le discours au sens large du terme. On y trouve, en effet, soit des études très fines mais ponctuelles portant sur certains mots grammaticaux ou certaines modalités (par exemple, les recherches de J.C. Anscombre et d'O. Ducrot sur l'existence de deux *mais* en français, 1977 ; celles de F. Nef sur un *maintenant* temporel et un *maintenant* non temporel, 1978, et les contributions d'A. Borillo, J. Guéron et J.C. Milner dans *Langue française*, n° 44, déc. 1979 : « Grammaire de phrase et grammaire de discours ») ; soit des analyses quasi stylistiques de certains textes dont il est difficile de transférer les résultats à d'autres textes (voir par exemple les contributions dans *Langages* n° 23, sur le discours politique, n° 51 sur le discours jaurésien, n° 53 sur le discours juridique); soit des hypothèses descriptives beaucoup trop générales pour caractériser, de manière précise et distinctive, le discours français par rapport aux discours étrangers, en particulier ceux relatifs aux langues occidentales (c'est le cas des «maximes» conversationnelles de H.P. Grice, 1979; des matrices interactionnelles proposées par E. Roulet, 1981; ou bien des régularités argumentatives dévoilées par G. Vignaux, 1976).

Enfin, l'extension du champ langagier étudié ne change pas le geste épistémologique fondateur de la description grammaticale : au lieu d'abstraire une phrase de l'énoncé qui lui donne communicativement signification, on abstrait un texte, un discours, une conversation de son *hic et nunc* communicatif, à la fois interpersonnel et socio-historique. J.M. Adam remarque que, «comme tout échange conversationnel, un récit oral est un discours adressé et une co-construction du narrateur et de son interlocuteur» (1981, p. 124), et que la description de sa structure narrative ne suffit pas à rendre compte de sa production ou même de sa compréhension, parce que ces activités langagières mettent en jeu «les modalités de son inscription dans le dialogisme inhérent à toute énonciation» et que «grammaire narrative (si l'on veut absolument parler de «grammaire» des récits) et pragmatique narrative sont absolument inséparables» (*ibid*, p. 58). Mais tenir compte de ce dialogisme authentique qui sous-tend tout échange langagier réel aboutit quasi inévitablement à des descriptions proprement stylistiques d'événements singuliers, à des sommes d'observations morcelées, à partir desquelles il est extrêmement difficile d'induire des généralisations ayant validité pour d'autres discours. C'est la conclusion qui s'impose à propos des travaux menés par les «ethnographes de la communication», qui s'efforcent dans leurs descriptions très fines de prendre en charge l'ensemble des paramètres mis en jeu par toute communication, sans exclusive épistémologique : «les huit ou dix dernières années sont marquées par des études qui, fort intéressantes en elles-mêmes, n'apportent pas grand chose au tableau général du fonctionnement de la parole, parce qu'elles restent essentiellement coupées les unes des autres» (C. Bachmann, J. Lindenfeld, J. Simonin, 1981, p. 200). L'établissement d'une description véritablement **grammaticale** de la parole implique, à notre avis, une condition heuristique incontournable qui est de circonscrire et de construire abstraitement son objet d'analyse : chercher des constantes dans ce que F. de Saussure appelle la «parole» ou N. Chomsky la «performance», élaborer une grammaire du discours, revient nécessairement à intégrer certains aspects de ces domaines (et à en exclure d'autres) à l'intérieur d'une «langue» plus vaste ou d'une «compétence» élargie, mais qui conserve toute son abstraction et toutes ses limitations, parce que celles-ci sont nécessaires à l'établissement des règles. Il n'y a pas de savoir rationnel sans réductionnisme.

C'est particulièrement net dans les travaux d'un linguiste comme O. Ducrot. Bien que, pour lui, une linguistique de la langue ne puisse être envisagée en dehors d'une linguistique de la parole, et qu'il inscrive son projet descriptif au sein de la pragmatique (au lieu de faire de celle-ci un «complément» à venir de la composante sémantico-syntaxique, comme dans le modèle génératif et transformationnel), il n'en circonscrit pas moins son champ à un discours «idéal», abstrait des conditions réelles d'interlocution. Il distingue soigneusement le sujet parlant et l'auditeur présent, des «personnages» de ce qu'il appelle «la comédie illocutoire» (1978, p. 116), à savoir le locuteur et l'allocutaire posés ou présupposés par l'énoncé même: «Il faut souligner le fait que ces deux êtres n'ont pas de réalité empirique, en entendant par là que leur détermination fait partie du sens de l'énoncé et ne saurait s'effectuer si on ne comprend pas ce sens (alors que l'auditeur et le sujet parlant peuvent se découvrir par la simple considération physique de la parole).» (1980, p. 30)

P. Bourdieu remarque que «le linguiste tient pour résolu ce qui dans les situations de l'existence réelle constitue l'essentiel, c'est-à-dire les conditions de l'instauration de la communication» (1977, p. 30), mais cette mise à l'écart est la condition même de toute instauration d'un savoir grammatical.

4. Les modèles métalinguistiques

Par **modèle métalinguistique**, nous désignerons l'ensemble des concepts et des raisonnements à partir desquels le linguiste ou le grammairien cherche à décrire ou à simuler la grammaire intériorisée commune à un sous-ensemble des sujets parlant une langue (c'est la troisième acception de **grammaire** que nous avons distinguée). Un modèle métalinguistique renvoie à des points de vue théoriques à partir desquels sont sélectionnées, observées, classées, mises en relation les manifestations de cette grammaire intériorisée.

Un modèle métalinguistique, comme toute théorie scientifique, est donc d'abord une construction intellectuelle, élaborée en continuité ou en rupture avec des traditions culturelles, et méthodiquement organisée pour rendre compte, de **manière systématique et partiellement hypothétique**, de certains aspects de l'activité verbale ou scripturale. En principe, un modèle métalinguistique n'est pas attaché à une langue particulière, même si, comme nous le verrons, il en tire parfois certaines de ses catégories. Parler de grammaire **traditionnelle, structurale, générative - transformationnelle, stratificationnelle, fonctionnelle, énonciative**, etc., c'est renvoyer à des modèles métalinguistiques en partie différents, c'est-à-dire à des hypothèses abstraites divergentes sur ce qu'est une grammaire et sur la manière d'en rendre compte. Même s'il est vrai que la multiplication des étiquettes n'atteste pas toujours d'un renouvellement réel des hypothèses, et si certaines dénominations renvoient plus à une modification du champ analysé qu'à celle des présupposés théoriques : ainsi, la plupart des grammaires **narratives** ou **textuelles** ne sont qu'une extension du modèle structural, classique ou transformationnel, de la phrase au discours, et les grammaires **pragmatiques** ou **interactionnelles**, une extension du modèle analytique de J.A. Austin et J.R. Searle des actes de langage aux séquences dans lesquelles ils s'inscrivent.

Parce qu'ils sont d'abord désir de comprendre une expérience de l'homme au monde, les modèles métalinguistiques postulent tous l'existence d'une certaine rationalité sous la diversité et la fugacité des langues et des paroles, c'est-à-dire ce que nous avons appelé une grammaire intériorisée. Mais, comme nous avons distingué les descriptions des simulations grammaticales, on distingue souvent les modèles métalinguistiques qui se limitent, en apparence, à sélectionner, classifier, décrire les relations observées, et les modèles qui, à partir d'un nombre fini d'observations, procèdent par construction d'hypothèses permettant de rendre compte abstraitement d'un grand nombre de faits non observés mais virtuellement possibles. Les premiers sont dits **taxinomiques** ou **taxonomiques** (c'est-à-dire renvoyant à une théorie des classifications) ; les modèles de la grammaire traditionnelle et de la grammaire structurale relèveraient essentiellement de ce type, proche des modèles qui organisent certaines parties de la botanique ou de l'anatomie. Les seconds sont d'ordre hypothético-déductif et présenteraient des analogies avec les modèles axiomatisés et formalisés des mathématiques et des sciences physiques ; le modèle glossématique de L. Hjelmslev et surtout le modèle génératif-transformationnel relèveraient de ce type (pour une présentation de ces deux types, voir entre autres N. Ruwet, 1967 et J. Milner, 1973). Cette distinction nous paraît plus polémique que réellement fondée, parce qu'elle laisse entendre que les modèles taxinomiques seraient purement classificatoires et qu'ils ne feraient, par conséquent, pas appel à des démarches hypothético - déductives. Or, dire que des mots aussi intrinsèquement différents dans leur forme, dans leur sens et dans certaines de leurs relations, que *le, un, des, au,* etc. appartiennent à la même classe (celle des **articles** ou des **déterminants**) est une proposition qui met en jeu des opérations, à la fois complexes et très abstraites, qui ne peuvent se réduire à une simple activité classificatoire, du type de celle qui permet de regrouper ensemble des objets de formes et de couleurs différentes. Certes en grammaire, la ressemblance qui sert de base à l'établissement de la classe peut être déterminée par des caractéristiques intrinsèques, formelles et/ou sémantiques, comme dans les paradigmes des conjugaisons, par exemple. Mais souvent elle est déterminée par des caractéristiques extrinsèques aux unités mêmes, liées aux relations que ces unités peuvent entretenir syntagmatiquement avec d'autres classes d'unités. Et ces relations ne sont pas directement observables, elles sont dépendantes de certaines hypothèses, souvent peu explicitées, sur le fonctionnement des langues, et donc sur les relations que leurs unités peuvent entre-

tenir. Ainsi, dire que l'article « détermine » le nom et en « indique »
le genre et le nombre, c'est présenter une certaine conception de la
relation entre ce qu'on appelle **article** et ce qu'on appelle **nom,** qui
n'est ni évidente, ni incontestable, qui relève d'une hypothèse sur la
« nature » de cette relation, hypothèse à partir de laquelle on
déduira la classe des mots qui entretiennent plus ou moins la même
relation ; et si l'on pose une autre hypothèse à propos de cette même
relation, on en déduira évidemment un autre classement. Les
modèles dits taxinomiques sont donc, au moins partiellement,
d'ordre hypothético-déductif, même s'ils ne le sont pas explicitement ; et il n'y a pas, à notre avis, de solution de continuité entre
modèles taxinomiques et modèles hypothético-déductifs. Les premiers donnent l'impression de s'en tenir plus aux faits observables,
à la collecte patiente et méthodique des données, en masquant
souvent les hypothèses à partir desquelles ces faits et ces données
sont observées, collectées, classées, expliquées. Les second exhibent
volontiers leurs hypothèses fondatrices à partir desquelles faits et
données sont rassemblés afin de confirmer ou d'infirmer ces hypothèses. Le fait que les modèles réputés taxinomiques aient précédé
ceux qui sont réputés hypothético-déductifs n'implique pas une
révolution épistémologique, seulement une attention plus grande,
plus scientifique, aux conditions mêmes de l'élaboration du savoir
grammatical.

Professeurs et apprenants, « grammaticalisés » depuis l'enfance,
finissent souvent par estimer que le fait de nommer tel mot, **un
article, un nom, un verbe,** etc. est aussi simple et évident que de
nommer, dans une culture donnée, telle réalité, *un arbre* ou *une
maison ;* et que de dire que tel mot « sert à » déterminer tel autre
mot ou qu'il a une « fonction » de **sujet,** de **complément,** etc., relève
d'un constat d'observation apparemment aussi naïf que de remarquer que l'arbre sert à donner de l'ombre et la maison à abriter.
Concepts et opérations métalinguistiques ont été pour ainsi dire
« naturalisés » par les pratiques et exercices pédagogiques : ils sont
devenus des choses ou des expériences, et on a oublié leur caractère
hypothétique et construit.

L'ancienneté des fameuses « parties du discours », leur présence
constante dans le discours des grammairiens et des enseignants de
langue, y compris chez beaucoup de ceux qui les contestent, leur
utilisation pour décrire une grande variété de langues, ont fait de
ces notions des sortes de « données immédiates » de la pensée
grammaticale dont on ne perçoit plus l'aspect conventionnel, relatif, heuristique. On les admet comme on admet spontanément que 2
et 3 font 5, en oubliant que cette proposition n'a de validité qu'à
l'intérieur d'un ensemble de présupposés, ceux de l'arithmétique
traditionnelle, et qu'elle n'en a plus si, par exemple, on considère
qu'il ne s'agit plus de nombres rationnels, mais d'éléments apparte-
nant à deux ensembles en intersection comme dans l'illustration
suivante :

(l'addition des 3 éléments de l'un et des 2 éléments de l'autre ne donnera que 4 éléments). Il est pourtant bien connu que les définitions des parties du discours proposées par les grammairiens ne sont guère satisfaisantes : existe-t-il une définition de l'**article,** du **verbe,** etc. qui soit applicable mécaniquement sans mettre en jeu des interprétations subtiles ou douteuses ? *Manger, je chante, chantant* sont réputés relever du paradigme verbal, mais le premier est morpho-syntaxiquement plus proche des noms (on dit *le manger* comme *le plancher ;* il peut être sujet : *manger réconforte,* ou complément : *il apporte son manger)* que de *je chante* ou *je mange,* et le troisième est plus proche des adjectifs que de ces derniers *(le fou chantant).* L'énumération exhaustive des mots supposés appartenir à une même catégorie ne permet pas, souvent, de décider si telle occurrence de tel d'entre eux en relève réellement : ainsi dans *le jour le plus beau de ma vie* ou dans *donne-moi le bleu, le* est-il vraiment un article, un pronom, ou quelque chose d'autre ?

Les concepts grammaticaux du modèle traditionnel, qui sont encore les plus communément utilisés, trouvent leur origine dans les spéculations métaphysiques des philosophes grecs antiques. Ce sont d'abord des concepts philosophiques, s'inscrivant dans ou contre une tradition culturelle plus ancienne venue probablement de Phénicie (comme l'alphabet grec) et élaborés afin de rendre compte rationnellement de la nature des choses (la physique) et de la pensée (la logique). Ils ne sont véritablement sortis du champ philosophique pour constituer ce qu'on a appelé **la grammaire** (littéralement : « la science des lettres ») qu'à l'époque alexandrine des Ptolémée. On trouve dans un dialogue fameux de Platon (429 - 347 avant J.-C.) dit *le Cratyle* un écho des disputes entre les philosophes présocratiques quant à la réalité conventionnelle ou naturelle des langues humaines. C'est Platon lui-même qui semble avoir établi le premier la distinction entre les **noms** et les **verbes,** mais la catégorie du **genre** est probablement plus ancienne, puisqu'elle serait une invention du sophiste Protagoras (485 - 411 avant J.-C.). Aristote (384 - 322 avant J.-C.), en particulier dans sa *Poétique,* précisera ces hypothèses, en distinguant **la lettre, la syllabe, la conjonction** (qui n'a pas de signification et ne peut concourir à composer des unités significatives), **l'article** (qui indique le début, la division ou la fin d'une phrase : il « l'articule »), **le nom** (qui est significatif mais dont aucune des parties n'est significative en elle-même et qui ne contient pas l'idée de temps), le **verbe** (qui a pour propriété majeure d'exprimer le temps et qui est significatif), **le cas** (qui affecte le nom et le verbe et signale certains rapports, le nombre, l'ordre, l'interrogation) et **la locution** (qui est composée de parties ayant elles-mêmes une signification). Pour Aristote, il s'agit là de catégories de pensée, parce que, pour lui, « appartient à la pensée tout ce qui doit être établi par le langage ». Ces catégories seront reprises et modifiées ensuite par les philosophes stoïciens qui élaborent une véritable théorie grammaticale, mais toujours incorporée à la philosophie et à la logique. Ils ne distinguent que quatre parties du discours (les **noms** qui signifient les qualités, les **verbes** qui sont des prédicats, les **conjonctions** et les αρθρα qui regroupent nos pronoms personnels, relatifs et l'article grec), mais en affinent la description (le **verbe** a quatre temps : présent continu, présent accompli, passé continu, passé accompli) et proposent des catégories grammaticales secondaires : les **modalités** qui sont **le nombre, le genre, la voix, le mode, le temps** et le **cas** (lequel, contrairement au cas aristotélicien, est confiné au nom). C'est cet appareillage conceptuel que les rhéteurs alexandrins extrairont du champ philosophique et logique, pour l'illustrer pédagogiquement de paradigmes aussi exhaustifs que possible et donner naissance à la grammaire en tant que discipline autonome ayant pour unique objet d'étude la langue considérée dans son fonctionnement interne (sur tous ces points, nous renvoyons à R.-H. Robins, 1967, G. Mounin, 1967 et J. Kristeva, 1981). Cette dernière note que : « Des siècles durant, les principes mis au point par les Grecs ont guidé les théories et les systématisations en Europe. Et même si chaque époque et chaque tendance déchiffraient à leur façon les modèles légués par les Grecs, les conceptualisations fondamentales du langage, de même que les classifications de base, sont restées constantes. » (*op. cit.*, 1981, pp. 105-106). Or ces conceptualisations et ces classifications, nées au sein d'une vision à la fois rationnelle et mythique du monde, vision qui nous est devenue en grande partie étrangère, s'inspiraient aussi de l'organisation apparente propre à la langue grecque, au point qu'E. Benveniste y « retrouve simplement certaines catégories fondamentales » de cette langue (1966, p. 66). Ce qui explique les difficultés qu'éprouveront les grammairiens pour appliquer ces conceptualisations et classifications au latin, puis aux langues de l'Europe occidentale. Le modèle métalinguistique qu'elles constituent inspirera, avec des modifications, la tradition grammaticale arabe et servira, du XVe siècle à nos jours, à décrire les langues d'Amérique, d'Asie et d'Afrique les plus éloignées du grec, duquel il tenait son origine. Il ne sera remis en cause, et encore très partiellement, qu'au cours de ce siècle. Il est vrai qu'il en est allé presque de même pour le modèle euclidien de la géométrie ou le modèle pythagoricien de l'arithmétique jusqu'à l'émergence de nouveaux modèles mathématiques.

Pendant des siècles, ce modèle métalinguistique sera enseigné et appris comme s'il n'était pas lié à une observation de la langue grecque et à certaines options philosophiques de la pensée grecque antique. Et pourtant ce sont ces options qui justifient le processus d'abstraction décrit au § 3, par lequel l'énoncé échangé est réduit à la phrase grammaticalement analysable. Elles peuvent être grossièrement résumées en disant qu'elles posent l'hypothèse que **les mots ne sont pas les choses, qu'ils ne sont pas des choses** et que **leurs relations présentent une certaine stabilité** qui peut être décrite méthodiquement, en dépit de la fugacité de la parole, de la mouvance du monde et de la variété des hommes et des langues. F. de Saussure, à notre avis, ne fera que radicaliser cette option métaphysique ancienne, en adoptant le principe qu'il n'est de linguistique que dans l'étude de la **langue** « en elle-même et pour elle-même », c'est-à-dire indépendamment de son support physique et du monde réel dans lequel elle est réellement utilisée et qu'elle signifie, c'est-à-dire la langue comme un système de formes abstraites. Cette conception n'est certes pas la seule possible, ni la seule dont se soient inspirés les grammairiens occidentaux (le modèle philologique ou le modèle de la philosophie analytique anglo-saxonne, sur les usages de la langue en tant qu'actes de langage, reposent sur une conception en partie différente des rapports de la langue au monde, à l'histoire et à ses utilisateurs) ; elle n'est d'ailleurs souvent pas adoptée spontanément, comme nous l'avons vu en 3, par nombre d'enfants ou adultes, même occidentaux, qui ne parviennent pas à dissocier les formes linguistiques de leurs conditions d'usage, de leur matérialité sensible et du monde auquel elles renvoient.

Cette conception est encore moins spontanément adoptée par les apprenants qui relèvent de traditions culturelles et philosophiques différentes de celle qui donna naissance à la grammaire occidentale, singulièrement quand ces traditions ne s'appuient pas sur l'écriture ou s'appuient sur des systèmes d'écriture non phonétiques.

L'anthropologie linguistique a montré que « si la pratique du langage suppose réellement pour l'homme primitif une **distance** par rapport aux choses, le langage n'est pas conçu comme un **ailleurs** mental, une démarche d'abstraction. Il participe comme un élément cosmique du **corps** et de la **nature,** confondu avec la force motrice du corps et de la nature. Son lien avec la réalité corporelle et naturelle n'est pas abstrait ou conventionnel, mais réel et matériel. » (J. Kristeva, 1981, p. 56) Le nom propre, par exemple, peut être utilisé, comme les cheveux ou les ongles, pour « jeter un sort » sur un ennemi, car le nom est considéré comme une partie du corps et le maltraiter revient à maltraiter celui qui le porte. Chez les Bambaras et chez les Dogons en particulier (voir D. Zahan, 1963 et G. Calame-Griaule 1965), la parole est conçue comme produite par l'ensemble du corps : parler, c'est pour ainsi dire accoucher, et maîtriser la parole, c'est savoir maîtriser son souffle et ses postures selon les rites consacrés : « Ce que le savant occidental traduit par **parole** ou **langage** se révèle être parfois le travail du corps lui-même, le désir, la fonction sexuelle, le verbe aussi, bien sûr, et tout cela à la fois. » (J. Kriskeva, 1981, p. 60)

Pour la pensée linguistique chinoise traditionnelle, le savoir sur la langue est d'abord un savoir sur l'écriture, et les considérations métalinguistiques des lettrés ont porté essentiellement sur des taxinomies des idéogrammes, si bien que les descriptions y sont plus d'ordre lexicographiques que grammaticales. En Occident, les grammaires ont précédé de plusieurs siècles les dictionnaires ; en Chine, les dictionnaires, non de mots mais de caractères, ont été, jusqu'au XIXe siècle, les seuls instruments de connaissance, non pas tant de la langue ou des langues chinoises que de l'écriture chinoise commune à l'ensemble des dialectes utilisés dans l'Empire. C'est que, pour les lettrés chinois, la réalité linguistique fondamentale réside dans l'écriture, gage de leur compétence et raison de leur prestige. Et comme il n'y a pas de lien rationnel entre un caractère et son ou ses interprétation(s) vocale(s) et sémantique(s) (on ne peut deviner le son et le sens d'un caractère qu'on rencontre pour la première fois, et on ne peut écrire un mot chinois dont on connaît le son et le sens mais dont on ignore le caractère), l'écriture chinoise constitue un domaine sémiotique qui peut être étudié en lui-même quasi indépendamment des langues qu'elle signifie. Longtemps liée à la magie, la divination, la religion, cette écriture a suscité toute une philosophie sociale et esthétique, parce que l'ensemble des caractères peut être considéré comme la reproduction symbolique de l'ensemble des êtres, des choses et des idées (d'où l'art de la calligraphie et ses écoles, parce que savoir dessiner heureusement les caractères selon les rites, c'est participer à une certaine harmonie du monde ; d'où le fait, par exemple, que seul l'empereur était habilité à proscrire certains caractères ou à en admettre de nouveaux). Mais comme le modèle grammatical traditionnel doit beaucoup à la langue grecque, la conception lexicographique chinoise doit beaucoup aux caractéristiques des langues chinoises : « Les parties du discours n'existent pas en chinois du point de vue sémantique : il n'y a pas de mot chinois qui désigne toujours et nécessairement une chose, un procès, ou une qualité. Elles n'existent pas non plus, sous certaines réserves, du point de vue morphologique. Elles n'y existent que du point de vue fonctionnel (...) Qu'un seul et même mot puisse signifier, sous une seule et même forme, tantôt un état de l'être ou une modalité du devenir, ailleurs une qualité, une circonstance et tout le reste, cela choque en nous des convictions héritées d'Aristote et des rhéteurs gréco-latins à travers des siècles de scolastique et qui, si je puis dire, nous tiennent aux entrailles. Il y a là quelque chose de scandaleux, de révoltant ; aussi voit-on constamment les parties du discours, après des évictions de principe, faire leur rentrée dans la grammaire chinoise par quelque porte détournée (...) Rares sont les savants qui ont montré assez de fermeté dans le jugement pour maintenir en toute occasion que les parties du discours (...) sont en chinois un mirage dont il faut nous débarrasser une fois pour toutes. La polyvalence grammaticale des mots est un fait absolu en chinois. » Cette longue citation du sinisant Demieville (dans J. Kristeva, 1981, pp. 78-79) atteste à la fois la prégnance du modèle métalinguistique grec, y compris chez les spécialistes chinois contemporains, et la résistance des productions de la grammaire intériorisée chinoise à s'y couler.

Tout modèle métalinguistique semble ainsi dépendre à la fois de la tradition culturelle, philosophique, métaphysique dans laquelle il prend naissance et de certaines caractéristiques de la langue à partir de laquelle il est élaboré, bien qu'il ne soit jamais réductible à un simple « calque » conceptuel de cette langue. Jusqu'à maintenant, on n'est apparemment pas encore parvenu à construire un modèle métalinguistique ayant une validité universelle incontestable, c'est-à-dire permettant d'aborder n'importe quelle langue d'un point de vue suffisamment général pour être considéré comme neutre dans l'analyse qu'il commande. On a ainsi reproché au modèle chomskyen son ethnocentrisme, parce qu'il serait trop inspiré des langues occidentales, en particulier l'anglais, et des options métaphysiques propres à leurs représentations dans la culture occidentale (voir par exemple C. Hagège, 1976).

Ces considérations ne nous éloignent qu'en apparence de la didactique des langues étrangères. Car, s'il est vrai qu'un modèle métalinguistique n'est pleinement compréhensible que par rapport à certaine(s) langue(s) et à une certaine conception du langage et du monde, on comprend mieux les difficultés qu'il y a à introduire efficacement dans une classe de langue des concepts et des opérations métalinguistiques qui ne relèvent pas de la tradition culturelle des apprenants et qui reposent sur l'observation de langues qu'ils ignorent. Implicitement ou explicitement, le modèle qui domine l'enseignement/apprentissage des langues étrangères reste le modèle gréco-latin : «Sur ce plan, remarque A. Gauthier, on peut dire que la terminologie traditionnelle, si inadaptée qu'elle soit, reste le cadre de référence commun aux enseignants de toutes langues, classiques et modernes, étrangères et maternelles.» (1979, p. 10) S'il y a eu quelques tentatives didactiques s'appuyant sur des théories contemporaines, comme la grammaire générative et transformationnelle (par exemple pour l'anglais, R. Lees, 1966), la grammaire de dépendance de L. Tesnière (par exemple, pour l'allemand, H. Happ, 1978), la grammaire fonctionnelle de M.A.K. Halliday (les premiers travaux de D.A. Wilkins), la grammaire énonciative d'A. Culioli (Charlirelle, 1975), etc., la problématique grammaticale adoptée s'inscrit très généralement dans le cadre traditionnel. Et c'est particulièrement vrai des derniers manuels parus de français langue étrangère, même si certains d'entre eux modernisent l'étiquetage des catégories et opérations en s'inspirant de la terminologie structurale ou de celle des grammaires énonciatives, textuelles ou pragmatiques.

Conclusion

Deux remarques concluront ce chapitre, l'une d'ordre épistémologique, l'autre d'ordre didactique.

La grammaire, en tant que savoir sur les langues et sur le langage, est une science comme les autres, en ce qu'elle est conforme à la structure épistémologique de toute connaissance reconnue comme scientifique : elle a son **objet propre** qui est lié à ce que nous avons appelé grammaire intériorisée (il se circonscrit, avec des différences notables selon les grammairiens, à certains aspects abstraits des relations entre les signes dont elle règle les usages) ; elle possède une **théorie** et la **méthode** qui lui est afférente (même s'il est vrai que, comme nous allons le voir, il vaudrait mieux parler de théories et de méthodes) ; et ce sont cette théorie et cette méthode qui permettent la connaissance et la transformation de son objet dans une **pratique** spécifique, ici constituée par les descriptions et simulations grammaticales, produites par l'application méthodique d'une théorie à une partie de la grammaire intériorisée caractéristique d'une langue.

En didactique des langues, il est clair que ce qui est visé prioritairement, c'est l'intériorisation de la grammaire étrangère, quel que soit le public concerné. L'enseignement/apprentissage d'une description grammaticale et du modèle métalinguistique correspondant ne peut, dans la classe de langue, qu'être considéré comme un objectif secondaire par rapport à celui-ci. La question fondamentale est de savoir dans quelle mesure l'acquisition d'une description favorise ou entrave l'intériorisation de la grammaire étrangère. C'est une question ancienne en didactique des langues, comme nous le verrons dans la seconde partie de cet ouvrage, à laquelle il est difficile d'apporter une réponse claire, si on ne distingue pas suffisamment les trois types de connaissance qui organisent tout savoir grammatical et si on n'analyse pas plus précisément les relations qu'ils entretiennent entre eux.

Chapitre 2

L'article français et ses descriptions

Il s'agit de traiter un domaine de la grammaire intériorisée du français, domaine qui n'a pas connu de profondes modifications depuis le XVIᵉ siècle et qui constitue une des difficultés majeures de l'apprentissage de cette langue, celui de l'article, et de voir ce qu'il est devenu dans les descriptions successives qu'en ont proposées les grammairiens. Toutes ces descriptions, sauf les plus récentes, s'inscrivent dans le modèle métalinguistique gréco-latin, mais en raison du fait que le grec n'avait qu'un seul article et que le latin n'en possédait pas, l'application de ce modèle au domaine plus complexe de l'article français a posé et pose des problèmes délicats aux grammairiens. En d'autres termes, nous considérerons ici que la zone de la grammaire intériorisée étudiée par les grammairiens est l'invariant, et nous observerons les descriptions différentes qu'ils en proposent, en fonction des interprétations différentes qu'ils se font du modèle métalinguistique traditionnel, ou de modèles moins traditionnels.

1. Les trois articles du français

Rappelons brièvement la manière dont est posé le problème de l'article dans presque toutes les descriptions grammaticales dont disposent actuellement enseignants et enseignés du français, langue maternelle ou langue étrangère.

L'article y est défini généralement par un triple critère : un critère d'ordre (petit mot placé devant le nom ou devant l'adjectif antéposé), un critère morpho-syntaxique (l'article indique le genre et le nombre du nom qui suit), et un critère sémantique (il « détermine » plus ou moins le nom).

31

Il est ensuite catégorisé en «espèces» différentes au nombre de trois, ayant chacune leurs formes propres. Ce qui donne le tableau suivant (à quelques variantes de disposition et de forme près):

	Singulier		**Pluriel**
	masculin	**féminin**	
articles définis:	*le l'*	*la*	*les*
articles indéfinis:	*un*	*une*	*des*
articles partitifs:	*du, de l'*	*de la*	*(des)* [1]

La régularité ternaire du tableau est quelque peu dérangée par la présence des formes dites «élidées» (*l'* ou *de l'* devant voyelle ou *h* muet) et par l'existence des formes dites «contractées», pour certains articles définis employés après les prépositions *à* et *de*:

(à + le) .... *au*   *(de + le)* .... *du*
(à + les) .... *aux*   *(de + les)* .... *des*

Il s'ensuit que *du* et *des* peuvent apparaître soit dans les articles définis, soit dans les articles partitifs selon leur sens. Ainsi, *du* dans: *Tu achèteras du café* sera supposé partitif, mais sera défini dans: *J'aime le goût du café* ou dans: *Le goût du café que tu me fais est toujours délicieux*. De même, *des* sera réputé partitif dans: *Rapporte-moi des bonbons*, mais indéfini dans: *Elle aimerait avoir des enfants*, et défini dans: *Vous ne m'avez pas parlé des enfants* (= «de vos enfants»). Il arrive que la phrase seule ne permette pas de décider à quelle espèce d'article on a affaire: *des* dans *Je prends des confitures* [2] est partitif s'il s'agit d'exprimer, par exemple, une intention d'achat; défini s'il s'agit d'indiquer une préférence entre plusieurs propositions de desserts présentés sur une table roulante: *Qu'est-ce que vous prendrez? Nous avons des fruits, des tartes et des crèmes au chocolat? - Je prendrai des fruits* (= «les fruits que vous avez»); indéfini s'il s'agit d'un peintre évoquant sa manière de peindre des natures mortes: *En général, je prends des fruits et une belle faïence...* Il faut donc «sortir» de la phrase, imaginer un contexte et une situation plausibles, afin de déterminer l'espèce.

Autre difficulté, en particulier pour les étrangers: certains articles ont même forme que certains pronoms personnels *(le, la, les)*, certains adjectifs numéraux *(un, une)* ou certains pronoms indéfinis *(un, une, l'un, l'une)*. Il n'y a pas qu'en chinois qu'existe une polyvalence grammaticale. Il en résulte qu'il est parfois difficile de savoir si *le* est article ou s'il est pronom, comme dans: *C'est le meilleur de son équipe* ou dans *Laquelle prenez-vous, la rouge ou la bleue?* (pour une discussion sur ce point, voir H. Yvon, 1949 et 1950).

---

1. Certains grammairiens contestent l'existence d'un partitif pluriel.
2. Exemple cité dans G. Mauger, 1968, p. 119.

En dépit de ces imprécisions, cette description est présentée presque toujours comme un discours de vérité incontestable : « il y a en français trois espèces d'articles », « il existe un article défini... », beaucoup plus rarement par une formulation prudente : « on distingue souvent trois espèces d'articles », encore que ce *on* dissimule toute l'autorité grammaticale. C'est elle qui détermine la progression des manuels de français langue étrangère même récents (dans *Cartes sur table*, R. Richterich et B. Suter, 1981, l'ordre d'introduction des articles suit l'ordre de présentation des trois espèces : d'abord les définis, p. 11, puis les indéfinis, p. 15, enfin beaucoup plus tardivement les partitifs, p. 97). La catégorie d'article et ses sous-catégories traditionnelles sont ainsi données comme si elles constituaient des choses directement et naïvement observables dans les manifestations de la grammaire intériorisée française. Jamais ne sont explicitées ou justifiées ces catégorisations, jamais n'est exhibé le modèle métalinguistique qui les construit et qui les fonde, comme si les grammairiens cherchaient à effacer soigneusement toutes les traces du travail qui leur a permis de les élaborer, un peu à la manière des dessinateurs qui gomment soigneusement les traits de leur canevas primitif de composition. Présentées le plus souvent à partir d'exemples soigneusement choisis pour illustrer leurs valeurs, elles sont plus inculquées que réellement enseignées, et elles apparaissent à la plupart des apprenants comme des données à proprement parler non raisonnables, parce qu'on ne leur donne pas les moyens de les raisonner et donc de les contester.

2. Les articles comme marques des cas

La notion d'article et le mot même ont été empruntés par les premiers grammairiens du français au modèle métalinguistique gréco-latin, le seul qu'ils connaissaient.

Article est la traduction littérale de **articulus** qui lui-même vient du mot grec ἄρθρον, par lequel, au moins depuis Aristote, on désignait tous les petits mots qui servent à relier entre eux les mots plus importants, c'est-à-dire qui les « articulent ». Cette classe regroupait des mots que nous nommons maintenant articles, adjectifs, pronoms relatifs, prépositions, voire certains verbes.

De plus, ce modèle posait que les noms avaient des cas, c'est-à-dire qu'ils modifient une partie de leur forme (très généralement leur terminaison) selon leur fonction dans la proposition. Certes, il était facile de remarquer que ce type de modification n'existait pas pour les noms français, qui, dès la fin du Moyen Age, ne portent plus que les marques du nombre et souvent du genre. Mais il était aussi aisé de remarquer que les noms français étaient régulièrement précédés de petits mots qui peuvent servir à désigner leur fonction : ainsi, *le, la, les* se trouvent assez généralement devant les noms qui, d'après la grammaire latine, sont sujets (nominatif) ou objet (accusatif), *a* et *au* se trouvent devant les noms qui seraient en latin au datif, et *de* ou *du* apparaissent devant ceux qu'on traduirait en latin par des génitifs ou des ablatifs. Or il existait en latin des noms dont les cas et les genres se confondaient parce qu'ayant les mêmes terminaisons. Pour les distinguer didactiquement, certains grammairiens les faisaient précéder de particules comme *hic, haec, hoc,* particules dont les déclinaisons indiquaient clairement genre et cas. Ainsi, Priscien distinguait, au nominatif, le genre de *scriba, Aurora,* et *poema* en les faisant précéder respectivement de *hic* (masculin), *haec* (féminin) et *hoc* (neutre) ; et à l'ablatif, par exemple, en faisant précéder *poeta* (masculin) par *ab hoc* et *Musa* (féminin) par *ab hac.* Ces particules distinctives préposées aux noms étaient appelées des *pronomina articularia* ou simplement des *articulari.*

Il suffisait donc de considérer que les petits mots qui précédaient les noms français étaient, eux aussi, des *articulari,* c'est-à-dire les articles du français, et que, comme leurs équivalents latins, ils marquaient et le genre et le cas.

R. Estienne, par exemple, dans son *Traicté de la Grammaire françoise* (1557) définit les articles «comme des petits mots d'une syllabe, faisans ung mot, desquels on se sert pour donner a cognoistre les cas des Latins» (cité par J.C. Chevalier, 1968 a, p. 232). Ce qui lui permet de construire les paradigmes suivants :

	masculin	**féminin**	**pluriel**
Nominatif **Accusatif**	*le Maistre*	*la femme*	*les Maistres* *les femmes*
Génitif **Ablatif**	*de, du Maistre*	*de femme*	*de, des Maistres* *de, des femmes*
Datif	*a, au Maistre*	*a femme*	*a, aux Maistres* *a, aux femmes*

On retrouvait ainsi en français des paradigmes casuels, certes moins affinés qu'en latin, puisque nominatif et accusatif d'une part, génitif et ablatif d'autre part, avaient même forme, mais n'était-ce pas naturel puisqu'on admettait alors que le français ne pouvait avoir la «perfection» du latin. Certains grammairiens d'ailleurs complétaient la déclinaison en ajoutant un vocatif et un ablatif : J. Lefèvre d'Etaples dans sa *Grammatographia* (1529) donne les exemples *o hôme, o femme* pour le vocatif, et *par l'hôme, par la fême* pour l'ablatif.

On voit comment le «prisme» du modèle métalinguistique grécolatin amène ces grammairiens à «découvrir» en français des cas, marqués par ce qu'ils nomment des articles et qui regroupent à la fois des articles et des prépositions. En revanche, *un, une* n'apparaissent pas, sans doute parce qu'ils étaient considérés comme des pronoms ou des adjectifs numéraux (sur tous ces points, on pourra voir H. Yvon, 1955 et 1956).

34

Cette description casuelle du français copiée sur la description traditionnelle du latin présentait un avantage didactique intéressant : l'élève qui avait appris à repérer les cas dans des phrases françaises les reconnaissait plus aisément dans des phrases latines dont il avait peine à saisir le sens. L'utilisation du même modèle métalinguistique pour décrire les deux langues facilitait évidemment le transfert des connaissances acquises à propos de l'une sur l'autre. C'est probablement la raison principale du maintien de cette description casuelle du français jusqu'au milieu du XVIIIᵉ siècle, en dépit des multiples difficultés qu'elle contient : des générations d'écoliers ont appris, comme dans Molière, qu'en français le nominatif est semblable à l'accusatif et le génitif à l'ablatif. Cette description s'est d'ailleurs maintenue à l'étranger pour enseigner le français à des élèves qui avaient une langue à cas bien marqués ou qui devaient apprendre simultanément le grec et le latin (certains professeurs yougoslaves ont connu des grammaires casuelles du français et certains collèges privés américains y avaient encore recours il y a une trentaine d'années).

3. La théorie des deux articles

Cette grammaire casuelle a pourtant été contestée très rapidement par de nombreux grammairiens qui considéraient qu'elle n'était pas conforme au « génie » de la langue française. *La Grammaire générale et raisonnée* (1660, dite grammaire de Port-Royal) est sans doute le meilleur exemple de description ancienne non casuelle.

Ses auteurs, Arnauld et Lancelot, observent que le latin n'a pas d'article, que le grec en a un *(ὁ, ἡ, τό)* et que « les langues nouvelles en ont deux, l'un qu'on appelle défini, comme *le, la* en français ; et l'autre indéfini, *un, une* » (1969, p. 39). Pour eux, ces articles « déterminent la signification » des noms « d'une autre manière que le nombre » *(ibid.)*. Même s'ils ajoutent qu'il est « difficile de marquer précisément en quoi consiste cette détermination, parce que cela n'est pas uniforme en toutes langues qui ont des articles » *(ibid., p. 41)*, ils n'en posent pas moins un modèle métalinguistique qui exclut la catégorie du cas comme inutile à la description du français : « Ces articles n'ont point proprement de cas, non plus que les noms. » *(ibid., p. 39)*

L'article défini regroupe les formes *le, la, les,* auxquelles sont rattachées les formes *du, des, au, aux,* parce que, expliquent-ils, issues d'une « contraction des particules *de* et *a* (...) avec le pluriel *les* et le singulier *le* » *(ibid.)*, les formes en *u* ou en *au* provenant d'une vocalisation du *l* en *u,* « ce qui est fort commun en notre langue, comme quand de *mal* on a fait *maux,* de *altus, haut,* de *alnus, aune* » *(ibid.)*. Ils notent que cette règle phonétique (contraction avec ou sans vocalisation) ne s'applique qu'aux articles placés devant des noms masculins commençant par une consonne ; elle ne s'applique pas aux articles précédant des noms féminins ou des noms masculins commençant par une voyelle (pas d'allusion à ceux commençant par *h* muet) : on a de *l'état, à l'état, de la vertu, à la vertu.*

L'article indéfini comprend les formes *un, une* auxquelles est rattaché le pluriel *des*, en raison du fait que «partout où on met *un* au singulier, on doit mettre *des* au pluriel, ou *de* devant les adjectifs» *(ibid.,* p. 40). Cette analogie de fonctionnement conduit à penser que ces particules tiennent «souvent au pluriel le même lieu d'article indéfini qu'*un* au singulier» *(ibid.).* La règle de contraction ne s'applique pas quand ces articles sont précédés de *à* ou de *de,* mais elle s'applique quand *de* précède *des* ou *de,* «car *de des,* et encore plus *de de,* eût trop choqué l'oreille» *(ibid.,* p. 41).

Déterminé par un article défini, le nom signifie soit «l'espèce dans toute son étendue : *Le roi ne dépend point de ses sujets»* *(ibid.,* p. 42), soit «un ou plusieurs singuliers déterminés par les circonstances de celui qui parle, ou du discours : *Le roi Louis XIV fait la paix» (ibid.).* Déterminé par un article indéfini, le nom signifie «un ou plusieurs individus vagues» *(ibid.).* Employé sans article, il a une signification «fort confuse» *(ibid.)* comme dans : *Il a fait un festin de roi.*

N'était l'absence des articles partitifs, cette description est proche de la description traditionnelle contemporaine présentée en 1. Quant à la règle d'euphonie, il faudrait en limiter l'application aux articles, sinon Arnauld et Lancelot y contreviennent dans la même page où ils s'en réclament : «l'usage des articles était **de dé**terminer...» *(ibid.,* p. 41). Remarquons, de plus, que bien qu'ils aient affirmé que ni les noms, ni les articles du français ne se déclinent, ils n'en reformulent pas moins constamment leur description dans le langage du modèle casuel : ils notent par exemple que «*des* est quelquefois le génitif pluriel de l'article *le* (...) et quelquefois le nominatif ou l'accusatif, ou l'ablatif, ou le datif du pluriel de l'article *un*» *(ibid.,* p. 41). Ces reformulations attestent que la description casuelle était probablement alors la seule que connaissaient les lecteurs potentiels de la grammaire de Port-Royal. Ses auteurs s'adressent à eux dans le métalangage qui leur est le plus familier. Il y a là un souci pédagogique intéressant sur lequel nous reviendrons.

La théorie des deux articles avait déjà été proposée, sous une forme moins achevée, par Jean Palsgrave dans *L'Esclarcissement de la langue françoyse* (1530). Comme Arnauld et Lancelot, il considérait déjà que «pour ce qui est des cas des noms, la langue française n'en a pas» (cité par J.C. Chevalier, 1968 a, p. 140), et il distinguait, mais sans leur donner de noms, *un, ungz, une, unes* et *le, la les.* Il justifiait cette distinction en s'appuyant sur l'anglais, *un* correspondant à *a* (différent du numéral *one,* alors qu'en français numéral et article se confondent), et *le* correspondant à *the.* Et il ajoutait que les pluriels *ungz* et *unes* étaient d'emploi rare. Là aussi, on trouve le même souci didactique de tenir à ses lecteurs un métalangage qu'ils puissent comprendre : Palsgrave écrivait en anglais pour des Anglais, c'est donc en s'appuyant sur la connaissance qu'ils ont de certaines distinctions dans leur propre langue qu'il s'efforce de présenter une langue qui leur est étrangère. Peu et mal connu en France, il est probable que Palsgrave n'est pas à l'origine des propositions de Port-Royal.

4. Il n'y a qu'un seul article en français

Les grammairiens du XVIIIe siècle, plus particulièrement Ch. du Marsais et N. Beauzée qui ont rédigé la plupart des articles grammaticaux de l'*Encyclopédie*, récusent aussi la théorie des cas pour le français. Ils constatent que les noms français ne subissent dans leurs terminaisons aucun changement qui puisse être considéré comme l'expression de cas, et que les particules qui les précèdent ne donnent aucune indication précise sur leur rôle dans la phrase. En français, selon eux, c'est l'ordre des mots et les prépositions qui déterminent ce qu'ils appellent « les sens accessoires », lesquels sont exprimés par les cas dans d'autres langues, comme le grec, le latin ou l'allemand.

Mais de ces options métalinguistiques, Ch. Du Marsais et N. Beauzée vont tirer des conclusions opposées à celles des grammairiens de Port-Royal. Leur raisonnement est le suivant.

Si dans le modèle casuel on admet que *à* et *de* servent à former des cas, pourquoi ne pas admettre que toutes les autres prépositions *(sur, par, pour, sous, dans, ...)* en forment aussi? Existe-t-il une différence, de ce point de vue, entre *de* et *pour* dans *l'amour de la patrie* et *l'amour pour la patrie*? De plus, dire que *à* marque le datif, et *de* le génitif leur paraît contraire au fait qu'en latin *ad* gouverne l'accusatif et *de* l'ablatif. Mieux vaut considérer que *à* et *de* sont des prépositions comme les autres, qu'elles marquent un rapport entre deux mots, alors que l'article ne marque aucun rapport, il fait seulement considérer le nom qu'il précède d'un point de vue différent de celui dont on le considère quand il est employé sans article. Sans article, le nom a une signification vague et générale, comme *honneur* dans *Cet homme a été traité avec honneur*; on peut alors parler d'un sens indéfini. Mais dès qu'il est précédé d'un particule, que ce soit un article, une préposition ou tout autre « petit mot », il acquiert un sens supplémentaire qui le définit de quelque manière. La distinction entre article défini et article indéfini n'est donc pas une distinction solide.

De cette critique serrée des modèles antérieurs, on peut tirer deux hypothèses. La première, la plus simple et la plus élégante, pose qu'il n'y a en français qu'un seul article *(le, la, les)* qui détermine soit spécifiquement en tant que relevant d'une classe donnée *(L'homme est mortel)*, soit individuellement *(L'homme dont je vous ai parlé)* le nom qu'il précède. La seconde pose qu'il y a une grande diversité d'articles, aussi bien *le, la, les* que *tout, chaque, nul, certain, ce, mon, ton, son, un, deux, trois,* etc. Du Marsais propose de nommer ces particules prénominales tout simplement des **prénoms** qui indiquent des points de vue de l'esprit différents à partir desquels on considère les noms qu'ils précèdent. Beauzée proposera de regrouper sémantiquement ces points de vue : *tout, chaque, nul* par exemple seraient classés comme «articles collectifs»; *quelque, certain,* comme «articles partitifs», *un, deux, trois,* comme «articles numériques», etc.

De ces deux hypothèses, c'est la première qui allait l'emporter pendant plus d'un siècle : presque toutes les grammaires pédagogiques de la fin du XVIIIe et de plus de la moitié du XIXe siècle affirment que le français n'a qu'un seul article. Dès 1754, N.F. de Wailly affirme : «Nous n'avons qu'un article, c'est *le*, masculin singulier; *la*, féminin singulier, *les* pluriel des deux genres» (1782, p. 39), et pour lui «ce n'est point l'article qui détermine la signification du nom commun (...), c'est le nom même avec une restriction tacite ou exprimée» *(ibid.,* p. 153). Ch. P. Girault-Duvivier, dans sa *Grammaire des Grammaires* (première édition 1814, citée dans la 17e édition de 1859), «divise l'article en article simple et en article composé. L'article simple est *le, la, les*; l'article composé : *au, aux, du, des*», mais il ajoute en note qu'on peut cependant regarder comme des «équivalents de l'article : *ce, cet, cette, ces; mon* (...); *quelque, nul, aucun, tout; un, deux, trois,* ...» (tome 1, p. 205), combinant ainsi les deux hypothèses de Du Marsais et Beauzée. Il ne parle pas d'article partitif et considère que «l'introduction de l'article **indéfini** serait au moins une inutilité, si ce n'était même une absurdité et une contradiction» *(ibid.,* p. 210). Ch. F. Lhomond, puis F. Noël et Ch. Chapsal, qui publieront plus de 80 éditions en 70 ans, profitant du développement de l'enseignement primaire et secondaire, s'en tiennent à la même doctrine (voir A. Chervel, 1977, en particulier pp. 237-240). Bref, comme l'écrit H. Yvon : «L'existence en français d'un seul article, *le, la, les* était (...) garantie par l'Etat» (1956, tome 24, p. 5).

5. L'émergence de l'article partitif

La notion d'article partitif est relativement ancienne dans l'histoire de la grammaire française. Le premier grammairien qui l'ait introduite est probablement Ch. B. Maupas dans sa *Grammaire et Syntaxe françoises* (1607). J.C. Chevalier note que «par rapport aux grammaires antérieures, les chapitres que Maupas consacre à l'article présentent une organisation bien plus cohérente et commencent à dessiner ce qui sera le schéma des grammaires scolaires actuelles» (1968 a, p. 421). Maupas distingue quatre espèces d'articles : les définis, les indéfinis, les articles intégraux comme *un, d'un, à un* au masculin, et les articles «distributifs et partitifs» qu'on utilise avec les mots qui désignent des «substances usuelles» qui «servent par portions et par pièces et par morceaux comme *du pain, de la toile, du drap*» (cité par J.C. Chevalier, *ibid.*). Puis, l'article partitif reparaît sous différentes dénominations chez Latouche et le Père Buffier (fin XVIIe, début XVIIIe siècles). Celui-ci distingue trois espèces : définis, indéfinis et «mitoyen ou indéfini partitif», dans laquelle sont classés : *du, de la, à des, à de, de, à du, à de la*, etc. Restaut parle aussi dans sa grammaire (1730) d'articles «indéfinis partitifs» qu'on met devant les noms dont «on ne veut exprimer qu'une partie indéterminée, sans en désigner ni la quantité, ni le nombre précis» (cité par J.C. Chevalier, *ibid.*, p. 641).

Il est possible que certaines grammaires pédagogiques du XVIIIe siècle aient introduit dans leurs descriptions cette notion d'article partitif; H. Yvon (1956, p. 3) s'avoue «surpris» de trouver chez Levizac *(Grammaire philosophique et littéraire*, Londres, 1797) la remarque suivante : «On lit dans presque toutes les grammaires cette ridicule distinction d'articles (...) défini, *le, la, les* : indéfini, *un, une*, et l'article partitif, *du, des* (p. 206)»; remarque qui tendrait à prouver que la description scolaire contemporaine est ancienne, même si elle connut une éclipse de plus d'un siècle due à la prépondérance de la théorie de l'article unique.

H. Yvon (1956, pp. 4-7) estime que la réapparition de l'article partitif dans les descriptions destinées au grand public date de la seconde moitié du XIXe siècle. Ayer *(Grammaire comparée de la langue française*, Lausanne, 1853) l'introduit dans sa description sans doute, selon H. Yvon, sous l'influence des grammairiens philologues allemands. Pour A. Chervel (1977) cette réapparition s'inscrit dans une redécouverte de l'opposition défini/indéfini, laquelle ne serait pas «imputable à l'autorité de Port-Royal, unanimement dénoncé à l'époque» (p. 239), mais à de simples considérations pédagogiques relatives à l'enseignement de l'orthographe : *un, une* dénasalisés permettent de repérer le genre des noms commençant par une voyelle contrairement à *l'*; on les aurait bientôt rapprochés de *de* et de *des* en estimant qu'ils en constituaient les singuliers «naturels»; *du, de la,* parfois associés à *des*, acquièrent alors leur autonomie en tant que partitifs. «Vers 1890, note Chervel, le nouveau classement est à peu près en place. Le français a désormais trois articles, défini, indéfini et partitif.» *(ibid.*, p. 239). Ce classement se trouvera officialisé par les nomenclatures ministérielles de 1910 et 1949, faisant de la théorie des trois articles une nouvelle «vérité» reconnue par l'Etat, et devant en tant que telle être enseignée à tous les enfants de France.

Une remarque de M. Proust atteste la diffusion de cette notion nouvelle à la fin du XIXe siècle. Commentant les manières de parler de sa fidèle servante Françoise, il observe qu'elle «ignorait l'usage de ce que Saint-Loup appelait les articles partitifs et disait *avoir d'argent, apporter d'eau*[1] » (1966, tome 2, p. 21) ; Saint-Loup est un personnage de jeune aristocrate qui se pique d'intellectualisme et qui montre ainsi sa « modernité » d'alors.

Les différentes descriptions de l'article que nous venons d'évoquer brièvement (l'article comme marque casuelle, les théories à un seul article, deux articles, trois articles et celle des nombreux **prénoms** de Du Marsais) s'inscrivent toutes dans le cadre global du modèle métalinguistique gréco-latin. Les divergences naissent essentiellement de l'importance qu'on accorde à telle ou telle catégorie de ce modèle dans la description du français. Certains récusent la notion de cas, laquelle n'est pas des plus claires même pour le latin (voir pour une discussion, P. de Carvalho, 1980), tout en admettant qu'elle puisse être utile pour décrire d'autres langues dites « à cas ». Il y a des disputes sur la distinction défini/indéfini, et sur le nombre de formes qu'on doit classer comme articles. Mais la notion même d'article n'est pratiquement jamais remise en cause ; et si son rôle par rapport au nom est interprété différemment (par exemple, ce n'est que dans les descriptions de la fin du XIXe siècle que l'article est supposé « indiquer » le genre et le nombre du nom) l'article est toujours réputé « déterminer » le nom de quelque manière. Et ce sont, cependant, ces divergences très ponctuelles dans l'interprétation du modèle métalinguistique classique qui produisent des descriptions très différentes les unes des autres. Ce qui montre que le modèle et l'interprétation qu'on en fait est probablement plus déterminant pour l'élaboration d'une description que l'observation des manifestations de la grammaire intériorisée.

Nous allons maintenant évoquer quelques descriptions ou simulations contemporaines dont les modèles métalinguistiques remettent partiellement en cause le modèle gréco-latin : ce sont celles proposées par G. Guillaume, B. Pottier et A. Culioli. Nous considérons que, du point de vue épistémologique qui nous intéresse, la description dite structurale avec sa classe de **déterminants** ou de **prédéterminants** (voir par exemple J. Dubois, 1965) ne fait qu'expliciter, par la procédure de substitution paradigmatique des particules acceptables devant les noms, la théorie de Du Marsais sur les **prénoms**, théorie qui a séduit presque tous les grammairiens - linguistes du début du XXe siècle (F. Brunot, Ch. Bailly, Damourette et Pichon, A. Meillet, avant les structuralistes, étendent la notion d'article à toutes les particules prénominales), même si elle s'est trouvée, de fait, exclue pendant longtemps des grammaires scolaires. De plus, les grammaires scolaires dites structurales réintègrent presque toutes la théorie des trois articles, ceux-ci étant posés comme des sous-catégories de la classe des articles qui, elle-même, est considérée comme une sous-classe de celle des déterminants.

---

1. C'est la construction habituelle à la forme négative : *je n'ai pas d'argent.*

6. Les articles comme « mouvements » de pensée (G. Guillaume)

G. Guillaume est l'initiateur d'une théorie métalinguistique qu'il appelle la « psycho-systématique » dont le projet est beaucoup plus hypothético-déductif que taxinomique. Il ne s'agit pas, pour lui, simplement de classer méthodiquement les formes observables d'une langue, mais de « remonter », par une sorte d'induction hypothétique à partir de leur observation, aux « mouvements de pensée » primordiaux et, selon lui, quasi universels qui sous-tendent et expliquent leurs emplois. Dans ses propres termes, il s'agit d'abord d'essayer d'atteindre « la langue » (dans un sens plus abstrait que le sens saussurien), c'est-à-dire « la collection des moyens permanents et systématisés que la pensée humaine a réussi à inscrire en elle-même, sous des formes qui lui permettent d'en tirer dans l'immédiat sa propre expression » (G. Guillaume, 1964, p. 153)[1]. Le projet psychosystématique consiste à expliquer la variété infinie des « faits de discours » par quelques « faits de langue » très généraux décrits dans leur développement temporel ; il s'agit d'abord de faire des hypothèses sur « les grands mouvements inhérents à la pensée humaine (et) inséparables de la langue », dont on serait fondé à dire « qu'ils la créent autant et plus qu'elle ne les crée » (ibid., p. 145), avant d'essayer de rendre compte, à partir de ces hypothèses, des faits de discours directement observables.

Deux opérations de pensée, ou « moyens permanents et systématisés de la pensée humaine », peuvent, selon G. Guillaume, rendre compte de la diversité des usages des articles en français : « l'accession au général à partir du particulier et, inversement, l'accession au particulier à partir du général » (ibid., p. 146). Il s'agit de « deux mouvements » de pensée, l'un qui se propage à partir de l'universel en direction du singulier et qui, pour cette raison, est appelé « mouvement de particularisation », l'autre qui se propage à partir du singulier en direction de l'universel et qui sera dit pour cette raison « mouvement de généralisation ». Ces deux mouvements opposés « qui alternent sans cesse dans la pensée (...) constituent le *fundamentum* systématique de toute langue » (ibid).

Ces mouvements reçoivent en français une expression linguistique particulièrement nette puisque chacun d'eux s'incarne dans un article spécifique : la particularisation est exprimée par l'article *un*, qui « indique le mouvement par lequel la pensée, prenant de la distance par rapport à l'universel, s'approche par degré du singulier

1. Les thèses de G. Guillaume sur l'article apparaissent dans *Le problème de l'article et sa solution en français*, Paris, Hachette, [1919]. Elles ont été ensuite nuancées et précisées dans de nombreuses publications. Nous nous appuierons ici essentiellement sur G. Guillaume (1964) : *Langage et science du langage* où sont repris des articles publiés en 1944 et 1945 (pp. 143-183) ; et sur R. Valin (éd.) (1971) dans lequel est publié une conférence de 1949 (pp. 207-215).

numérique » *(ibid.)* ; la généralisation, par l'article *le* qui, à l'inverse, « symbolise le mouvement par lequel la pensée, prenant son départ au singulier déjà atteint, s'en éloigne et tend (...) vers l'infinitude de la vision universelle » *(ibid.)*. Ces deux mouvements alternants doivent être compris comme s'inscrivant dans la chronogenèse de la parole : le mouvement de particularisation précède temporellement le mouvement de généralisation, lequel ne se développe que quand le premier a dépassé le point ultime de particularisation, c'est-à-dire « le singulier numérique ». Pour Guillaume, il y a donc en français « deux articles fondamentaux » qui correspondent aux deux mouvements de pensée primordiaux « l'article de particularisation *un* et l'article de généralisation *le* » *(ibid.*, p. 150).

Hypothèse qui peut être visualisée par le schéma suivant :

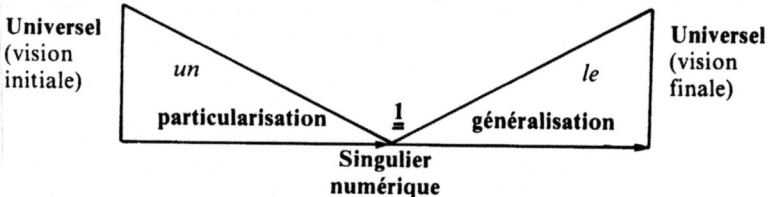

Et G. Guillaume montre comment ces deux mouvements fondamentaux peuvent s'articuler sur ceux qui ordonnent l'usage du nombre.

En effet, la catégorie du nombre va du pluriel au singulier et du singulier au pluriel par un double mouvement successif assez semblable à celui que G. Guillaume postule pour *un* et *le*. Le « singulier numérique » (comme dans *Je prendrai une côtelette et un beefsteak*) est le point où se rejoignent les mouvements constitutifs de l'article et ceux qui constituent le nombre, les premiers étant conçus comme une sorte d'abstraction, une soustraction diachroniquement plus tardive, des seconds. La psychosystématique de l'article aurait simplement conservé le mécanisme propre à celle du nombre, en excluant la notion même de nombre. G. Guillaume en déduit que les articles fondamentaux *un* et *le* n'ont pas, à proprement parler, de pluriel : « Le pluriel, réintroduit dans le système de l'article une fois celui-ci constitué sur la seule base du continu singulier, n'est qu'un pluriel d'accord ne signifiant pas plus, à la limite d'extension, que le singulier auquel il se substitue », comme on peut le constater si on compare *L'homme est méchant* et *Les hommes sont méchants* *(ibid.*, p. 169). En d'autres termes, G. Guillaume considère que le pluriel attesté par *les* ou par *des* ne fait que répéter celui exprimé par le substantif et ne relève donc pas, selon lui, du système de l'article (« c'est, note-t-il, un fait éminemment visible que le français moderne n'a pas de pluriel sémiologique de l'article *un* », entendant par là que *uns* n'existe pas comme article et que *des* est une combinaison de *les* et de la préposition *de*, voir *ibid.*, p. 173).

En revanche, les articles partitifs sont intégrés au système de l'article par le raisonnement qui suit. Le mouvement de particularisation convient bien « aux noms signifiant des choses qui se laissent nombrer, autrement dit qui acceptent la saisie du nombre 1 et de la suite arithmétique : *une maison, deux maisons, trois maisons,* etc. » *(ibid.,* p. 174), mais disconvient aux noms signifiant une matière, une qualité abstraite ou toute réalité non nombrable. Ces « noms de choses amorphes » ne peuvent en conséquence qu'être pris dans le mouvement de généralisation, en lui empruntant son article *(le)* et en le combinant avec la préposition *de* qui a pour propriété d'en contrarier l'extension vers l'universel. On obtient ainsi ce que Guillaume appelle « un article anti-extensif (...) que les grammairiens désignent généralement sous le nom heureusement inventé et fort exact (le fait est rare en grammaire pour qu'on le signale en passant) de partitif » *(ibid.),* c'est-à-dire *du.* Il en va de même pour la constitution des articles *de la* ou *des.* Tous ces partitifs appartiennent à « la genèse secondaire du système de l'article, leur apparition dans la langue étant historiquement subséquente à celle des articles fondamentaux simples *un* et *le* qui en représentent la genèse primaire » *(ibid.,* p. 175).

A ce système hypothétique, s'ajoute un troisième mouvement orienté à partir de l'abstrait (ce qui dans le schéma est nommé « universel, vision finale ») en direction du concret, mouvement qu'il qualifie de **concrétion** qui succède à celui de généralisation, comme celui-ci succède à celui de particularisation. On obtient ainsi au niveau de la langue « un système trimorphe avec trois tensions successives » *(ibid.,* p. 181), auquel correspondent les deux articles fondamentaux *un* et *le (des* et *les* fonctionnant comme leur pluriel, mais simplement d'accord par rapport aux noms qu'ils précèdent), le système secondaire des partitifs *(du, de la, des)* et l'article zéro.

Ce système élaboré par G. Guillaume est considéré par lui comme un « fait de langue » qui permet de rendre compte de manière très fine des valeurs que les articles prennent en discours selon « la saisie interceptive plus ou moins précoce ou tardive » *(ibid.,* p. 148) que la pensée opère dans la successivité des trois mouvements. Leur saisie psychologique très précoce dans le mouvement de particularisation rendra compte du sens de *Un enfant est toujours l'ouvrage de sa mère* (valeur universelle dans une vision particularisante) ; une saisie plus tardive, plus proche du singulier numérique, expliquera le sens de *Un enfant entra.* De même, *L'homme était entré et s'était assis* correspondra à une saisie très précoce du mouvement de généralisation, tandis que *L'homme est mortel* relèvera d'une saisie tardive proche de l'universel final, etc. Ce système permet de décrire des « effets de sens extrêmement variés » *(ibid.* p. 147) : la phrase *Le soldat français sait résister à la fatigue* n'a pas, pour Guillaume, tout à fait le même sens que *Un soldat français sait résister à la fatigue*[1], parce que celle-ci indique « un mouvement d'approche du singulier », alors que celle-là indique « un mouvement inverse d'éloignement du singulier », il y a donc entre les deux ce que Guillaume appelle « une différence de visée » *(ibid.,* p. 151).

1. N'oublions pas que de nombreux exemples de G. Guillaume datent de l'après-guerre 1914-1918.

7. L'article comme modalité (B. Pottier)

Le modèle proposé par B. Pottier est explicitement hypothético-déductif : « Le linguiste part de l'observable pour construire une hypothèse sur le non-observable directement, afin de rendre compte d'une façon plus cohérente de ses nouvelles observations. » (1974, p. 9) Cette hypothèse consiste à postuler, au-delà du linguistique observable, « une **structure d'entendement**, très profonde, lieu de la connaissance, par nature déliée des langues naturelles » (*ibid.*, p. 21), et donc très générale, voire universelle. Cette structure d'entendement relève de ce que B. Pottier appelle le « plan conceptuel » sous-jacent au « plan linguistique » et permettant d'en rendre compte. Une structure d'entendement représente un ensemble de concepts et de relations (une conceptualisation) suffisamment généraux pour qu'ils demeurent inchangés quand ils sont encodés dans des langues différentes. Elle relève donc de la linguistique générale comme l'indique clairement le titre de l'ouvrage où B. Pottier résume ses thèses *(Linguistique générale, théorie et description)*. L'hypothèse de l'existence de ce plan très abstrait, puisqu'il se situe au-delà ou au-dessous des signifiés des signes d'une langue donnée, est jugée par B. Pottier comme « méthodologiquement nécessaire, et confirmée par l'expérience » *(ibid.)*.

Quand un JE[1] parlant transmet un PROPOS à un TU récepteur, il peut se manifester dans le propos, c'est-à-dire le formuler en le modalisant afin d'indiquer, dans son message même, la visée, la manière dont il considère les relations qu'il établit entre différentes désignations. C'est ce que B. Pottier appelle « la formulation modale » ou « la manifestation du JE énonciateur sur le propos et sur sa propre formulation » *(ibid.*, p. 158).

Cette formulation modale peut revêtir des aspects très variés. En français, par exemple, elle regroupe ce qu'on appelle traditionnellement les modalisations verbales (modes et semi-auxiliaires comme *devoir, vouloir, pouvoir,* etc., verbes de jugement, d'appréciation, etc.)., les constructions assertives, interrogatives, négatives, emphatiques (*c'est* x *qui...*), les aspects concernant le déroulement d'une action, les « relativités » (adverbes comme *encore, déjà, trop,* verbes comme *il manque, il reste à,* etc.), et enfin « la détermination » dans laquelle B. Pottier classe les articles. Ceux-ci relèvent donc, au plan conceptuel, de la catégorie des formulations modales de détermination, avec les présentateurs (*il y a, c'est, il* impersonnel), des pronoms personnels, l'opposition entre générique et spécifique.

C'est que, pour B. Pottier, la formulation modale de détermination « résulte d'une chronologie appliquée par le locuteur au degré d'actualisation des éléments du message » *(ibid.)*., parce qu'elle repose fondamentalement sur une opposition entre « un AVANT (non encore déterminé, prospectif) et un APRÈS (déterminé,

---

1. Les majuscules indiquent qu'on se situe au plan conceptuel.

impliquant un avant, rétrospectif), conçus par le locuteur » (*ibid.*, p. 180). Cette opposition chronologique explique les différences de valeurs entre articles : « L'article **un** présente, dans l'intention du locuteur, un élément nouveau, prospectif. L'article **le** présuppose un élément connu, ou considéré comme tel. Si on refuse cette distinction on a l'article *zéro*. » (*ibid.*, p. 181) Ainsi *je cherche un taxi* ou *des toilettes* implique une vision prospective non encore déterminée ; *le taxi vient d'arriver* implique une vision rétrospective donc déterminée ; *il avance en silence* implique une vision générique qu'on n'a pas l'intention de déterminer. Ce qui peut se figurer sur un axe de détermination progressive (*ibid.*, p. 182) :

— ◀————————————————————————————————————▶ +

sans argent   *un/le*   *Pierre*

L'article zéro se trouve en français aux deux extrêmes de l'axe, parce que le nom propre (employé sans article) se pose lui-même et implique donc une vision rétrospective déterminée maximale.

On reconnaît dans ce schéma quelque chose de celui de G. Guillaume, confirmé par la remarque que « *Un* a encore beaucoup d'affinités avec le numéral» (*ibid.*, p. 180). Mais contrairement à G. Guillaume, B. Pottier rattache clairement les articles aux phénomènes d'énonciation : *le* présente pour lui une certaine affinité avec tout ce qui concerne la deixis (*ici, maintenant,* etc.) et il signale également l'affinité sémantique que *un* entretient avec le subjonctif *(je cherche une maison qui ait un toit d'ardoises)* et que *le* entretient avec l'indicatif *(je cherche la maison qui a un toit d'ardoises).*

Les catégories du plan conceptuel sont beaucoup plus abstraites que celles du modèle gréco-latin ; elles permettent donc de rapprocher des formes extrêmement variées mais présentant des analogies sémantiques ou syntaxiques, alors que, en les dispersant dans des parties du discours étanches, le modèle classique ne permettait pas de saisir ce type d'affinités. Preuve supplémentaire que le modèle métalinguistique conditionne grandement la perception réflexive qu'on peut avoir du fonctionnement d'une langue.

8. Les articles comme traces d'opérations (A. Culioli)

Le projet métalinguistique d'A. Culioli, comme ceux de G. Guillaume et de B. Pottier, part du principe «qu'on ne peut poser le problème des observables sans se donner une théorie de l'observation» (A. Culioli, C. Fuchs, M. Pêcheux, 1970, p. 4). Il est nécessaire de quitter «le domaine de l'observation illusoirement immédiate pour opérer abstraitement » (*ibid.*, p. 6), c'est-à-dire élaborer une hypothèse suffisamment générale pour qu'elle puisse rendre compte de ce qu'on observe dans des langues différentes. Modèle donc hypothético-déductif, dont nous rendrons compte ici très sommairement et sans utiliser son appareillage formalisateur, d'après l'ouvrage cité ci-dessus.

Comme il est vain de chercher à «trouver des structures (au sens fort) à fleur de langue» *(ibid.)*, on postule «qu'il existe, à un niveau très profond (vraisemblablement prélexical), une grammaire des relations primitives où la distinction entre syntaxe et sémantique n'a aucun sens» *(ibid., p. 8)*. Cette grammaire, ou structure au sens fort, est organisée selon un schéma sémantique très abstrait comportant trois places (un point de départ, un point d'arrivée et le rapport ou relation entre ces deux points) appelé **schéma de lexis**[1] *(ibid., p. 19)*. Ces trois places ont, en elles-mêmes, une certaine signification les unes par rapport aux autres, indépendamment du sens des **termes** qu'on peut assigner à chacune d'entre elles. L'assignation de termes, c'est-à-dire soit des **notions** représentées par les unités lexicales, soit des **opérateurs** correspondant aux opérations fondamentales qu'on peut effectuer sur les notions, aux trois places de ce schéma de lexis, produit ce qu'on appelle **une lexis.** Il s'agit d'un premier niveau d'actualisation de ce schéma très profond; cependant les termes (notions et opérateurs) qui constituent une lexis «sont compatibles avec un ordre, mais ne sont pas encore ordonnés» *(ibid., p. 8)*, et la lexis demeure «pré-assertive», c'est-à-dire que son «passage à l'assertion (au sens «énonciation par un sujet») implique une modalisation» *(ibid., p. 8)* dont elle n'est pas encore pourvue. L'unité discursive minimale ou **énoncé élémentaire** n'est rien d'autre qu'une lexis ordonnée et munie de ses modalités.

Une fois cette théorie de l'observation posée, on peut concevoir les articles, et plus largement l'ensemble des déterminants, comme la trace en surface, «à fleur de langue», d'opérations plus profondes portant spécifiquement sur les notions assignées aux deux premières places d'une lexis, c'est-à-dire à son point de départ et son point d'arrivée : «La tâche d'une Grammaire de Reconnaissance consiste à retrouver derrière (l)es catégories décrites par l'analyse morphologique (article défini, indéfini, adjectif démonstratif, possessif,...) ces opérations **(fléchage, extraction, parcours)** et à donner des règles pour repérer ces opérations de façon systématique et les enregistrer selon un schéma régulier. » *(ibid., p. 29)* L'opération d'extraction est première, elle consiste à extraire un élément d'une classe, ce qui revient à associer à une notion «une classe de termes discrets» *(ibid., p. 35)*, c'est-à-dire désignant des éléments discontinus, dénombrables. L'opération de fléchage, qui «ne peut s'opérer qu'après une extraction préalable» *(ibid.)*, distingue un élément (individu ou portion) parmi d'autres, c'est-à-dire désigne «de manière privilégiée un élément que l'on a auparavant extrait d'une classe» *(ibid.)* par l'opération d'extraction. L'opération de parcours, enfin, est celle par laquelle on «parcourt, ou balaie la

---

1. Nous mettons en gras les dénominations des concepts fondamentaux de la théorie quand elles apparaissent pour la première fois dans notre discours.

classe » (*ibid., p.* 10) des éléments nombrables. Ces trois opérations qui peuvent être effectuées sur une notion sont combinables entre elles, mais le fléchage implique nécessairement une extraction antérieure.

Dans le discours français, à l'opération d'extraction correspondent les traces : *un, une, il y a un... qui...* ; à l'opération de fléchage, les traces : *le, ce, mon,...* ; à l'opération de parcours, des traces comme *tout, quiconque,...* Dans cette simulation grammaticale, ce ne sont donc pas les déterminants eux-mêmes qui déterminent les notions, ils ne sont que les traces superficielles des opérations de détermination sous-jacentes. Ces opérations pourraient être intégrées théoriquement à au moins deux niveaux de profondeur : soit, au niveau de la lexis assertée, comme des sortes de modalisateurs des notions, soit en dehors de cette lexis en décidant de « construire les déterminants comme opérations du sujet de l'énonciation, extérieures à la lexis » (*ibid., p.* 30). Ils relèvent alors, plus ou moins directement, de l'assertion par laquelle le sujet énonciateur modalise la lexis et la constitue en énoncé. C'est cette dernière solution qui est adoptée par C. Fuchs et M. Pécheux dans l'ouvrage considéré. Solution qui présente des analogies avec celle de B. Pottier : les déterminants et donc les articles font partie du réseau de repérage plus ou moins serré que l'énonciateur impose aux notions de son énoncé ; comme les temps, les aspects, les voix, les modalités assignent un réseau de repérage aux opérateurs prédicatifs (dont les traces sont observables en particulier dans les verbes). Les trois opérations fondamentales de détermination s'articulent alors au « point d'ancrage du système des lexis sur le plan de l'énonciation » (*ibid., p.* 31). Plus le réseau de repérage est serré, plus la détermination est grande. La détermination maximale est constituée par le nom propre, puis on trouve la détermination qui se constitue par rapport au sujet énonciateur en situation, etc., jusqu'à la détermination minimale qui renvoie directement à la notion. Ce qui peut être illustré par l'axe suivant :

— ————————————————————————➤ +

j'ai vu **du** *bétail,* **des** *gens,* **un** *paysan,* **le** *garde,* **son** *père,* **mon** *père,* **Pierre**

(exemples empruntés à Charlirelle, 1975, p. 11, dans lequel on trouvera des éléments d'une application du modèle culiolien à l'anglais).

Conclusion

Ce qui est frappant dans ces trois dernières approches de l'article, c'est que, à partir d'un nombre d'observations limitées mais suggestives, elles tentent de simuler, abstraitement et hypothétiquement, un mécanisme conceptuel qui permette de rendre compte, moins des analogies formelles qui sont repérables entre les particules prénominales d'une langue donnée que de certaines de leurs valeurs sémantiques, celles qui peuvent se retrouver dans un grand nombre d'autres langues. Elles postulent, toutes les trois, que l'objet de la grammaire n'est pas de classer méthodiquement les formes observables, ni d'énumérer les effets de sens qu'elles produisent selon les contextes, mais de faire une hypothèse sur la nature et le fonctionnement des opérations qui sont sous-jacentes aux usages que l'on fait de ces formes, non seulement dans une langue mais dans le plus grand nombre possible de langues. Projet métalinguistique qui n'est pas si éloigné de celui qu'esquisse la grammaire **générale** de Port-Royal, même si certains présupposés métaphysiques, en particulier sur le lien logique-langue, ne sont pas exactement les mêmes. Comme l'écrivent A. Culioli, C. Fuchs et M. Pécheux : « on ne peut formaliser (au sens technique de ce terme) la surface, mais on peut référer la diversité des schémas syntaxiques (dans une langue et dans différentes langues) au système des effets sémantiques qui leur est lié » (1970, p. 21). C'est bien à l'élaboration d'un « système des effets sémantiques » à visée universaliste, ici relatif à la détermination nominale, que ces trois approches doivent leur singularité par rapport aux précédentes.

D'un point de vue didactique, en particulier pour les langues étrangères, l'utilisation pédagogique de ces simulations se heurte à deux difficultés. La première est qu'on ne prétend pas décrire une langue particulière de manière exhaustive : les exemples traités sont souvent destinés à susciter ou à illustrer la théorie. La seconde est que les raisonnements constitutifs de cette théorie apparaissent comme beaucoup plus abstraits que ceux qui ordonnaient les descriptions plus anciennes, et qu'on ne parvient pas à « saisir » les règles ou résultats sur lesquels elle débouche en dehors des raisonnements qui les construisent. D'où sans doute le fait que, jusqu'à maintenant, ces approches n'ont guère pénétré dans les manuels de langue (une notable exception, cependant, pour l'anglais : *Behind the words,* Charlirelle, 1975, et pour le français *Archipel,* J. Courtillon, S. Raillard, 1982).

D'un point de vue épistémologique, elles ne nous paraissent pas radicalement différentes des précédentes, même si celles-ci masquent plus habilement leurs présupposés théoriques : les grammairiens qui ont des points de vue métalinguistiques différents (à l'intérieur d'un même modèle ou à partir de modèles sensiblement différents) n'observent et n'analysent jamais exactement la même réalité, précisément parce qu'ils n'ont pas la même théorie d'observation et d'analyse, et que les instruments conceptuels qu'ils utilisent non seulement modifient cette réalité mais la reconstruisent selon leur propre « logique ».

Comme le remarque G. Granger : « l'étude scientifique d'une langue doit essentiellement consister à en établir des **modèles abstraits,** projet que, pour notre part, nous avons toujours reconnu comme annonçant, depuis Galilée, la démarche décisive vers la constitution d'une science. Mais la mise en œuvre de ce projet et l'exploitation de la thèse qui le fonde se sont réalisées selon des styles si divers et conformément à des réquisits si disparates que l'épistémologie linguistique, attentive à ce renouvellement, y rencontrera des problèmes bien plutôt que des solutions. » (1979, p. 15)

Chapitre 3

De la construction des descriptions et simulations grammaticales

C'est sur ce rôle sélectif et constructeur des modèles métalinguistiques dans l'élaboration des descriptions et simulations grammaticales que nous voudrions, maintenant, mettre l'accent. Nous nous appuierons sur quatre descriptions ou simulations contemporaines du verbe français, parce que la complexité de ses formes et de ses valeurs en fait, avec celle de l'article, une des difficultés principales de l'enseignement/apprentissage de la langue française, et parce qu'elle est le lieu privilégié de nombreux débats entre grammairiens ayant des points de vue métalinguistiques différents pour l'aborder. Notre perspective sera beaucoup moins diachronique que dans le chapitre précédent, mais comme dans celui-ci nous commencerons par rappeler ce qu'est la description traditionnelle du verbe français qui demeure, en dépit de ses remises en cause, la «vulgate» de la plupart des professeurs.

1. La description traditionnelle du verbe français

On sait que cette description repose essentiellement sur les notions de **groupe,** de **personne,** de **temps** et de **mode,** et que sa présentation canonique en est **les tableaux de conjugaisons.** Ces tableaux, à deux entrées, portent le plus souvent en ordonnée temps (simples, composés, et quelquefois surcomposés) et personnes *(je, tu, il,...),* et en abscisse modes personnels et non personnels (infinitif et participe).

De même que l'article et ses trois espèces, ces notions métalinguistiques sont presque toujours introduites comme si elles constituaient des évidences sensibles directement observables dans le fonctionnement de la langue, comme s'il s'agissait de données premières, universelles et incontestables. Elles sont presque toujours présentées sans définition ou par définition quasi tautologique («la première personne indique l'être qui parle... », «on appelle **temps** les formes que prend le verbe pour indiquer à quel moment de la durée on situe le fait dont il s'agit »), et semblent être « tenues pour des propriétés constantes d'un esprit qui lui-même (est) toujours et partout invariable » (R.L. Wagner, 1966, p. 14). Ainsi en va-t-il, par exemple, des personnes grammaticales dont la distinction ternaire et ordonnée est encore « admise non seulement comme vérifiée par toutes les langues dotées d'un verbe, mais comme naturelle et inscrite dans l'ordre des choses » (E. Benveniste, 1966, p. 225). Loin d'en faire des catégories, fondamentalement heuristiques, destinées à rendre compte, de manière hypothétique, de certaines régularités langagières, on « gomme », peut-être par souci pédagogique, leur aspect construit et leurs présupposés philosophiques, pour en faire pour ainsi dire des réalités tangibles d'ordre psycho-linguistique.

Remarquons d'abord que si les catégories de personnes et de temps ont été, historiquement, peu contestées, il n'en va pas de même pour celles de mode ou de groupe. Dès le XVIᵉ siècle, Scaliger se moque des subdivisions modales que proposent ses prédécesseurs et Sanctius[1] l'approuve de considérer que « le mode dans le verbe n'(est) pas une distinction nécessaire » (cité par J.C. Chevalier, 1968 a, p. 175). Beauzée et nombre de grammairiens du XVIIIᵉ siècle considèrent qu'on ne peut faire de ce qu'on appelle l'impératif un mode à part entière. Le conditionnel n'a longtemps pas été admis, non plus, comme un mode (la *Grammaire Larousse du français contemporain,* 1964, renoue avec une tradition ancienne, en en faisant une sous-classe de l'indicatif). Il est vrai que certaines subordonnées (introduites par **si**) sont dites aussi conditionnelles, alors que, paradoxalement, elles excluent le « mode » dont elles portent le nom *(* si j'aurais...).* Chez Wailly (1782), l'infinitif regroupe notre infinitif présent, le participe, le parfait (infinitif passé) et les gérondifs. La distinction des trois groupes selon la terminaison de l'infinitif, de la première personne de l'indicatif présent et du participe présent (verbes en *er* et *e ;* verbes en *ir, is* et *issant ;* verbes en *ir,* sans indicatif présent en *is* et participe en *issant* comme *cueillir,* ainsi que les verbes en *oir,* en *re,* et le verbe *aller*) ne s'impose pas comme le classement le plus rationnel : certains grammairiens du XVIIIᵉ siècle lui préféraient un regroupement sur cinq formes de base appelées temps primitifs (présent, passé simple, infinitif, participe présent et passé) à partir desquels il était possible de construire l'ensemble de la morphologie verbale (voir A. Chervel, 1977, p. 86). Ce qui n'est pas sans rappeler certaines présentations contemporaines d'inspiration structurale. Bref, les catégories métalinguistiques qui ordonnent la description traditionnelle du verbe français n'ont pas été exemptes d'intermittences et de vicissitudes historiques, même si la République allait les rendre obligatoires par décrets ministériels successifs.

---

1. J.C. Scaliger et F.B. Sanctius sont considérés comme deux des plus importants théoriciens de la grammaire au XVIᵉ siècle (voir J.C. Chevalier, 1968 a, pp. 173-210).

Nous voudrions simplement ici souligner quelques-unes des difficultés auxquelles se heurtent les étudiants étrangers quand ils sont confrontés à ce type de description.

Le premier groupe, par exemple, est présenté comme le plus «régulier», le plus répandu et le plus productif (pas de variation du radical, il regroupe quatre vingt dix pour cent des verbes et est à peu près le seul à en engendrer de nouveaux : *téléviser, solutionner, nominer*[1]...). Comme nous venons de le voir, le principe classificateur repose sur la différenciation de certaines désinences du verbe lui-même ou de son auxiliaire (pour les temps composés et surcomposés). Mais une forme graphique comme *chante* apparaît deux fois à l'indicatif présent *(je chante, il chante)*, une fois à l'impératif *(chante)* et deux fois au subjonctif présent *que je chante, qu'il chante).* Et la forme sonore correspondante [ʃãt] apparaît, quant à elle, quatre fois à l'indicatif et au subjonctif présents et une fois à l'impératif. Cette dispersion d'une forme unique, dans des classes en principe morphologiquement différentes, ne s'explique que par un souci de régularisation analogique à partir de quelques verbes aux formes très différenciées, mais d'usage fréquent il est vrai. C'est parce qu'il existe *je suis, il est, sois, que je sois, qu'il soit ; je vais, il va, va, que j'aille, qu'il aille,* etc., qu'on distingue différents *chante* ou [ʃãt]. Autrement dit, la différenciation attestée des désinences d'une dizaine de verbes est posée comme généralisable aux huit à dix mille verbes français, même si l'immense majorité d'entre eux n'atteste pas morphologiquement cette différenciation. Tout se passe comme si les verbes morphologiquement les plus irréguliers imposaient une description inutilement complexe à tous les autres. Et il en résulte, comme dans la description casuelle qui considérait qu'en français nominatif et accusatif étaient semblables, que la même forme, surtout à l'oral mais aussi à l'écrit, peut se retrouver dans des classes différentes : ainsi celles du passé deuxième forme du conditionnel sont les mêmes que celles du plus-que-parfait du subjonctif (au *que* postiche près), que *chantions* peut être imparfait de l'indicatif ou présent du subjonctif, qu'un verbe comme *finir* a trois premières personnes du singulier identiques au présent et au passé simple, etc. Certes, cette ubiquité de certaines formes est justifiable sémantiquement, mais les distinctions sémantiques sont beaucoup moins évidentes que les distinctions formelles, en particulier pour des étudiants étrangers qui n'ont qu'une intuition fragile de la langue. En effet, ces distinctions sont le plus souvent établies à partir de manipulations intuitives rarement explicitées qui mettent en jeu une réelle compétence. Par exemple, pour savoir si dans : *Elle ne veut pas qu'ils sortent, ils sortent* est un indicatif ou un subjonctif, on substituera à *sortir* un verbe comme *aller* dont la morphologie atteste la différenciation, afin de voir si on dirait : * *Elle ne veut pas qu'ils y vont* ou *Elle ne veut pas qu'ils y aillent ;* la seconde solution étant intuitivement jugée comme la seule possible,

---

1. D'usage maintenant répandu pour « nommer quelqu'un pour un prix, un oscar ».

on en déduit que *ils sortent* est bien un subjonctif. N'ayant, en général, pas la compétence qui leur permettrait d'exécuter avec certitude cette manipulation, les étudiants n'ont plus qu'à faire confiance à l'autorité du professeur.

Cette propension des tables de conjugaisons à multiplier les formes est particulièrement nette à l'impératif. On y trouve, pour les verbes les plus courants, des formes dont on serait bien en peine de faire un usage approprié. A l'impératif présent, par exemple : *dois, devons, devez ; vaux, valons, valez ; veux, voulons, voulez*[1] (mais *pouvoir* est donné comme n'ayant « pas d'impératif ») ; *venons* est bien difficile à employer en dehors de l'expression : *Venons-en au fait, à nos moutons,* etc. A l'impératif passé, le nombre de ces formes inusitées, et apparemment inusitables, est encore plus grand : *aie eu, ayons eu, ayez eu ; aie été, ayons été, ayez été ; aie haï, avons haï, ayez haï ; aie valu ; aie voulu ; aie craint ; sois né* ; etc. Et en dehors de l'impératif, on trouve également beaucoup de formes intuitivement ressenties comme bizarres, ambiguës, incongrues : *vous vêtites* (de *vêtir*), *que vous bouillez* (de *bouillir*) *que vous sussiez* ou *que je susse* (beaucoup trop proche de *sucer* pour ne pas faire naître des calembours), *je croîs* ou *je crûs* (de *croître*), etc.

La *Grammaire Larousse du français contemporain* ajoute aux temps simples et composés les temps surcomposés : *j'ai eu chanté, j'avais eu chanté, j'eus eu chanté* (signalé cependant comme peu usité), *j'aurai eu chanté* et *j'aurais eu chanté.* L'un des auteurs reconnaît qu'il s'agissait de présenter « une table assez complète » (la formule est symptomatique), mais s'étonne de retrouver « dans les livres d'exercices toutes sortes d'emplois abusifs et rarissimes de ces formes surcomposées » (J.C. Chevalier, 1968 b, p. 23). C'est que les grammairiens les ont introduites, moins à partir de l'observation de l'usage (seuls le passé surcomposé, *j'ai eu chanté,* et le conditionnel passé surcomposé, *j'aurais eu chanté,* semblent relativement répandus) qu'en raison de la « logique » interne à leur description, de la régularité de leurs tables, et les professeurs les ont enseignées en raison de l'autorité des grammairiens.

Parce que les notions métalinguistiques à partir desquelles sont élaborées les tables de conjugaisons sont considérées comme immuables et quasiment naturelles, elles sont supposées se retrouver dans tous les verbes, et chaque croisement de la table taxinomique postule l'existence d'une forme spécifique, même si celle-ci ne connaît que des usages marginaux, incertains ou douteux. Ces notions, induites à l'origine des faits, parce que considérées comme plus réelles que les faits, finissent par engendrer des faits purement conjecturaux. Autrement dit, les tables de conjugaisons finissent par susciter les formes qui assurent leur complétude et justifient leur bien-fondé. Certains grammairiens rétorquent que si telle

1. Les exemples sont tirés de *Le Nouveau Bescherelle. L'art de conjuguer. Dictionnaire des 8 000 verbes,* Paris, Hatier, 1966.

forme n'est pas attestée, elle pourrait l'être, car elle est dans la « logique » du système de la langue, oubliant de préciser que cette logique est étroitement tributaire du modèle métalinguistique qui l'informe. Certes, on admet qu'il existe des verbes qui ne possèdent pas toutes les formes canoniques, mais ils sont réputés **défectifs**, c'est-à-dire qu'ils « font défaut » ou qu'ils sont « défectueux » ! Il est intéressant de remarquer, d'un point de vue sociolinguistique, que nombre de ces verbes relèvent du vocabulaire de la campagne : ainsi, *paître* n'a pas de passé simple, ni d'imparfait du subjonctif, ni de temps composés ; *traire,* également défectif au passé simple et à l'imparfait du subjonctif, a des temps composés (y compris le passé antérieur : *j'eus trait* !) ; *braire* est dit « ne s'employer pratiquement qu'à la 3e personne du singulier et du pluriel, au présent de l'indicatif[1], au futur et au conditionnel » (*Le Nouveau Bescherelle,* p. 112, note 1). Il en va probablement dans les conjugaisons comme dans les dictionnaires, où le vocabulaire de la fauconnerie ou du cheval est beaucoup plus développé que celui des vaches ou des poulets, parce que plus proche des préoccupations sociales de leurs auteurs et de leurs lecteurs (comme le note C. Duneton, 1973). Et c'est sans doute le même point de vue sociolinguistique qui écarte des tables nombre de formes pourtant constamment attestées dans les usages quotidiens des Français : *il s'assied* et *il s'assoit* sont admis, mais *il s'assit* (au présent) ne l'est pas ; *que je sois* est certes attesté, mais *que je soye, que je croye, que je voye,* etc. le sont aussi quotidiennement sans être retenus.

Ainsi, la description traditionnelle du verbe français se montre souvent plus fidèle au modèle métalinguistique à partir duquel elle est élaborée qu'à l'usage dont elle prétend rendre compte. Elle ne se borne pas à reproduire le réel langagier, elle le reconstruit selon sa propre logique et ses propres présupposés (si dans les tables de conjugaisons il n'y avait pas de « case » impératif, les formes étranges qui y apparaissent n'existeraient pas et celles qui sont attestées dans l'usage seraient résorbées par le présent de l'indicatif ou le présent et le passé du subjonctif).

2. La double énonciation d'E. Benveniste

Le point de vue métalinguistique d'E. Benveniste sur le verbe français est lié à une critique des notions qui construisent la description traditionnelle. De ces notions, il n'en retient essentiellement que deux (le **temps** et l'**aspect**, qui n'y joue qu'un rôle secondaire), les autres étant récusées pour leur inconsistance méthodologique.

1. On oublie : *Tu brais comme un âne !*

Ainsi de la notion de **personne**: «A ranger dans un ordre constant et sur un plan uniforme des «personnes» définies par leur succession et rapportées à ces *êtres* que sont «je» et «tu» et «il», on ne fait que transposer en une théorie pseudo-linguistique des différences de nature *lexicale*. Ces dénominations ne nous renseignent ni sur la nécessité de la catégorie, ni sur le contenu qu'elle implique, ni sur les relations qui assemblent les différentes personnes.» (1966, p. 226) Il est de fait qu'à classer comme **pronoms personnels** *je, tu, il,* on ne tient pas compte d'une différence évidente qui existe entre eux, à savoir que si *il* peut effectivement être «mis pour un nom», c'est-à-dire «être un pronom», *je* et *tu* ne peuvent l'être sans que le verbe qui les suit ne prenne la même désinence que s'il était précédé de *il* (*J'ai froid* devient obligatoirement *x a froid*). *Je* et *tu* peuvent donc, à proprement parler, être considérés comme des pronoms, ils indiquent simplement dans l'énoncé les instances de la parole, celui qui parle et celui à qui l'on parle.

De même, E. Benveniste conteste la notion de **mode** telle qu'elle est utilisée dans la description traditionnelle. Pour lui: «A la différence de la temporalité et de la diathèse [voix], la modalité ne fait pas partie des catégories nécessaires et constitutives du paradigme verbal. Elle est compatible avec la temporalité comme avec la diathèse dans chacune des formes verbales.» (1974, p. 188) Les formes de l'imparfait, par exemple, réputées relever de l'indicatif, c'est-à-dire du mode défini comme présentant l'action dans sa réalité, la situant «sur le plan des faits constatés et affirmés» (M. Grevisse, 1964, p. 552), sont fréquemment utilisées pour présenter des faits hypothétiques, probables ou désirés *(Si j'avais de l'argent... ; Sans moi, vous étiez écrasé par cette voiture ; Ça a marché, mais tout pouvait échouer à cause de vous).* On pourrait faire des remarques analogues pour les formes du présent et du futur. De plus, la modalité recouvre un ensemble de phénomènes énonciatifs beaucoup plus vaste et diversifié que les seuls modes morphologiques traditionnels (certains adverbes, certains verbes, certains adjectifs, etc. servent aussi à modaliser la manière dont on présente faits ou actions : *je viendrai peut-être* équivaut à *Il est possible que je vienne*).

C'est donc à partir d'un modèle métalinguistique dans lequel *il* est dissocié de *je* et *tu*, et où les modes n'apparaissent plus en tant que catégories constitutives du paradigme verbal, que E. Benveniste va construire sa description. De l'observation de certains emplois du passé simple et du passé composé, dont la concurrence, selon lui, ne saurait être réduite à une question de «niveau de langue» ou d'opposition entre oral et écrit, il induit l'hypothèse que : «Les temps d'un verbe français ne s'emploient pas comme les membres d'un système unique, (qu') ils se distribuent en **deux systèmes** distincts et complémentaires. Chacun d'eux ne comprend qu'une partie des temps du verbe; tous les deux sont en usage concurrent et demeurent disponibles pour chaque locuteur. Ces deux systèmes manifestent deux plans d'énonciation différents, que nous distinguerons comme celui de **l'histoire** et celui du **discours.**» (E. Benveniste, 1966, p. 238)

54

Le premier, comme sa dénomination l'indique, ne concerne que les récits d'événements passés, relevant surtout de l'écrit mais pas exclusivement; c'est un mode d'énonciation qui exclut toute forme linguistique «autobiographique», tout repérage par rapport au *hic et nunc* de la parole, toute visée subjective sur ce qu'on dit : «On ne constatera donc dans le récit historique strictement poursuivi que des formes de '3ᵉ personne'» (*ibid.*, p. 239), c'est-à-dire uniquement *il*, à l'exclusion de *je* et *tu*, et ce système ne comportera que trois temps : «l'aoriste [= passé simple ou passé défini], l'imparfait (y compris la forme en *rait* dite conditionnel), le plus-que-parfait. Accessoirement, d'une manière limitée, un temps périphrastique substitut du futur, que nous appellerons le **prospectif**» (*ibid.*, p. 239) et que nous trouvons dans des phrases comme : *Louis XIV devait mourir en 1715,* et ce qu'E. Benveniste appelle «le présent de définition» (*ibid.*) intemporel qu'il distingue du «présent historique» des grammairiens traditionnels, qualifié d'«artifice de style» (*ibid.*).

Le second, le plan d'énonciation du discours, suppose «un locuteur et un auditeur, et chez le premier l'intention d'influencer l'autre en quelque manière» (*ibid.*, p. 243) ; il relève à la fois de l'oral et de l'écrit, de la conversation la plus triviale aux pièces de théâtre, correspondances et ouvrages de didactique; il n'exclut aucune «personne» *(je, tu, il)* et «tous les temps [y] sont possibles, sauf un, l'aoriste» *(ibid.),* c'est-à-dire le passé simple ; mais on peut considérer qu'il s'organise principalement à partir des «trois temps fondamentaux du discours» *(ibid.)* qui sont le présent, le futur et le passé composé.

Ce qui peut se résumer ainsi :

histoire	discours
il	*je, tu, il*
passé simple	passé composé
imparfait	présent
plus-que-parfait	futur
(prospectif	et tous les autres temps
et présent intemporel)	

Ainsi, seul le passé simple est exclu du discours benvenistien. Et les temps composés relèvent soit de l'histoire, soit du discours, en raison du fait qu'ils «ont même répartition que les temps simples quant aux deux plans d'énonciation» (*ibid.*, p. 247). Après avoir noté que «les rapports des formes composées avec le temps restent ambigus» et que «l'aspect ne fournit pas (...) un principe univoque de corrélation d'un type de forme à l'autre» (*ibid.*, p. 237-238), E. Benveniste confère aux temps composés un double statut : d'une part, ils peuvent présenter l'action comme accomplie et s'employer seuls dans une proposition indépendante *(Il était arrivé. Je le voyais pour la première fois...)*; d'autre part, ils peuvent indiquer l'antériorité logique, «intra-linguistique» (*ibid.*, p. 247), qui maintient le procès dans le même moment temporel que celui exprimé par la forme corrélative simple, dans le cadre de «phrases complexes» :

les temps composés doivent alors nécessairement être employés dans la subordonnée conjointement aux temps simples correspondants de la principale (*Quand j'avais mangé, je sortais ; Quand j'aurai mangé, je sortirai ;* etc.).

Il en résulte que le passé composé (exclu de l'histoire comme le passé simple est exclu du discours) peut fonctionner dans le discours, soit comme un temps simple (il est alors dans ce plan l'équivalent du passé simple dans le plan de l'histoire), soit comme un temps composé, c'est-à-dire pour exprimer l'accompli ou pour marquer l'antériorité par rapport au présent *(J'ai gagné* et *Quand j'ai mangé, je fais une promenade).* Benveniste voit dans cette ambivalence spécifique du passé composé la raison de l'apparition d'un passé surcomposé destiné à maintenir ces deux dernières valeurs d'emploi par rapport à un passé composé employé comme temps simple *(Dans ma jeunesse, moi aussi, j'ai eu beaucoup aimé ; Quand il a eu mangé, il est sorti).* Dans cette problématique, les autres temps surcomposés n'apparaissent pas comme nécessaires, parce que leurs temps composés n'ont pas l'ambivalence spécifique du passé composé.

Il est clair que l'hypothèse descriptive de E. Benveniste s'articule essentiellement sur la distinction entre les instances de la personne *(je, tu)* et le pronom *(il)* d'une part, et sur le statut discriminant qu'il confère au passé simple et au passé composé dans son opposition entre histoire et discours, d'autre part. Dispositif théorique qui conduit à conclure que le passé simple ne peut être utilisé qu'à la troisième personne, excluant ainsi des formes comme « *Vous mourûtes* aux bords où *vous fûtes* laissée », et que l'imparfait et le plus-que-parfait relèvent tantôt de l'histoire (à la troisième personne), tantôt du discours (à toutes les personnes). Ces principes méthodologiques et leurs conséquences descriptives ont été contestés par de nombreux grammairiens et linguistes : la théorie benvenistienne de la personne associant l'objectivité au *il* et la subjectivité au *je* et *tu* a été critiquée par A. Joly (1973 et 1974) et par H. Vairel (1979) ; le rôle que joue le couple passé simple / passé composé dans l'économie de la description a été remis en cause, comme nous allons le voir par H. Weinrich (1973) et par R. Martin (1971) ; et l'application rigoureuse de cette description à des textes se heurte constamment à des difficultés : « Il suffit de faire quelques sondages dans des ouvrages ou manuels d'histoire, dans des ouvrages littéraires, pour se rendre compte rapidement que la théorie de Benveniste est loin de correspondre à l'usage réel de la langue. » (A. Vassant, 1981, p. 15) Certes, « l'histoire » des historiens et les « histoires » qu'on peut narrer ne respectent pas toujours les temps et la personne que Benveniste confine dans **l'histoire**, mais c'est que celle-ci ne correspond pas exactement à celles-là. Elle n'est qu'une hypothèse destinée à rendre compte d'un sous-système verbal, et le problème premier est de savoir s'il peut exister une description qui corresponde exactement, qui coïncide avec « l'usage réel de la langue », ou bien si, épistémologiquement, une description ou une

56

simulation grammaticale ne peut être qu'une approximation abstraite de la réalité langagière, approximation élaborée en fonction d'options métalinguistiques et plus ou moins vérifiées par la langue.

3. Monde commenté et monde raconté d'H. Weinrich

A propos de l'article, nous avons vu que des variations d'interprétation relativement faibles à l'intérieur d'un même modèle métalinguistique pouvaient entraîner des différences de description assez importantes. C'est ce qu'on peut également montrer en contrastant la description benvenistienne à celle qu'H. Weinrich propose du verbe français.

Weinrich reconnaît volontiers que les thèses de Benveniste « sont en partie très proches des siennes » (H. Weinrich, 1973, p. 60). Comme lui, il distingue d'abord deux groupes fondamentaux de temps, l'un correspondant à une **attitude de locution** visant à **commenter** *(besprechen)*, l'autre correspondant à une attitude de locution visant à **raconter** ou à **narrer** *(erzählen)*. Dans le **commentaire**, le locuteur « a une attitude tendue ; ses propos s'en trouvent aiguisés, car ce dont il parle le touche de près, et il lui faut également toucher celui à qui il s'adresse. Tous deux sont concernés. Ils ont à agir et à réagir. » *(ibid.,* p. 33). Caractérisations qu'on peut rapprocher de celle que Benveniste donne du « discours » (voir ci-dessus). Dans le **récit** ou le **narré**, produit d'une de nos attitudes fondamentales face au monde qui est de le raconter, « nous utilisons (...) des signaux linguistiques à valeur narrative, en particulier les temps du récit (qui) ont pour fonction d'avertir l'auditeur que cet énoncé est « seulement » un récit et qu'il peut l'écouter avec un certain détachement » *(ibid.,* p. 34). Attitude voisine de celle adoptée dans « l'histoire » benvenistienne : « il s'agit de la présentation des faits survenus à un certain moment du temps, sans aucune intervention du locuteur dans le récit » (E. Benveniste, 1966, p. 239). Mais au-delà de cette dichotomie première, les divergences commencent.

Weinrich reproche à Benveniste d'avoir « échafaudé toute sa théorie du temps dans le but essentiel d'expliquer la disparition du passé simple dans le français parlé, et, aux première et deuxième personnes, dans le français écrit » (1973, p. 62). « Il y parvient d'ailleurs », ajoute-t-il *(ibid.).* Il y a là, pour Weinrich, une faiblesse méthodologique : on ne peut tenter d'élucider tout le système à partir d'une seule forme, mieux vaut expliquer le fonctionnement de cette forme en la rapportant à l'ensemble du système. De plus, si la concurrence et l'incompatibilité discursive du passé simple et du passé composé sont des traits importants du système verbal français, il n'en va pas de même dans les autres langues. Enfin, la description benvenistienne contient des restrictions et des ambivalences qui ne sont pas satisfaisantes : le passé simple n'y existe qu'à la troisième personne, et l'imparfait et le plus-que-parfait relèvent de l'histoire quand ils sont utilisés à cette même troisième personne, et du discours quand ils sont utilisés aux trois personnes. Weinrich résume ainsi sa position : « Si je suis reconnaissant à Benveniste de sa distinction entre deux groupes temporels, je ne retiendrai donc, à ce stade initial, ni les doubles fonctions, ni les restrictions combinatoires. Dans ma conception, un seul et même temps ne pourra jamais appartenir à la fois au groupe du commentaire (que l'on peut sans doute rapprocher du « discours » de Benveniste) et au groupe du récit (peut-être comparable à ce qu'il appelle « histoire »). Autre divergence : je n'admettrai pas qu'un temps puisse passer d'un groupe à l'autre selon la personne avec laquelle il se combine (...) La frontière structurelle entre les deux groupes de temps passe donc au milieu de la langue écrite, comme de la langue parlée. » *(ibid.)* On voit que le commenté n'est pas tout à fait le discours, et que le raconté n'est pas tout à fait l'histoire, parce qu'ils sont construits en fonction d'exigences méthodologiques différentes.

Il en résulte que le tableau des temps proposé par Weinrich diffère sensiblement de celui de Benveniste :

Temps narratifs	Temps commentatifs
plus-que-parfait	passé composé
passé antérieur	présent
imparfait	futur
passé simple	
conditionnel	

On remarque que chaque temps de chaque groupe peut s'employer sans restriction de personne, qu'aucun temps n'apparaît simultanément dans les deux groupes, et que le groupe du commentaire est beaucoup plus restreint que celui du discours benvenistien, puisque celui-ci regroupait tous les temps à l'exclusion du seul passé simple.

Ces différences descriptives sont encore accentuées par la manière dont les deux linguistes articulent les relations entre les temps de chaque groupe. L'hypothèse initiale est pourtant, là aussi, très voisine. Il s'agit de distinguer méthodologiquement **Zeit** et **Tempus**, ce que Benveniste appelle « le temps chronique qui est le temps des événements, qui englobe ainsi notre propre vie en tant que suite d'événements » (E. Benveniste, 1974, p. 70)[1] et les temps proprement linguistiques. Ces derniers organisent le temps discursif selon leur propre ordre et relativement indépendamment du temps chronique. Pour Weinrich, cette organisation est liée à la linéarité de toute parole orale ou écrite : « Pour cerner le sens d'un signe dans la chaîne parlée, l'auditeur doit puiser sans cesse dans l'information préalable, ou, sur le mode de l'attente, anticiper sur l'information à

---

1. Les citations extraites de Benveniste (1974) proviennent d'un article paru en 1969 dans *Semiotica*. L'ouvrage de Weinrich est paru en allemand en 1964. et n'a donc pas pu être influencé par cet article qui lui est postérieur.

venir.» (1973, p. 68) Deux directions fondamentales donc, l'une allant vers l'information rapportée, l'autre vers l'information anticipée, qu'on retrouve chez Benveniste, pour qui il existe, dans le monde des langues, ce qu'il appelle une «temporalité rétrospective» et une «temporalité prospective» (1974, p. 76), c'est-à-dire «deux références [qui] ne reportent pas au temps, mais à des vues sur le temps, projetées en arrière et en avant du point présent» (*ibid.*, p. 75). Mais la similitude des approches s'arrête là. Car ce «point présent» à partir duquel se déterminent les visions rétrospectives et prospectives n'est pas exactement l'équivalent de ce que H. Weinrich appelle «le point zéro» (1973, p. 68). Pour Benveniste, ce point présent est celui de l'énonciation toujours recommencée, il est ce présent «réinventé chaque fois qu'un homme parle» (1974, p. 74), «le présent axial du discours» (1974, p. 75) qui demeure le plus souvent implicite, et par rapport auquel s'explicitent les références temporelles linguistiques. Pour Weinrich, le point zéro s'inscrit dans la temporalité même du texte, il atteste que «le locuteur ne désire aucunement attirer l'attention de l'auditeur sur le problème éventuel» des rapports entre le temps de son texte et le temps des événements qu'il commente ou raconte (1973, p. 68). Ce point zéro est marqué par le présent dans le groupe des temps commentatifs, et **à la fois** par l'imparfait et le passé simple dans le groupe des temps narratifs. Il lui faudra donc ultérieurement opposer, à l'intérieur du raconté, l'imparfait et le passé simple, en considérant que le premier constitue «le temps de l'arrière-plan», alors que le second est le «temps du premier-plan», par lequel sont **mis en relief** faits et événements (*ibid.*, pp. 112-115). On est alors loin de la description benvenistienne dans laquelle passé composé et passé simple s'opposent, respectivement dans le discours et l'histoire, à l'imparfait, comme un passé «défini» par rapport à un passé «indéfini».

Ainsi, à partir d'options initiales voisines, Weinrich et Benveniste élaborent des descriptions qui ne se ressemblent guère, sans doute parce que le premier s'inscrit dans une linguistique du texte coupée de l'énonciation qui le produit, alors que le second s'intéresse d'abord à la manière dont l'énonciateur imprime ses marques dans le texte même. Comme le notent B. Combettes et J.P. Lagarde : «L'opposition **histoire/discours**, l'opposition monde **commenté**/monde **raconté**, sont bien, en ce sens, des «constructions» : elles ne constituent pas des données immédiates, qu'il s'agirait d'expliciter ; c'est le linguiste qui les élabore, illustrant par là les idées qu'il a sur la langue et sur son utilisation.» (1982, p. 35)

4. Une description transformationnelle des temps du français

D'un point de vue épistémologique, cette quatrième et dernière description nous paraît exemplaire, en ce qu'elle explicite clairement les présupposés à partir desquels elle est construite.

Le modèle métalinguistique est celui de la méthode transformationnelle telle qu'elle a été conçue par Z.S. Harris (voir en particulier Z.S. Harris, 1971) et par N. Chomsky dans la première version de sa théorie dite classique (celle de *Syntactic Structures*, 1957, et celle d'*Aspects de la théorie syntaxique* [1965], trad. française, 1971). Ce modèle maintenant bien connu conduit M. Gross à une « étude du système des temps du français (qui) s'écarte de l'analyse traditionnelle en plusieurs points » (1968, p. 10).

Il précise d'abord les limites méthodologiques de son étude. Son intention n'est pas d'étudier les valeurs sémantiques des temps et des modes, mais simplement leurs propriétés morphologiques et uniquement celles concernant les désinences : « Les phénomènes morphologiques tels que les changements affectant les racines des verbes en relation avec les variations de personne et de temps ne sont pas abordés ici. » *(ibid.)* De plus, il exclut les formes des temps suivants : passé simple et passé antérieur de l'indicatif, conditionnel passé deuxième forme, imparfait et plus-que-parfait du subjonctif : elles lui paraissent relever d'une syntaxe historique et, d'ailleurs, il s'est avéré quasiment impossible « de trouver des données empiriques sur l'utilisation de ces formes, dans des contextes autres que ceux qui sont indiqués par les grammaires traditionnelles et qui sont principalement basés sur la langue écrite du XVIIIᵉ siècle » *(ibid.).* Enfin, il ajoute qu'il ne fera pas de distinction entre temps et modes : « En fait nous n'avons trouvé aucune base qui permettait d'établir, pour les différentes formes verbales, une distinction entre les temps et les modes ; nous les appellerons tous temps-modes, ou plus simplement temps. » *(ibid.)*

On retrouve là une option métalinguistique voisine de celle d'E. Benveniste et de celle d'H. Weinrich, pour qui la notion traditionnelle de mode est « inutilisable, irritante et même dangereuse : elle risque de fausser toutes les descriptions des structures linguistiques. Les modes cités sont d'une totale hétérogénéité. Les temps, pour la plupart, se retrouvent dans l'indicatif ; mais le conditionnel (...) est aussi un temps (...). Les autres modes comportent des formes verbales diverses, mais ne forment pas un ensemble complet. Voilà à quelles notions incohérentes on aboutit quand, au mépris de la langue et de ses structures, on veut partir de ce qu'on croit être la 'réalité'. » (H. Weinrich, 1973, p. 281)

Ses présupposés métalinguistiques explicités, son champ d'étude circonscrit nettement, M. Gross construit hypothétiquement une description susceptible de rendre compte aussi simplement et exactement que possible des désinences morphologiques qu'il a décidé d'étudier. On considèrera qu'en français, il y a deux **temps élémentaires** à partir desquels on pourra former tous les autres temps. Ces temps élémentaires sont le présent et l'imparfait. Ils permettent de former ce que M. Gross appelle les **temps simples**, par postposition après la forme infinitive, soit du présent du verbe *avoir*, soit de l'imparfait du même verbe :

mange(r) (ai + as + a + ons + ez + ont)
mange(r) (ais + ais + ait + ions + iez + aient)

Ce qui donne le futur simple et le conditionnel par effacement de la racine *av* dans certaines formes du verbe *avoir (avons, avais,...)*. Ces mêmes temps élémentaires préposés constituent les auxiliaires ou semi-auxiliaires des **temps composés** qui comprennent le « futur aller » *(je vais, vas, va, ... travailler)*, le passé composé *(j'ai mangé, il s'est évanoui)*, ou le plus-que-parfait *(j'avais mangé, j'étais allé)*, voire *je venais de...*

M. Gross note que ce système « ne rend pas compte des temps surcomposés » parce qu'il n'a pas « été possible d'obtenir des données solides sur leur utilisation » (1968, p. 17), et qu'on peut rendre compte des formes de l'infinitif et du subjonctif en supposant que, « sous-jacentes à ces désinences, il existe des formes finies qui elles, appartiennent à T (le système des temps décrit précédemment) et qui sont contraintes par des règles de concordance » *(ibid.,* p. 21).

Cette description transformationnelle, limitée aux désinences de certains temps, apparaît comme une solution rendant compte, de manière relativement simple et élégante, des formes verbales françaises les plus utilisées. Elle manifeste bien le fait que le grammairien ne se contente pas de classer des formes, mais qu'il les réorganise en un système abstrait qui ne se justifie que dans la mesure où il permet de rendre compte, d'un certain point de vue et dans des limites bien précisées, de phénomènes observables.

5. De la grammaire intériorisée à la description grammaticale

Par la présentation et l'analyse de différentes descriptions ou simulations portant sur l'article et le verbe français, nous avons essayé d'illustrer et de caractériser une certaine épistémologie du savoir grammatical.

Cette épistémologie affirme que toute description ou simulation grammaticale dépend autant du modèle métalinguistique qui l'informe que de l'observation de la grammaire intériorisée dont elle est censée rendre compte. Elle constate que la grammaire décrite ou simulée ne coïncide jamais exactement avec la grammaire réellement utilisée, parce qu'elle est décrite ou simulée selon des présupposés qui ne relèvent pas directement de cette dernière. Certes, tout modèle métalinguistique est partiellement induit d'observations portant sur le fonctionnement d'une ou plusieurs langues (le modèle traditionnel doit beaucoup à la langue grecque, et le modèle de Benveniste, au «doublet» que constituent en français le passé simple et le passé composé), mais il est aussi élaboré en fonction d'options méthodologiques, et au-delà philosophiques, qui déterminent non seulement l'échantillon de départ mais aussi la manière dont il sera traité, dont il sera littéralement **représenté**, c'est-à-dire explicité et reconstruit abstraitement afin que sa représentation soit généralisable à un ensemble de données plus vaste. Ce rôle à la fois sélectif et reconstructeur du modèle métalinguistique apparaît nettement dans ce qu'il exclut de la description. Tout se passe comme si l'appareillage abstrait qui permet d'expliciter l'hypothèse métalinguistique obéissait à une logique qui lui est propre et dont la cohérence interne exclut certaines données, ou conduit à les considérer comme des exceptions non réductibles aux règles du modèle lui-même (Weinrich écarte le couple imparfait - passé composé, comme Benveniste écarte les première et seconde personnes du passé simple, et pourtant l'un et les autres sont attestés).

Cette épistémologie n'est nouvelle ni en linguistique, ni plus largement dans l'ensemble des sciences. A l'époque contemporaine, F. de Saussure souligne ce fait, à première vue surprenant, que selon le regard que le grammairien porte sur la langue naissent des observations différentes : «Quelqu'un prononce le mot français *nu* : un observateur superficiel sera tenté d'y voir un objet linguistique concret ; mais un examen plus attentif y fera trouver successivement trois ou quatre choses parfaitement différentes, selon la manière dont on le considère : comme son, comme expression d'une idée, comme correspondant du latin *nudum*, etc. Bien loin que l'objet précède le point de vue, on dirait que c'est le point de vue qui crée l'objet...» (F. de Saussure, 1964, p. 23). E. Benveniste reviendra sur cette transformation qu'opère l'observation sur l'objet observé : «Nous croyons pouvoir atteindre directement le fait de langue comme une réalité objective. En vérité, nous ne le saisissons que selon un certain point de vue, qu'il faut d'abord définir. Cessons de croire qu'on appréhende dans la langue un objet simple, existant par soi-même, et susceptible d'une saisie totale.» (1966, p. 38) Et J. Kristeva émet l'opinion que «l'étude du langage, en s'éloignant de l'empirisme, devrait permettre à la science de comprendre que ses «découvertes» dépendent du système conceptuel appliqué à l'objet de l'étude, et même qu'elles s'y trouvent plus ou moins données d'avance» (1981, p. 216).

O. Ducrot a clairement explicité, même si c'est de manière relativement dispersée dans ses publications, cette épistémologie du savoir linguistique. Au début de *Dire et ne pas dire*, il avertit ses lecteurs : «Nous ne croyons personne capable de découvrir, au cas où elle existerait, la structure de la langue.» (1972, p. 11) Pour lui, les faits linguistiques ne sont pas donnés d'emblée, ils ne sont jamais immédiatement observables, ils découlent d'hypothèses métalinguistiques qui ne peuvent être considérées comme immanentes à ces faits ou induites d'eux-mêmes. Ce sont des hypothèses «externes» qui sont des sortes de machines conceptuelles capables de simuler intellectuellement les faits pris en compte : «l'objet de la linguistique est de construire des rapports entre hypothèses et description et non de révéler la «vraie» signification des expressions considérées» (1980, p. 194). Il y a là le refus d'une conception «positiviste» de la linguistique, une relativisation de son statut, qu'il est nécessaire d'inscrire dans un cadre plus général.

Cette conception raisonnée, que l'objet étudié n'est jamais totalement séparable de la méthode qui sert à le circonscrire et à l'analyser, est répandue depuis longtemps chez nombre de philosophes et de théologiens, et, depuis au moins le début de ce siècle, chez de nombreux mathématiciens et physiciens. P. Fayeraband, dans son ouvrage *Against Method* (1975), montre que la supposée indépendance des faits par rapport aux théories est une illusion, car la théorie précède toujours les faits, non seulement logiquement mais historiquement, et chaque théorie a, d'une certaine façon, ses propres faits ; pour lui, la théorie de la relativité et la théorie newtonienne ne rendent pas compte différemment des mêmes choses, mais de choses différentes. Certes, cet ouvrage polémique contre une épistémologie plus traditionnelle ; mais une expérience, menée en 1982 à l'Institut d'Optique d'Orsay par le physicien A. Aspect, montre de manière rigoureuse, et semble-t-il actuellement irréfutable, que la nature à son niveau le plus fondamental, la particule atomique, fonctionne autrement que le voudraient les règles de la mécanique quantique, règles dont le relatif arbitraire ne semble plus faire de doute. En somme, il appert que la science, dans une de ses disciplines les plus exactes, est épistémologiquement incapable de nous révéler l'essence des choses, qu'elle est toujours, comme l'écrit un spécialiste de physique théorique, «à la recherche du réel» (B. d'Espagnat, 1981), même s'il demeure patent que ses hypothèses permettent d'agir sur ce réel et de le maîtriser partiellement.

La conception épistémologique du savoir grammatical que nous adoptons ici est parfois admise spontanément, comme une évidence, par certains professeurs et étudiants, parce qu'elle correspond globalement à l'idée qu'ils se font de la science. Mais elle est aussi très souvent contestée par nombre d'autres, parce qu'elle leur paraît remettre en cause une partie de leur savoir professionnel, parce qu'elle laisse entendre que dans tout savoir il y a une part d'arbitraire, d'irrationnel, parce qu'elle semble aller contre le progrès des connaissances (certaines descriptions sont «dépassées», mais d'autres sont actuellement vraiment «scientifiques», «incontournables») parce que, finalement, elle contrevient à leurs options philosophiques, d'autant plus ancrées qu'elles sont souvent peu conscientes. Ces options s'identifient comme relevant d'un certain «réalisme» ou d'un certain «positivisme». Par réalisme, il faut entendre, presque toujours, la croyance du sens commun selon laquelle il existe un monde d'objets observables et des sujets conscients qui peuvent en avoir une connaissance objective par saisie directe ou analogique (comme un portrait renvoie à son modèle, une photographie à l'objet qu'elle représente), et quelquefois la certitude, que possédaient encore quelques mathématiciens au début de ce siècle, selon laquelle les formes et les vérités mathématiques ne sont pas créées par le savant, mais découvertes par lui. Par positivisme, nous nous référons moins à Auguste Comte qu'à une tradition qui, en France, remonte au moins à Condorcet et à d'autres philosophes du XVIIIᵉ siècle, et qui fait de la constitution et du progrès des sciences la condition même du progrès de toute connaissance, y compris philosophique. Pour les « réalistes » ou « positivistes » de ce type, la seule manière d'éviter le verbalisme ou l'erreur est de s'en tenir à la connaissance des faits immédiatement observables, car seule cette connaissance, en contact direct avec l'expérience et débarrassée de tout *a priori*, de tout présupposé métaphysique, est féconde. Autrement dit, ils postulent, plus ou moins explicitement, qu'il peut y avoir observation sans théorie préalable d'observation, et représentation du réel sans reconstruction de celui-ci. C'est pourquoi ils préfèreront souvent une description empirique d'apparence exhaustive (comme celle de la grammaire traditionnelle) à une simulation explicitement hypothétique ; ou bien, ils s'en remettront à la description dont « l'autorité scientifique » leur paraîtra la mieux établie, cette autorité étant le garant de sa « vérité ».

Cette idéologie, au sens non péjoratif du terme, s'est développée en Europe au XIXᵉ siècle et dans la première moitié du XXᵉ siècle. Elle a été, et est encore ponctuellement, l'idéologie dominante de l'enseignement primaire, secondaire et partiellement universitaire. Et la description grammaticale traditionnelle, dite scolaire, celle qu'« il fallut apprendre (...) à tous les petits Français » (selon le titre d'A. Chervel, 1977) afin qu'ils respectent l'orthographe, relève essentiellement de cette idéologie réaliste ou positiviste. D'où la prégnance de ses catégories et de ses règles dans l'esprit de beaucoup d'enseignants et d'enseignés, même si ces catégories et règles ne rendent que très imparfaitement compte de la grammaire intériorisée authentiquement mise en œuvre y compris par eux-mêmes (nombre de francophones cultivés et ayant acquis la description traditionnelle du français croient, de bonne foi, respecter la règle d'accord des participes passés avec *avoir* ou celle de la négation avec *ne*, alors que leurs productions spontanées attestent souvent le contraire). Nous verrons combien cette idéologie a inspiré certaines pratiques didactiques, en langue maternelle et en langue étrangère, en particulier celles dites de « grammaire inductive ».

Il est possible, d'ailleurs, que la force de cette idéologie soit liée, plus profondément, à la spécificité de l'objet linguistique lui-même. En effet, même objectivé par l'écrit ou par l'enregistrement, celui-ci n'est jamais donné comme totalement extérieur au sujet qui l'observe. Le son ou le graphe ne deviennent objets analysables grammaticalement qu'interprétés par un observateur compétent, c'est-à-dire un observateur apte à leur restituer leur dimension significative. Même les linguistes antimentalistes les plus convaincus doivent tenir compte, ne fût-ce que négativement, du sens codé qui seul transmute ces traces matérielles en signes linguistiques. Il y a dans l'objet linguistique une espèce d'absence de résistance (au regard du linguiste) qui n'existe pas, ou beaucoup moins, nous semble-t-il, dans l'objet physique ou vivant qu'observent physiciens et biologistes. Il en résulte que l'objet observé se conforme plus aisément à la théorie de l'observateur, et qu'il est plus facile de prêter à celle-ci la réalité sensible de celui-là. Il est bien connu, en épistémologie des sciences, que les instruments d'analyse ne sont pas neutres, qu'ils modifient toujours l'objet qu'ils analysent, mais ce phénomène est probablement beaucoup plus important dans les sciences du langage que dans celles de la nature. « Etant donné la nature même du langage comme partie de l'expérience, comme aspect de la pratique, puisque l'une de ses fonctions principales est justement de **mettre en forme** cette expérience même, on a tendance à confondre ici le phénomène lui-même et le modèle formel qu'on en propose (...). L'on attend (...) des systèmes formels qu'ils soient des substituts immédiats plus explicites et plus réguliers du phénomène linguistique. » (G. Granger, 1968, p. 162) Et comme nous le verrons, beaucoup de professeurs et de manuels enseignent ces substituts plus réguliers en place de la grammaire intériorisée étrangère.

L'épistémologie que nous avons faite nôtre pose, au contraire, que toute description ou simulation grammaticale est une construction hypothétique (un artefact) partiellement induite de l'observation de certains phénomènes linguistiques et partiellement déduite d'un point de vue métalinguistique extérieur à ces phénomènes. Elle ne saurait donc être considérée comme un simple substitut de ces phénomènes. Les classifications grammaticales et les règles qui décrivent leurs relations relèvent de diverses opérations d'abstraction qui conduisent toujours à considérer certains aspects du donné langagier comme non pertinents. Les classes grammaticales ne sont homogènes que du point de vue de la catégorie qui les constitue, et les éléments de ces classes peuvent toujours être distribués et organisés selon des points de vue différents, sans qu'aucun, jusqu'à maintenant, ne soit parvenu à épuiser la totalité des composantes inhérentes à une grammaire intériorisée donnée. Les règles ne sont applicables qu'à des classes dont la détermination suppose donc, inévitablement, la neutralisation des différences spécifiques à chaque unité qui en relève, et n'ont de validité qu'à l'intérieur des présupposés du modèle qui les construit, même s'il est vrai qu'elles peuvent rendre compte, de la même manière hypothétique, de faits linguistiques non directement pris en compte dans l'induction initiale.

Révélatrices de cette distance qu'il faut nécessairement poser entre la description grammaticale et la grammaire réellement intériorisée par les sujets, sont les critiques qui ont été opposées aux conclusions de J. Mehler (1963), selon lequel les transformations chomskyennes recouvraient une certaine réalité psychologique, ou si l'on veut, qu'il existait une certaine réalité psychologique des règles établies par les grammairiens. Cette assimilation entre grammaire intériorisée et grammaire décrite ou simulée (entre le portrait et son modèle) est à la fois dénoncée et favorisée par le modèle chomskyen. D'une part, N. Chomsky précise, à maintes reprises, que « pour éviter ce qui a été un perpétuel malentendu, il n'est peut-être pas inutile de répéter qu'une grammaire générative n'est pas un modèle du locuteur ou de l'auditeur » (1971, p. 19) ; d'autre part, il utilise constamment des formulations qui laissent entendre que son projet métalinguistique « se propose d'être une description de la compétence intrinsèque du locuteur-auditeur idéal » (*ibid.*, p. 14), ou une « théorie de l'apprentissage des langues ou de la construction des grammaires » par les sujets parlants (*ibid.*, p. 42). J. Mehler, qui s'appuyait sur cette seconde interprétation du modèle chomskyen, semblait avoir montré expérimentalement qu'il fallait plus de temps pour interpréter les énoncés impliquant, dans la description transformationnelle, plusieurs transformations que pour ceux qui n'en impliquent qu'une ou deux. Il en déduisait qu'il était possible de décrire la perception réelle des énoncés et leur compréhension au moyen des concepts génératifs et transformationnels. Mais, entre autres chercheurs, V. Holmes et K. Forster ont montré, également de manière expérimentale, que « la présence de plus d'une structure sous-jacente n'augmente pas toujours la complexité de la perception » (1972, p. 148). S'il existe une relation entre les entités décrites par les grammairiens et les processus perceptifs et cognitifs qui déterminent l'apprentissage ou l'usage d'une langue, cette relation ne peut être qu'abstraite, indirecte et demande donc à être théoriquement construite et vérifiée expérimentalement de manière plus fiable. C'est la position de J.L. Lamendella (1969) qui affirme qu'il n'y a aucune raison de penser qu'il existe un isomorphisme ou une relation quelconque entre grammaire intériorisée et grammaire décrite ou simulée. Position que les travaux plus récents n'ont pas démentie, en dépit de ce qu'avancent C. Guimelli et M.L. Rouquette (1979), et que résume ainsi E. Roulet : « Rien ne permet encore d'affirmer que le système des règles élaboré par le linguiste constitue non seulement une description de la langue, mais aussi une représentation des processus cognitifs qui interviennent dans l'acquisition et dans l'usage d'une langue. » (E. Roulet, 1972, p. 82)

6. Du choix des modèles métalinguistiques

Montrer que des grammairiens, parce qu'ils ont des points de vue métalinguistiques différents sur le langage, décrivent ou simulent différemment la même zone d'une grammaire intériorisée donnée ; suggérer que, de fait, ils ne décrivent, ni ne simulent exactement les mêmes données, parce que celles-ci sont partiellement reconstruites par l'analyse et la représentation qu'ils en font ; affirmer que les règles établies par les grammairiens relèvent d'une autre réalité que les processus psychologiques qui déterminent la grammaire intériorisée des sujets parlants ; autant de propositions qui relativisent le savoir grammatical, qui en circonscrivent la portée et les applications éventuelles en didactique des langues maternelles et étrangères, mais qui ne remettent en cause ni ce savoir, ni le fait qu'il peut y avoir un progrès dans la connaissance que nous avons des langues naturelles.

Pour le français, par exemple, il est hors de doute que la multiplication, depuis quelques décennies, des hypothèses descriptives ou simulatives, portant sur des zones de la grammaire intériorisée française depuis longtemps étudiées, ou découvrant (il vaudrait mieux dire inventant) des zones jusqu'alors demeurées inexplorées, ont non seulement renouvelé les connaissances que nous avions de cette langue, mais aussi les ont approfondies et élargies ; même s'il est vrai que trop souvent, par ignorance de l'histoire de la grammaire, on présente comme nouveau ce qui l'est pas tout à fait, même s'il est parfois juste de dire que certaines descriptions renouvellent plus la terminologie grammaticale que l'analyse-construction des données prises en compte. Nous citerons pour mémoire : les travaux, surtout d'inspiration structuraliste, portant sur la morphologie du français oral (jusque là assez délaissé par les grammairiens) ; ceux sur la syntaxe du nom et du verbe prenant appui, entre autres, sur le modèle génératif et transformationnel ; ceux concernant tout ce qui dans l'énoncé relève explicitement ou implicitement de son énonciation, qui ont profondément modifié la vision traditionnelle de ce qu'on appelait les modes, les aspects ou de ce qui était supposé relever de la stylistique, d'une syntaxe « subjective », « affective », etc., la réintégration progressive dans l'objet étudié par le grammairien de données discursives ou textuelles oubliées depuis des siècles dans une rhétorique qui n'était plus enseignée ; la prise en compte dans l'analyse grammaticale même de certaines implications pragmatiques, etc. Ainsi, la représentation morphologique du français a commencé de nouveau à bouger ; ses descriptions syntaxiques et sémantiques ont connu des développements jusqu'alors inenvisagés.

De plus, la théorisation progressive de l'activité linguistique a contraint les grammairiens à une plus grande rigueur conceptuelle, à prendre conscience que l'explicitation, la cohérence, la simplicité du modèle métalinguistique utilisé était aussi déterminante, sinon plus, que l'acuité ou l'étendue de l'observation empirique. Bref, la grammaire n'est plus tout à fait ce qu'en écrivait M. Yourcenar : « La grammaire, avec son mélange de règle logique et d'usage arbitraire, propose au jeune esprit un avant-goût de ce que lui offriront plus tard les sciences de la conduite humaine, le droit ou la morale, tous les sytèmes où l'homme a codifié son expérience. » (1951, p. 35) En se constituant en théories qui s'efforcent d'expliciter les conditions d'élaboration et de validité des descriptions et simulations qu'elle élabore, la grammaire s'éloigne progressivement des disciplines normatives et culturelles pour se rapprocher de disciplines, plus abstraites mais plus rigoureuses, comme la logique ou la mathématique, dans le cadre très général de l'épistémologie scientifique actuelle (telle que nous l'avons grossièrement esquissée ici) et que nous pourrions identifier philosophiquement comme un «empirisme logique», en ce sens qu'elle souligne la double fonction du discours grammatical, comme description empirique de certains phénomènes langagiers et comme explicitation par enchaînements abstraits (plus ou moins formels) de ces mêmes phénomènes. Position «qui fut celle du Cercle de Vienne [1] et qui continue d'organiser les vues d'ensemble de beaucoup de nos contemporains», parce qu'elle «permet de prendre ses distances à l'égard de l'idéalisme et apporte aussi, comme l'a bien vu l'historien du Cercle de Vienne Victor Kraft: «une correction fondamentale à l'empirisme» (G. Granger, 1979, p. 12).

Cette thèse centrale selon laquelle l'étude scientifique de la grammaire d'une langue doit d'abord consister à en établir des **modèles abstraits** a été admise très vite par de nombreux linguistes et grammairiens, que ces modèles soient de type mécaniste (comme celui du structuralisme classique), de type combinatoire (comme celui de la glossématique de L. Hjelmslev), ou de type algorithmique (comme celui de la grammaire générative et transformationnelle). Mais la multiplication de ces modèles, le caractère parfois disparate des présupposés et concepts requis, la formalisation insuffisamment rigoureuse des raisonnements mis en jeu, montrent que, d'évidence, la connaissance grammaticale est loin encore d'être parvenue à un degré de scientificité comparable à celui des sciences exactes. Et le problème se pose toujours de savoir quel est le «meilleur» modèle, en soi ou par rapport à certains objectifs, didactiques par exemple.

F. de Saussure notait déjà que dans les différentes manières possibles d'aborder un phénomène linguistique «rien ne nous dit d'avance que l'une de ces manières de considérer le fait en question soit antérieure ou supérieure aux autres» (1964, p. 23). Et N. Chomsky affirme que: «Le choix d'une mesure d'évaluation est une question empirique et les suggestions particulières peuvent être soit justes, soit fausses.» (1971, p. 59) Certes, il existe des critères pour tenter d'évaluer un modèle et les descriptions qu'il produit, d'ordre interne, externe, ou simplement institutionnel. On peut évaluer la cohérence logique de ses concepts et raisonnements, la simplicité des propositions des règles qu'il établit, l'économie de ses démonstrations, etc. On peut s'en tenir à l'étendue des données traitées ou à celle des données traitables à l'aide de ses règles, à sa plus ou moins grande adéquation à la réalité langagière observable, ou du moins aux aspects de cette réalité qu'il prend en charge. On peut considérer que le meilleur modèle est celui que les institutions légitiment par leur autorité (dans telle université, tel modèle est dominant; dans tel secteur de recherche tel autre, en fonction des

---

1. Groupe de logiciens, mathématiciens et philosophes qui, au début de ce siècle, ont profondément renouvelé les bases des mathématiques, de la logique, et, plus largement, de l'ensemble des sciences exactes (voir V. Kraft, 1950).

chercheurs les plus en vue ; dans tel Etat, telle nomenclature terminologique est imposée, et avec elle le ou les modèles dans lesquels
elle est puisée, etc.). Il n'y a pas, à notre connaissance, de critère
décisif pour s'assurer de la validité d'un modèle ou de sa description, tout dépend de la hiérarchie qu'on établit, implicitement ou
explicitement, à l'intérieur de cet ensemble assez disparate de critères, et cette hiérarchie dépend souvent moins de la solidité ou du
sérieux de ces derniers que de l'insertion socio-professionnelle de
celui qui la met en place. Le « meilleur modèle » pour la réussite du
linguiste théoricien n'est pas nécessairement le meilleur pour le
grammairien, pour le professeur ou pour l'étudiant qui apprend
une langue étrangère. On peut, par exemple, estimer que « pour un
professeur de langue, il est plus utile de disposer d'une grammaire
exhaustive que d'une grammaire scientifiquement cohérente »
(W.F. Mackey, 1968, p. 13), si tant est qu'il y ait des descriptions
qui puissent prétendre à l'exhaustivité. Mais un étudiant, selon sa
culture, son niveau d'instruction, sa personnalité, aura plus ou
moins de facilité pour saisir et adopter le point de vue métalinguistique de cette grammaire, même non scientifique. Il est souvent
difficile à un professeur de langue de comprendre et d'admettre un
point de vue métalinguistique autre que celui auquel il a coutume
de se référer ; rien ne permet de penser que ce soit plus facile pour
un étudiant. Et tel modèle dont la cohérence paraît évidente aux
yeux de tel élève ne le sera pas nécessairement pour tel autre, qui a
appris un autre modèle ou qui s'appuie sur une tradition culturelle
et linguistique différente de celle qui inspire le premier. Le meilleur
modèle n'est certainement pas non plus celui qui préleverait le meilleur de chaque modèle existant. On ne peut rassembler, même dans
un syncrétisme à visée pédagogique, les résultats « trouvés » par les
linguistes et les grammairiens, simplement parce que ces résultats le
plus souvent ne sont pas réellement interprétables en dehors du
modèle qui les produit.

Conclusion

Comme le remarquait E. Roulet, après une analyse des modèles
traditionnel, structural et générativiste-transformationnel : « Ce rapide survol des tentatives d'application de ces vingt dernières
années montre nettement que, si la grammaire traditionnelle est
insuffisante, les théories grammaticales modernes et les descriptions qui en dérivent sont loint de fournir des solutions toutes faites
aux problèmes des pédagogues. » (E. Roulet, 1972, p. 87) La **linguistique appliquée** conçue comme l'application de théories et descriptions linguistiques à l'enseignement/apprentissage des langues
se heurte, particulièrement dans le domaine grammatical, au
constat que les descriptions ou simulations issues d'un modèle
métalinguistique ne coïncident toujours que très imparfaitement
avec la grammaire étrangère que doivent intérioriser les étudiants,
et, partant, que l'acquisition de celles-là n'est pas nécessairement le
garant de l'acquisition de celle-ci.

Est-ce dire que tout savoir grammatical est superflu et inutile pour un professeur de langue ? Dans l'état actuel de nos connaissances, ce savoir n'apporte certes pas de réponse définitive à la problématique de l'enseignement/apprentissage d'une grammaire intériorisée étrangère. Il est trop réducteur par rapport à celle-ci. Mais tout savoir scientifique est réducteur, et c'est précisément ce réductionnisme qui lui donne sa rigueur et son pouvoir, non seulement de traduire explicitement le monde, mais d'agir sur lui en rendant l'Homme capable, dans des conditions préalablement définies, de prévoir et de manier une partie de plus en plus large des phénomènes qui le constituent. C'est pour cette raison qu'un savoir grammatical est indispensable au professeur de langue : non pas pour apporter des réponses toutes faites à l'apprenant qui veut savoir, mais pour comprendre peut-être un peu mieux comment il apprend, et dans quelles conditions telle ou telle technique l'aide à apprendre, à intérioriser la grammaire étrangère.

DEUXIÈME PARTIE

Les pratiques grammaticales en classe de langue

Faut-il «faire de la grammaire» pour enseigner/apprendre à **communiquer** dans une langue étrangère? Il n'y a pas, à notre avis, de réponse simple à cette question. D'abord, parce que l'expression **faire de la grammaire** peut recouvrir des activités pédagogiques relativement diversifiées; ensuite, parce que la communication humaine ne se confine pas au verbal, et encore moins au grammatical.

Il est en effet possible de communiquer avec un étranger sans avoir recours à sa langue, à la nôtre ou à une langue tierce. Regards, gestes, comportements, environnements spatio-temporels, mimes, dessins fournissent suffisamment d'indices pour que s'établisse une certaine compréhension mutuelle. Compréhension qui est souvent fonctionnellement satisfaisante, en particulier dans les situations de «face-à-face» publiques ou privées. Ces interactions communicatives non verbales, par lesquelles on essaie pour ainsi dire de contourner le compartimentage post-babélien des langues, trouvent cependant vite leurs limites et sont presque toujours ressenties comme des palliatifs. C'est que nous sommes accoutumés à associer constamment le non verbal au verbal, que ces interactions ont une portée instrumentale étroite, et qu'elles exigent quasi obligatoirement la co-présence des interlocuteurs.

Il est aussi possible de communiquer avec des étrangers en usant d'une grammaire extrêmement réduite et, en partie, translinguistique. H.A. Gleason remarquait «qu'on peut faire beaucoup de choses avec un pour cent, ou même moins, du vocabulaire» d'une langue (1961, p. 343). Il suffit de savoir le placer à bon escient dans des interactions dont on connaît par ailleurs les règles. C'est ce que pratiquent de nombreux touristes pour demander leur chemin ou pour acheter quelque chose. C'est de cette manière que se constituent les parlers véhiculaires appelés **sabirs** ou **pidgins**, par lesquels on pourvoit aux besoins d'échanges suscités, entre autres, par le commerce entre peuples de langue différente. Ces parlers sont souvent composites et leur lexique et grammaire sont relativement rudimentaires. C'est encore ce que pratiquent, à l'intérieur d'une communauté donnée, certains groupes, tels les adolescents, qui aiment à communiquer au moyen d'onomatopées, de mimiques, d'un vocabulaire et d'une morpho-syntaxe très réduits. C'est enfin ainsi que les adultes s'adressent parfois aux jeunes enfants.

Bien qu'il s'agisse là de manières de communiquer qui soient économiques et relativement efficaces, elles n'en sont pas moins déconseillées et dévalorisées dans presque toutes les cultures, si ce n'est que par les expressions qui les décrivent *(parler bébé, parler petit nègre, charabia, sabir,...)*. L'enseignement/apprentissage des langues s'est donc toujours donné pour objectif non pas simplement d'enseigner/apprendre à communiquer avec des étrangers, mais aussi et surtout d'enseigner/apprendre à «parler comme on parle», selon une formule répandue chez les didacticiens français du XVIIIe siècle. Et parler comme parlent les étrangers exige d'abord la connaissance et le respect des conventions morpho-syntaxiques qui leur sont propres, pour la simple raison que toute phrase, conforme à leurs usages, contient nécessairement des «mots grammaticaux». Ces mots, en effet, spécifient les aspects de nos expériences qui doivent **obligatoirement** être exprimés dès qu'on parle comme on parle. Ainsi en français pour parler d'une table, il faut nécessairement en spécifier ce que les grammairiens appellent son genre. Une phrase comme *C'est une belle table, elle me plaît beaucoup* implique une suite de choix imposés par la langue entre *un* et *une, belle* et *beau, elle* et *il*. En anglais, une phrase équivalente comme *It's a beautiful table, I like it* n'implique pas de choix quant au genre, mais en implique un quant à la distinction humain *(he, she)*/non humain *(it)*.

Ce sont ces conventions, et les choix qu'elles obligent à faire, qui constituent essentiellement une langue en tant que telle et qui attestent le plus évidemment de sa singularité systématique par rapport aux autres langues. On peut communiquer sans les suivre, mais on ne peut parler comme on parle sans les respecter. En dénommant le savoir grammatical *l'ars obligatoria*, les linguistes médiévaux ne faisaient que souligner ce fait que **la grammaire est,** très précisément, **ce qu'on ne peut éviter dès qu'on fait un usage approprié d'une langue.**

C'est pourquoi la didactique des langues ne peut contourner le problème de l'enseignement/apprentissage des régularités en particulier morpho-syntaxiques. Trois grands types de techniques sont utilisées à cet effet, ce que nous appellerons la **grammaire explicitée** (chap. 5), les **exercices grammaticaux** (chap. 6), et ce que nous appellerons la **grammaire implicitée** (chap. 7). Techniques qui, à nos yeux, ne sont pas nécessairement exclusives les unes des autres.

Chapitre 4

Acquisition, apprentissage et descriptions grammaticales

Que l'objectif peut-être fondamental de l'enseignement/apprentissage d'une langue étrangère soit l'intériorisation, aussi rapide que possible, de la grammaire qui l'institue en tant que langue, est une évidence qu'aucun didacticien ne conteste. Mais il y a toujours eu des divergences, et même des oppositions violentes, quant aux meilleurs moyens pédagogiques pour y parvenir.

La question (comme nous l'avons signalé en fin de chap. 1) est de savoir dans quelle mesure l'enseignement/apprentissage d'une description grammaticale de la langue-cible (les simulations sont trop abstraites et trop techniques pour avoir pu réellement être utilisées dans ce domaine) favorise ou ne favorise pas l'intériorisation de la grammaire sur laquelle elle porte. Entre ceux qui estiment qu'il y a là un détour, ou un raccourci, indispensable, et ceux qui sont convaincus qu'on ne fait qu'alourdir ainsi inutilement la tâche des apprenants, le débat est aussi ancien que l'existence des descriptions grammaticales.

Bien que nous ayons souligné, dans la première partie, le caractère limité, abstrait et construit des descriptions grammaticales, nous allons voir dans ce chapitre qu'elles constituent une donnée inévitable de la classe de langue.

1. Le modèle de S.D. Krashen

Deux convictions opposées paraissent se partager l'histoire de la didactique des langues. Certains didacticiens sont convaincus que l'intériorisation d'une grammaire étrangère dans une classe peut se faire selon des processus analogues à ceux qui assurent l'intériorisation de la grammaire de la langue maternelle, ou de celle d'une langue étrangère acquise par « contact » prolongé avec ceux qui la parlent. Il suffirait qu'on parvienne à restituer dans la classe des conditions d'appropriation comparables. D'autres sont persuadés, au moins en ce qui concerne les adolescents et les adultes, que l'intériorisation d'une grammaire étrangère dans une classe se fait nécessairement selon des processus différents de ceux qui déterminent l'intériorisation « naturelle »[1] des grammaires maternelle et étrangère.

Il ne s'agit là que de convictions, appuyées certes sur des connaissances empiriques et théoriques souvent sérieuses, mais qu'aucune argumentation ou expérimentation décisive n'est venue, jusqu'à maintenant, départager. Simplement parce qu'on n'a pas de certitudes précises quant à la manière dont on acquiert une langue maternelle ou étrangère.

Ces convictions ont conduit à deux projets didactiques divergents, constamment présents dans l'histoire de la didactique des langues, même s'il est vrai qu'ils ne le soient pas toujours sur un pied d'égalité. Le premier vise à reproduire ou à créer en classe des conditions d'appropriation aussi proches que possible de celles des langues naturelles. Il mise plutôt sur l'imitation, la répétition, l'association, la communication, l'interaction. Le second, qui présuppose que l'appropriation institutionnelle est nécessairement « artificielle », spécule plutôt sur la réflexion, le raisonnement, la formation intellectuelle.

J.C. Chevalier note que pour le français on trouve, dès la fin du XVe siècle, deux types de pédagogues-grammairiens : les uns « estiment que les conversations, les échanges autour de centres d'intérêt, les confrontations avec la vie française sont les meilleurs moyens de s'apprivoiser à une langue, les autres pensent qu'il n'est pas de savoir sans principes et sans organisation et que tout système, même provisoire, est préférable à l'absence de système, que les analogies, les rapprochements, les hiérarchisations sont le meilleur cadre à l'apprentissage, puisqu'ils proposent à la mémoire des modèles simples, au lieu de la noyer dans une masse constamment changeante » (1968 a, p. 137). En général, les premiers sont plus attentifs aux aspects oraux de la langue et s'intéressent surtout aux langues vivantes, peut-être parce que la grammaire intériorisée de ces dernières est toujours plus riche, plus diverse, plus évolutive que les descriptions qui cherchent à en rendre compte. Les seconds sont plus sensibles aux aspects écrits, fidèles en ceci à l'étymologie du mot *grammaire,* et s'adonnent plus volontiers aux langues mortes, peut-être parce que les descriptions qu'on en possède tiennent compte de la totalité des manifestations scripturales qu'on a conservées de leur grammaire intériorisée, et qu'il n'existe plus de natifs pour contester intuitivement les règles de ces descriptions. Relèvent plutôt du premier courant, les méthodes **naturelle, directe, audio-orale, audio-visuelle, communicative, interactive.** Relèvent plutôt du second, toutes les méthodes « grammaticales », que ce soit ce qu'on appelle en Europe la méthode **traditionnelle** (qui s'est développée à partir du XVIIe siècle) ou ce que les Anglo-saxons appellent **grammaire-traduction.** Il est clair que beaucoup de

---

1. **Naturel(le)** s'oppose ici à **institutionnel,** le premier renvoyant à l'appropriation des langues hors enseignement/apprentissage, le second renvoyant à l'appropriation dans ce cadre.

manuels s'inspirent simultanément des deux courants (la méthode « éclectique » a toujours eu ses partisans), et que, souvent, ces manuels diffèrent « beaucoup plus dans leur présentation et beaucoup moins dans leur pratique réelle de classe » (L. Bloomfield, 1965, p. 503).

La meilleure conceptualisation actuelle des présupposés et préjugés de ces deux courants nous paraît être celle que S.D. Krashen développe depuis une dizaine d'années dans son « modèle du moniteur » (voir le regroupement de ses analyses dans S.D. Krashen, 1981 et 1982).

Son hypothèse initiale est plus psycholinguistique que proprement didactique, mais elle n'en implique pas moins certaines options dans les pratiques d'enseignement/apprentissage des langues. S.D. Krashen instaure une dichotomie entre ce qu'il appelle l'**acquisition** des langues (*acquisition* en anglais) et ce qu'il appelle leur **apprentissage** *(learning)*. Il y aurait là deux processus, clairement distincts et en partie exclusifs l'un de l'autre, qui permettraient de rendre compte de l'appropriation des langues, par les enfants ou par les adultes, en situation naturelle ou institutionnelle.

L'acquisition est un processus subconscient (l'intériorisation des régularités se fait à l'insu de l'apprenant), implicite (l'apprenant n'acquiert pas un savoir sur la langue), et orienté vers la signification plus que vers les formes qui la véhiculent. L'acquisition se développe, en contexte naturel ou institutionnel, à travers de multiples interactions verbales et donne à l'apprenant un certain sentiment *(feel)* de ce qui est grammaticalement acceptable et de ce qui ne l'est pas dans la langue. Ce processus, qui aboutit à une intuition grammaticale comparable à celle d'un natif, existe chez tout être humain, quel que soit son âge, sa classe ou sa race, mais il est plus particulièrement observable chez les jeunes enfants qui s'approprient la (ou les) langue(s) de leur entourage immédiat.

L'apprentissage, à l'opposé, est conscient (il suppose chez l'apprenant une connaissance réflexive de ce qu'il fait), explicite (en ce qu'il fait appel à des savoirs constitués sur la langue ou ses emplois), et plus orienté vers les formes que vers les significations qu'elles véhiculent ou qu'elles permettent de reconstruire. L'apprentissage développe une capacité de jugement grammatical par référence à des règles enseignées par le professeur ou élaborées par l'apprenant lui-même. Ce qui lui permet, dans certaines conditions de temps (qu'il ait le temps de le faire), d'attention (qu'il s'attache plus aux formes qu'aux significations), et de savoir (qu'il possède des règles relatives au problème posé), d'exercer un contrôle plus ou moins normatif sur ses productions verbales et sur celles de ses partenaires. C'est ce mécanisme correctif appris', ce contrôle linguistique conscient, que S.D. Krashen appelle **le Moniteur** *(Monitor),* lequel s'enclenche, évidemment, plus aisément à l'écrit qu'à l'oral, trop rapide, trop spontané et trop mouvant pour réaliser les conditions requises à sa mise en train. Ce processus s'observe surtout chez les adolescents et les adultes qui s'efforcent de s'approprier une langue dans un cadre institutionnel.

On retrouve aisément sous cette dichotomie les deux convictions antagonistes anciennes de la didactique des langues, l'acquisition relevant d'un enseignement/apprentissage aussi « naturel » que possible, l'apprentissage d'un enseignement/apprentissage plus « artificiel ».

Ce qui, d'un point de vue didactique, nous paraît intéressant chez S.D. Krashen, c'est que tout en affirmant que ces deux processus sont distincts, il n'en soutient pas moins qu'ils peuvent coexister, à des moments différents, chez l'adolescent ou l'adulte, même si, selon lui, l'apprentissage ne joue qu'un rôle relativement marginal et intermittent par rapport à l'acquisition.

S.D. Krashen revient souvent sur ce constat banal qu'un apprenant peut connaître une règle et ne pas savoir en faire un usage approprié, de même qu'il peut produire des énoncés corrects et en faire un usage efficace sans pouvoir en rendre compte explicitement. Il en déduit qu'entre acquisition et apprentissage il n'y a pas de « passage » possible, qu'il s'agit de deux processus qui peuvent coexister mais qui sont fondamentalement distincts. Ce qui est appris ne peut jamais être considéré comme véritablement acquis, ne peut jamais conduire à une maîtrise spontanée, aisée, naturelle de la langue, mais seulement à surveiller et à contrôler la conformité de ce qui est acquis avec ce qui est appris. La primauté que S.D. Krashen accorde à l'acquisition sur l'apprentissage le conduit à préconiser des classes où l'apprenant est confronté à un environnement verbal étranger aussi riche et varié que possible, mais peu programmé, afin de multiplier les occasions de comprendre et de construire interactivement des significations nouvelles *(comprehensible input)*, la répétition de ces pratiques devant l'amener progressivement à induire subconsciemment les régularités, en particulier grammaticales, qui les régissent. Le bon étudiant de langue, pour S.D. Krashen, est celui qui joue le jeu de la communication, qui s'inscrit et se maintient aisément dans les interactions verbales, qui n'accorde à l'apprentissage proprement dit qu'une place restreinte, réservée surtout à l'écrit. Option qui là aussi est loin d'être nouvelle et est proche de celle des tenants des approches « naturelles » pour qui « les explications grammaticales ne semblent avoir aucun rôle à jouer dans l'acquisition d'une compétence linguistique, sinon celui de tranquilliser certains esprits avides de logique » (J. Corbett, 1974, p. 296).

2. Les activités métalinguistiques d'enseignement/apprentissage

Ce n'est pas le lieu de présenter ici une critique systématique du modèle krashénien (on pourra voir, entre autres, E. Bialystok, 1978 ou G. Bibeau, 1983 b), mais, dans la perspective qui est la nôtre, nous voudrions montrer que cette dichotomie acquisition/apprentissage, qui corrobore si bien les idées reçues en didactique des langues, n'est ni claire, ni évidente, que ce soit dans les pratiques langagières ordinaires ou dans celles mises en jeu par la classe de langue.

Il nous semble, d'abord, qu'elle ne correspond pas, ou mal, à l'expérience triviale qu'on peut avoir d'une langue maternelle ou étrangère. Quand nous parlons comme on parle, nous n'avons certes pas constamment conscience de ce que nous faisons, des formes que nous employons, mais nous n'entretenons pas moins constamment une activité métalinguistique latente qui nous permet d'évaluer, à tout moment, l'effet ou l'impact, potentiels ou réels, de nos productions et de celles des autres, leur conformité ou non conformité avec les normes et représentations que nous avons de la langue utilisée. Et ce, même chez les sujets qui n'ont pas été scolarisés, c'est-à-dire qui n'ont pas « appris » cette langue. Cette activité métalinguistique, qui nous paraît avoir plus d'affinité avec la notion d'apprentissage qu'avec celle d'acquisition, nous permet de reprendre, de modaliser, de reformuler, bref de « négocier » ce que nous disons en fonction des « ratés » prévisibles ou constatés de la communication. R. Jakobson a théorisé ce phénomène sous le nom de « fonction métalinguistique » qui, selon lui, joue « un rôle énorme dans tout apprentissage du langage, tant chez l'enfant que l'adulte » (1963, p. 204). Car, toujours selon R. Jakobson : « La faculté de parler une langue donnée implique de parler *de* cette langue. » (*id.,* p. 81). Et pour parler **de** cette langue, il faut bien que notre attention soit orientée vers le code plus que vers la communication, qu'on ait les moyens lexicaux et grammaticaux pour le faire explicitement, et qu'on en ait donc une certaine conscience. C'est sans doute pourquoi, sans que l'argument soit finaliste, « chaque langue contient sa propre métalangue, c'est-à-dire l'ensemble des phrases qui permettent de parler d'une partie de la langue, y compris la totalité de sa grammaire » (Z.S. Harris, 1971, p. 19). Il en résulte qu'une compétence linguistique authentique associe nécessairement ce qui, selon S.D. Krashen, relèverait de l'acquisition et ce qui relèverait de l'apprentissage. De nombreuses études sur les activités métalinguistiques des enfants ou des adultes non scolarisés vont d'ailleurs dans ce sens (voir en particulier S. Bredart et J.A. Rondal, 1982).

Il y a une certaine circularité dans le raisonnement krashénien : du constat qu'on peut distinguer deux types de jugements grammaticaux (intuitifs ou par référence à des règles), il déduit qu'il existe deux processus différents d'appropriation de ces jugements. Mais on peut remarquer qu'un natif porte souvent des jugements à la fois intuitifs et plus ou moins normatifs (*ça se dit, mais ça n'est pas correct,* ou bien *c'est français, mais ça n'est pas du français,* voir M.H. Clavères, 1982, p. 129, note 1). De plus, il est d'expérience que les jugements intuitifs sont parfois incertains : de nombreuses phrases sont « douteuses », pouvant être considérées comme grammaticales dans certains contextes et comme non grammaticales dans d'autres. Pour obvier à cette incertitude, on fait alors appel à des connaissances diverses sur la langue, à des raisonnements sur son fonctionnement, à des souvenirs d'autres jugements, c'est-à-dire, de fait, à des jugements qui se réfèrent à ce qu'on sait sur la langue.

En observant la façon dont les gens se servent du langage quand on ne les observe pas, le sociolinguiste W. Labov a vu «apparaître un principe très général, partout présent dans (ses) résultats : ceux qui usent le plus d'un trait stigmatisé [c'est-à-dire un trait «incorrect», socialement sanctionné par les interlocuteurs] sont les mêmes qui s'y montrent les plus sensibles chez les autres» (1976, p. 198). C'est qu'on pratique une langue selon certaines normes et qu'on en juge selon d'autres. Les normes objectivement pratiquées, souvent de manière non consciente, sont loin de coïncider avec les normes subjectivement admises et reconnues. Et ce sont ces dernières, inculquées socialement et scolairement, qui constituent, selon W. Labov, beaucoup plus la communauté linguistique que celles effectivement pratiquées, parce que les unes sont partagées par tous, alors que les autres sont soumises à de nombreuses variations, individuelles et sociales. C'est la communauté des jugements par référence à des normes reçues qui crée le sentiment linguistique, et c'est par rapport à ces normes subjectives que sont presque toujours évaluées les productions d'autrui, car «l'extraordinaire accord des réactions manifestées au discours d'autrui ne s'assortit d'aucune lucidité quand il s'agit de percevoir sa propre performance. Bien au contraire, les sujets identifient leurs discours aux normes subjectives...» (id., p. 199) Ces normes subjectives sont évidemment liées à la conscience que les locuteurs ont de la stratification sociale de leur communauté, de la place qu'ils occupent dans cette stratification et de la manière dont ils perçoivent cette place, mais elles sont aussi liées aux représentations que les institutions (école, médias, publicités, écrits, dictionnaires, grammaires, manuels de politesse, etc.) leur imposent de leur propre langue, représentations dans lesquelles la description grammaticale dominante (généralement dite «traditionnelle») ne peut manquer de jouer un rôle important. Il n'est donc pas surprenant que les jugements de grammaticalité en apparence les plus intuitifs se réfèrent, souvent non consciemment, à ces normes.

Il nous semble que, dans une classe où enseignant et enseignés travaillent sur la langue et s'observent mutuellement, ce recours constant aux normes subjectives, et donc aux jugements grammaticaux par référence, ne peut être que renforcé. Certaines «incohérences» le manifestent clairement : tel professeur souligne par un geste ascendant l'intonation d'une question partielle *(Qui vient dîner ce soir?)*, alors que cette intonation est plutôt descendante, simplement parce qu'il croit «savoir» que toute question a une intonation montante ; tel autre corrige une négation omettant le *ne (j'ai pas de chance)* mais produit la même «erreur» spontanément un peu plus tard ; un troisième corrige systématiquement les accords du participe passé avec *avoir* mais ne les respecte pas lui-même, etc. L'enseignant évalue souvent les productions de ses élèves plus en fonction de ce qu'il sait de la langue que de la manière dont il la pratique réellement. De même, un apprenant peut avoir le sentiment *(feel)* que telle phrase est grammaticale, simplement parce qu'elle s'inscrit parfaitement dans le système par lequel il a intériorisé ce qu'il a acquis de la langue étrangère (elle correspond à la grammaire de son **interlangue**[1]), et savoir qu'elle n'est pas admise dans la langue-cible. L'absence d'assurance quant à ce qui est grammaticalement admis dans cette langue ne peut d'ailleurs qu'amplifier ces recours aux jugements par référence à ce que dit le professeur. L'enseigné ne peut « modéliser » ses productions sur les seules réactions de ses pairs, il doit constamment tenir compte des évaluations (approbation, refus, correction) que l'enseignant porte sur elles, et ce sont ces jugements qui constituent les normes auxquelles il se réfère. Du côté de l'enseignant comme du côté des enseignés, il n'y a donc que rarement des jugements purement intuitifs. La référence à une norme et à une description grammaticale est constamment présente dans le manuel, dans le discours professoral, dans les diverses activités métalinguistiques des apprenants, simplement parce que l'évaluation normée, et pas seulement sous la forme de contrôle et d'examen, est inhérente à tout enseignement/ apprentissage.

Si d'un point de vue heuristique il est légitime et utile de postuler une distinction entre acquisition et apprentissage, il n'en va pas nécessairement de même d'un point de vue didactique. La dichotomie acquisition/apprentissage rend mal compte de ce qu'on peut observer dans une classe de langue : il n'y a pas vraiment de solution de continuité entre ces deux processus, et toute acquisition y implique un certain apprentissage. L'appropriation de la langue étrangère s'y développe à travers les processus qui mêlent constamment les deux processus krashéniens : l'activité métalinguistique constante de l'enseignant et des enseignés implique toujours une certaine réflexion sur la langue, et donc une certaine conscience de celle-ci ; même dans les jeux et les simulations les plus motivants, il y a toujours une focalisation sur les formes parce qu'on sait que ce sont elles qui importent et qu'une règle tacite veut qu'en classe de langue le professeur n'ait pas à corriger les contenus énoncés ; enfin, l'explicitation y est constante, par les jugements évaluatifs du professeur, mais aussi, comme nous allons le voir, à travers de nombreuses pratiques réputées implicites, simplement parce qu'elles ne font pas appel à un discours grammatical spécialisé.

1. Cette notion est définie au chap. 8.

3. Grammaire explicite et grammaire implicite

Il s'agit là d'une distinction relativement traditionnelle en didactique. Elle est probablement d'origine scolastique. Elle oppose ce qui est littéralement «déployé» à ce qui reste «plié à l'intérieur», ce qui est énoncé clairement à ce qui est contenu, voilé dans autre chose.

Pour le *Dictionnaire de Didactique des Langues,* la **grammaire explicite** «est fondée sur l'exposé et l'explication des règles par le professeur, suivis d'applications conscientes par les élèves» (R. Galisson et D. Coste, 1976, p. 206). Mais on signale que l'exposé et l'explication peuvent suivre l'observation et la manipulation des formes étrangères. Autrement dit, il s'agit de l'enseignement/apprentissage d'une description grammaticale de la langue - cible en s'appuyant expressément sur le modèle métalinguistique qui la construit (en utilisant en particulier sa terminologie, sous sa forme originale ou simplifiée). D'où deux caractéristiques : apport d'information métalinguistique par le professeur et prise de conscience par les étudiants de cette information. La démarche peut être déductive (de la règle aux exemples qui l'illustrent), ou inductive (des exemples à la règle qui a présidé à leur sélection). L'une et l'autre postulent que l'apprentissage d'éléments d'une description grammaticale de la langue-cible favorise ou accélère l'intériorisation des régularités décrites.

Autrement dit en termes krashéniens, l'apprentissage explicite, conscient et formel assure ou renforce l'acquisition.

La grammaire implicite, selon le même dictionnaire, vise «à donner aux élèves la maîtrise d'un fonctionnement grammatical (variations morpho-syntaxiques par exemple)», mais ne «recommande l'explicitation d'aucune règle et élimine le métalangage, ne s'appuyant que sur une manipulation plus ou moins systématique d'énoncés et de formes» (*id.,* p. 254). Cet aspect systématique est souligné : «Enseignement implicite n'est jamais synonyme d'enseignement non systématique. Au contraire, on peut dire que l'un des soucis dominants des créateurs[1] de l'enseignement implicite (les auteurs des premières méthodes audio-orales américaines de stricte obédience structuraliste) a été le choix, l'organisation et la progression de la matière linguistique à faire acquérir», l'exercice structural étant considéré comme l'exercice type de cette démarche (*id.,* p. 276).

Dans le cadre de la problématique admise ici, deux questions se posent. Est-ce que la grammaire implicite (ou la structure enseignée par l'exercice structural) relève d'une description grammaticale de la langue-cible, ou bien relève-t-elle directement de la grammaire intériorisée de cette langue ? Est-ce qu'une technique pédagogique

---

1. Cet enseignement est, en fait, très ancien.

comme l'exercice structural met en jeu le processus d'apprentissage ou le processus d'acquisition? Les deux questions étant partiellement liées.

On sait que les exercices structuraux partent de la notion de **model sentence** («phrase modèle») ou de **pattern** (littéralement : «modèle», «patron» à partir duquel on fabrique des objets). Cette notion était loin d'être nouvelle en didactique des langues, mais elle se trouvait, dans les années cinquante, légitimée par certaines procédures structuralistes. Les unités d'une langue (et en particulier les morphèmes de langues comme l'anglais et le français où l'ordre des mots joue un grand rôle) ne peuvent être combinées syntagmatiquement de manière aléatoire ou systématique : certaines combinaisons sont admises, d'autres ne le sont pas. Chaque combinaison admise a, en elle-même, un sens propre, puisqu'on peut retrouver ce sens dans des combinaisons structurellement analogues mais portant sur des unités intrinsèquement différentes. Ainsi, une phrase comme *vous avez déchiré votre pantalon* n'a pas le même sens que : *vous avez votre pantalon déchiré* ou que : *avez-vous votre pantalon déchiré?* alors que son sens structurel peut se retrouver dans *tu as cassé ta montre* ou *elle a porté sa valise*. C'est ce sens structurel qu'on appelle un *pattern :* «C'est en fait le sens dont sont porteuses les relations grammaticales qui sont exprimées dans cette phrase.» (R.L. Politzer, 1965, p. 7) La grammaire d'une langue est alors conçue comme un ensemble de *patterns* spécifiques de celle-ci ; la répétition intensive de phrases illustrant ou actualisant le même *pattern* est supposée imposer celui-ci dans l'esprit de l'étudiant. Voici comment un des initiateurs des exercices structuraux décrit ce projet didactique : «Ce n'est qu'après une longue pratique des mêmes *patterns* avec des contenus divers que ces *patterns* deviennent automatiquement productifs. Quand l'étudiant est parvenu à ce stade, dans les limites d'un vocabulaire bien circonscrit mais d'une utilité certaine, il a «appris la langue».» (C.C. Fries, 1945, pp. 8-9) Vingt ans plus tard, R.L. Politzer ne le conçoit pas autrement : «avoir à sa disposition un stock toujours plus important de phrases modèles associées à des situations spécifiques, phrases qu'on peut transformer en ce qu'on veut dire, par un nombre limité d'opérations de substitution et de transformation qu'on apprend à faire à une vitesse toujours plus grande» (1965, pp. 136-137). Il est clair, dans les formulations mêmes («il a appris la langue», «transformer en ce qu'on veut dire»), que le *pattern* relève, aux yeux de ses utilisateurs, de ce que nous avons appelé grammaire intériorisée.

De même, il nous semble clair que, dans l'esprit de ses théoriciens, l'exercice structural relève plus de l'acquisition que de l'apprentissage, bien que cette distinction ne fût pas utilisée. On sait qu'ils s'appuient sur le behaviourisme, et plus particulièrement sur le conditionnement opérant de B.F. Skinner. Dans ce cadre hypothétique, la langue n'est qu'un ensemble de «comportements» observables qui ne s'acquièrent que par leur pratique intensive. Il s'agit non pas d'apprendre quelque chose sur la langue, de comprendre son fonctionnement, mais d'apprendre à en faire quelque chose automatiquement. L'exercice structural doit renforcer systématiquement les mécanismes fondamentaux ou *patterns* de la langue par sur-apprentissage *(overlearning)*, afin qu'une fois appris ils puissent permettre à l'étudiant d'amorcer une généralisation, sans avoir consciemment recours à une règle. Autrement dit, il s'agit d'un processus clairement implicite, subconscient, et orienté vers le sens structurel des phrases. Même s'il est vrai que ce sens structurel n'est qu'un élément de la signification réellement communiquée, il s'agit bien d'acquisition telle que l'entend Krashen et non d'apprentissage.

La traduction de *pattern drill* par **exercice structural** dans les années soixante n'en a guère modifié la conception. Elle a simplement conféré à la notion didactique de **pattern** le prestige de la **structure,** alors dominante en sciences humaines, et le caractère souvent «scientiste» du discours didactique qui introduisit les exercices structuraux en France (voir en particulier *Le Français dans le Monde,* n° 41, 1966) ne put que renforcer la conviction que les structures (telles, en fait, qu'elles étaient construites par le modèle structural ou le modèle traditionnel) constituaient les régularités primitives réelles de toute langue, et que les techniques de surapprentissage ne faisaient que reproduire, de manière méthodique et accélérée, le processus naturel d'acquisition des langues.

Or, il est facile de montrer que ces structures ne relèvent pas d'une réalité psycho-linguistique mais d'une description grammaticale particulière, qu'elles sont des artefacts des modèles métalinguistiques qui les sous-tendent. Elles constituent des équivalents des règles grammaticales traditionnelles. Et en tant que telles, elles ne peuvent, à notre avis, être apprises sans une certaine conscience des hypothèses métalinguistiques qui les construisent. C'est que nous allons essayer de montrer concrètement en nous appuyant sur l'analyse de deux exercices structuraux.

Le premier est extrait de *Le français et la vie I* (G. Mauger et M. Bruézière, 1971). Les auteurs, dans leur préface, affirment que ces tableaux «font ressortir les oppositions qui permettent de comprendre les structures sans formuler les règles» *(id., p. 125).* Il s'agit donc bien, pour eux, d'un processus qui reste conscient («comprendre»), bien qu'il soit implicite.

je	ferai	danser les filles
tu	feras	chanter les garçons
il	fera	écouter des disques
nous	ferons	rire les spectateurs
vous	ferez	jouer de la guitare
ils	feront	

Les deux premières colonnes étant liées (la co-occurrence des unités de chacune d'entre elles est obligatoire), trente combinaisons syntagmatiques sont potentiellement possibles. Un étudiant formé au modèle métalinguistique traditionnel saisira très rapidement qu'il s'agit de lui faire pratiquer la conjugaison du semi-auxiliaire *faire*, au futur, suivi d'un verbe à l'infinitif. Ayant ainsi retrouvé la structure, il pourra avoir conscience de la répéter en répétant les phrases de la table. Il n'en ira probablement pas de même avec un autre étudiant formé, par hypothèse, à un modèle métalinguistique accordant une place plus importante aux fonctions syntaxiques. Celui-ci remarquera que si les phrases commencent par des syntagmes verbaux comparables, elles se terminent par des syntagmes nominaux qui ne le sont pas : en effet, *les filles* peut être considéré comme le sujet de *danser*, comme *les garçons* peut l'être de *chanter* et *les spectateurs* de *rire* ; mais *des disques* ne peut être considéré comme sujet de *écouter*, ni *de la guitare* de *jouer*. Du point de vue de ce modèle, l'exercice perd donc une partie de son homogénéité structurelle et notre deuxième étudiant aura sans doute quelque mal à en «fixer» la structure. Un troisième étudiant formé, par hypothèse, à une version standard de la théorie générative et transformationnelle pourra être frappé du fait que nombre des phrases pratiquées sont ambiguës : *je ferai danser les filles* est susceptible de signifier «je danserai avec les filles» aussi bien que «je ferai en sorte que les filles dansent» ; *je ferai chanter les garçons*, en revanche, n'admet qu'une seule[1] interprétation («je ferai en sorte que P») ; mais *je ferai rire les spectateurs* est susceptible d'être interprété comme : «je ferai en sorte que P», ou bien comme : «les spectateurs riront de moi» ; ces observations le conduiront à admettre, compte tenu de la théorie métalinguistique qui est la sienne, que ces phrases cachent sous des «structures superficielles» comparables des «structures profondes» qui ne le sont pas nécessairement. Car, pour que ces trois familles de phrases reproduisent la même structure, il faudrait qu'elles soient toutes interprétées comme signifiant : «je ferai en sorte que P». Or, rien dans leur contexte n'indique qu'il s'agit là de la «bonne» interprétation, celle qu'il faut respecter, si on veut découvrir la structure enfouie dans l'exercice. Un quatrième étudiant formé, par hypothèse, à un modèle métalinguistique de type notionnel - fonctionnel court le risque d'être déconcerté par le fait que *je ferai...* réalise, généralement, une promesse ou un engagement personnel de faire quelque chose, mais que *tu feras...* fonctionne plutôt comme un ordre, et que *il fera...* pourra renvoyer, selon les situations, à un ordre (le *il* est présent et dans une dépendance hiérarchique par rapport à l'énonciateur), ou à une supposition (le *il* est absent et on envisage ce qu'il peut ou pourra faire), ou encore à un engagement que l'énonciateur prend au nom du *il*.

---

1. Nous ne tenons pas compte de la polysémie de *(faire) chanter* : «émettre un chant» et «exercer un chantage».

On objectera que les étudiants ne sont pas généralement des linguistes. Certes ; mais si l'un d'eux rêve de danser avec sa voisine, il interprètera vraisemblablement *je ferai danser les filles* comme «je danserai avec elle(s)» ; alors qu'un autre, joueur de guitare, pensera qu'il s'agit de «faire en sorte qu'elles dansent» ; et qu'un troisième, timide ou frappé d'agoraphobie, ne pourra interpréter *je ferai rire les spectateurs* que comme un refus de se présenter devant eux, parce qu'ils riront de lui ; qu'un quatrième, enfin, ayant une langue «à cas» sera surpris que l'exercice ne distingue pas les «cas sujets» des «cas objets». Pour ces étudiants, comme pour ceux qui ont recours à un modèle métalinguistique non prévu par l'exercice, les phrases répétées ne forment plus qu'un ensemble grammaticalement hétérogène, dont on ne voit pas comment ils induiraient, consciemment ou non, une constante structure quelconque. Pour que les étudiants «automatisent» la même structure, il faut qu'ils adoptent, parce que c'est déjà le leur ou par réflexion, le point de vue métalinguistique des concepteurs, car c'est ce point de vue qui «crée» la structure, et si on en adopte un autre, l'exercice «se défait» en un amalgame hétéroclite de phrases.

Nous traiterons plus brièvement du second exemple tiré de *La France en direct I* (J. et G. Capelle, 1971, p. 97), en suivant une méthode d'analyse un peu différente :

1	2	3	4
Il va	me (m')	offrir	une jupe écossaire
	te (t')	donner	un manteau de laine
	lui	chercher	des poissons rouges
Elles vont	leur	trouver	une bouteille d'eau de cologne
	nous	acheter	un appareil de photo
	vous	apporter	une chemise de coton

Toutes les phrases que l'on peut combiner à partir de ce tableau sont considérées comme répétant la même structure, simplement parce qu'elles sont toutes susceptibles de la même analyse grammaticale, celle qui relève du modèle métalinguistique traditionnel : les colonnes 1 et 3 renvoient à la catégorie du «futur proche», la colonne 2 à celle des «pronoms personnels» dans la fonction «d'objet indirect», la colonne 4 à celle de groupes nominaux compléments «d'objet direct». Une catégorie grammaticale regroupe dans la même classe des unités morphémiques qui ont certes des propriétés communes, mais qui ont aussi des propriétés qui n'appartiennent qu'à certaines de ces unités et, parfois, à une seule d'entre elles. La catégorisation est une manière d'occulter ces propriétés non communes, parce qu'on considère qu'elles ne sont pas pertinentes par rapport à la classification. La structure étant une combinaison syntagmatique acceptable de classes grammaticales, sa perception, dans un ensemble de phrases comme celui d'un tableau structural, exige que l'étudiant parvienne à distinguer les propriétés qui sont posées comme pertinentes de celles qui ne le sont pas.

Ainsi, il faut qu'il exclue le fait que le verbe *aller* de la première colonne peut aussi fonctionner, dans les phrases proposées, avec sa valeur propre, pour peu qu'on imagine un contexte approprié : - *Où va Paul? Chez sa fiancée? - Oui, il va lui offrir...* (= «Il s'en va lui... »).

Il faut qu'il ne tienne pas compte du fait que *me, te, nous, vous* ne fonctionnent pas en tous points comme *lui, leur* : les premiers peuvent être compléments d'objets indirects ou directs, alors que les seconds ne peuvent être que des compléments indirects (*le, la, les* étant les compléments directs). Il faut qu'il néglige le fait que *me, te* se placent toujours avant le verbe, alors que *nous, vous* peuvent se placer avant ou après ; que *lui* peut être placé avant ou après s'il est masculin *(je lui parle, je parle à lui)*, mais seulement avant s'il est féminin *(je parle à elle)*, tout comme *leur (je leur parle* mais *je parle à eux, à elles)*. De plus, cette classe des pronoms personnels le contraint à oublier qu'ils proviennent de la pronominalisation de noms introduits par des prépositions différentes : *offrir, donner, apporter* quelque chose *à* quelqu'un ; mais *chercher, trouver* quelque chose *pour* quelqu'un (sauf dans des expressions comme *chercher des ennuis à quelqu'un* ou *trouver du charme à quelqu'un*, dans lesquelles il est difficile de considérer qu'on a affaire à des compléments d'objets) ; quant à *acheter*, il peut être suivi de *à* ou de *pour*, mais avec *à* il peut signifier : «acheter auprès de quelqu'un, d'un vendeur, d'un marchand», ou bien : «acheter pour quelqu'un». La quatrième colonne est supposée regrouper des compléments d'objets directs, mais si on peut dire : *une jupe écossaire m'a été offerte par Jacques*, on ne peut dire : **une jupe écossaise m'a été cherchée par Jacques*. De même, si certaines phrases peuvent être «nominalisées» comme *l'achat d'un manteau*, d'autres ne peuvent l'être sans changement de sens, *l'offre d'une jupe écossaise* n'est pas un «cadeau» mais une «proposition de vente», et de nombreuses autres ne peuvent l'être que d'une manière extrêmement douteuse : ? *la recherche d'un manteau, *l'apport d'une chemise de coton, *la trouvaille de poissons rouges*.

On pourrait poursuivre l'inventaire des propriétés des unités de ce tableau non prises en compte par la structure qui l'organise. La perception de l'analogie structurelle qui, d'un point de vue métalinguistique particulier, sous-tend l'ensemble des phrases de l'exercice, implique que l'étudiant opère la même sélection des propriétés pertinentes que celle qui a présidé à l'élaboration du tableau. Autrement dit, l'exercice est conçu en fonction d'un modèle métalinguistique et ne maintient sa structure que si l'étudiant en admet, consciemment ou non, ce modèle. Pour qu'il «fonctionne», il faut donc soit que l'étudiant connaisse au préalable le modèle métalinguistique qui l'organise, et dans ce cas les phrases répétées ne sont plus que des exemples qui servent à illustrer l'une de ses règles, soit que l'étudiant finisse par admettre tacitement les catégories métalinguistiques qui le fondent, et dans ce cas la pratique répétitive est destinée à l'inciter à adopter une classification relevant d'un modèle qu'il ne peut ni justifier, ni contester, puisqu'il est donné comme inscrit dans la «nature» même d'une langue qu'il maîtrise encore mal. Etymologiquement, de manière ambiguë, le **pédagogue** est celui « qui conduit l'enfant là où il va » ; dans l'exercice structural, on conduit l'étudiant là où le concepteur de l'exercice veut qu'il aille.

Si nous nous sommes attardés sur l'exercice structural, c'est qu'il nous paraît caractéristique de l'ensemble des techniques d'enseignement/apprentissage inductif d'une description grammaticale. La démarche est que la pratique guidée de certaines régularités doit conduire l'étudiant à induire la règle qui les organise, cette règle pouvant être explicitée **(grammaire inductive explicite)**, ou demeurer implicite **(grammaire inductive implicite)** comme dans l'exercice structural. Ces techniques présupposent ou imposent toujours un certain modèle métalinguistique, même si elles en censurent la terminologie. La différence entre l'explicite et l'implicite résiderait alors, selon M. Candelier, dans le fait que pour la première, « la règle apparaît forcément au niveau de la conscience » des apprenants, alors que pour la seconde, « on ne peut avoir de certitude à ce sujet », puisque la prise de conscience n'est pas manifestée (1975, p. 372). Et il est vrai que certains apprenants ne saisissent pas la finalité grammaticale des exercices structuraux : ils n'ont pas l'impression de « faire de la grammaire » parce qu'on n'utilise pas de terminologie spécialisée. Mais on voit mal comment un apprenant pourrait apprendre une règle relevant d'une description grammaticale sans en avoir quelque conscience, une description étant d'abord le résultat d'une certaine manière de raisonner sur le donné langagier. S'il répète les phrases de l'exercice sans en comprendre le sens structurel, par pur psittacisme, comment peut-il intérioriser ce sens ? Il faut donc que la règle apparaisse, de quelque manière, à sa conscience.

Nous considérons donc que **la grammaire implicite est**, en fait, **un enseignement inductif non explicité d'une description grammaticale particulière** de la langue-cible, et qu'elle relève donc plus de l'apprentissage que de l'acquisition.

M.M. Rivenc-Chiclet remarque fort justement que « pour être acceptée des apprenants, qu'elle plongeait d'abord dans un certain désarroi, l'approche implicite/inductive requérait beaucoup de clarté et de méthode chez le professeur. Qu'un paradigme ne comporte pas assez d'éléments pour montrer une variation, qu'une transformation soit faite avec maladresse ou pas assez suivie d'exemples, que l'enseignant manque de logique dans un découpage morpho-syntaxique, et l'élève ne pouvait induire la règle qu'il était censé découvrir et intérioriser » (1983, pp. 18-19). Cette rigueur dans la présentation est indispensable pour compenser l'absence de la métalangue constructive, et le recours à un modèle s'appuyant sur des manipulations simples des formes comme le modèle structural se comprend d'autant mieux : il permet de « visualiser » plus aisément distinctions et régularités.

4. Acquisition et apprentissage dans l'histoire de la didactique des langues

Si l'évaluation par le professeur des productions des étudiants et si la grammaire implicite relèvent de l'apprentissage, si ces pratiques pédagogiques reviennent en fait à enseigner une description grammaticale particulière de la langue-cible, est-ce à dire que, dans une classe, il ne soit pas possible d'envisager une intériorisation «directe» de la grammaire étrangère? Ne peut-on enseigner/ apprendre une langue comme on acquiert naturellement sa langue maternelle? Toute acquisition est-elle condamnée à composer avec l'apprentissage? Un certain nombre d'arguments tirés de l'histoire de la didactique des langues nous incitent à le penser.

Nous avons vu, au début de ce chapitre, que le projet de reproduire en classe les conditions mêmes d'une acquisition naturelle des langues hante toute cette histoire, et est au fondement de son courant probablement le plus novateur et le plus foisonnant, celui qui va de la méthode naturelle aux méthodes communicatives actuelles. Mais il n'est pas sans intérêt de constater que ces méthodes ne s'en appuient pas moins sur un enseignement/apprentissage méthodique d'une description grammaticale de la langue -cible et qu'elles ne spéculent pas que sur le processus d'acquisition. Comme peuvent le montrer les quelques rappels qui suivent.

Certes la méthode naturelle — qui fut utilisée pour les langues dites vulgaires tant que celles-ci ne furent pas systématiquement décrites, et que continuèrent à utiliser certains précepteurs et gouvernantes, lesquels selon F. Brunot ignoraient souvent tout savoir grammatical — ne pouvait s'appuyer que sur le processus d'acquisition et la pratique quotidienne, en face à face avec l'élève, de la langue. Mais dès qu'apparaît la méthode directe, qui n'est que «la forme scolaire de la méthode naturelle» (J. Corbett, 1974, p. 71) et qui fut pratiquée beaucoup plus tôt que sa dénomination (laquelle date seulement du XIXe siècle), émergent des techniques d'enseignement inductif d'une description de la langue - cible, techniques qui mettent en jeu le processus d'apprentissage. Ainsi G. Duwes (ou Duguez) précepteur des Tudor et auteur de *An Introductorie for to learne, to rede, to pronounce and to speke French trewly* (1534), qui avouait ne pas avoir trouvé de règles infaillibles parce que, disait-il, il n'est pas possible d'en trouver de telles et affirmait qu'on ne peut apprendre que par l'usage (cité par L.G. Kelly, 1976, p. 39), n'en utilisait pas moins des tables de substitutions plus ou moins dialoguées qui ressemblent étrangement aux tables de structures et aux «micro-conversations» de l'époque structuraliste : «la pratique des structures *(pattern practice)* est apparue, non pas à la fin des années quarante comme on le dit souvent, mais au début du XVIe siècle» *(id.,* p. 101). Cl. de Sainliens (alias Cl. Holyband), auteur du fameux *French Littleton, a most easy, perfect and absolute way to learn the Frenche tongue* (1576) et qui, selon J.P. Vinay (1968), a «résolument adopté la méthode directe trois cent cinquante ans avant Berlitz», utilisait également ce type de table (voir L.G. Kelly, 1976, pp. 102-106). J.A. Comenius (1592-1670), qui fut en Europe le premier véritable théoricien de l'enseignement des langues, recommandait certes l'usage de l'imitation et de la répétition, de multiples lectures et conversations, afin que l'élève intériorise progressivement les régularités au travers de pratiques diversifiées, dans lesquelles le visuel jouait déjà un grand rôle (le premier manuel «audio-visuel» est sans doute son *Orbis Sensualim Pictus* de 1648). Mais bien qu'il critiquât l'enseignement désincarné des règles et paradigmes grammaticaux, parce que «le professeur ne doit pas enseigner tout ce qu'il sait, mais seulement ce que l'étudiant peut apprendre» (cité par L.G. Kelly, 1976, p. 205), il ne s'en montrait pas moins très méthodique dans l'organisation graduée de la matière à enseigner. Il fut l'un des premiers à établir des principes rationnels de progression, principes fondés essentiellement sur l'idée que les séries systématiques et régulières sont plus faciles à retenir que les séries irrégulières : ce qui met en jeu nécessairement une description grammaticale (comme nous le verrons au chap. 7) et également des techniques «pour promouvoir un enseignement inductif de la grammaire» (W.F. Mackey, 1972, p. 199). B. Lamy (1645 - 1715), qui fut le premier à poser explicitement le principe selon lequel une langue étrangère doit s'apprendre comme on apprend sa langue maternelle, et qui écrivait que «les Grammaires sont difficiles, parce qu'on ne sait pas ce que c'est» (cité par J.C. Chevalier, 1958 a, p. 558), n'en soulignait pas moins que les descriptions grammaticales «sont très utiles, lorsqu'elles sont bien faites, puisque l'on y trouve ces règles que l'on serait obligé de chercher par le travail ennuyeux de l'Analogie» (*id.*, p. 566).

Il en va de même dans la méthode directe proprement dite, qui naît au début du XIXᵉ siècle avec des didacticiens comme J. Hamilton ou J.J. Jacotot (lequel, dans son *Enseignement Universel des langues étrangères* (1830), essaie de théoriser le «globalisme» et récuse l'apprentissage par les seules règles grammaticales), et qui se codifie dans *L'Art d'enseigner et d'étudier les langues* (1880) de F. Gouin. On sait que ce pédagogue, dont l'influence fut plus grande dans les pays anglo-saxons qu'en France même, s'inspirait des principes de la psychologie, alors discipline nouvelle : pour lui, la langue étrangère s'approprie d'abord par l'oreille et par le corps (comme chez l'enfant), à travers des activités concrètes et diversifiées correspondant aux intérêts des étudiants ; l'unité de base est la phrase, et non le mot et sa place dans la phrase, et chaque phrase doit être associée à une autre phrase pour former une chaine qui exprime des actions courantes pouvant être mimées par les étudiants ; la grammaire s'intériorise à travers ces enchaînements de phrases décrivant des actions mimées ; mais F. Gouin ne manque pas de conseiller d'y employer d'abord les verbes les plus réguliers (ceux du premier groupe), ce qui implique bien entendu référence à la description traditionnelle. La méthode dite « Berlitz » n'est que la vulgarisation et la commercialisation des principes de F. Gouin.

selon lesquels « on faisait assimiler la structure de la langue en procédant par induction et par abstraction » (W.F. Mackey, 1972, p. 203).

La méthode audio-visuelle s'inscrit dans le même courant : « tout en s'éloignant de l'esprit qui a inspiré la méthode directe, (elle) en est cependant une forme très raffinée » (J. Corbett, 1974, p. 16). Contrairement aux dires de quelques-uns, cette méthode, au moins dans son projet original structuro-global tel que proposé par P. Guberina et P. Rivenc, est beaucoup plus proche de la **Gestalttheorie** (théorie de la forme) ou des hypothèses d'un J. Piaget que de celles du behaviourisme skinnérien, comme elle est plus proche de la stylistique d'un Ch. Bally que du structuralisme d'un L. Bloomfield. Et cela, d'un point de vue strictement historique, mais aussi dans sa problématique propre. On sait que la parole étrangère y est présentée en situations dialoguées simulées visuellement ; ces situations doivent permettre, en principe, aux étudiants de comprendre la signification interactionnelle des répliques échangées (c'est l'aspect global) ; ces répliques répétées et « restructurées » par des réemplois dans des situations différentes ou dans des contextes larges, nouveaux (technique des scénarios) doivent permettre aux étudiants de s'en approprier implicitement les régularités (c'est l'aspect structurant). L'appropriation grammaticale se fait donc inductivement à partir non pas de paradigmes de phrases analogues structurellement, mais à partir d'une pratique intensive de répliques situationnellement situées. C'est pourquoi les premiers concepteurs des méthodes audio-visuelles se sont longtemps opposés aux exercices structuraux, précisément parce que la parole étrangère y est réduite à des phrases présentées hors situation d'emploi. Il est donc clair que, dans cette approche, « le travail grammatical n'est qu'une composante parmi d'autres d'une démarche d'apprentissage globaliste » (P. Rivenc, 1982, p. 180), et qu'il s'agit d'une démarche « plutôt inductive (...) s'appuyant sur une réflexion implicite, orientée vers l'action et fondée sur l'observation du fonctionnement du discours en situation, et un réemploi raisonné dans d'autres contextes situationnels » (*id.*, p. 178). On est donc loin, au moins dans les principes, de l'approche behaviouriste, et le processus d'apprentissage, s'il ne joue qu'un rôle d'appoint par rapport à celui de l'acquistion, n'en est pas moins présent. Son rôle est d'ailleurs renforcé par la rigueur de la progression suivie, tant dans l'introduction des apports nouveaux que dans leurs réemplois (comme nous le verrons au chap. 7). On peut d'ailleurs noter que de nombreux utilisateurs des cours audio-visuels n'ont pas trouvé contradictoire avec les principes de la méthode de compléter l'enseignement grammatical inductif par un enseignement explicite systématisant progressivement les régularités acquises (voir, entre autres, R. Steele, 1975 et les exercices dits de conceptualisation, chap. 5).

C'est en fait un projet d'acquisition voisin qui sous-tend, paradoxalement, les critiques récentes des approches audio-orale et audio-visuelle un peu rapidement rapprochées. Très schématiquement on leur reproche de développer la « compétence linguistique »

89

(faculté de produire des phrases nouvelles, grammaticalement acceptables), au détriment de la «compétence communicative» (faculté de faire un usage interactionnellement approprié de ces phrases acceptables). D'où l'hypothèse, qui a dominé la didactique des langues ces dernières années, selon laquelle la classe doit être un lieu de communication ou d'interaction aussi «authentique» ou naturel que possible. C'est-à-dire une communication qui, premièrement, corresponde aux préoccupations réelles des apprenants, que ce soient celles qui sont liées à ce qu'ils auront à faire en dehors de la classe avec la langue étrangère (perspective dite «fonctionnelle» à partir d'une analyse des besoins langagiers), ou que ce soient celles qui sont les leurs dans la classe même (perspective plus récente dite «interactionnelle»); et deuxièmement, une communication qui soit aussi conforme que possible aux usages attestés des natifs (recours aux documents dits «authentiques» et à des activités pédagogiques centrées sur les contenus plus que sur les formes). Il s'agit toujours de faire en sorte que l'enseignement/apprentissage d'une langue reproduise son acquisition naturelle. Si certains communicativistes adoptent une position qu'on pourrait parodier ainsi : «Communiquez, communiquez, et il en restera toujours, grammaticalement, quelque chose» (nous y reviendrons), d'autres plus récemment se montrent moins radicaux. D.A. Wilkins, qui joua un rôle important dans le développement de l'approche notionnelle-fonctionnelle, a reconnu «qu'en pratique, sauf peut-être dans les cas où les apprenants possèdent une compétence linguistique solide avant de commencer un cours fonctionnel, il est peu probable qu'on obtienne les résultats souhaités» (1981 a, p. 98), parce que «l'idée qu'un individu puisse développer quelque chose d'autre qu'une capacité communicative rudimentaire sans une maîtrise approfondie du système grammatical même est absurde» (1981 b, p. 85). G. Gavelle, auteur d'une thèse aux hypothèses de départ interactionnelles, conclut que «l'acquisition purement linguistique (morpho-syntaxe) est première et prépondérante» et que «l'objectif d'un enseignement de la compétence de communication est un leurre» : il faut donc «commencer par l'enseignement de la compétence linguistique et la pratique de la pseudo-communication la meilleure possible» (1981, p. 356 et 357), c'est-à-dire une communication simulant le naturel mais plus systématisée, en particulier du point de vue grammatical, ce qui implique ultimement le recours à une description méthodique de la langue. Il suffit d'ailleurs de consulter certains manuels récents, réputés «notionnels-fonctionnels» ou «interactionnels», pour constater que, après avoir affirmé que la fréquentation assidue des documents «authentiques» ou la multiplication d'interactions simulées ou vécues dans la classe suffisent à l'acquisition de la grammaire, on en revient souvent à des pratiques grammaticales (exercices ou explications) très traditionnelles.

Il nous semble donc que ces approches, fondées en principe sur le processus d'acquisition, spéculent en fait simultanément sur le processus d'apprentissage. Tout se passe comme si on avait éprouvé la nécessité de systématiser grammaticalement l'acquisition, en particulier par une structuration plus rigoureuse de la matière à enseigner et par des exercices inductifs, au moins quand on a affaire à des adolescents ou à des adultes. Inversement, on peut observer que les approches grammaticales ouvertement explicites, fondées donc en principe sur l'apprentissage et sur l'exposé progressif d'une description grammaticale de la langue-cible, ont toujours conseillé de compléter leur enseignement systématique par des «classes de conversation» ou des séjours à l'étranger, afin que les étudiants puissent mettre en œuvre, aussi authentiquement que possible, leurs connaissances métalinguistiques.

Cet aperçu rétrospectif montre que, dans ses pratiques mêmes, la didactique des langues n'a jamais vraiment dissocié processus d'acquisition et processus d'apprentissage, et qu'aucune approche, semble-t-il, ne s'en tient au seul processus d'acquisition. Il confirme aussi qu'à travers l'évaluation, la progression et divers exercices inductifs même implicites, une description grammaticale de la langue-cible est toujours mise en jeu. On pourra objecter qu'il ne s'agit là que d'arguments historiques sans validité théorique ou expérimentale sérieuse ; mais dans un domaine ou l'empirisme est, et restera encore longtemps, dominant, il nous semble qu'on ne peut écarter l'expérience accumulée par les didacticiens passés.

Conclusion

Pourquoi ne peut-on reproduire dans la classe de langue des conditions d'acquisition vraiment naturelles ? Pourquoi faut-il nécessairement consacrer du temps à des activités qui sont focalisées sur la zone grammaticalisée de la langue, et donc plus ou moins formelles, plus ou moins conscientes, même si elles ne sont pas toujours explicites ? Probablement pour deux raisons que nous n'évoquerons que très brièvement ici.

La première est que, dans l'état actuel de nos connaissances empiriques et théoriques, il est vraisemblable qu'un adolescent ou un adulte ne peut acquérir une langue étrangère exactement de la même manière qu'il a acquis sa langue maternelle, que ce soit en milieu naturel ou en milieu institutionnel. Pour la simple raison qu'il ne peut répéter les étapes du développement bio-psychologique au travers desquelles cette acquisition s'est faite. Même s'il est vrai que, comme l'ont montré beaucoup d'études depuis une quinzaine d'années, il existe de nombreuses analogies entre les processus d'acquisition de la langue maternelle et ceux de la langue étrangère, il faut constater que l'adolescent ou l'adulte perçoit toujours, à quelque degré, la langue étrangère à partir des habitudes perceptives acquises avec la langue maternelle et des représentations qu'il se fait de celles-ci, qu'elles soient linguistiques ou culturelles.

La seconde est liée au fait que la classe de langue est précisément une classe. C'est-à-dire un lieu et un temps dans lesquels, contractuellement, quelqu'un qui sait une langue et qui en a une certaine connaissance réflexive, enseigne cette langue à un groupe d'individus qui veulent en acquérir la compétence et qui la perçoivent à partir de leurs expériences et savoirs langagiers antérieurs. Tout enseignement/apprentissage conséquent d'une langue nous paraît devoir tenir compte «du fait qu'il est irréaliste de supposer que la situation de classe peut être, de quelque façon que ce soit, identique à la vie réelle, parce qu'il n'est pas possible de reproduire ses conditions mêmes dans une situation d'enseignement organisée» (M.A.K Halliday, 1978, p. 16). Même s'il est vrai que la classe c'est aussi «la vie réelle», c'est une vie qui est réglée par un rituel et des lois qui lui sont en partie propres. Et l'une d'entre elles, celle qui caractérise fondamentalement ce type de classe, est que l'objet même d'enseignement/apprentissage (la langue étrangère) y est simultanément le moyen par lequel on enseigne et on apprend. Il en résulte que la plupart des énoncés échangés entre les participants du groupe-classe se réfèrent beaucoup moins au monde dans lequel ils vivent, y compris celui de la classe, qu'à la langue même qu'ils enseignent/apprennent. En termes plus techniques, on peut dire que les énoncés émis et reçus à l'intérieur d'une classe de langue y ont une «densité métalinguistique» (l'expression est de J.Rey-Debove, 1978) infiniment plus grande que ceux qu'on échange ordinairement en dehors de la classe. Toutes les évaluations du professeur, qu'elles soient explicites ou purement gestuelles, ont un caractère métalinguistique marqué, puisqu'elles se réfèrent précisément à des productions langagières. La plupart des productions des apprenants ont également ce même caractère, parce qu'elles sont produites presque toujours dans l'intention latente d'être approuvées ou désapprouvées par le maître. Une grande partie des interactions qui s'instaurent dans la classe sont centrées sur la langue et sur ses implications communicatives ; elles sont donc, elle aussi, à densité métalinguistique importante. L'étude systématique du discours de quelques classes (en particulier audio-visuelles) a montré que près de quatre-vingts pour cent des énoncés ont un caractère métalinguistique marqué (voir H. Besse, 1980 b). Certes, il y a des activités de classe où cette proportion n'est pas aussi importante, mais il n'en reste pas moins que l'univers de la classe est un univers où «la fonction métalinguistique» jakobsonienne prédomine presque constamment sur les autres fonctions. Professeur et étudiants sont d'abord dans la classe pour enseigner/apprendre une langue, et ce contrat tacite fait que les «similarités avec l'acquisition de la langue maternelle ont tendance à disparaître» (M.A.K. Halliday, 1978, p. 5).

Nous admettrons donc, dans ce qui suit, que l'acquisition en classe de langue se mêle toujours d'apprentissage, et que celui-ci se réfère toujours à une ou plusieurs descriptions grammaticales de la langue-cible.

Chapitre 5

La grammaire explicitée

Nous préférons cette expression à celle, traditionnelle, de **grammaire explicite**, parce qu'elle nous semble mieux attester que la grammaire mise ainsi en jeu n'est pas une sorte d'entité naturelle, mais le résultat des activités, notamment cognitives, des membres du groupe-classe. Il s'agit simplement de l'enseignement/apprentissage, systématique ou ponctuel, d'une description grammaticale particulière d'éléments de la langue-cible, description qui est explicitée par l'enseignant, et/ou par les enseignés, en ayant recours à la terminologie, originale ou simplifiée, du modèle métalinguistique qui la construit.

1. De la communication d'une description grammaticale

Nous avons posé, dans la première partie de cet ouvrage, qu'une description grammaticale est la résultante de l'application d'un modèle métalinguistique donné à certaines zones de la grammaire intériorisée d'une langue. Il en résulte que l'appréhension, consciente ou subsconsciente, d'une description présuppose, d'une part la connaissance de certains concepts et opérations métalinguistiques, d'autre part une expérience relative de la grammaire intériorisée à laquelle on les applique. Autrement dit, l'élaboration ou la simple compréhension d'une description grammaticale exige nécessairement non seulement qu'on en saisisse les présupposés et raisonnements métalinguistiques, mais aussi qu'on possède une intuition grammaticale minimale, un sentiment linguistique déjà assuré, des contraintes et possibilités de la grammaire intériorisée prise en compte. On ne peut raisonner, quel que soit le raisonnement suivi, sur le fonctionnement de données dont on ignore tout. Qu'on essaie, par exemple, de lire une traduction française de la description du sanscrit proposée, quelques siècles avant J.C., par le grammairien hindou Panini : quand on n'a aucune expérience antérieure de la langue sur laquelle elle porte, quand aucune initiation ne nous a familiarisé avec le modèle métalinguistique qui l'informe, on mesure combien il est difficile de saisir la portée de règles cependant très explicitement formulées. Ne sachant pas intuitivement ce sur quoi elles opèrent, à quelles différences significatives elles renvoient, on ne perçoit que très confusément ce qu'elles impliquent concrètement.

Une description grammaticale est toujours élaborée par un sujet qui a la maîtrise, au moins partielle, de la grammaire intériorisée qu'il décrit et qui s'adresse à d'autres sujets chez qui il postule plus ou moins une maîtrise équivalente. Il ne peut y avoir, nous semble-t-il, de description grammaticale compréhensible et utile que de sa langue maternelle, ou d'une langue qu'on pratique déjà au moins partiellement. Ce qui pose un problème capital quand il s'agit d'enseigner/apprendre une description de la langue-cible à des étudiants débutants, ignorant tout de cette langue.

Il n'est pas sans intérêt didactique de remarquer que les premières grammaires du grec, du latin et du français ont été des grammaires de la langue maternelle de ceux à qui elles étaient destinées.

Les premières véritables descriptions morpho-syntaxiques du grec rendent compte des régularités du grec classique pour des auditeurs ou des lecteurs qui ne le pratiquaient plus activement, mais qui utilisaient dans leur échanges quotidiens une variété dialectale alexandrine du grec. Œuvres de « professeurs consciencieux qui enseignaient aux jeunes générations l'idiome désormais difficile d'Homère » (J. Kristeva, 1981, p. 117), elles constituaient des ouvrages de référence dans lesquels on apprenait à modeler ses productions, en particulier écrites (rappelons que *grammatikê* est, littéralement, le savoir des lettres), selon les normes prestigieuses des grands auteurs européens.

Il en va de même pour les premières grammaires du latin. Là aussi, il s'agissait plus d'enseigner une certaine culture sur la langue maternelle, certaines normes considérées comme plus valorisantes que celles qu'on pratique spontanément, que de ménager une ouverture vers d'autres idiomes : il existait à Rome, semble-t-il, « peu d'intérêt pour les langues étrangères qui pourtant abondaient dans l'Empire » (*ibid.*, p. 137). Et ce sont ces descriptions du latin, élaborées d'abord par des grammairiens grecs puis complétées et affinées par les grammairiens latins (de Varron et Quintilien à Donat et Priscien), qui seront reprises tout au long du Moyen-Age pour enseigner aux clercs de l'Europe chrétienne une langue qui ne leur était pas étrangère, mais qui constituait une variété prestigieuse (celle des textes anciens et religieux) d'une langue qu'ils pratiquaient quotidiennement, sous une forme abâtardie, dans les institutions académiques, juridiques et religieuses. J.C. Chevalier observe que le *De linguae latinae elegantia*, paru au milieu du XVe siècle et qui connut un durable succès, « ne s'adresse pas à des gens qui veulent apprendre la langue, car elle est supposée connue » (1968 a, p. 18).

Les premières descriptions du français furent rédigées en français pour les descendants des conquérants normands de l'Angleterre, lesquels continuèrent à utiliser au moins jusqu'à la fin du XIIIe siècle un dialecte du français d'oïl plus ou moins mêlé d'emprunts anglo-saxons. Très explicite est l'auteur (un certain John Barton) du *Donait François* (paru vers 1400 et dont le titre fait allusion au fameux ouvrage de Donat sur le latin) : son but est de « bryèvement introduire les Englois en le droit language de Paris et du païs la

d'entour, laquelle language en Engliterre on appelle doulce France»,
simplement parce que «les bonnes gens du Royaume d'Engliterre
sont embarrassés à **savoir lire et écrire, entendre et parler droit
français[1]**» (cité par J.P. Caput, 1972, p. 71).

Il s'agissait donc de grammaires très proches de nos grammaires
scolaires actuelles : elles visaient essentiellement à enseigner méthodiquement le code écrit et à normaliser les productions dialectales
de ceux à qui elles s'adressaient.

Certes, on ne peut exclure que ces descriptions aient parfois été
utilisées comme support d'enseignement d'une langue étrangère.
W.F Mackey signale que «avant le début de l'Empire, les Romains
apprenaient le grec comme langue seconde» (1972, p. 197), et vraisemblablement en s'aidant des descriptions alexandrines de cette
langue. Et sous l'Empire, nombreux ont été ceux qui ont dû
apprendre la langue de leurs vainqueurs : Priscien, au Vᵉ siècle
après J.-C., enseignait le latin à Constantinople et beaucoup de ses
étudiants n'étaient probablement pas des latinophones.
L.G. Kelly rappelle que les concepts métalinguistiques traditionnels «ont été originellement développés pour enseigner à des locuteurs grecs ou latins le squelette formel de leur propre langue (...)
mais que durant le Moyen-Age on perdit de vue cet aspect de la
question et qu'on s'en servit pour introduire ces langues auprès de
locuteurs qui ne les possédaient pas» (1976, p. 44). Et il ajoute que
«l'illogisme patent de cette démarche n'était pas apparent, parce
que le latin demeura une langue vivante au moins jusqu'au début
du XVIIIᵉ siècle» *(ibid)*. Sans nier qu'il pût en aller souvent ainsi,
on doit constater que, très tôt, de nombreux pédagogues et grammairiens ont été sensibles à cet «illogisme».
Dès la fin du XVᵉ siècle, apparaissent en France des descriptions
du français rédigées en francais, et dont le but est moins d'enseigner
une représentation normée de cette langue qu'une méthode d'observation et d'analyse qui servira ultérieurement à l'introduction du
latin. J.C. Chevalier y voit l'origine des descriptions vraiment systématiques du français : il fallait, en effet, «fixer» la langue vulgaire
«pour éviter les méprises» quand on passerait au latin, et décrire le
français méthodiquement dans ses conformités avec celui-ci, afin
que les étudiants puissent reprendre la même méthode dans leur
approche du latin (1968 a, pp. 16-17). On a d'ailleurs noté (chap. 2,
§ 2) que c'est cette option didactique qui explique le maintien de la
description casuelle de l'article français jusqu'à nos jours. On
retrouve cette option également dans les grammaires françaises
publiées en Angleterre, quand à partir du XIVᵉ siècle il fallut les
adapter à des destinataires qui ne parlaient plus le français. Rédigées désormais en anglais, elles s'appuient souvent sur certaines
caractéristiques de cette langue pour enseigner celles du français
devenu totalement étranger : ainsi J. Palsgrave (voir chap. 2, § 3)

1. C'est nous qui soulignons.

distingue en français deux articles différents *(le* et *un),* parce que ses lecteurs peuvent observer qu'en anglais il existe *the* distinct de *a,* lui-même formellement différent du numéral *one.*

Cette option didactique, qui consiste à enseigner d'abord dans la langue des étudiants une certaine description de cette langue et le modèle métalinguistique qui lui est afférent, pour qu'ils puissent ensuite transférer ce modèle dans leur approche réflexive de la langue étrangère, sera revendiquée avec éclat au XVIIᵉ siècle par les auteurs de la grammaire de Port-Royal et constitue une des premières hypothèses de coordination de l'enseignement des langues maternelle et étrangère. Elle est, d'ailleurs, voisine de celle défendue récemment par E. Roulet (1980), pour qui l'apprenant acquiert plus aisément et durablement un micro-système de la langue-cible s'il a compris, au préalable, comment fonctionne le micro-système équivalent dans sa langue de départ, et s'il peut ré-utiliser dans l'apprentissage de la langue-cible les outils métalinguistiques qu'il a acquis avec sa langue de départ. Option qui se trouve corroborée par des études récentes (voir C. Bourguignon et L. Dabène, 1983 et A.C Berthoud, 1982).

Tout se passe comme si on avait compris très vite que des étudiants ne peuvent appréhender une description grammaticale que si elle se rapporte à une grammaire intériorisée qui leur est déjà plus ou moins familière. Probablement parce que toute description grammaticale, même lorsqu'elle se présente comme purement formelle, met en jeu du sens. Il s'agit toujours de décrire la structuration particulière qu'une langue donnée impose à notre expérience du monde (les élément de cette expérience qu'il nous faut obligatoirement exprimer selon les conventions propres à cette langue) et c'est pourquoi il ne peut y avoir de grammaire qui ne soit, de quelque manière, sémantique. Les linguistes qui ont cherché à décrire les langues amérindiennes (celles des Indiens d'Amérique), langues qu'ils ne pratiquaient souvent pas, ont dû faire appel à des informateurs natifs, bien qu'ils s'appuyassent sur un modèle métalinguistique qui récusait l'analyse du sens considéré en lui-même (le structuralisme distributionnel). L. Bloomfield, peut-être le meilleur théoricien de ce modèle, affirmait : « c'est seulement de cette manière qu'une analyse véritable (c'est-à-dire **une analyse prenant en compte les sens**[1]) peut conduire jusqu'aux morphèmes constitutifs ultimes » (1965, p. 161).

Nous pourrions résumer les considérations précédentes de la manière suivante. Le problème de l'utilisation des descriptions grammaticales dans l'enseignement/apprentissage des langues est fondamentalement un problème de communication. Il s'agit de communiquer verbalement à des étudiants un certain savoir sur une langue qu'ils ne maîtrisent pas encore. Comme le mot le signale en lui-même, toute communication implique qu'il y ait quelque chose de commun, de partagé, entre ceux qui communiquent. La communication n'est pas simple transmission de formes conventionnel-

---

1. C'est nous qui soulignons.

lement signifiantes. Elle ne s'établit que si les interlocuteurs partagent un ensemble de pré-requis indispensables à son établissement. Dans la communication d'une description grammaticale, trois pré-requis nous paraissent essentiels :

a. la langue (et la métalangue dont celle-ci est naturellement porteuse) dans laquelle cette description est formulée doit être au moins comprise, sinon pratiquée activement, par les destinataires ;
b. le modèle métalinguistique abstrait qui la construit doit être connu ou admis, consciemment ou non, par ces derniers ;
c. la grammaire intériorisée sur laquelle elle porte doit être, au moins localement, maîtrisée par ces mêmes destinataires.

Nous ferons l'hypothèse (en partie vérifiée par les observations précédentes) que si au moins deux de ces pré-requis ne sont pas réalisés, la description grammaticale ne peut être communiquée efficacement.

Dans une classe de langue maternelle, les pré-requis *a* et *c* sont, en principe, établis. Le professeur peut donc s'appuyer sur ceux-ci pour enseigner le troisième, à savoir les concepts et opérations métalinguistiques qui permettront d'appréhender la description. D'où l'aspect formateur de cet enseignement : il s'agit de donner aux étudiants des moyens conceptuels et une méthode de raisonnement pour appréhender réflexivement leurs propres pratiques langagières, et éventuellement les modifier selon les normes subjectives valorisantes de leur communauté. Dans une classe étrangère, tout dépend du niveau d'apprentissage des étudiants. Avec des étudiants vraiment débutants, la langue dans laquelle est formulée la description ne peut être que leur langue de départ (maternelle ou seconde) ; il faut donc, selon notre hypothèse, ou bien que la description porte sur une grammaire qu'ils ont déjà intériorisée (celle de la langue de départ), ou bien qu'ils aient quelque familiarité avec le modèle métalinguistique qu'on utilise pour présenter la langue étrangère. Nous verrons que les deux solutions sont actuellement adoptées. Avec des étudiants de niveau intermédiaire et avancé, les tactiques de communication d'une description se rapprochent de celles utilisées en classe de langue maternelle, dans la mesure où la description peut alors être formulée dans la langue-cible et dans la mesure où les étudiants ont acquis une certaine intuition grammaticale de celle-ci.

Mais avant de décrire plus concrètement quelques démarches de grammaire explicitée, il nous paraît nécessaire d'analyser plus avant les limites que le savoir grammatical actuel impose à ces démarches.

2. Les limites de la grammaire explicitée

Notre propos n'est pas ici de dénoncer ou d'approuver les démarches explicitées. Les didacticiens qui les recommandent justifient leur option par des arguments d'ordre pédagogique (l'apprentissage en serait accéléré, rentabilisé plus sûrement), d'ordre éducatif (la réflexion méthodique sur une langue étrangère serait en elle-même formatrice pour l'intelligence) ou d'ordre psychologique (les adultes, en particulier, « on besoin de comprendre », ils « demandent des explications » ; il n'y a pas d'apprentissage sans que des processus réflexifs et cognitifs ne soient mis en œuvre, etc...). Il est clair que ces arguments, quelles que soient les théories psychologiques et linguistiques sur lesquelles ils s'appuient, sont animés par une conception des langues qui en fait quelque chose d'autre que de simples instruments de communication. Ils présupposent que les langues sont d'abord des représentations symboliques à travers la pratique desquelles tout être humain se constitue en tant que sujet parlant conscient de lui-même. Et l'apprentissage d'une langue étrangère n'est alors conçu que comme le prolongement des activités psychologiques, sociologiques et linguistiques par quoi tout homme se construit en tant qu'être autonome et socialisé. Les didacticiens qui les critiquent mettent presque toujours en avant la fonction de communication : c'est à travers de multiples interactions communicatives qu'on intériorise, sans effort et sans en avoir conscience, les régularités grammaticales de sa langue maternelle. c'est de la même manière qu'on doit intérioriser didactiquement celles d'une langue étrangère. Le simple inventaire des arguments et des théories opposés (nous y avons déjà fait plusieurs fois allusion) serait fastidieux et probablement inutile.

Nous considérons que, dans l'état actuel de nos connaissances. on ne sait pas, de manière précise et prouvée, comment on acquiert réellement une langue, maternelle ou étrangère, dans un cadre naturel ou institutionnel. Les hypothèses psycho-linguistiques dont on dispose actuellement éclairent certes certains processus. mais demeurent des hypothèses controversées. Nous nous bornerons donc à reconnaître qu'il n'existe pas, à notre connaissance, de réponse claire et définitive (scientifique si l'on veut) « à la question fondamentale qui est de déterminer la place et le rôle d'un enseignement explicite dans l'apprentissage d'une langue étrangère » (R. Galisson et D. Coste, 1976, p. 206). Nous essaierons seulement de déterminer dans quelles conditions pédagogiques la prise de conscience par les apprenants d'une description grammaticale de la langue-cible peut être effectuée : « Le tout est alors de savoir pourquoi, quand et comment, on recourt à l'explication. » (ibid., p. 255)

Ces conditions sont évidemment soumises à la règle des deux pré-requis que nous avons proposée en 1, mais également à certaines caractéristiques des descriptions grammaticales que nous avons abordées dans la première partie. Quatre d'entre elles nous paraissent déterminantes en didactique des langues étrangères.

La première est que les règles d'une description grammaticale tirent leur validité du modèle métalinguistique qui les construit. Et leur application efficace, en particulier en production de phrases, exige une connaissance, très précise ou intuitive, des limites du modèle. Ces règles sont formulées en termes de catégories grammaticales. Ces catégories sont le plus souvent définies de manière approximative, que ce soit en intension (par les traits qui les caractérisent) ou en extension (la liste des unités relevant de la catégorie). Il n'existe pas, à notre connaissance, de définition réellement opératoire de catégories grammaticales aussi répandues que celle de **l'infinitif**, de **l'article** ou du **complément d'objet**. Trop de descriptions usent de facilités comme *généralement, souvent, dans la plupart des cas, sous réserve de certaines contraintes sémantiques*, etc. Ces approximations ne sont pas inductrices d'erreurs pour des sujets qui maîtrisent parfaitement la langue analysée : ils sont intuitivement sensibles à ce qui peut limiter l'application des règles. Il n'en va pas de même avec des sujets qui apprennent la langue ainsi décrite : n'ayant pas acquis l'intuition de ces contraintes, ils ont souvent tendance à surgénéraliser la règle apprise et à produire, par son application systématique, des phrases douteuses ou agrammaticales. En classe de langue étrangère, particulièrement avec des débutants, toute règle explicitée peut être inductrice d'erreurs, d'autant plus difficiles à corriger qu'elles sont liées à la confiance que l'étudiant fait au savoir grammatical qu'on lui inculque.

La seconde caractéristique est qu'une description grammaticale porte habituellement sur la grammaire intériorisée d'un groupe de sujets (corpus) ou d'un sujet idéal (locuteur-auditeur compétent), dont on suppose qu'ils ont une connaissance quasi parfaite de la grammaire décrite. Elle n'est pas description de l'idiolecte réel d'un natif quelconque, elle est description de la langue telle qu'on la suppose utilisée dans un groupe social presque toujours privilégié. L'apprenant d'une langue étrangère, par statut, n'a qu'une connaissance extrêmement limitée de cette grammaire intériorisée, plus ou moins idéale, sur laquelle porte la description qu'on lui enseigne. Il ne peut réfléchir grammaticalement que sur la grammaire qu'il a intériorisée en langue de départ, quelquefois sur celle qu'il a intériorisée dans une langue seconde, et sur ce qu'il a intériorisé de la grammaire de la langue-cible. Il n'y a donc pas adéquation entre la description qu'on lui propose et son propre sentiment linguistique, en particulier dans la langue-cible. Presque toutes les règles de la description, en effet, mettent en jeu des éléments de cette langue qu'il n'a pas encore appris. Il est ainsi souvent conduit à réfléchir sur le fonctionnement de données qu'il ne connaît pas encore, ce qui n'est pas la meilleure manière de les maîtriser. Il nous semble que la description grammaticale dont a besoin un apprenant de langue étrangère est celle qui correspond aussi exactement possible à l'intuition grammaticale qui est la sienne, dans sa ou ses langue(s) de départ et dans ce qu'il a acquis de la langue étrangère. Ce type de description ne se trouve, évidemment, dans aucun manuel de grammaire et exige un effort d'adaptation considérable du professeur ; du moins, une fois encore, si celui-ci s'en tient au principe de pédagogie générale selon lequel on n'enseigne pas tout ce qu'on sait, mais seulement ce que l'étudiant peut apprendre.

La troisième caractéristique concerne la plus ou moins grande généralité des concepts et opérations métalinguistiques qui soustendent la description. Nous avons vu que l'appareillage métalinguistique de presque toutes les descriptions est induit de l'observation d'une ou de quelques langues et de traditions culturelles locales. Ce qui ne va pas sans poser de redoutables problèmes pédagogiques quand on s'efforce de l'appliquer à des langues et dans des aires culturelles pour lesquelles il n'a pas été conçu. Enseigner à des francophones qu'il existe un **article partitif** les conduira à dire qu'il n'y a pas d'article partitif en espagnol ; leur enseigner qu'il existe un verbe *être* et des temps **futur** les conduira à affirmer qu'il n'y a ni futur, ni verbe *être* en arabe. Ce qui est à la fois vrai et faux. Tout travail de réflexion portant sur plusieurs langues suppose une certaine neutralité, ou universalité, des « outils » métalinguistiques qu'on utilise. De ce point de vue, il semble que les modèles les plus récents, œuvrant non pas sur les formes directement observables mais sur les structures ou les opérations sous-jacentes qui peuvent hypothétiquement rendre compte de leur présence (voir la conclusion du chap. 2), offrent plus de garanties que les modèles plus anciens. Il est plus satisfaisant pour l'esprit de référer à une opération très abstraite, comme celle d'extraction ou de fléchage, rendant compte de réalisations linguistiques extrêmement diversifiées selon les langues, que de trouver, ou de ne pas trouver, l'équivalent formel de l'article partitif. Encore que de nombreux linguistes aient tendance à considérer qu'une catégorie métalinguistique a validité universelle dès lors qu'ils peuvent l'illustrer par des exemples empruntés à quelques langues, et que les mêmes, ou d'autres, ne distinguent pas toujours soigneusement les catégories métalinguistiques réputées universelles et les universaux du langage, ce qui revient, une fois encore, à confondre l'artefact heuristique avec les phénomènes naturels qu'il sert à décrire (les critiques de D. Hagège, 1976, nous paraissent, sur ce point, particulièrement pertinentes en didactique des langues).

La quatrième caractéristique touche à la métalangue dans laquelle la description est formulée. Cette métalangue, qu'elle soit formulée dans la langue de départ ou dans la langue-cible, pose en elle-même un problème de compréhension si ce n'est que par la terminologie utilisée. L'explicitation d'une description grammaticale dans une classe de langue relève des pratiques de vulgarisation des discours scientifiques : il s'agit pour le professeur de ré-énoncer un discours, originellement produit par et pour des spécialistes, en un discours qui soit accessible à des étudiants qui ne sont pas généralement des spécialistes du langage, et qui même parfois n'ont reçu aucune formation grammaticale (publics n'ayant pas été scolarisés, ou publics l'ayant été dans un système où l'on n'enseigne pas la « grammaire »). La tendance est alors de simplifier la métalangue autant qu'il est possible, soit par reformulation des termes techniques en termes considérés comme plus simples, ou plus imagés (**l'indicatif** devient **ce qui indique ; l'accompli, ce qui est fini ; l'indicateur syntagmatique, un arbre** ou un **porte-torchons**, etc.), soit par suppression des dénominations proprement grammaticales qu'on remplace par l'énumération de leur paradigme ou par une forme caractéristique (**l'article défini** est désigné par *le, la, les*, le **conditionnel** par la forme en *-rais*, etc.), soit encore par des schémas ou des dispositions de phrases qu'on estime suffisamment évidents en eux-mêmes pour qu'il ne soit pas utile d'expliquer le principe qui les organise (c'est le cas de la grammaire dite implicite et des exercices structuraux, voir chap. 4, § 3). Mais en simplifiant, en modifiant, en effaçant la métalangue, on finit par atteindre le modèle métalinguistique qui repose sur elle, qu'elle structure, c'est-à-dire ce qui permet de re-construire la description grammaticale, et donc de la comprendre. C'est là le dilemme de toute « pédagogisation » des modèles grammaticaux : ou bien, on maintient la métalangue originelle et on risque de ne pas être suivi par les étudiants ; ou bien, on la réduit autant que possible et le modèle qui prend appui sur elle finit par perdre tout son pouvoir « constructeur ». Bien qu'elle prétende favoriser l'accès à un nouveau discours grammatical, à un nouveau savoir sur la langue, la pédagogisation aboutit souvent à renforcer et à entretenir celui auquel est déjà accoutumé l'étudiant, ou bien le sature d'un discours qui n'a plus aucune puissance explicative (c'est parfois ce qui s'est passé quand on a voulu « recycler » les professeurs de langue aux modèles métalinguistiques modernes).

Ces quatre caractéristiques des descriptions grammaticales en contexte d'enseignement/apprentissage des langues devraient être analysées plus avant, mais leur simple rappel suffit à souligner le réseau de contraintes dans lequel le professeur est pris quand il veut enseigner explicitement une description de la langue-cible. Il lui faut constamment s'assurer que les étudiants ne surgénéralisent pas l'application des règles enseignées, et que ces règles correspondent, autant que possible, à leur sentiment linguistique dans leur(s) langue(s) de départ et dans ce qu'ils ont acquis de la langue-cible. Il lui faut être attentif à ce que les concepts et opérations métalinguistiques qu'il introduit ne contreviennent pas trop aux données des langues sollicitées par l'apprentissage, et à ce que la métalangue dont il use ne soit ni trop rébarbative, ni trop simple (aucun terme métalinguistique n'est neutre, ni transparent). Il lui faut ne jamais oublier que l'objectif de la classe de langue n'est pas d'acquérir seulement un savoir sur la langue-cible, ou une méthode de raisonnement sur les langues, mais d'abord d'apprendre « à parler comme on parle ». On comprend peut-être mieux pourquoi les classes de grammaire explicitée donnent souvent une impression de « bricolage » (c'est qu'il faut simultanément tenir compte de contraintes contradictoires et constamment changeantes selon les étudiants) ; pourquoi de nombreux professeurs leur préfèrent les exercices, les jeux, les débats, prévus ou non dans les manuels ; pourquoi de nombreux étudiants se montrent allergiques aux explications grammaticales (même si d'autres y cherchent une solution à leurs difficultés d'apprentissage) ; et pourquoi d'excellents grammairiens ou de bons linguistes font parfois de piètres professeurs de langue : les règles qui déterminent la construction d'une description grammaticale ne sont évidemment pas les mêmes que celles assurant sa communication dans une classe de langue.

En dépit de ces difficultés, on observe, depuis une dizaine d'années, un retour aux pratiques de grammaire explicitée. Nous voudrions, ici, rendre compte brièvement de deux types de pratiques qui nous paraissent intéressantes. Le premier vise à enseigner un réel savoir métalinguistique sur la langue-cible en s'appuyant sur des modèles non traditionnels (c'est une sorte d'application des découvertes de la linguistique contemporaine à la didactique des langues). Le second prétend moins enseigner un savoir que de tenir pédagogiquement compte de la perception métalinguistique réelle que les apprenants ont de la langue qu'ils abordent.

3. L'enseignement d'un savoir métalinguistique

Nous examinerons trois pratiques relevant de ce type, deux s'appuyant sur un manuel (un cours de langue et un cours de grammaire), et une relevant d'une expérience individuelle.

Behind the words (plus connu sous le nom du collectif de ses conceptrices : Charlirelle, 1975) est un manuel d'anglais destiné à des élèves francophones débutant l'apprentissage de cette langue dans l'enseignement secondaire. Le projet est de renouveler l'apprentissage grammatical de l'anglais par le recours à une description plus moderne, plus «scientifique», que la description traditionnelle, description qui s'appuie sur le modèle métalinguistique de l'énonciation proposé par A. Culioli (voir ici même, chap. 2, § 8). L'explicitation est menée dans la langue de départ des apprenants (le français) et porte, dans un premier temps, sur cette langue. C'est une des actualisations possibles de la règle des deux pré-requis.

Les apprenants sont ainsi amenés à «vraiment comprendre» (*Préface*, 2.2.2.) comment leur langue maternelle réalise en surface certaines opérations, avant que le professeur ne leur montre «la solution différente choisie par la langue seconde pour réaliser en surface les mêmes opérations» *(ibid.)*, lesquelles d'après le modèle métalinguistique adopté existent «en profondeur, non seulement dans ces deux langues, mais dans toutes les langues» *(ibid.)*. On fait l'hypothèse que les élèves, ayant compris cette représentation métalinguistique contrastée du fonctionnement des deux langues, seront mieux à même de manipuler consciemment et correctement les formes de surface de la langue-cible.

Cette phase, dite de **réflexion linguistique**, s'inscrit dans un déroulement de la classe qui ne diffère que sur ce point du déroulement de la classe audio-visuelle «classique» : présentation de dialogues illustrés, compréhension et élucidation de ces dialogues, mise au point phonétique et mémorisation, dramatisation du sketch par les élèves, **réflexion linguistique,** création de sketches improvisés par les élèves. On voit que la phase d'explicitation grammaticale s'insère dans la phase d'exploitation habituelle en place de celle dite d'animation grammaticale (s'appuyant sur des exercices systématiques mais implicites). Cette explicitation est d'ailleurs menée en corrélation avec divers types d'exercices, en particulier des exercices structuraux. On espère que la réflexion informée par le savoir linguistique viendra à bout des erreurs que ces exercices ne corrigent souvent que durant le temps que les élèves les exécutent.

La démarche est clairement déductive. Par exemple, de nombreux élèves francophones produisent des phrases agrammaticales du type * *My father is doctor* par transfert de la construction française : *Mon père est docteur*. On leur présente, selon le modèle métalinguistique d'A. Culioli et dans une métalangue relativement spécialisée, les trois valeurs du verbe **BE-copule** (à savoir l'identité, l'appartenance et la localisation) ; puis, pour chacune de ces valeurs, on leur fait prendre conscience des opérations sous-jacentes qui les régissent (en particulier celles d'extraction et de fléchage), afin que l'élève sache que « pour faire une opération d'extraction, il faut un opérateur » *(ibid.)* et que cet opérateur est en anglais *a*; ce qui le conduira à dire : *My father is a doctor*. « Conscient d'effectuer une opération et connaissant l'opérateur nécessaire, peut-être l'élève l'oubliera-t-il moins facilement, s'il est vrai que comprendre aide à apprendre. » *(ibid.)* On remarquera la prudence avec laquelle est défendue l'explicitation.

L'utilité de cette prise de conscience étant posée, reste le problème de savoir « comment rendre compte de tout ceci sans parler d'opération, d'opérateur, et sans connaître la théorie de l'énonciation » *(ibid.).* Le livre du maître donne de nombreuses informations ; un glossaire métalinguistique spécialisé du modèle culiolien est proposé aux professeurs ; on ne craint pas de donner aux enseignants et aux enseignés des informations sur l'histoire même de la langue : ainsi pour les *preterits* irréguliers, il est conseillé de montrer aux élèves « qu'une langue change au cours des siècles », qu'il s'agit là d'une « survivance grammaticale », mais on « insiste sur le fait qu'il serait plus compliqué d'apprendre les règles de formation de ces formes verbales que d'apprendre par cœur les formes elles-mêmes » *(id.,* p. 238). Bref, on recommande de s'en tenir à un moyen terme entre la terminologie spécialisée du modèle et les nécessités de sa communication en classe : le tableau de feutre et la manipulation de ses figurines sont conseillés tant pour faciliter l'assimilation des symboles métalinguistiques que pour la contextualisation des phrases produites ; on accorde beaucoup d'importance au corps dans l'apprentissage parce qu'il s'agit de « faire intégrer presque physiquement les difficultés nouvelles » *(id.,* préface) : ainsi à des élèves qui « n'avaient pas très bien compris ce qui se passait » *(id.,* p. 223) avec l'auxiliaire *do,* on demande de jouer les « rôles » de sujet, d'auxiliaire, de verbe et de complément, en se déplaçant selon l'ordre que l'anglais assigne à ces classes grammaticales dans les phrases affirmatives, négatives et interrogatives (« l'élève auxiliaire enfilait un pull qui représentait la marque du passé et se mettait à la première place », *ibid.*). Il est enfin précisé que : « la phase active de réflexion linguistique doit se faire dans une atmosphère de confiance réciproque entre professeur et élèves, si l'on veut que la découverte, l'analyse et la construction du raisonnement soient d'authentiques démarches intellectuelles formatrices et non une illusion » (*id.*, préface).

Répétons que cette démarche se veut formatrice sur le plan intellectuel, et que si on y apprend plus à parler (en langue de départ) *sur* la langue-cible qu'à parler celle-ci comme on la parle, les auteurs de *Behind the words* n'en accordent pas moins une importance considérable aux processus d'acquisition proprement dits. C'est par ailleurs une démarche qui est plus innovatrice linguistiquement (par recours à un modèle de l'énonciation) que didactiquement : le déroulement de la leçon, la tactique adoptée pour introduire le métalangage, les techniques corporelles ne sont pas sans rappeler J. Comenius, Port-Royal, F. Gouin et certaines options audio-visuelles. On lira le compte-rendu distancié et un peu déçu qu'une des conceptrices de ce manuel fait d'une classe d'anglais dans une sixième de collège (D. Bailly, 1983).

A. Coïaniz dans sa thèse (1981 a) et dans sa *Grammaire du français langue étrangère* (1981 b) propose une démarche de grammaire explicitée différente. Elle s'applique à des étudiants de niveau intermédiaire ou avancé et est menée directement dans la langue-cible (en l'occurence le français), si bien qu'elle n'exige pas de classe homogène du point de vue de la langue de départ. On s'appuie essentiellement sur ce que les étudiants ont intériorisé de la langue-cible et sur les grammaires intériorisées de leurs langues de départ. Ces pré-requis admis, et si l'activité d'explicitation « est ressentie par le public concerné comme un besoin » (1981 b, p. IV), A. Coïaniz estime que l'introduction de quelques concepts et opérations métalinguistiques très généraux et empruntés à divers modèles théoriques est d'une rentabilité certaine. La procédure est plus inductive que dans Charlirelle, mais tout aussi directive : « Quelques phrases sont proposées pour permettre la découverte de la difficulté » (*id.*, p. V), puis le professeur tire de cette observation quelques « conclusions » qui constituent, en fait, les règles de la description qu'il propose aux étudiants.

L'appareillage métalinguistique adopté est composite. Il s'appuie : I) sur les trois types de relations syntagmatiques distingués par L. Hjelmslev dans sa théorie glossématique, à savoir les relations de **sélection**, de **solidarité** et de **combinaison** ; 2) sur une **hiérarchisation des constituants de la phrase** inspirée à la fois de l'analyse en constituants immédiats du structuralisme classique et de la hiérarchie des connexions grammaticales de L. Tesnière ; 3) sur ce qu'il appelle « les relations distributionnelles des classes de constituants de l'énoncé » (*id.* p. II) et qui est une des originalités de son projet : il s'agit de tenir compte du fait que les étudiants, ignorant des exceptions, ont tendance à surgénéraliser les règles (voir § 2) : « une étude grammaticale explicite se doit donc de fournir aux étudiants, et aux professeurs par commodité, des listes assez complètes d'unités linguistiques formant une classe distributionnelle, et ne peut se contenter de signaler des structures syntagmatiques illustrées par un ou deux exemples» (*id., p.* III); 4) sur les **marques grammaticales** (genre, nombre, mode, temps,...) telles qu'analysées dans les descriptions traditionnelles; 5) sur les **transformations** entendues non pas au sens de la grammaire générative et transformationnelle mais plutôt au sens que Z.S. Harris donne à ce concept, plus proche des manipulations de surface; et, enfin sur les **traits sémantiques des classes** mises en jeu par l'analyse, «ce qui exclut un travail uniquement formel» (*id.*, p. II). Cet appareillage composite nous paraît exemplaire des options de nombreux didacticiens de la grammaire explicitée: on y préfère une certaine exhaustivité, même si elle est éclectique, à la cohérence d'un modèle unique.

Un exemple d'explicitation: on part d'un couple de phrases équivalentes sémantiquement mais relevant d'organisations grammaticales différentes: ainsi *Il mange de la viande* opposé à la phrase espagnole: *El come carne*. On en distingue les constituants **essentiels** de ceux qui ne sont qu'**accessoires** en s'appuyant sur l'intuition grammaticale des apprenants dans leur langue de départ et dans la langue-cible: sont essentiels les constituants qui, supprimés, font que la phrase n'est plus une phrase. Puis on analyse et classe les relations syntagmatiques en relation de **solidarité** (en français, la classe des verbes est solidaire de la classe des temps: l'une ne va pas sans l'autre), de **sélection** (en français, l'adjectif sélectionne un nom dans le groupe sujet, mais un nom ne sélectionne pas un adjectif), ou de **combinaison** (en français, dans le groupe attribut, nom et adjectif peuvent être employés ensemble ou séparément). On obtient une représentation structurale du type suivant (*id.*, p. IV):

Il mange de la viande		*El come carne*	
sn	sv	sn	sv
essentiels il ——— mange			come
de		∅	
accessoires la-viande		el	carne

(Les traits pleins entre unités indiquent des relations de solidarité; les pointillés, des relations de sélection.)

L'étudiant est alors à même de prendre conscience que le pronom *il* est en français solidaire du verbe, comme *la* est solidaire du nom, alors qu'il n'en va pas de même en espagnol; qu'il existe un «mot pivot grammatical *de*» (*ibid.*) en français qui n'existe pas en espagnol, etc. On peut ensuite analyser les marques grammaticales, les fonctions de ces constituants les uns par rapport aux autres, s'attacher aux «relations distributionnelles» et aux exceptions qu'elles recèlent. La métalangue préconisée emprunte aux différentes théories mais reste relativement discrète.

Enfin, il est à remarquer que ce cours d'explicitation grammaticale est conçu comme un complément à des cours d'expression et de compréhension en partant d'une analyse des erreurs des apprenants. C'est donc moins une façon d'enseigner la langue que d'améliorer son apprentissage.

Très instructif, pour toute démarche explicitée, nous semble l'itinéraire personnel de M.-H. Clavères dans des classes de sixième et de cinquième du Midi de la France, tel qu'elle l'analyse, avec vivacité et humour, dans sa thèse (1982).

Son objectif n'est pas d'abord d'enseigner à parler l'anglais comme on le parle, mais de permettre à ses élèves « d'apprendre à apprendre l'anglais » (1982, p. 377) : « Je me suis efforcée de privilégier le processus de questionnement et de ne jamais camoufler la question essentielle : *Comment ça marche ?* même lorsque je ne savais pas y répondre. (..) Mon ambition n'était pas de former des anglicistes, mais des questionneurs, c'est-à-dire des individus qui soient capables de repérer les phénomènes, qui aient envie de s'attaquer aux problèmes et besoin d'organiser leurs réponses ». Objectif plus éducatif et formateur que proprement didactique.

Dans ses premiers essais, elle adopte ce qu'elle appelle joliment le raisonnement de l'artilleur : « Ce que dit le linguiste est vrai, ce qui est vrai est bon pour les élèves » (*id.*, p. 3). Et ce linguiste est, là aussi, comme dans *Behind the words,* pour l'essentiel A. Culioli. Elle s'efforce d'utiliser des schémas inspirés de la théorie des ensembles (des « patatoïdes ») pour faire comprendre les opérations de fléchage et d'extraction qui déterminent l'emploi des articles ; elle recourt à des visualisations des hiérarchies syntagmatiques inspirées de graphes chomskyens. Mais, devant l'ardeur et la rigueur du questionnement de ses élèves sur les faiblesses de ces métaphores visuelles, elle doit très vite se livrer à « l'autocritique d'une artilleuse repentie » (*ibid.*) :« Le patatoïde tournait au cauchemar » (*id.*, p. 6) ; quant à l'indicateur syntagmatique, il « perdit beaucoup de sa superbe. Il changea de nom au passage et devint « porte-torchons ». Désacralisé, domestiqué, il survécut parce qu'il se révéla capable de rendre quelques menus services. » (*id.*, p. 10)

Dès lors, l'artilleuse repentie, sous l'égide il est vrai de Cl. Lévi-Strauss et de Bachelard, ne fait plus confiance qu'au « bricolage grammatical » (*id.*, p. 12). Elle constate que « ce n'est pas la cohérence — totalement incontrôlable par le didacticien — d'un modèle métalinguistique de référence qui donnera, de l'extérieur, sa cohérence à un projet didactique. La didactique doit se construire sa propre cohérence, de l'intérieur. Le bricoleur ne trie pas : il accumule les bouts de corde, de ficelle, de soie et de dentelle. » (*id.*, p. 17), c'est-à-dire qu'il apprend à prendre en charge tout ce qui émerge dans la classe, que ce soit congruent ou non avec ses options métalinguistiques. Et, selon une description de l'anglais ainsi progressivement bricolée, M.-H Clavères apprend à ses élèves à « fabriquer », en sachant ce qu'ils font, des phrases anglaises. A fabriquer et non à produire, car, pour elle, « simuler une circonstance réelle, c'est poser beaucoup plus de problèmes que l'on en résout » (*id.*, p. 30), alors que « fabriquer un énoncé, c'est aussi, pour un élève, communiquer avec l'enseignant » (*id.*, p. 33), si ce n'est que par le jeu incessant de questions-réponses qu'exige la fabrication de ces curieuses machines que sont les phrases étrangères.

L'enseignement se fait en langue de départ ; il s'appuie sur la grammaire qu'en ont intériorisée les élèves, y compris celle de leur dialecte occitan. La démarche est presque toujours inductive. A l'instar du précepteur, disciple de J.J. Rousseau, qui «arrangeait» la Nature avant que son élève ne soit convié à l'observer afin qu'elle exhibât plus clairement ses lois, M. H. Clavères propose à ses élèves un ensemble de phrases (de la langue de départ puis de la langue-cible) choisies de manière à ce qu'elles illustrent bien les distinctions ou les régularités qu'elle veut mettre en évidence : «il suffit de les laisser réfléchir et discuter entre eux, d'ajouter éventuellement d'autres énoncés si on a l'impression qu'ils font fausse route, c'est-à-dire, en fait, si les exemples proposés au départ étaient mal choisis ou insuffisamment diversifiés» (id., p. 144). Démarche plus heuristique (faire découvrir à l'élève ce qu'on veut lui enseigner) que maïeutique (faire «accoucher» l'élève des pensées qu'il possède sans le savoir). Mais tout en menant les élèves là où elle veut aller, M. H. Clavères tient constamment compte des formulations métalinguistiques propres à ses élèves : « La meilleure métalangue est évidemment celle des élèves. Il n'est malheureusement pas possible de leur faire tout inventer dans ce domaine. Ce qui sera introduit par l'enseignant devra donc être cohérent, non seulement avec ce qu'il a proposé lui-même, mais aussi avec ce que les élèves ont proposé. » (id., p. 56) On perçoit que cette démarche repose sur un certain «trucage» des données langagières proposées et sur une certaine manipulation des esprits ; M.H. Clavères n'en disconvient pas : « Le trucage est l'une des contraintes du collège. Il importe de le démonter au lieu de le dissimuler. » (id., p. 166)

Voici comment est introduite, en début d'apprentissage, l'opposition **continu/discontinu**, plus exacte selon Clavères que celle de **singulier/pluriel** ou de **dénombrable/indénombrable** (id., pp. 137-139). Elle demande aux élèves de fabriquer des phrases (françaises) avec certains noms, ou bien d'expliquer la différence qu'ils font entre des noms comme *table, livre, pomme,* et des noms comme *lait, beurre, encre.* On aboutit à des remarques métalinguistiques du type : ici, «on peut faire, un, un, un...», ou encore : «un, deux, trois...» ; là, on ne peut pas : c'est un «bloc», c'est une «plage». Autant de formules par lesquelles les élèves s'efforcent d'exprimer leur sentiment linguistique. Le professeur propose alors de dire que le premier groupe de noms relève du **discontinu** alors que le second relève du **continu** : « Il serait possible de reprendre les termes proposés par les élèves, mais il n'y a presque jamais de proposition vraiment majoritaire dans ce cas » (id., p. 138). C'est alors que le professeur décide de «lancer un pavé dans la mare (...) : Tout peut être continu, tout peut être discontinu» (ibid.). Ce qui amène les élèves à remarquer qu'un même mot, selon les contextes, peut relever du continu *(A midi, on a de la dinde)* ou du discontinu *(j'ai acheté une dinde).* On passe ensuite à l'anglais en tenant compte des mots déjà connus par les élèves, pour prendre conscience que «les mêmes phénomènes ne se marquent pas de la même manière» (id., p. 139) dans l'une et l'autre langue : un Français peut dire *je vou-*

drais du pain ou *je voudrais un pain,* un Anglais doit dire *some bread* ou *a loaf of bread.* En cours d'année, cette opposition sera reprise, précisée par rapport à l'opposition singulier/pluriel, ce qui permettra de comprendre qu'on puisse écrire *vente de truite* ou bien *vente de truite*s (*id.,* p. 178).

La démarche de M.H. Clavères est individuelle et revendiquée comme telle. Elle exige une grande compétence et une grande énergie de la part du professeur. Elle est sans doute très motivante pour les élèves, mais elle risque de compliquer leur insertion dans de nouvelles classes auprès de professeurs moins aptes à supporter un questionnement rigoureux de leurs connaissances métalinguistiques. Clavères cite l'anecdote suivante : un nouveau professeur enseigne à quelques-uns de ses anciens élèves qu'il ne faut pas de complément de temps avec le *present perfect ;* ils lui opposent toute une série de contre-exemples puisés dans leur manuel ; réaction évidemment très négative du professeur (*id.,* p. 380). Elle cite également une lettre d'une ancienne élève qui juge que le savoir de son nouveau professeur relève du «fatras de la grammaire traditionnelle» et que si le niveau de sa classe est aussi catastrophique, ce sont «les résultats de la grammaire traditionnelle» (*id.,* p. 390). Même fondées, ces connivences élitaires ne nous paraissent pas toujours favoriser la confiance enseignant - enseignés, sans laquelle les auteurs de *Behind the words* ne conçoivent pas «d'authentiques démarches intellectuelles formatrices».

M.H. Clavères se réclame souvent de C. Ch. Du Marsais et de Condillac, didacticiens français du XVIIIᵉ siècle, et sa pratique grammaticale ne les aurait probablement pas surpris, ni celles préconisées par Charlirelle et A. Coianiz. Elles sont en effet peu éloignées d'une démarche utilisée depuis le Moyen-Age pour enseigner le latin et connue sous les noms de *construere* ou de **faire la construction.** Elle reposait sur l'hypothèse qu'il existerait un ordre naturel, et donc universel, des pensées lié aux rapports logiques qu'on peut établir entre elles : cet ordre serait à peu près respecté par certaines langues (comme le français) et pas du tout par d'autres (comme le latin). Ainsi, selon l'ordre naturel, le substantif, expression de la substance, doit se placer toujours avant le verbe ou l'adjectif qui sont l'expression de l'accident. De cette hypothèse ancienne (déjà formulée par Denys d'Halicarnasse au Iᵉʳ siècle avant J.C.), certains grammairiens du XVIIIᵉ ont tiré la théorie des deux grammaires : une **grammaire générale** dont les règles sont immuables toujours et partout, puisqu'elles procèdent de la Raison, et des **grammaires particulières,** ou **syntaxes,** variables et arbitraires selon les langues. «Faire la construction» consistait donc, dans un premier temps, à transposer l'ordre artificiel de la langue-cible (le latin) dans l'ordre rationnel ou naturel qui, par un hasard heureux, se trouvait très proche de celui de la langue de départ (le français), ce qui ne pouvait manquer de faciliter la compréhension.

A ceux qui contestaient sa démarche, C. Ch. Du Marsais répliquait : «Vous dites que je francise le latin, je le nie, je le réduis seulement à l'ordre naturel, qui est de tout pays» (cité par U. Ricken, 1978, p. 87). L'analogie entre cet ordre naturel, conforme à la Raison et objet de la grammaire générale, et les constructions métalinguistiques modernes a souvent été soulignée : dans les deux cas il s'agit de métalangages qu'on postule suffisamment généraux pour qu'ils puissent permettre d'analyser, du même point de vue et de manière relativement neutre, des langues de fonctionnement très différent. Les trois démarches présentées ici s'inscrivent, à notre avis, dans la même tradition rationaliste et optimiste des didacticiens du XVIIIe siècle, même s'il est vrai qu'on commence à «faire la construction» sur la langue de départ et non sur la langue-cible, et que les modèles métalinguistiques modernes sont plus abstraits et peut-être moins ethnocentristes que ne l'était la grammaire générale.

4. La perception métalinguistique de l'apprenant

Le second type de pratiques grammaticales explicitées ne vise pas d'abord à donner aux apprenants un savoir métalinguistique qui leur permette de «fabriquer» ou de corriger leurs productions étrangères, mais simplement à tenir compte des perceptions métalinguistiques qu'ils se font, plus ou moins consciemment, de la langue qu'ils apprennent. Ces pratiques sont plus maïeutiques qu'heuristiques. Elles s'inscrivent dans une problématique plus didactique que linguistique.

Leur hypothèse fondatrice est qu'il existe chez tout apprenant, bien que le phénomène soit plus prégnant chez les adolescents et adultes qui ont reçu une formation grammaticale que chez ceux qui n'en ont pas reçu et chez les enfants, des sortes de «cribles métalinguistiques» (analogues aux «cribles phonologiques» décrits par N.S. Troubetskoy) à travers lesquels, et au moyen desquels, est perçue consciemment, souvent de manière faussée ou erronée, l'organisation de la langue-cible (voir chap. 10, § 2).

Ces cribles métalinguistiques sont, le plus souvent, des ensembles hétérogènes de préjugés langagiers, de stéréotypes linguistiques, de connaissances grammaticales, de jugements idéologiques acquis et appris avec la langue de départ, particulièrement lors de son apprentissage en milieu scolaire. Ces sortes de représentations métalinguistiques de ce que c'est qu'une langue ét son fonctionnement, de ce qu'est la langue-cible qu'on apprend, jouent le rôle d'un modèle métalinguistique naïf dans l'appréhension des données langagières étrangères : elles sont perçues à travers son prisme, elles sont reconstruites de son point de vue. Les fragments de description grammaticale qui sont ainsi spontanément produits, souvent à l'insu du professeur, constituent presque toujours des obstacles à l'apprentissage, parce qu'ils ne sont pas réellement appropriés à leur objet encore trop mal connu : ainsi, l'apprenant élaborera silencieusement des règles incertaines sur les éléments de la langue-cible qu'il apprend, parce qu'il cherchera à y retrouver les catégories grammaticales et les règles qu'il a apprises dans et sur sa langue de départ. Bref son « passé » métalinguistique et grammatical est constamment sollicité par son apprentissage et produit des interférences dans l'intériorisation de la grammaire étrangère.

La démarche pédagogique consiste alors moins à faire acquérir un savoir métalinguistique solide sur la langue-cible qu'à amener l'apprenant à tester celui qu'il élabore spontanément à son contact ; à en changer, adapter, ou même détruire, les représentations métalinguistiques qu'il s'en fait, afin qu'elles deviennent plus adéquates à leur objet, qu'elles ne faussent pas trop la perception qu'il peut en avoir. Il s'agit de faire en sorte que les représentations métalinguistiques propres à l'apprenant n'entravent pas mais favorisent, autant que possible, son apprentissage.

Nous rendrons compte brièvement de deux démarches qui s'inspirent de cette hypothèse.

La première, qui consiste à présenter explicitement une description de la langue-cible dans la métalangue[1] et selon le modèle métalinguistique qu'on suppose être ceux de ses interlocuteurs, nous paraît bien illustrée par les aperçus linguistiques qu'on trouve dans certains guides de voyage, ou dans certains manuels rédigés par des professeurs non natifs de la langue décrite et qui tiennent compte, dans leur description, de la façon dont leurs lecteurs perçoivent ou peuvent percevoir cette langue.

Dans le *Nagel* sur la Chine, par exemple, la langue chinoise est présentée à des lecteurs européens, relativement cultivés et « grammaticalisés » mais ignorant tout de cette langue, de la manière suivante : « Nos langues se servent de certains procédés grammaticaux pour analyser l'expérience et pour l'exprimer ; le chinois en emploie d'autres qui l'analysent et l'expriment différemment. Pris en eux-mêmes, ces procédés sont aussi simples et efficaces que ceux dont nous avons l'habitude. » (F. Dell, 1980, p. 72) Remarquons que ce qui est postulé commun n'est pas une grammaire générale ou des concepts métalinguistiques, mais simplement et un peu rapidement, l'expérience partiellement commune de l'humaine condition. Ce principe est ensuite illustré par quelques exemples empruntés aux langues que connaissent les lecteurs visés : « Pour marquer la fonction d'un mot dans la phrase, certaines langues, comme l'allemand ou le latin, l'affectent d'une désinence de cas (...) A l'opposé le français et l'anglais (...) s'appuient avant tout sur l'**ordre des mots** (...) Ceci est plus systématique encore en chinois (...) Cette langue ignore l'opposition du singulier et du pluriel, l'alternance des genres, l'accord du sujet et du verbe (...) Le verbe chinois (...) allant

---

1. La métalangue est la langue dans laquelle est formulée le métalangage en tant que modèle abstrait.

plus loin encore que le verbe anglais, ignore totalement les distinctions de personnes (...) » (*id.*, pp. 74-75). Discours qui se veut, d'évidence, de vulgarisation et qui consiste à décrire systématiquement, dans la métalangue et le métalangage des lecteurs, ce qui singularise la langue chinoise par rapport à celles qu'ils connaissent : « Nous sommes habitués à grouper les mots des langues en diverses classes (...) Mais en chinois, rien dans le corps même du mot ne vient, en général, nous apprendre si c'est un nom, un verbe ou autre chose. On voit d'autre part fréquemment un même mot tenir, selon les contextes, des rôles distincts que nous tenons pour incompatibles. » (*id.*, p. 79) Description du chinois qui respecte parfaitement la règle des deux pré-requis : rédigée en français et ne pouvant s'appuyer sur la grammaire intériorisée chinoise, elle la décrit dans un métalangage connu des interlocuteurs, même s'il n'est pas totalement approprié à son objet (voir chap. 1, § 4).

Cette description du chinois « vu d'Europe » (à travers la perception métalinguistique que peut *a priori* en avoir un voyageur européen relativement cultivé) ne peut permettre de comprendre ou de produire des phrases chinoises, mais elle lève d'emblée certaines hypothèses ou représentations totalement erronées qu'on peut s'en faire, et en ce sens, elle nous paraît être une bonne propédeutique à son éventuel apprentissage. Cette démarche pourrait, à notre avis, être généralisée (en début d'apprentissage et en deux ou trois heures) quand langue de départ et langue-cible sont très différentes : on y apprend, au moins, à ne pas rechercher dans cette dernière ce qui ne s'y trouve pas.

Autre exemple : la *Grammaire française* de N. Steinberg (1966). Ce n'est pas une introduction au français, mais une description du français, rédigée en français par un professeur soviétique et pour des étudiants russophones. L'auteur s'appuie sur le modèle métalinguistique traditionnel français, mais note qu'il lui « a fallu employer des termes qui ne sont pas consacrés par l'usage et la tradition grammaticale française » (*préface*, p. 3). Et ce n'est que quand il s'en écarte qu'il est, de notre point de vue, le plus stimulant. La présentation de l'article, entre autres, diffère sensiblement de celle des manuels français parce qu'elle tient compte de la perception métalinguistique que peuvent en avoir des russophones : « Dans une langue comme le français, où la forme du nom lui-même n'indique souvent ni le genre ni le nombre (...) » (*id.* p. 30), ce sont les articles qui les indiquent ; mais il est précisé que l'article indique aussi d'une part « si le nom est pensé comme nombrable ou comme non nombrable » (*un pain, des pains* par opposition à *le pain, du pain*), et d'autre part « l'extension de la notion désignée par le nom », c'est-à-dire si cette notion est pensée comme générale *(l'eau est un liquide),* plus limitée *(je bois de l'eau)* ou particulière *(l'eau de ce vase est sale)* ; on ajoute qu'il peut renvoyer à une réalité déterminée (article défini) ou indéterminée (article indéfini), mais on souligne que « les fautes qu'on fait dans l'emploi des articles proviennent souvent de ce qu'on se trompe sur le sens du mot «déterminé», parce qu'il ne s'agit pas d'une détermination réellement grammaticale, mais, en fait, de «l'accord qui existe entre celui qui parle et celui qui écoute sur l'existence et la nature de l'objet dont on parle, des circonstances données» *(id.,* pp. 30-31). Ces rôles des articles présentés, on en vient à ses emplois, y compris onze pages consacrées «aux nombreux cas où l'article est absent» *(id., pp. 46-55).*

On voit comme cette description est à la fois plus complexe, plus nuancée, plus précise que celle de la plupart des manuels français. On est aussi frappé de la place accordée au sémantique, y compris dans sa dimension pragmatique, à une époque où triomphait, en France, le structuralisme antimentaliste. C'est que les manuels français sont en général destinés à des francophones aptes à restituer les valeurs et les contextes appropriés, alors que cette description est explicitement destinée à des étudiants non francophones qui n'ont en français qu'une compétence linguistique limitée. On peut regretter qu'il n'existe pas plus de descriptions du français de ce type, c'est-à-dire contrastives dans le détail, et par rapport au sentiment linguistique et aux représentations métalinguistiques propres aux étudiants étrangers à qui elles seraient destinées. Elles mettraient en évidence des régularités qui ne sont pas habituellement répertoriées dans les descriptions.

Ainsi, Cao Deming (professeur chinois de français), partant du constat qu'il existe en chinois une catégorie de mots, appelés par les grammairiens **spécificatifs** ou **classificateurs,** qu'on doit obligatoirement employer entre un numéral et un nom *(trois chevaux* se traduit par *sàn pí mà* : «trois» + spécificatif + «cheval»), a «eu l'idée de chercher s'il existe aussi en français des mots du même genre» (1983, p. 42), et «à force de chercher, (il a) trouvé, à (sa) grande surprise, beaucoup de mots qui fonctionnent bel et bien comme des spécificatifs chinois» *(ibid.).* Par exemple : *un kilo de poireaux, une botte de radis, une tête* ou *une gousse d'ail, un pied de salade, une noix de beurre,* etc... Il remarque que ces «spécificatifs» du français ont des propriétés grammaticales particulières : certains peuvent être quantifiés, d'autres pas (on peut dire *deux morceaux de sucre* mais pas **deux pointes de muscade)* ; ils peuvent être employés sans être accompagnés du nom, ce qui est impossible en chinois *(j'ai fumé trois paquets hier)* ; le nom peut être pronominalisé *(j'en ai fumé un paquet)* et le «spécificatif» peut être omis *(tu achètes un paquet de café et un de chicorée).* Il esquisse ainsi une description grammaticale, contrastive par rapport au chinois, d'une zone du français ordinairement reléguée dans le lexique : « Il n'existe pas de catégorie grammaticale pour les désigner et on ne vous explique jamais comment ils fonctionnent, ni dans les grammaires françaises, ni dans d'autres ouvrages linguistiques» *(ibid.),* bien que cette zone pose de redoutables problèmes d'apprentissage. Cao Deming en conclut humoristiquement : «Si on m'avait dit, lorsque j'apprenais le français, qu'on y trouve une catégorie grammaticale qui existe aussi en chinois, j'aurais peut-être compris plus vite.» *(id,* p. 43) Même s'il est vrai que cette catégorie relève autant du modèle utilisé que de la langue observée, elle n'en joue pas moins un rôle déterminant dans la perception qu'un chinois peut avoir du français.

Nous avons appelé **exercices de conceptualisation** une démarche qui s'appuie également sur la perception métalinguistique que les apprenants peuvent avoir de la langue-cible, mais qui est quelque peu différente des démarches que nous venons de présenter. Il s'agit moins, à proprement parler, d'exercices que de moments de réflexion grammaticale explicitée par les apprenants (voir en particulier H. Besse, 1974 a, 1977 et 1980 a).

Dans les premières étapes de l'apprentissage, cette réflexion est menée en langue de départ, puis, dès que possible, en langue-cible. Deux principes la sous-tendent. Le premier peut prendre la forme d'une maxime de J. Locke[1] selon laquelle **la routine doit précéder les règles**, maxime reprise et explicitée ainsi par C. Ch. Du Marsais : «Je n'entends pas (...) que la grammaire commence toujours par les principes. Je voudrais, au contraire, qu'autant que cela est possible, l'exposition de l'expérience et de la pratique précédât les principes et le raisonnement.» (1797, p. 229) Autrement dit, cette maxime spécifie que la réflexion métalinguistique explicitée ne peut s'exercer que sur une grammaire de la langue-cible préalablement intériorisée par d'autres moyens que l'explicitation. Ce qui suppose qu'on admette que, très tôt dans l'apprentissage, les étudiants acquièrent une certaine intuition de ce qui est grammaticalement possible et de ce qui ne l'est pas à l'intérieur de micro-systèmes de la langue-cible. Cette intuition, observable dans toute classe de langue, peut être considérée comme le résultat de l'activité épilinguistique (c'est-à-dire une structuration non consciente des données, selon une expression d'A. Culioli, 1968, p. 40, note 6) de l'apprenant dans l'organisation des données langagières de la langue-cible qu'on lui a présentées. La réflexion à laquelle le convie le professeur s'appuie sur cette activité épilinguistique structurante, elle vise à en faire élucider les règles par l'apprenant lui-même. C'est là qu'intervient le second principe qui ne saurait mieux être présenté que par cette réflexion de M.H. Clavères, qu'elle ne suit d'ailleurs pas strictement, selon laquelle : «La meilleure métalangue est évidemment celle des élèves» (1982, p. 56).

En précisant que, à nos yeux, cette métalangue que les apprenants se forgent ou se remémorent dans la classe n'est pas dissociable d'un certain modèle métalinguistique, ou du moins d'un certain point de vue métalinguistique, celui hérité de leur «passé grammatical» à partir duquel ils perçoivent et organisent, subconsciemment ou consciemment, les données de la langue-cible. Ce qui revient à dire que les apprenants qui n'ont pas eu de formation

---

1. J. Locke (1632-1704), philosophe anglais qui s'opposa au rationalisme innéiste de Descartes et affirma que la source de nos connaissances réside dans l'expérience, c'est-à-dire dans la sensation aidée par la réflexion (on parle à son propos d'empirisme ou d'empiricisme). La maxime est extraite de son *Essai philosophique sur l'entendement humain* (1688, livre III, chapitre I. § 5).

grammaticale durant leur scolarité sont moins aptes (et moins intéressés) à mener des exercices de conceptualisation. Ils se posent d'ailleurs, en général, beaucoup moins de questions sur le fonctionnement proprement grammatical de la langue qu'ils apprennent. Quant à ceux qui ont « un passé grammatical », bien rares sont ceux qui ne se posent des questions sur ce fonctionnement, et qui ne demandent des explications au professeur. Si celui-ci cherche à leur répondre, il se heurte vite aux limites de la grammaire explicitée (voir ci-dessus § 2), et surtout il les induit à penser que la solution de leur apprentissage est dans le savoir métalinguistique du professeur, ce qui détourne leur attention de l'intuition qu'ils sont en train de développer dans la langue-cible et les rend ensuite étrangers à leurs propres activités épilinguistiques.

L'exercice se déroule de la manière suivante. Le professeur prend prétexte d'une erreur grammaticale régulièrement commise par certains étudiants mais non pratiquée par d'autres (ce qui peut indiquer que ces derniers ont déjà intériorisé le micro-système dans lequel s'inscrit l'erreur) ; la démarche consiste à s'appuyer sur l'intuition qu'implique cette intériorisation afin que les étudiants en élucident eux-mêmes les règles, à partir de leur propre métalangage. Pour ce faire, le professeur demande aux étudiants de produire des phrases incluant la difficulté grammaticale et les aide à regrouper celles qui sont correctes et celles qui ne le sont pas. On constitue ainsi un corpus non présélectionné par le professeur (c'est une différence essentielle avec les démarches de grammaire inductive), et qui correspond à la compétence réellement atteinte par les étudiants dans la langue-cible. Cette première phase, par la réflexion que suscite la production de phrases relatives à un point grammatical particulier et par l'objectivation qu'établit leur transcription, incite bientôt quelques étudiants à formuler, dans leur métalangue, une hypothèse sur le fonctionnement correct, ou éventuellement erroné, du micro-système. Cette hypothèse, dans son explicitation première ou remaniée à la suite d'échanges entre étudiants, est testée par essais de production de phrases ; si le test est positif, l'explicitation est considérée comme une règle provisoire, modifiable selon les acquis ultérieurs, de la description grammaticale que le groupe-classe élabore ainsi progressivement, de conceptualisation en conceptualisation ; si le test est négatif (c'est-à-dire si l'hypothèse conduit à produire des phrases a-grammaticales), on modifie la formulation, on recherche une autre hypothèse, ou bien on convient qu'il n'existe pas de solution explicite satisfaisante au problème posé.

Ces exercices se fondent sur une double conviction. La première, partagée par de nombreux didacticiens, est que « **la prise de conscience par l'apprenant (guidé par l'enseignant) de ses propres intuitions sur le système de la langue étrangère facilite l'acquisition** » (D. Bailly, 1980, p. 120, souligné par l'auteur). La seconde, peut-être moins partagée, est que le savoir métalinguistique élaboré par les grammairiens et les linguistes ne peut, en lui-même, apporter de solutions toutes faites à ceux qui apprennent une langue étrangère. C'est pourquoi ces exercices ne peuvent être considérés que comme des sortes d'adjuvants cognitifs dans un processus d'apprentissage et d'acquisition beaucoup plus vaste. Leur exécution pédagogique se heurte à quelques difficultés. Certains professeurs ont tendance à mener les apprenants non à «conceptualiser» leurs propres règles, mais à retrouver les règles d'une description grammaticale donnée, transformant ainsi les exercices de conceptualisation en exercices de grammaire inductive (voir chap. suivant). D'autres considèrent qu'il s'agit de donner aux étudiants l'opportunité de «découvrir» ou «d'inventer» par eux-mêmes des règles, alors que ces règles sont nécessairement construites à partir d'un métalangage, préformées en quelque sorte par lui et circonscrites par ses présupposés : il est, dans la classe, très rare que les étudiants inventent ou découvrent une règle vraiment nouvelle ; la plupart de celles qu'ils formulent sont des réactualisations de règles qu'ils ont apprises et oubliées. C'est pourquoi il nous semble qu'il vaut mieux orienter les étudiants vers des problèmes grammaticaux susceptibles *a priori* d'être résolus par le métalangage qui est le leur. Enfin, un exercice de conceptualisation n'est jamais reproductible à l'identique, et c'est en ceci qu'il n'est pas un exercice : les corpus de départ changent selon les classes, même quand on suit le même manuel, et les hypothèses «explicatives» peuvent varier considérablement dans leur métalangue comme dans leurs conceptions.

5. Rhétorique et nouvelles grammaires

Une remarque s'impose avant de conclure ce chapitre. Les démarches que nous venons de présenter portent essentiellement sur les descriptions grammaticales de la phrase, et non sur celles des suites de phrases ou de leurs conditions d'emploi. En d'autres termes, elles ne font pas ou peu appel aux «grammaires» **textuelles, discursives** ou **pragmatiques**. Ce qui correspond à ce qu'on trouve dans la presque totalité des manuels de langue actuels (particulièrement quand ils s'adressent à des débutants), mais qui atteste, du point de vue de l'histoire de la didactique des langues, d'un singulier rétrécissement du champ des explicitations portant sur la parole étrangère.

L'enseignement traditionnel du grec et surtout du latin a en effet toujours accordé une place importante, au moins jusqu'au XIXe siècle, à l'explicitation des règles qui codifient la construction du discours et certaines de ses conditions d'emploi. A la grammaire s'ajoutait **la rhétorique** qui enseignait, non pas l'art de produire des phrases grammaticales, mais l'art de les utiliser séquentiellement et contextuellement à bon escient, par la mise en œuvre de connaissances quant à la composition ou à l'emploi de moyens d'expression et de persuasion destinés à conférer à la parole ou à l'écrit une plus grande efficacité pragmatique, ce qui implique l'apprentissage d'un savoir sur les propriétés mêmes du discours.

La rhétorique gréco-latine distinguait trois grands types de discours selon les circonstances dans lesquelles ils étaient énoncés : le **délibératif** par lequel un orateur cherche à conseiller, à dissuader ou à inciter une assemblée, le **judiciaire** centré sur les accusations et les réfutations, et l'**épidictique** qui vise à louer ou à blâmer. Ces discours étaient méthodiquement caractérisés par les thèmes, les arguments, les « lieux » : « Ce sont des idées générales, applicables au très grand nombre de sujets, et qui donnent des ouvertures pour en raisonner utilement par rapport à la fin que se propose l'orateur. » (M. Crevier, 1805, p. 28, les **lieux communs** étant ceux qui sont communs aux trois types de discours) ; par les techniques de persuasion ou d'argumentation *(inventio)*, par la composition et la disposition des différentes parties *(dispositio)*, par le choix et l'arrangement des mots au sein de la phrase *(elocutio)*, par la manière de les énoncer *(pronuntiatio)* et celle de les mémoriser *(memoria)*. Même si on a eu tendance aux XVIIIᵉ et XIXᵉ siècles à réduire la rhétorique à l'étude de l'*elocutio* et à ses « figures » (de mots, de construction ou de pensée), ces trois types de discours et ces cinq parties traditionnels se retrouvent dans presque tous les manuels de rhétorique jusqu'au début du XIXᵉ siècle. Il s'agissait, certes, d'ouvrages visant à normer les pratiques discursives de la langue maternelle, mais les manuels de langue eux-mêmes n'étaient pas exempts d'explicitations rhétoriques, concernant en particulier l'art d'écrire des lettres publiques ou privées *(ars dictaminis)*, de mener un débat *(disputatio)*, d'organiser une narration, une description, explicitations qui portaient souvent sur la force ou l'effet pragmatique de ces discours. L'intérêt que la linguistique, depuis une quinzaine d'années, porte aux études textuelles et pragmatiques devrait donner naissance à une nouvelle rhétorique moins centrée sur l'éloquence publique et la littérature que sur les discours ordinaires (dialogues, conversations, récits), et donc amorcer un retour didactique à la rhétorique explicitée. Mais cette dernière, jusqu'à maintenant, apparaît plus dans les projets des didacticiens que dans les manuels ou dans les classes.

La raison principale en est, sans doute, que l'auteur de manuel ou le professeur ne peut expliciter que ce qui l'a déjà été par les linguistes. Or, comme nous l'avons signalé (chap. 3), ceux-ci ne sont pas encore parvenus à des descriptions rigoureusement et systématiquement intégrées des données morpho-syntaxiques, interphrastiques et communicatives d'une langue. D'où le clivage qu'on peut observer dans de nombreuses pratiques entre un enseignement/apprentissage explicité de la morpho-syntaxe de la langue-cible dont on possède une description relativement exhaustive, et des activités discursives, communicatives ou interactionnelles dont les règles demeurent le plus souvent implicitées ou confinées à la compréhension des documents dits « authentiques » (voir chap. 7).

L'explicitation rhétorique, même si elle ne peut être systématique, nous paraît cependant souhaitable. Nombre d'erreurs, dans les discours tant oraux qu'écrits, sont clairement liées au fait que les apprenants ne prennent pas conscience que les organisations textuelles et les tactiques communicatives changent souvent beaucoup d'une langue à l'autre. Ainsi de cet étudiant arabophone, d'une classe de première scientifique, qui écrit au directeur d'un institut universitaire français en commençant sa lettre[1] par : « *J'ai l'honneur de vous écrire et ça me fait une grande plaisance, en espérant recevoir vos nouvelles à bientôt, et veuillez monsieur le directeur de cette administration agréer l'assurance de mon plus profond respect, aussitôt j'ai l'honneur autrement de solliciter de votre haute bienveillance de me répondre assez clairement à mes questions suivantes, mais avant tout ça je veux mieux vous faire connaître que je suis actuellement* (...)* »*, et qui la termine par : « *Monsieur le directeur, je vous souhaite beaucoup de chances et un avenir assez clairement et une vie pleine de santé et de bonheur et j'attends la réponse avec une certaine curiosité* (...)* »*. Il est manifeste que cet étudiant intelligent, comme le montre par ailleurs le contenu de sa lettre, se borne ici à «traduire» en français l'organisation rhétorique habituelle des lettres officielles arabes s'ouvrant et se fermant sur de nombreuses salutations. Un enseignement/apprentissage qui s'efforcerait d'expliciter, contrastivement, la structure textuelle de la lettre officielle en arabe et en français permettrait sans doute d'éviter ce genre d'erreurs.

Même s'il est vrai que, jusqu'à maintenant, les nouvelles «grammaires» ne paraissent pas avoir apporté de réponse pleinement satisfaisante à la question, capitale en didactique des langues, de l'articulation entre un nécessaire «globalisme» (situationnel, communicationnel, interactionnel) et une non moins nécessaire «structuration» (morpho-syntaxique et textuelle), et que, comme le signale H.H. Stern, «le problème est de savoir comment combiner l'apprentissage formel, c'est-à-dire celui des structures et de la grammaire, avec l'apprentissage analytique et non analytique de la communication» (1980, p. 61), il n'en reste pas moins qu'elles fournissent au didacticien et au pédagogue des outils conceptuels nouveaux qui lui permettent d'interroger différemment les documents présentés aux étudiants, et d'élargir ainsi de nouveau le champ des explicitations, de la grammaire proprement dite à la rhétorique.

Conclusion

La question fondamentale de la grammaire explicitée n'est pas «Faut-il ou ne faut-il pas en faire?», mais bien «Dans quelles conditions est-il possible de la mener à bien?» La réponse, nous l'avons vu, dépend des pré-requis à toute communication d'un savoir grammatical et des limites inhérentes à ce savoir. Mais elle dépend aussi du professeur et des étudiants.

La grammaire explicitée, quelle que soit la démarche adoptée, nous semble exiger du professeur une solide formation à la fois linguistique et métalinguistique. La réflexion sur les acquis de la langue-cible n'étant, pour les apprenants, guère dissociable de la réflexion sur la langue de départ, toute explicitation prenant en

1. Il s'agit d'une lettre authentique.

charge les préoccupations grammaticales de ceux-ci implique que le professeur ait une certaine connaissance des deux langues. D'autant qu'en début d'apprentissage elle ne peut être menée qu'en langue de départ. De plus, même quand le professeur s'appuie sur un seul modèle, il est «souvent obligé de bricoler des explications à ses risques et périls» (M.H. Clavères, 1982, p. 40), simplement parce que le questionnement des apprenants porte toujours sur des données hétérogènes (provenant de la langue de départ, de l'interlangue, de la langue-cible telle qu'elle est présentée, parfois de langues tierces) qui n'ont pas été prises en compte dans les descriptions dont dispose le professeur. Enfin certaines démarches, comme les exercices de conceptualisation, supposent que l'enseignant soit à même de suivre des cheminements métalinguistiques qui ne sont pas ceux auxquels il est accoutumé, qu'il soit donc apte, dans une certaine mesure, à adopter des points de vue métalinguistiques autres que les siens. Ces exigences professionnelles expliquent que nombre de professeurs, qui ne parlent pas la langue de départ de leurs étudiants et/ou qui estiment n'avoir que des connaissances métalinguistiques incertaines, récusent la grammaire explicitée.

Certains publics sont plus réceptifs que d'autres aux explicitations grammaticales parce qu'elles correspondent mieux à leurs «besoins» d'apprentissage. Comme le remarque Ch. O'Neil : «Chez les enfants, la demande d'explications est évidemment beaucoup moins fréquente qu'avec des adultes (quand elle n'est pas inexistante)» (1982, p. 436). Chez les adolescents et les adultes, cette demande paraît liée à la formation qu'ils ont reçue sur leur langue maternelle. S'ils ont appris une description de cette langue, ils ont tendance à percevoir la langue étrangère à travers le métalangage qui informe cette description, et demandent des explications en fonction de ce métalangage, même lorsqu'il ne leur en reste qu'un savoir altéré et morcelé. S'ils n'ont pas appris de description de leur langue maternelle (cas beaucoup plus fréquent qu'on ne l'imagine généralement en France), ou d'une autre langue, les demandes d'explications grammaticales sont plus rares et ne portent que rarement sur des problèmes de fonctionnement grammatical.

Si la grammaire explicitée correspond aux «besoins» d'apprentissage des étudiants et aux aptitudes du professeur, on ne saurait, à notre avis, contester sérieusement son utilité en classe de langue, du moins si on ne s'écarte pas du point de vue qui a été jusqu'à maintenant le nôtre et qu'on peut résumer par cette remarque de F. de Saussure : «Si le mécanisme de la langue était entièrement rationnel, on pourrait l'étudier en lui-même ; mais comme il n'est qu'une correction partielle d'un système naturellement cahotique[1], on adopte le point de vue imposé par la nature même de la langue, en étudiant ce mécanisme comme une limitation de l'arbitraire.» (1964, pp. 182 et 183) Ce qui implique clairement que la grammaire explicitée ne peut à elle seule assurer l'acquisition d'une langue : «Peu de préceptes et beaucoup d'usage», disait déjà Quintilien.

---

1. Il n'y a pas de science sans postuler que cette «nature cahotique» est, d'une manière ou d'une autre, réductible progressivement à la raison.

Chapitre 6

Les exercices grammaticaux

1. L'exercice dans l'enseignement des langues

L'exercice, et particulièrement l'exercice grammatical, est probablement inhérent à toute classe de langue : « l'exercice comme technique d'apprentissage traverse les modes et constitue une composante essentielle de toutes les méthodes de langues, quelles que soient par ailleurs leurs options linguistiques et méthodologiques » (G. Vigner, 1982, p. 71).

Nous avons vu (chap. 4, § 4) que L.G. Kelly en signale dans les manuels, tant de latin que des langues vulgaires, dès le début de la Renaissance. J.C. Chevalier en reproduit également quelques-uns extraits d'un ouvrage paru à Cologne en 1568 (1968 a, pp. 401-404). Ces exercices sont très proches des exercices structuraux modernes (en particulier de substitution), ou même des exercices notionnels-fonctionnels (ensemble des formulations pouvant, par exemple, servir à saluer poliment une personne aimée).

Ils semblent être nés d'une réaction aux excès des pratiques de grammaire explicitée scolastiques. Pour les tenants d'un enseignement qui s'inspire de l'acquisition « naturelle » des langues, les exercices doivent pouvoir remplacer les explicitations grammaticales. Ils sont « une copie de l'usage qui, en un sens, rendent inutiles les grammaires, inutile l'apprentissage fastidieux de règles multiples et barbares » (*id.*, p. 385). Pour les tenants d'un enseignement rationalisé explicite, ils sont le résultat d'une volonté de simplification et de pédagogisation des descriptions grammaticales : ils consistent à en faire pratiquer les paradigmes sans s'attarder sur les gloses métalinguistiques qui les justifient. Pour les premiers, les exercices sont donc un substitut de l'enseignement explicite d'une description ; pour les seconds, ils servent surtout à renforcer, par répétition, l'apprentissage des paradigmes d'une description. Ce qui revient à dire que tout exercice, qu'il soit dit « explicite » ou « implicite », présuppose une description (voir chap. 4, § 3) : à leur origine, les exercices ne sont d'ailleurs que des paradigmes d'une description morphologique ou sémantique présentés sous forme de tableaux, avec une métalangue réduite.

Dans une classe de langue, un exercice est identifiable à quelques traits distinctifs qui se retrouvent toujours, quelles que soient les modalités de présentation.

D'abord, l'exercice s'inscrit dans le rituel communicatif propre à la classe. Ce rituel repose sur un contrat, tacite mais accepté par tous, qui lie enseignant et enseignés : la classe est un lieu et un temps dans lesquels le premier a charge de faire travailler les seconds et d'évaluer le travail effectué. D'où la prédominance des échanges ternaires décrits par J.M.H. Sinclair et R.M. Coulthard (1975) : à la question ou à l'injonction du maître, les étudiants sont censés apporter une réponse, laquelle est appréciée ou évaluée par le maître. Rôle et statut de chacun sont fixés par le contrat et les répliques ne sont donc que très rarement permutables. Dans ce cadre très général, l'exercice est un texte ou un discours produit par le maître et visant à proposer ou à imposer aux étudiants une tâche langagière précise (premier temps de l'échange) ; cette tâche est effectuée par ceux-ci, en réponse à l'injonction magistrale (second temps) ; le maître porte un jugement sur la qualité de l'exécution de la tâche (troisième temps). Seul le premier temps apparaît dans les manuels, mais tant qu'il n'y a pas eu effectuation de l'exercice par l'étudiant et correction par le maître, on ne peut considérer que l'exercice est achevé : l'apprenant conserve l'impression que l'échange n'est pas clos.

Ce qui singularise l'exercice par rapport aux autres échanges ternaires de la classe, c'est d'abord le caractère répétitif de la réponse attendue ou de la tâche à effectuer. Il n'y a pas exercice sans réitération, c'est-à-dire sans avoir à faire plusieurs fois la même chose. Un nombre minimal (cinq ou six) d'essais ou de répétitions doit être prévu, afin que, par leur pratique régulière, l'apprenant acquière une certaine facilité dans l'exécution de la tâche et que le maître puisse la juger objectivement (nombre d'essais ou de répétitions réussis).

C'est ensuite le caractère contraint de la réponse attendue : la tâche doit être exécutée selon des règles précisées par l'exercice (dans la consigne ou dans le modèle). Il s'agit, par l'exercice, non pas d'acquérir une nouvelle connaissance, mais de fixer ou de normaliser les modalités d'un faire langagier qui doit être observable par le maître : on n'y est pas jugé sur ce qu'on sait ou ce qu'on est, mais, en principe, uniquement sur ce qu'on fait et sur la manière dont on le fait. Il y a certes des exercices plus ou moins « ouverts », laissant une latitude de réponse plus ou moins large, mais si la réponse n'est pas en partie préréglée par l'injonction de départ, on ne peut dire qu'il y a « exercice ». Ainsi celui qui exécute un exercice est privé de son autonomie énonciative habituelle : il doit s'insérer dans une énonciation qui n'est pas la sienne et qui surdétermine ses prises de parole.

Enfin, un exercice porte toujours sur une composante ou une difficulté particulière de la langue-cible, relativement isolée de sa complexité originelle. Il s'agit toujours d'une tâche fractionnée et cette tâche porte sur un seul ou quelques aspects de cette langue. En tant que telle, elle constitue une activité centrée non pas sur le monde mais sur le langage, et peut donc être considérée comme essentiellement métalinguistique : le discours de l'exercice se réfère constamment à la langue qu'il met en jeu, que ce soit dans l'injonction initiale, dans les réponses attendues ou dans l'évaluation. En ce sens, parce qu'il est activité métalinguistique, et donc plus ou moins consciente d'elle-même, de ce sur quoi elle opère, l'exercice relève toujours plus de l'apprentissage que de l'acquisition.

En résumé un exercice pourrait être défini comme une tâche langagière ponctuelle à caractères répétitif, contraint et métalinguistique marqués, tâche demandée par le professeur aux étudiants et évaluée par lui.

D'où son aspect relativement « artificiel » : l'apprenant doit prendre la parole dans des conditions d'énonciation et selon des règles discursives qui ne sont pas celles auxquelles il est accoutumé dans l'usage ordinaire et spontané des langues qu'il possède. Pour bien exécuter sa tâche, il doit non seulement pratiquer la langue sur laquelle elle porte, mais aussi connaître les contraintes propres à l'exercice selon lesquelles il doit la pratiquer.

Dans l'enseignement/apprentissage d'une langue, à quoi servent les exercices ? Quel(s) rôle(s) jouent-ils dans l'acquisition des régularités langagières étrangères ? Les réponses dépendent du cadre dans lequel on les considère.

Didactiquement, on leur reconnaît habituellement une double fonction, qui est de parfaire un apprentissage et d'en permettre le contrôle : fonction d'entraînement et d'évaluation. En effet, un exercice n'est pas, en principe, destiné à introduire des éléments nouveaux dans l'apprentissage, mais à assurer ou à renforcer l'acquisition de ceux qui ont été déjà présentés, qu'ils relèvent d'une description grammaticale ou de la langue même. C'est pourquoi le texte ou le discours d'un exercice doit être construit à partir de ce qui peut être considéré comme acquis par les apprenants et porter sur des éléments qui sont déjà en voie d'acquisition. Un exercice, en classe de langue étrangère, est toujours un exercice « d'exploitation » : il vise à fixer ou à corriger, par des réitérations et par une certaine prise de conscience, ce qui est en cours d'apprentissage. Son exécution correcte par l'apprenant (c'est-à-dire selon les consignes indiquées) manifeste par elle-même qu'il y a eu apprentissage, ce qui permet le contrôle, même s'il est d'expérience que souvent, l'exercice terminé, revienne l'erreur.

Psychologiquement, on considère les exercices soit comme le facteur central de tout apprentissage (par exemple, dans la théorie du conditionnement opérant de B. F. Skinner : la mise en place de nouvelles habitudes, de nouveaux conditionnements, implique nécessairement des réitérations de la réponse), soit comme facteur lié à la mémorisation et se combinant à d'autres (par exemple dans l'hypothèse constructiviste d'un J. Piaget). Dans les deux conceptions, on estime que : « pour un temps d'entraînement donné, les lois de l'exercice montrent qu'il y a d'abord amélioration rapide des performances, puis un palier, puis une détérioration lente ou brutale, liée au phénomène de fatigue (quand l'exercice est trop long) »

(R. Galisson et D. Coste, 1976, p. 201). C'est pourquoi on préconise pédagogiquement d'espacer les exercices et de ne pas trop les prolonger (nous reviendrons sur certains aspects psychologiques des exercices dans la troisième partie de cet ouvrage).

Institutionnellement, les spécialistes font observer que «l'école semble ne jamais avoir pu se passer d'en faire» (J. Hébrard, 1982 a, p. 5) et que «l'exercice est certainement un exemple privilégié de pratique qui échappe en grande partie aux discours pédagogiques (méthodologiques ou didactiques) tant elle se confond avec l'horizon habituel de l'école» (id. p. 6).

En d'autres termes, l'exercice serait moins au service de l'apprentissage qu'à celui de l'institution dans laquelle on le pratique. Il serait suscité par elle pour en assurer la pérennité : «Par exercice, en effet, il faut entendre dans l'acception la plus large du mot un travail dont la finalité est extérieure au processus qu'il met en jeu, un travail pour un autre travail, un travail en attente des vrais travaux qui seront eux, normalement inscrits dans la vie sociale et économique. Bref, l'exercice est une technique de détour au même titre que l'école est une institution qui détourne l'élève de l'intégration sociale immédiate (et traditionnelle) de l'enfant non scolarisé. En ce sens, à l'école, il ne peut y avoir que des exercices.» (J. Hébrard, 1982 b, p. 12) Dans l'espace et le temps clos d'une classe, qu'elle soit d'enfants ou d'adultes, qu'elle porte sur la langue maternelle ou sur une langue étrangère, les apprenants sont dans l'attente qu'un maître rétribué, par eux ou par la collectivité, leur fasse «faire quelque chose», qu'il justifie sa présence et la leur par des activités qui ne seront jamais identiques à celles de la vie réelle, qui ne seront jamais tout à fait «authentiques», qui resteront des exercices. On reconnaît là un écho de la thèse du philosophe M. Foucault (1975), selon laquelle le développement des exercices scolaires, militaires et religieux, en particulier au XVIIIe siècle en Europe, s'expliquerait par le fait qu'ils sont une technique au moyen de laquelle un pouvoir centralisé s'efforce de discipliner enfants et adultes en les assujettissant à un ordre spatial et temporel normalisant. Le statut de l'exercice fait que celui qui l'exécute est contraint d'accepter (corporellement et, dans une certaine mesure, intellectuellement) les règles qui le constituent en tant qu'exercice. Et donc, de les intérioriser sans pouvoir en contester les présupposés. Fonction disciplinaire, qui permet au maître de surveiller et de punir l'élève, en toute autorité et avec l'accord tacite de celui-ci : il n'a pas «fait» ou il a « mal fait» ce que l'institution exigeait de lui.

Cette fonction disciplinaire des exercices est certes souvent occultée, mais on peut se demander si certains exercices ont une autre utilité que de permettre à un professeur, qui ne sait que «faire» du temps et de l'espace qu'il doit «animer», de donner du «travail» à ses étudiants, et de réguler ainsi à son profit, et à celui de l'institution, leurs comportements : si certaines classes se veulent créatives et ludiques, d'autres se réfugient dans une sorte d'ergocratie. Dans une enquête portant sur les réactions d'élèves (il s'agit d'enfants) et de maîtres utilisateurs de son manuel, Ch. O'Neil observe que «les exercices structuraux (*drills*) sont la seule rubrique à obtenir plus de réponses négatives que de réponses positives» (1982, p. 363) chez les premiers ; ce qui n'empêche pas les seconds d'estimer généralement que ces exercices sont «très utiles», «très rentables», «indispensables» (*id*, p. 224, note 1).

2. Pour une typologie des exercices

La diversité de leurs appellations courantes et de leurs présentations, la non explicitation de leurs principes et de leurs finalités font que les exercices utilisés en classe de langue ne sont pas faciles à classer en types clairement distincts, et leur typologie peut varier considérablement selon les critères adoptés pour les distinguer.

J. Bastuji (1977) propose (pour les exercices de la classe de langue maternelle il est vrai, mais ses propositions sont transposables à la classe de langue) de tenir compte des paramètres suivants : origine des exercices (viennent-ils du manuel ou du maître ou des élèves ?) ; domaine linguistique traité (écrit/oral, orthographe/conjugaison/syntaxe/..., norme/niveaux de langue) ; modèle métalinguistique impliqué (grammaire traditionnelle/fonctionelle/générative/etc...) ; travail demandé aux étudiants (étiquetage d'une classe ou d'une fonction, classement de phrases, exercices à «trous», cacographie [1], manipulations de phrases diverses, invention de phrases, exercices sur le «passage» oral-écrit, etc...) ; exécution collective ou individuelle (en classe ou «à la maison») ; correction immédiate ou différée, par le maître ou par le groupe ; intégration aux autres activités scolaires ; finalités pédagogiques poursuivies (découverte de la langue, application des règles enseignées, contrôle, développement du raisonnement méthodique, etc...). Chaque type d'exercice peut alors être caractérisé en fonction de ces différents paramètres : l'exercice structural classique sera exercice d'application, non réflexif, imposé, prescriveur d'une norme, à correction immédiate, et ne visant pas au développement du raisonnement, par exemple. «L'intérêt de cette typologie nous semble être de classer les contraintes et surtout de fournir aux enseignants un éventail des combinaisons possibles, dont la plupart demeurent inexplorées.» (*id., p. 12)

Elle permet, en effet, d'interroger un grand nombre d'exercices, mais permet beaucoup plus difficilement de les regrouper en quelque types bien caractérisés. Or, il nous semble que, sous leur apparente variété, les exercices ne font que répéter un nombre très restreint de schèmes fondamentaux, comme toutes les pratiques qui demeurent empiriques.

---

1. Exercice qui consiste à demander aux élèves de corriger un texte fautif du point de vue orthographique et ou grammatical. Cet exercice, traditionnel en langue maternelle, est peu répandu dans l'enseignement des langues : on ne peut y spéculer aussi aisément sur la grammaire intériorisée de l'élève.

Bien qu'il n'existe pas, à notre connaissance, d'études systématiques sur l'histoire des exercices scolaires (voir cependant, C. Bouton, 1972, E. Hammar, 1980), on ne peut qu'être frappé par leur relative inertie par rapport à l'évolution des connaissances linguistiques, psychologiques et didactiques. Nous avons vu (chap. 4, § 4) dans les manuels du XVIe siècle des exercices peu différents de ceux que nous connaissons ; les manuels de français langue étrangère les plus récents, bien que réputés «fonctionnels» ou «communicatifs», reprennent des exercices des manuels dits de «grammaire-traduction» ; les jeux et autres exercices interactionnels étaient déjà proposés par J. Comenius ou F. Gouin ; les «transformations» ont été utilisées dans les exercices bien avant d'être théorisées par les linguistes ; un manuel du XVIIIe siècle comme *Le Maître italien ou la Grammaire française et italienne* (Veneroni, 1769, 17e édition) présente des «recueils» de noms et de verbes («les plus nécessaires pour parler») regroupés autour de notions générales, et des inventaires d'énoncés permettant de choisir entre diverses formulations «pour nier», «pour donner des marques d'affirmation» «de consentement», «pour reprocher», etc..., qui ne sont pas sans rappeler certaines propositions notionnelles-fonctionnelles. Bref, ces quelques rappels incitent à penser que l'exercice bénéficie ou souffre d'une certaine immuabilité historique.

G. Vigner remarque que «cette stabilité de la procédure, cette permanence de la pratique ne doivent pas masquer une évolution interne indéniable, même si elle s'effectue à un rythme très lent, qui va dans le sens d'un renouvellement des contenus, et d'une ouverture à l'ensemble des pratiques langagières» (1972, p. 72). Il est vrai que, depuis quelques années, la pédagogie des exercices suit, avec un peu de retard, l'évolution de la linguistique en s'intéressant aux phénomènes énonciatifs et pragmatiques ; mais c'est oublier (voir chap. 5, § 5) que, au moins depuis le Moyen-Age, on a toujours pratiqué des exercices de rhétorique centrés non sur la phrase mais sur le discours et ses emplois. Comme le reconnaît G. Vigner : «on est en présence d'une technique construite empiriquement par les pédagogues» (*id.*, p. 77), qui, à l'instar de toutes les techniques empiriques, se maintient relativement inchangée, tant qu'elle n'a pas été reconstruite théoriquement et évaluée expérimentalement sur les bases de cette théorisation.

C'est pourquoi nous nous bornerons ici à une typologie pédagogique fondée essentiellement sur ce que J. Bastuji appelle le «travail demandé» aux étudiants, la tâche qu'ils doivent accomplir ; en excluant des activités qu'on appelle parfois **exercices,** mais qui ne possèdent pas toutes les caractéristiques de ceux-ci (voir ci-dessus § 1) : ainsi un «jeu de langage» dont les règles n'exigent pas certaines répétitions, un «jeu de rôles» non contraint dans son contenu linguistique, une tâche de fabrication d'objet ou de mise en œuvre d'une recette de cuisine ne seront pas considérés comme des exercices.

Cette typologie oppose quatre grands types d'exercices : **l'exercice de répétition, l'exercice à trous, l'exercice structurel** (que nous appelons ainsi pour le distinguer de l'exercice **structural** proprement dit, qui n'est qu'un de ses sous-types) et **l'exercice de reformulation.**

L'exercice de répétition, lié surtout à la mémorisation et à la correction phonétique, met en jeu des données lexicales, grammaticales et parfois pragmatiques (dans certaines « dramatisations » par exemple) sans que l'apprenant ait à les modifier. Mais sa principale difficulté pédagogique, outre l'ennui qu'il engendre souvent, est que l'apprenant ne répète pas exactement les modèles qui lui sont proposés. Il les répète comme il les perçoit, en fonction des « cribles » sémiotiques qui sont les siens (phonologiques mais aussi grammaticaux et métalinguistiques), et non comme les perçoit le professeur ou un locuteur-auditeur natif. On ne corrige pas une production erronée par la seule répétition, mais en enseignant à l'apprenant à modifier la perception première qu'il se fait du modèle proposé, ou de la « bonne » réponse. La pédagogie de ces exercices devrait donc être d'abord une pédagogie de la perception, auditive bien entendu, mais aussi grammaticale, sémantique et communicative : il est d'expérience, qu'on répète mieux un énoncé dont on a pu saisir la signification et dans lequel on peut s'investir émotionnellement, corporellement, interactionnellement. L'apprenant répète mal, parce qu'il entend mal (dans les deux sens qu'*entendre* peut avoir en français : « percevoir par l'oreille » et « percevoir par la pensée ») ; ou plutôt parce qu'il entend selon les distinctions et relations auxquelles il est accoutumé dans sa langue de départ. C'est là, sous une forme extrêmement simplifiée, l'hypothèse centrale de l'approche structuro-globale audio-visuelle telle qu'elle a été élaborée par P. Guberina et P. Rivenc. La correction auditive dite « verbo-tonale » (voir par exemple R. Renard, 1983) en relève, mais aussi, à notre avis, ce que nous avons appelé les « exercices de conceptualisation » qui portent sur la perception métalinguistique que les apprenants ont de l'organisation grammaticale étrangère (chap. 5, § 4). Nous ne traiterons pas ici plus avant des exercices de répétition, bien que leur rôle soit capital dans tout apprentissage langagier, et que la didactique ait toujours acccordé un rôle essentiel à l'imitation.

L'exercice à trous peut relever de l'écrit comme de l'oral : un silence, une intonation suspensive peuvent remplacer un blanc ou quelques petits points. Son principe est de proposer à l'étudiant un paradigme d'unités (qui peuvent être des morphèmes, des mots, des syntagmes, des phrases ou même des paragraphes), et de lui demander d'insérer chacune d'entre elles dans le « trou » qui lui est approprié et qu'on a ménagé à cet effet dans une suite d'exemples ou dans un discours continu. Il porte donc sur les connexions et relations syntagmatiques que les unités linguistiques, quel que soit leur niveau, entretiennent conventionnellement entre elles.

Nous classerons aussi dans ce type, bien qu'ils ne soient pas à proprement parler « à trous », les exercices qui consistent à reconstituer une phrase ou un texte à partir du puzzle de ses unités préalablement découpées et dispersées. Dans les deux cas, il s'agit pour l'apprenant de travailler essentiellement sur l'organisation syntagmatique de la langue-cible.

125

L'exercice structurel a pour principe, non la répétition à l'identique de phrases étrangères, mais la réitération d'une même structure (entendue au sens très général de ce terme : la relation entre deux ou plus de deux éléments indépendamment de ce que ceux-ci peuvent signifier en eux-mêmes et par rapport au monde réel) par la pratique de phrases ou de séquences phrastiques par ailleurs différentes les unes des autres. L'hypothèse didactique est que cette réitération guidée de la même structure, sous des apparences langagières différentes, en favorise l'acquisition par l'apprenant, et celui-ci pourra produire ensuite, à partir d'elle, d'autres phrases ou discours par généralisation. Comme nous l'avons souligné (dans la première partie et dans le chap. 4, § 3), toute structure présuppose un modèle métalinguistique à partir duquel elle est construite, et relève donc d'une description donnée de la langue dans laquelle elle s'inscrit. L'apprenant ne perçoit cette structure que si, consciemment ou subconsciemment, il accepte les présupposés du modèle. C'est pourquoi nous inclurons dans ce type certains exercices structurels explicités.

L'exercice de reformulation n'implique pas aussi directement un modèle ou une description donné(e). Il spécule sur ce fait de parole, constamment attesté, selon lequel il est toujours possible, dans une langue donnée, de dire autrement ce qu'on veut dire ou ce qu'on nous a dit : il y a toujours plusieurs façons de dire « la même chose ». L'exercice de reformulation relève donc d'une sorte de traduction intralinguale. Son principe est la réitération d'un même contenu de signification (sens d'un mot, notion, intention de communiquer, acte langagier, arguments, etc...) à travers les diverses formulations qu'il peut recevoir dans une situation d'interlocution donnée ou dans des situations d'interlocution différentes. L'exercice de reformulation est plus souvent implicité qu'explicité, parce que ce fait de parole n'a été, jusqu'à maintenant, que très fragmentairement décrit par les linguistes.

Cette typologie n'est pas pleinement satisfaisante : un exercice structurel de substitution peut être, par exemple, considéré comme un exercice à trous, même si l'étudiant n'a pas à choisir entre plusieurs unités et si la place de l'unité appropriée n'est pas marquée ; les jeux de langage peuvent, selon leurs règles constitutives propres, relever des différents types ; etc... Mais nous estimons que, dans sa simplicité, elle permet de rendre compte de l'ensemble des exercices actuellement utilisés en didactique des langues.

3. Les exercices à trous

M. Verdelhan (1982) insiste sur la permanence et la polyvalence de l'exercice à trous en didactique du français langue maternelle. Il en retrouve le principe dans certaines formes de dictée, dans l'explication de texte, les techniques d'enseignement du vocabulaire, les pratiques grammaticales d'inspiration structurale (en particulier, les exercices structuraux d'expansion et de substitution), la reconstitution de texte, et dans des procédures de lecture «globale» par repérage de certains indices et par anticipation des contenus. Il y voit même l'archétype du discours professoral qui, au lieu de dialoguer réellement, tient une sorte de monologue «qui fait de la phrase magistrale un énoncé lacunaire à compléter» (*id.* p. 33) dans lequel les bons élèves inscrivent leurs productions.

Sans en donner une acception aussi large et pour s'en tenir à notre définition, l'exercice à trous paraît également très répandu en didactique des langues, même s'il ne porte pas toujours ce nom. A titre d'exemple, un tiers environ des propositions d'un ouvrage sur les *Jeux et activités communicatives dans la classe de langue* (F. Weiss, 1983) nous paraissent en relever : sous la rubrique «situations de communication» (pp. 55 - 76), on trouve des dialogues incomplets, des dialogues à terminer, des répliques mélangées, des séries de questions-réponses à coordonner, des titres à recomposer, des textes à phrases mélangées qu'il faut rétablir, des débuts et fins de récit dont il faut compléter les péripéties, etc., autant d'activités qui portent sur les connexions et relations syntagmatiques ; même s'il est vrai qu'elles ne portent plus sur des phrases isolées, comme dans l'exercice à trous traditionnel, elles n'en posent pas moins les mêmes problèmes didactiques.

Nous partirons d'un exercice à trous quasi traditionnel.

Complétez *(du, de la, de l' ; le, la, les).*
1. A midi, j'ai mangé... viande. - 2. Aujourd'hui, .. oranges sont chères. - 3. Vous prenez... sucre ? - Non, merci, je préfère... café sans sucre. - 4. Si vous voulez maigrir, faites ... gymnastique. - 5. Vous aimez ... beurre ? - 6. Pour préparer ce plat, il faut ... jambon ? - 7. Michel me demande ... argent. - 8. A midi, je bois toujours... café.

(Intercodes, A. Monnerie, *1979, p. 35)*

Pour transformer cet exercice semi-implicite en exercice explicite classique, il suffit de donner leur nom aux deux paradigmes séparés par le point virgule : «Complétez par les articles partitifs ou les articles définis appropriés». L'objectif est bien d'abord de fixer ou de vérifier si les élèves ont bien acquis la distinction entre partitifs et définis ; l'accord des articles en genre et en nombre est manifestement secondaire, bien qu'il puisse être source de difficultés pour un étranger : un seul article pluriel (*les*), un seul nom pluriel (*oranges*), le risque de se tromper est faible.

Les «bonnes» réponses attendues sont vraisemblablement l'article partitif en 1, 3a, 4, 6, 7 et 8, et l'article défini en 2, 3b et 5. Pourquoi ? Non en raison de la grammaire intériorisée française, de l'intuition qu'un locuteur-auditeur compétent peut en avoir : la présence de *le* est parfaitement acceptable en 1, comme celle de *du* en 3b, celle de *la* en 4, et celle de *le* ou *l'* en 5, 6 et 7, pour peu que les contextes ou circonstances d'emploi soient adéquats. Ainsi, *A midi, j'ai mangé la viande* est grammaticalement correct en réponse à la question *Qu'est-ce que tu veux que j'achète pour ce soir ?* signifiant alors la nécessité d'acheter de nouveau de la viande. *Michel me demande l'argent* est tout aussi acceptable si les interlocuteurs ont parlé antérieurement de cet argent ; comme *Si vous voulez maigrir, faites la gymnastique* l'est aussi dans la bouche d'un professeur à ses élèves qui se plaignent d'être trop gro(sse)s mais ne vont pas au cours de gymnastique. *Non merci, je préfère du café sans sucre* et *Vous aimez du beurre* sont certes considérés comme grammaticalement douteux par certains francophones, mais n'en sont pas moins acceptés par beaucoup d'autres : par exemple, pour signifier « Voulez-vous du beurre avec votre jambon ? », « Avez-vous l'habitude d'en prendre avec ce plat ? »

Si les « bonnes » réponses éliminent ces emplois possibles, c'est qu'elles présupposent que les exemples de l'exercice (donnés hors contexte précis) doivent être interprétés dans leur sens « le plus général », ce qu'on appelle « sens littéral », celui sur lequel sont censés travailler grammairiens et linguistes, une fois opérée la coupure épistémologique nécessaire à la constitution de leur objet. Le sens littéral d'une phrase est le sens qu'on suppose qu'elle conserve indépendamment de tout contexte ou situation d'emploi, ou si l'on veut dans un contexte zéro ou nul. Mais, comme le démontre brillamment J.R. Searle, « pour un très grand nombre de phrases, il n'existe rien de tel qu'un contexte zéro ou nul pour les interpréter, et, dans la mesure où notre compétence sémantique importe, nous ne comprenons la signification de ces phrases que par rapport à un ensemble d'assomptions préalables concernant le contexte dans lequel ces phrases peuvent être énoncées de manière appropriée » (1979, p. 34). Le sens dit littéral, comme les autres sens possibles d'une phrase, implique presque toujours un contexte particulier ; mais celui-ci est conventionnellement admis, sous un certain angle métalinguistique et dans une culture donnée, comme le contexte approprié pour l'analyse grammaticale de cette phrase. C'est ce que soulignent J.L. Chiss et J. Filliolet : « De manière générale, l'effacement du contexte est un leurre et son absence apparente dans une grammaire renvoie à un contexte : celui de l'énoncé-type pour grammaire scolaire. » (1982, p. 57) Un professeur de français ou un étudiant francophone, accoutumé aux descriptions grammaticales traditionnelles, retrouvera ce contexte considéré comme premier ; un étudiant étranger, beaucoup plus difficilement ; et c'est pourquoi il aura souvent des difficultés à saisir, même intuitivement, la nécessité des « bons » choix opérés par le maître.

Autrement dit, les exemples de cet exercice présupposent, sans les expliciter, certains contextes ; sa bonne exécution implique que les apprenants soient aptes à les restituer ; si ce n'est pas le cas, il devient un simple exercice de répétition des bonnes réponses fournies par le maître et répétées sans comprendre ; si c'est le cas, il impose subrepticement un point de vue métalinguistique particulier sur la langue, celui dans lequel s'inscrit la distinction traditionnelle défini / partitif, laquelle est par ailleurs présupposée connue dans la consigne même.

Il existe bien entendu un bon usage des exercices comme celui-ci, qui est de demander aux étudiants dans quels contextes ils imaginent possible d'employer ces exemples, et de décider de l'emploi du partitif et du défini en fonction de ces contextes. Mais l'exercice en change de « nature ».

Ce qui détermine les « bonnes » réponses d'un exercice à trous, ce n'est donc pas tant sa consigne que les présupposés contextuels à partir desquels il a été élaboré. Réussir l'exercice, c'est retrouver, consciemment ou non, ces contextes originels qui régissent de fait l'emploi des unités appropriées aux trous. C'est particulièrement patent quand ceux-ci portent non sur les mots grammaticaux, relevant de paradigmes fermés, mais sur les lettres, les noms, les verbes, les syntagmes ou les phrases, relevant de paradigmes beaucoup plus ouverts. Il est alors très rare qu'une seule solution, celle attendue, soit possible. On demande aux étudiants de reconstituer le mot *fenêtre* à partir de sa première et dernière lettre : F.....E ; chacun a droit à 9 questions du type : *Est-ce qu'il y un d ?* (auxquelles le professeur répond par *oui* ou *non*) pour retrouver le mot, sinon on est symboliquement « pendu » ; il est clair que le maître répond, et « pend » éventuellement son élève, en fonction de la réponse qu'il attend, bien que beaucoup d'autres soient possibles : FragilE, FabricE, FacticE, FicellE, etc... Réponses que l'élève devra écarter, non en raison de la langue française, mais des règles du jeu même (voir F. Weiss, 1983, p. 24). Autre exemple : on demande de compléter des fragments d'articles de journaux en choisissant dans une liste les noms ou les verbes appropriés :

Tous les matins quand je pars à mon bureau, Sandra se met à bouder, j'ai l'impression de l'abandonner, ... Jeanne, 30 ans, conseillère fiscale.	estime raconte révèle

(Passage à l'écrit 2, C. Lavenne, E. Bérard-Lavenne, 1979, p. 38)

Dans le contexte donné, les trois verbes proposés sont sémantiquement acceptables : privilégier, dans la correction, *raconte*, c'est là aussi présupposer le contexte le plus neutre, le moins intéressant ; *estime* et *révèle* sont autrement «justes», si on situe, par exemple, cet énoncé dans un contexte argumentatif sur le travail des femmes. C'est sans doute pourquoi les exercices à trous, portant sur des phrases entières ne comportent généralement pas de correction : trop de formulations différentes y sont acceptables. Il en va de même souvent avec les exercices qui visent à faire reconstituer un texte à partir de ses éléments dispersés. On donne aux élèves «une série de titres d'articles coupés en deux ou trois », titres qu'ils doivent recomposer (F. Weiss, 1983, p. 67). L'un de ces titres est : *Le Concorde est condamné,* mais, à partir des éléments fournis, on peut aussi «fabriquer» toute une série de titres, certes peu vraisemblables mais acceptables grammaticalement et contextuellement, pour peu qu'on ait quelque imagination : *Le Concorde pour les skieurs canadiens, Le Concorde en Israël, Le Concorde toujours en hausse,* etc....

Il nous semble préférable pédagogiquement de spéculer plus sur cette imagination combinatoire que sur la « bonne » réponse : mieux vaut que l'élève pense « Qu'est-ce que je peux dire, compte tenu des contraintes syntagmatiques propres à la langue étrangère », plutôt que de penser : « Qu'est-ce que le professeur veut que je dise ? »

Comme l'indique M. Verdelhan : « On perçoit bien (...) toute l'ambiguïté de l'exercice à trous : l'élève est invité apparemment à prendre la parole, en réalité il doit s'inscrire dans l'énonciation d'un autre » (1982, p. 33), c'est-à-dire qu'il doit retrouver, sans qu'on lui en donne toujours les moyens, les conditions de production et de reconnaissance du discours que constitue l'exercice. Pour s'insérer, sans trop d'erreurs, dans la continuité syntagmatique ou discursive que détermine en grande partie cette énonciation, l'étudiant doit ou bien reconnaître les présupposés sur lesquels elle s'appuie, et l'exercice sert alors à contrôler des connaissances acquises antérieurement, ou bien parvenir à les reconstituer hypothétiquement, ce qui n'est pas toujours facile quand ceux-ci relèvent d'un univers de connaissances et de connivences qui n'est pas le sien.

C'est pourquoi les exercices à trous « grammaticaux », c'est-à-dire portant sur des unités qui relèvent de paradigmes fermés, nous paraissent mieux faits pour contrôler certaines connaissances méta-linguistiques (celles relatives à la description qu'ils mettent en jeu) que pour faciliter la pratique syntagmatique aisée de ces unités. Ils ne peuvent développer une réelle compétence de la langue, puisqu'ils privent l'apprenant de son autonomie énonciative.

Quant aux exercices à trous lexicaux, syntagmatiques ou phrastiques, relevant de paradigmes ouverts, il peuvent favoriser le développement de cette compétence, pourvu que le professeur n'impose pas une « bonne » réponse sans la justifier contextuellement (sans en expliciter l'implicite énonciatif), ou qu'il admette toutes les réponses, plausibles et grammaticalement acceptables, que les étudiants peuvent justifier contextuellement. L'exercice à trous devient alors un exercice créatif, comparable aux reconstitutions de phrases ou de textes à partir de leurs éléments, du moins si, là aussi, le professeur n'impose pas une « bonne » réponse, les seules bonnes réponses étant celles dont l'étudiant peut rendre compte énonciativement.

Un exercice de ce type mais fondé sur la recherche de la bonne réponse, nous paraît, cependant, intéressant. Après une première audition d'un document enregistré, le professeur écrit au tableau les mots ou les expressions que les élèves en ont retenus, constituant ainsi l'exercice à trous, lequel est progressivement complété, en s'appuyant sur de nouvelles auditions, jusqu'à complète reconstitution. Il y a là une excellente propédeutique à la perception et à la compréhension orale d'un document, parce qu'elle conduit insensiblement l'élève à s'inscrire dans la cohérence syntagmatique interne de celui-ci et à adopter ainsi, peu à peu, le point de vue énonciatif qui organise cette cohérence.

4. Les exercices structurels

Comme indiqué précédemment, nous classons sous cette étiquette non seulement les exercices structuraux proprement dits, mais aussi nombre d'exercices qui nous paraissent mettre en jeu les mêmes principes, tels les micro-conversations, les exercices « en situation » ou « de réemploi », certains exercices communicatifs, certains jeux, et les exercices dits parfois de « réflexion grammaticale » qui visent à faire induire une règle explicitée à partir de quelques exemples bien choisis.

Nous ne reprendrons pas, à leur sujet, l'analyse que nous avons menée sur l'exercice structural (chap. 4 § 3), mais nous voudrions rapidement montrer que la prise en compte de certaines données contextuelles dans l'exercice même ne modifie guère sa problématique. Les deux exemples que nous allons analyser portent sur certains emplois de la préposition *à*.

Le premier est un exercice au tableau de feutre par questions-réponses, base de la plupart des exercices qui s'efforcent de contextualiser les manipulations structurales classiques (comme les micro-conversations) :

Démarche : reconstituer d'abord au tableau de feutre les trois premières répliques du dialogue :	*- Vite ! Des voleurs !* *- Où ?* *- A la banque, là, à gauche.*
Le professeur change ensuite les personnages et les place près d'une figurine représentant un lieu : il interroge d'abord lui-même puis les élèves font eux-mêmes les questions et les réponses, comme ci-contre :	*- Où est Robert ? - A la banque.* *- Où est Denis ? - A la police.* *- Et Martine ? - A la télé.* *- Où est Monique ? - A gauche.* *- Et Pierre ? - A droite.* *- Et Marc ? A droite ?* *- Non, à gauche.*

(Alouette 1, Livre du professeur, H. Baylard, V. Tocatlidou, 1978, p. 34)

Le paradigme des réponses contenant la préposition est censé réitérer la même stucture entre cette préposition et ce qui la suit. Or, sans prendre en compte la présence ou l'absence de l'article dans ces réponses, on peut remarquer que *à la télé* implique, en fait, des contextes différents de ceux de *à la banque* ou *à la police*. En réponse à une question du type *Où est Martine ?*, *A la télé* ne peut signifier en français que : « elle travaille à la Télévision », « elle est à son travail », ou, par exemple si elle réside dans un foyer d'étudiants : « elle se trouve dans la salle de télévision », deux significations qui ne coïncident pas avec ce que les étudiants voient sur le tableau de feutre, à savoir Martine *devant la télé*. Ainsi, pour conserver à la préposition *à* la même valeur dans ces trois réponses, c'est-à-dire pour réitérer la même structure, il faut donc que les étudiants « recontextualisent » correctement *à la télé* sans prêter attention à ce qui leur est présenté ! Sinon, ils répètent des phrases partiellement homophones mais actualisant des structures différentes. Beaucoup d'exercices structurels contextualisés se heurtent à cette difficulté : pour maintenir la structure qu'on veut inculquer, on est contraint de solliciter des contextes peu courants ou de biaiser avec ceux dans lesquels on l'inscrit. Au risque qu'un élève docile réponde à la question : *Où est ta sœur ?* par *A la télé* au lieu de *Elle regarde la télé* ou *Devant la télé.*

Le second exemple est un exercice « en situation » ou de réemploi. L'originalité de ces exercices, surtout développés dans les cours audio-visuels d'inspiration structuro-globale, est d'associer systématiquement une situation, verbalisée ou visualisée, à la structure qu'on veut faire pratiquer. Il s'agit d'enseigner cette structure dans des contextes appropriés, afin que l'élève soit à même de la réemployer adéquatement dans d'autres contextes analogues.

Une maison à vendre
Modèle : Les jeunes gens veulent visiter la maison.
Pourquoi est-ce que la vieille dame est surprise ?
- Parce que la maison n'est pas à vendre.

1. *Monsieur Dubois va quitter Paris. Il veut vendre ou louer sa maison. Qu'est-ce qu'il écrit sur la maison ?*
« Maison à vendre ou à louer. »
2. *Vous parlez à un ami d'un livre que vous aimez beaucoup et vous lui dites qu'il faut le lire et relire.*
« C'est un livre à lire et à relire. »
3. *Tu as vu ce film ? Il est excellent, n'est-ce pas ?*
« Oui, c'est un film à voir. »
4. *Ce devoir est très mauvais. Il faut le refaire. Qu'est-ce que le professeur a écrit sur la feuille ?*
« Ce devoir est à refaire. »

(Leçons de transition, M. T. Moget et al., 1970, fascicule 3)

Selon le modèle traditionnel ou structural classique, la structure dont on veut assurer la réitération est évidemment un syntagme nominal (avec ou sans déterminant) suivi de la préposition *à* et d'un verbe à l'infinitif. Mais les circonstances énonciatives dans lesquelles on l'inscrit l'affectent d'une modalité qui change d'un exemple à l'autre. *Une maison à vendre* renvoie à une réalité que l'énonciateur « a l'intention » de vendre sans être certain d'y parvenir ; *un film à voir,* ou *un livre à lire,* renvoie à une réalité au sujet de laquelle l'énonciateur exerce une certaine pression sur celui à qui il s'adresse : « c'est un film que je vous conseille de voir » ; *ce devoir est à refaire* est un énoncé destiné à provoquer la réalisation de ce qu'il désigne, à l'imposer à quelqu'un d'autre : « il faut refaire ce devoir ». Ce qui est potentiel dans l'exemple 1, est obligatoire dans l'exemple 4, mais simplement conseillé dans les exemples 2 et 3. En termes d'actes de parole, on pourrait dire que l'énonciateur « propose » en 1, qu'il « conseille » en 2 et 3, et qu'il « ordonne » en 4.

A des analyses de ce genre, on objecte souvent qu'elles sont trop subtiles pour des étudiants qui apprennent une langue étrangère, et que, de toute manière, il leur faut apprendre que ces syntagmes sont possibles en français, quelle(s) que soi(ent) par ailleurs leur(s) valeur(s) d'emploi. C'est oublier que ce qui est nuance pour un francophone est souvent une différence linguistiquement marquée, et donc évidente, pour un non francophone. Nombre d'étudiants se montrent spontanément sensibles au fait que «ce n'est pas pareil», que «ce n'est pas la même chose», simplement parce qu'ils perçoivent la structure qu'on veut leur enseigner à partir des catégorisations de leur langue de départ, et que, dans cette langue, *maison à vendre* ne se traduit pas comme *maison à louer* (par ex. en anglais *house for sale* s'oppose à *house to let*), ou comme *un film à voir* ou *un devoir à refaire* (en anglais, les modalités différentes y sont exprimées par des formes différentes). Ces différences peuvent être occultées par certains modèles métalinguistiques (dans l'analyse grammaticale traditionnelle ou structurale classique), elles n'en existent pas moins pour de nombreux apprenants. Dès lors, comment soutenir que l'exercice les «exerce» au réemploi d'une structure, puisque, pour eux, il s'agit de structures différentes ?

La principale difficulté didactique des exercices structurels contextualisés vient de ce que la contextualisation modifie souvent la structure qu'on cherche à réitérer en l'affectant de modalités, d'aspects, de valeurs qui, pour ne pas être apparentes, ne la déterminent pas moins grammaticalement. On peut, certes, parvenir à trouver une série de contextes qui maintiennent relativement inchangée la structure sur laquelle porte l'exercice, mais ces contextes sont alors extrêmement voisins les uns des autres, et l'exercice structurel devient un quasi exercice de répétition, comme dans l'exemple suivant :

Tu attends Marc. Marc arrive. Tu dis :
«Ah ! Le voilà !»
Maintenant écris.

1. *Vous attendez madame Martin. Elle arrive. Vous dites ?*

● _____

2. *Tu attends Henri. Il arrive. Tu dis ?*

● _____

3. *Vous attendez monsieur et madame Grivet. Ils arrivent.*
Vous dites ?

● _____

(Méthode Orange 1, A. Reboullet, J. L. Malandain, J. Verdol, 1980, p. 37)

Outre le fait qu'on demande d'écrire des productions qui relèvent de l'oral, on peut constater que la variation ne porte que sur les pronoms *le, la, les* (choix du genre et du nombre).

Il existe, cependant, un bon usage pédagogique des exercices structurels, contextualisés ou non, comme il en existe un pour les exercices à trous. Il suffit, nous semble-t-il, de respecter trois précautions.

La première est d'expliciter aussi simplement que possible, dans la langue de départ ou la langue-cible, la structure sur laquelle porte l'exercice. Ce qui peut paraître paradoxal pour des exercices réputés implicites, ne l'est pas si on admet, comme nous l'avons fait, que tout exercice structurel est construit sur la base d'une description grammaticale particulière. Il faut que l'étudiant ait une idée relativement précise du point de vue métalinguistique qui ordonne les énoncés qu'il doit produire : « Pour que l'exercice structural soit efficace, l'étudiant doit avoir conscience de ce qui est considéré comme pertinent dans les opérations qu'il est en train de faire. » (W. M. Rivers, 1968, p. 82) En principe le modèle, qui remplace la consigne des exercices explicites, indique ou rappelle la structure sur laquelle on va travailler. Mais encore faut-il que les apprenants la reconnaissent dans ce modèle. Ch. O'Neil signale que « deux modèles se sont révélés insuffisants pour que des enfants de huit ans comprennent bien ce que l'on attendait d'eux » (1982, p. 226), et elle a dû introduire jusqu'à trois ou quatre modèles pour que ces enfants saisissent bien la régularité, pourtant très simple et très formelle, sur laquelle ils devaient travailler.

La seconde précaution est de contextualiser les exemples présentés, en dépit des difficultés que nous avons signalées. Cette contextualisation écarte certaines interprétations, possibles ou erronées, de l'esprit de l'étudiant, et partant, restreint la polyvalence ou l'ambiguïté structurelle des exemples. Si, dans l'exercice structural analysé au chap. 4, § 3, on dit à un étudiant : *Tu joues de la guitare, qu'est-ce que tu feras ?* ; on l'induit à interpréter *Je ferai danser les filles* comme « Je ferai en sorte qu'elles dansent », et non comme « Je danserai avec elles ». Mais cette contextualisation ne doit pas affecter la structure de modalités ou d'aspects trop diversifiés, et doit être formulée en tenant compte des acquis des apprenants, tout comme l'exercice lui-même : les exercices structurels ne fonctionnent bien que si leur lexique, leur syntaxe et leur pragmatique de présentation sont bien connus.

La troisième précaution est de faire suivre l'exercice structurel d'une « exploitation », c'est-à-dire de demander aux étudiants de produire de nouveaux énoncés à partir de la structure sur laquelle ils ont travaillé. Ces essais de « généralisation », visée ultime de l'exercice, débouchent souvent sur des énoncés agrammaticaux, inacceptables ou douteux. Par exemple, après les deux exercices analysés au chap. 4, § 3, certains étudiants peuvent produire : ? *Je ferai croire les filles* (pour « je leur dirai des mensonges »), ou **Je ferai quitter les garçons* (pour « je les ferai sortir ») sur le modèle de

Je ferai danser les filles; et d'autres produire : **John va t'appeler une jupe écossaise* (pour « il va te dire le nom des jupes écossaises ») ou ? *Il va t'arriver un manteau de laine* (pour « on va t'envoyer un manteau de laine ») sur le modèle *Il va t'offrir une jupe écossaise.*

Les exercices structurels sont souvent à l'origine d'erreurs analogiques de ce type (voir chap. 9), simplement parce que les étudiants n'ont pas encore l'intuition des diverses contraintes qui restreignent l'application de la structure qu'ils ont apprise. Ces généralisations analogiques dans la langue-cible se heurtent aussi souvent au fait qu'il existe dans toute langue ce qu'on appelle des idiotismes et qu'I. Fonagy (1982) appelle des « énoncés liés », parce que ce sont des énoncés qui, liés à certains contextes, prennent conventionnellement une signification très différente de leur sens littéral : ainsi, *Tu parles d'un plaisir*! ne signifie pas que mon interlocuteur me parle, ou parle d'un plaisir, mais que moi, j'affirme que tel événement « n'est pas un plaisir ». I. Fonagy voit dans ces énoncés un « vocabulaire phrastique à caractère pragmatique » (*id.*, p. 104) qui, en dépit de son caractère extrêmement fréquent et linguistique, ne trouve sa « vraie place dans aucune des grammaires nombreuses, et de plus en plus adéquates, dont nous disposons actuellement » (*id.*, p. 109). Ainsi l'étudiant, qui a appris à produire *Ouvre-le* par pronominalisation de *Ouvre le livre* dans un exercice structural, risque d'être surpris par la réaction de son interlocuteur francophone qui lui a demandé : *Ferme la fenêtre* et à qui il a répondu automatiquement, selon la structure enseignée, *Ferme-la*, cet énoncé pouvant être interprété, soit comme « Ferme-la toi-même », soit comme énoncé lié : « Tais-toi donc ! » On trouve d'ailleurs ce type d'erreurs dans des exercices élaborés par des non-francophones : *Je reviens de Paris* donne *J'en reviens*, donc *Je ne reviens pas de Paris*, donne *Je n'en reviens pas* qui peut signifier, ou bien qu'on n'en revient effectivement pas, ou bien qu'on est « très surpris ». La correction de ces généralisations abusives n'est pas toujours facile. Les explications grammaticales, sauf exception, en rendent mal compte. Mieux vaut demander à l'étudiant dans quel contexte il imagine son énoncé, et corriger celui-ci intuitivement en fonction de ce contexte.

Il est aussi possible de ne pas donner d'explications en début d'exercice, de faire exécuter celui-ci, et de demander alors aux étudiants de formuler, avec l'aide du professeur, la règle sur laquelle ils ont travaillé. C'est ce que préconisait d'ailleurs un des premiers manuels de français audio-oraux sous le nom de **généralisation** (voir *A.-L.-M. French*, 1962). L'exercice structurel devient une phase préparatoire inductrice de la règle qu'on veut enseigner. Cette démarche, plus ou moins justifiée par les théories cognitivistes de l'apprentissage, réapparaît dans de nombreux manuels récents sous les appellations de **réflexion grammaticale** ou d'**exercice de conceptualisation**, bien que, contrairement à la procédure présentée au chap. 5, § 4, le corpus de départ soit choisi et proposé par le maître et que celui-ci veuille amener les étudiants à sa propre règle. En fait, il ne s'agit pas de « conceptualisation » au sens où nous l'avons entendu, mais simplement d'un enseignement inductif (des exemples à la règle) explicité d'une certaine description grammaticale. Enseignement que les « méthodes actives » recommandaient, pour la langue maternelle, depuis le début du siècle.

En langue étrangère, la principale difficulté pédagogique de cette démarche nous paraît venir de ce qu'elle présuppose connu des étudiants ce qu'elle veut enseigner. Contrairement aux apparences, ce n'est pas une démarche de découverte, mais de **redécouverte** et d'explicitation de ce que les élèves connaissent déjà, comme le montre l'exemple suivant :

> Corpus 1
> *Il faut qu'ils viennent*
> *Quand viennent-ils ?*
> *Il ne veut pas que je vienne*
> *Elle ne veut pas qu'il sorte*
> *Ils sortent souvent avec nous*
> *Ils boivent trop*
> *Il faudrait qu'ils boivent moins*
> *Je ne bois plus*

A partir de ces exemples, proposez une règle pour le problème suivant :
Comment lorsqu'on ne connaît que le présent d'un verbe, trouver son subjonctif (1ʳᵉ, 2ᵉ et 3ᵉ personne du singulier, 3ᵉ du pluriel) ?

(*Passage à l'écrit 2*, C. Lavenne, E. Bérard-Lavenne, 1979, p. 62)

La consigne suppose que les étudiants savent ce qu'est le « présent » et le « subjonctif » d'un verbe, autrement dit qu'ils aient appris les paradigmes des conjugaisons traditionnelles. De plus, la bonne exécution de l'exercice implique qu'ils puissent distinguer, dans le corpus donné, les formes qui relèvent du présent de celles qui relèvent du subjonctif. Ce repérage peut se faire en s'appuyant sur la connaissance des paradigmes (*je bois* n'apparaît qu'au présent : *je vienne, je sorte* n'apparaissent qu'au subjonctif), en faisant appel à certaines règles (*il faut que...* est suivi du subjonctif), ou à l'intuition quand il y a doute sur l'identité métalinguistique de certaines formes (pour savoir si *ils boivent* dans *Il faudrait qu'ils boivent moins* est un présent du subjonctif, on lui substitue un verbe comme *aller*, qui distingue morphologiquement ces deux temps : si je dis *Il faudrait qu'ils aillent...*, c'est que *boivent* est, dans ce contexte, un subjonctif).

On voit que le traitement du corpus demandé aux étudiants exige d'eux des connaissances métalinguistiques et linguistiques relativement fines, pour qu'ils parviennent à proposer la règle attendue (« le subjonctif se forme sur le même radical que la 3ᵉ personne du pluriel du présent »), règle qui ne s'applique pas aux verbes les plus courants *(avoir, être, aller,* etc...) et qui suppose que les étudiants sachent aussi distinguer le radical phonétique d'un verbe de sa forme écrite.

Que le lecteur veuille bien se livrer au test suivant :

Réflexion grammaticale : Pour/Parce que
A partir des exemples suivants, trouvez une règle de fonctionnement de l'emploi de « pour » et de « parce que ».

Exemple 1.

Pour avoir recueilli quelques menus objets lors des inondations qui se sont produites dans la région d'Albi, deux personnes ont été condamnées à un an et huit mois de prison par le Tribunal de Grande Instance.

Exemple 2.

Parce qu'ils avaient recueilli quelques menus objets lors des inondations qui se sont produites dans la région d'Albi, le Tribunal de Grande Instance a condamné deux personnes à un an et huit mois de prison.

Exemple 3.

Pour avoir pris le volant en état d'ivresse et provoqué un grave accident qui a fait deux morts, un chauffeur de poids lourd vient d'être condamné à six mois de prison.

Exemple 4.

Parce qu'il avait pris le volant en état d'ivresse et provoqué un grave d'accident qui a fait deux morts, un chauffeur de poids lourd vient d'être condamné à six mois de prison.

Exemple 5.

Parce qu'il avait pris le volant en état d'ivresse et provoqué un grave accident qui a fait deux morts, le Tribunal vient de condamner un chauffeur de poids lourd à six mois de prison.

(*Passage à l'écrit* 2. C. Lavenne, E. Bérard-Lavenne, 1979, p. 22)

La plupart des étudiants et des professeurs à qui nous avons donné cet exercice « trouvent » d'abord la règle : « *Pour* est suivi d'un infinitif passé, *parce que* d'un verbe à la forme personnelle », ce qui est une règle purement descriptive et qui n'est pas celle attendue. Après réflexion, certains remarquent que le sujet de la proposition qui suit *parce que* peut être le même que celui de la proposition principale (exemple 4) ou être différent (exemples 2 et 5) ; alors que le sujet de la proposition qui suit *pour* est toujours le même que celui de la proposition principale (exemples 1, 3). Ce qui est la règle attendue, dans cette formulation ou une autre. Si on demande à ceux qui ont « trouvé » la règle : « L'avez-vous découverte maintenant, ou l'avez-vous redécouverte ? », la plupart d'entre eux avouent se l'être rappelée, ou plus exactement s'être rappelé une règle voisine apprise à propos du participe et du gérondif, selon laquelle il faut veiller à ce qu'ils se rapportent au sujet du verbe principal (cette phrase de J. Cocteau : *En approchant d'Alexandrie, l'air s'allège*, ne respecte pas cette règle). Il s'agit d'une règle normative que les grammairiens du XVIIᵉ et XVIIIᵉ siècles ont cherché à imposer afin d'éviter certaines ambiguïtés ou obscurités, mais qui n'a jamais correspondu et ne correspond toujours pas aux pratiques ordinaires des francophones, qui construisent beaucoup plus librement ces formes, comme l'attestent les nombreux exemples empruntés aux bons auteurs que cite M. Grevisse (1964, pp. 739-740). La transposition de cette règle à *pour* + infinitif passé n'apparaît pas dans les grammaires traditionnelles, et est encore probablement moins respectée dans ce cas que lorsqu'elle est appliquée au gérondif. De plus, dans les exemples de l'exercice, parce qu'il ne peut y avoir confusion entre le Tribunal et l'inculpé, il ne subsiste aucune ambiguïté ou obscurité dans une phrase qui ne respecte pas cette règle : *Pour avoir pris le volant en état d'ivresse* (...), *le Tribunal vient de condamner un chauffeur de poids lourd.*

On voit que cet exercice, comme le précédent, revient à contrôler un savoir métalinguistique antérieurement acquis, et qui n'est pas toujours d'une utilité certaine dans la pratique réelle de la langue. Ce qui indique que la thèse institutionnelle, selon laquelle les exercices sont établis moins parce qu'ils favorisent l'apprentissage que parce qu'ils régissent les apprenants, n'est pas sans fondement.

5. Les exercices de reformulation

Les activités de reformulation intralinguale, par les enseignants et par les enseignés, sont probablement aussi anciennes que l'enseignement des langues. Mais elles ont surtout été utilisées pour faciliter l'accès au sens étranger (voir L.G. Kelly, 1976, pp. 27-33), et non pour favoriser systématiquement l'intériorisation de la grammaire étrangère en tant que telle. Ce n'est que depuis une dizaine d'années qu'elles ont été exploitées sous forme d'exercices méthodiques, généralement dans le cadre de modèles métalinguistiques relevant des théories de l'énonciation ou de la pragmatique.

Ces activités mettent en jeu des notions linguistiques telles les **fonctions** (au sens non grammatical du terme) ou les **actes de langage** (voir J.L. Austin et J.R. Searle, 1970 et 1972), la **paraphrase** (voir C. Fuchs, 1982), le **discours rapporté** (voir J. Authier, 1978), et, plus largement, toutes celles qui construisent le champ des études énonciatives et pragmatiques actuelles (**intention, implicite, sous-entendu, présupposition, co-référence, lois** ou **maximes discursives, argumentation,** etc...). Nous avons déjà évoqué les descriptions qui relèvent de cette problématique (en particulier, chap. 1, § 4), et nous ne chercherons pas à en rendre compte théoriquement dans cet ouvrage, bien qu'on ne puisse interroger sérieusement les exercices de reformulation sans y avoir recours.

Les exercices de reformulation les plus répandus sont probablement les exercices de compréhension, orale ou écrite : l'étudiant doit choisir entre plusieurs reformulations d'un certain contenu celle qui est la plus adéquate à ce contenu. Par hypothèse, le « bon » choix atteste d'une bonne compréhension. C'est la technique des Q.C.M. (Questions à Choix Multiple), et c'est celle de nombreux exercices « fonctionnels » fondés sur la théorie des actes de langage, comme dans les deux exemples qui suivent.

Le premier part des formulations qui composent un document, et demande aux étudiants d'en trouver la fonction ; le second part d'une fonction et demande aux étudiants d'en trouver la formulation appropriée.

A quoi servent les textes

1. Voici quelques extraits de documents divers. Lisez chacun de ces passages et trouvez quelle est sa fonction.

1

> **AGENCE IMMOBILIÈRE**
> 28, rue Claude-Bernard, 75005 PARIS
> Tél. : 337-74-87
> **SCEAUX**
> Près gare, commerce, écoles,
> 2 pièces cuisine, 60 m², balcon,
> parking.
> PRIX : 225 000 F.

2

> MODE D'EMPLOI
> 1° Etalez la pâte sur la tache en débordant largement.
> 2° Refermez soigneusement le tube.
> CONSERVEZ LE TUBE DANS UN ENDROIT SEC, A L'ABRI DE LA CHALEUR
> 3° Faites pénétrer la pâte dans le tissu ; laissez sécher. La pâte doit prendre une teinte jaune.
> 4° Brossez. Votre tache a disparu.

8

> *Pour vous aider à ne plus fumer :*
> *- faites des exercices physiques ;*
> *- adoptez un régime alimentaire riche en fruits et en céréales complètes ;*
> *- supprimez café, thé, alcool ;*
> *- si vous avez envie de fumer, décontractez-vous : respirez à fond, buvez un peu d'eau, et si possible, allongez-vous quelques instants.*

3

ATTENTION CHIEN MÉCHANT

Fonctions

a. Convaincre
b. Avertir
c. Inviter
d. Conseiller
e. Donner une information
f. (S') Excuser
g. Proposer quelque chose
h. Donner des instructions

Document	1	2	3	4	5	6	7	8
Fonction								

(*Ecritures 2*, G. Capelle, F. Grellet, 1981, p. 6)

Nous ne donnons ici que quatre des huit documents de départ. Le « bon » choix est g, « proposer quelque chose », pour la petite annonce 1 ; h, « donner des instructions », pour le mode d'emploi 2 ; b, « avertir », pour l'écriteau 3 ; d, « conseiller », pour la thérapie anti-tabac (ce manuel étant auto-correctif, les réponses attendues sont indiquées en fin d'ouvrage ; pour celles ci-dessus : p. 89). On peut observer que si la petite annonce *propose* un appartement à vendre, on pourrait aussi dire qu'elle *donne des informations* sur celui-ci (et sur l'agence), ou qu'elle *avertit* d'éventuels acheteurs de sa mise en vente, ou toute autre reformulation non prévue dans l'exercice : par ex., elle *annonce* la mise en vente d'un appartement. Des remarques similaires pourraient être faites pour les autres documents : le mode d'emploi, certes, *donne des instructions*, mais il *explique* aussi la manière de se servir de la pâte, il *avertit* de la mettre dans un endroit sec, il *conseille* de refermer le tube, de faire pénétrer la pâte, etc...

Sur quels critères est fondé le « bon » choix du concepteur de l'exercice ? Sans doute sur le fait qu'il considère le document dans sa totalité et qu'il l'abstrait de tout contexte particulier : ce n'est qu'un exemple de petite annonce immobilière ou de mode d'emploi. Autrement dit, il postule qu'il en existe un « usage » plus général et plus stable que les autres, usage qui constitue, en quelque sorte, sa fonction propre ou première, comme on parle du sens propre ou primitif des mots du dictionnaire, ou du sens littéral des phrases sur lequel travaillent grammairiens et linguistes. On retrouve ici la clôture inhérente à toute description grammaticale, même lorsqu'elle s'élargit à certaines données pragmatiques. Le document doit être interprété par l'étudiant hors circonstances particulières d'emploi, hors de l'intérêt personnel qu'il peut avoir pour lui. Il faut qu'il en donne une reformulation « générale », c'est-à-dire congruente avec ce contexte zéro ou nul, dont J.R. Searle conteste l'existence.

Notre second exemple d'exercice de reformulation suscite la même difficulté :

Quelle(s) expression(s) pouvez-vous employer pour :

A. excuser quelqu'un
a. *Pouvez-vous excuser Alain...*
b. *Je vous prie de bien vouloir excuser Alain...*
c. *Excusez Alain...*

B. donner des informations
a. *L'autobus 91 part de la gare Montparnasse et va jusqu'à la gare de Lyon.*
b. *Prenez l'autobus 91 et allez jusqu'à la gare de Lyon.*
c. *L'autobus 91 passe toutes les dix minutes.*

C. inviter quelqu'un
a. *Pouvez-vous venir ce soir à 8 heures ?*
b. *Monsieur X. vous prie de lui faire l'honneur de...*
c. *Venez dîner ce soir à 8 heures.*

(*Écritures* 2, G. Capelle, F. Grellet, 1980, p. 7)

Le « bon » choix, tel qu'indiqué dans la partie auto-corrective (p. 89), est *a* et *b*, pour **A**, *a* et *c* pour **B**, *a* et *b* pour **C**. Il est pourtant clair que, dans de nombreuses situations orales et même écrites, il est possible d'employer *Excusez Alain...* pour demander qu'on l'excuse ; que je *donne des informations* quand quelqu'un me demande comment aller gare de Lyon et que je lui réponds : *Prenez l'autobus 91...* ; et que, enfin, je viendrai dîner à 8 h, si on me dit *Venez dîner ce soir à 8 heures,* considérant que, de la part d'un(e) ami(e), c'est là une invitation en bonne et due forme. Pourquoi avoir écarté ces expressions ? Probablement parce qu'on les estimait trop peu polies, trop informelles ; peut-être aussi parce qu'elles sont à l'impératif, et que, selon la description traditionnelle, l'impératif sert à « ordonner » ou à « commander » mais pas à « excuser » ou à « inviter ». L'absence de contextes précis, la communication « idéale » dans laquelle s'inscrit l'exercice permettent plus aisément de normaliser la langue !

Il existe pour ces deux exercices, comme pour tout exercice, un bon usage pédagogique, qui est d'accepter toutes les reformulations (en actes ou en expressions qui en rendent compte) que les étudiants peuvent justifier par un contexte plausible. Mais ceci suppose une correction non fermée.

Plus encore que pour les exercices à trous et structurels, le problème central de l'utilisation de la reformulation dans ces exercices est celui de leur contextualisation. On peut reformuler le sens d'un mot ou d'une expression relativement hors contexte, comme dans les définitions d'un dictionnaire unilingue. On ne peut reformuler celui d'une phrase, même quand il s'agit de ce qu'on appelle son sens littéral, sans tenir compte du contexte dans lequel elle s'inscrit, ou des contextes dans lesquels il est acceptable de l'inscrire. *J'ai froid* ne peut être considéré comme une reformulation du sens de *Ferme la fenêtre* que dans des circonstances interlocutoires précises, circonstances qui font que ces deux énoncés seront interprétés comme exprimant, avec des modalités diverses, la même intention, ou comme réalisant le même acte de parole, à savoir « une demande de fermer la fenêtre ». Dans les termes de la théorie des actes, on pourrait dire que ces deux énoncés ont sensiblement la même force illocutoire (le type d'acte que leur énonciation établit) et le même contenu locutoire (la proposition explicite ou implicite sur laquelle porte cet acte), même si l'effet perlocutoire (la réponse attendue ou provoquée) n'est pas obligatoirement le même : il est plus facile de ne pas répondre à la première qu'à la seconde. C'est que dans *Ferme la fenêtre*, la demande et son contenu sont explicités par le lexique et la grammaire, on ne peut donc nier qu'ils aient été posés, alors que dans *J'ai froid,* ils sont implicités ou sous-entendus, seules les circonstances interlocutoires permettent de les induire, et on peut donc faire comme si on n'avait pas « entendu ». Dans un cas, on parle quelquefois d'acte direct, et dans l'autre, d'acte indirect. Qu'on change les circonstances, et *J'ai froid* ne sera plus une reformulation de *Ferme la fenêtre*, mais pourra devenir reformulation, dans d'autres circonstances, d'énoncés aussi différents les uns des autres que *Approche-toi de moi, Donne-moi mon manteau, Je veux rentrer, Quel plaisir !,* etc... Ce qui maintient l'équivalence de signification entre l'énoncé reformulé et l'énoncé reformulant, c'est bien moins la similitude ou la synonymie des signes qui les constituent que les circonstances interlocutoires (concrètes et pensées) dans lesquelles ils sont échangés, le contexte qui détermine leur portée communicative.

Un type d'exercice (dit parfois de « paraphrases discursives », voir M. Argaud et B. Marin, 1975 et H. Besse, 1979) nous paraît bien illustrer didactiquement cette propriété. Cet exercice est pratiqué, depuis une dizaine d'années, avec certains ensembles audio-visuels. Au lieu d'expliquer les répliques des dialogues par rapport aux images qui les visualisent et de les exploiter ensuite dans d'autres situations, le professeur se borne à projeter une image (prise dans sa séquence) et à inviter les étudiants à reformuler, à l'aide de leurs acquis lexicaux et grammaticaux, l'intention de communiquer ou l'acte qui leur paraît congruent avec les comportements du personnage qui parle, et plus largement avec les circonstances interlocutoires visualisées. L'énoncé prévu dans la leçon n'est donné que quand les étudiants ont épuisé leurs possibilités de reformulation. Les éléments nouveaux de cet énoncé sont ensuite intégrés à de nouvelles reformulations ou à des commentaires sur les personnages et leur interaction. En voici un exemple sur une image de *De vive voix* (M.T. Moget et P. Neveu, 1972).

- Alors, Mademoiselle, ce dossier bleu, vous me le donnez ?

142

1. *Dépêchez-vous, s'il vous plaît.*
2. *Allez vite, donnez-le.*
3. *Alors, vous n'avez pas trouvé le dossier?*
4. *Vous cherchez quelque chose?*
5. *Qu'est-ce que vous cherchez?*
6. *Le troisième dossier.*
7. *Apportez-moi le troisième dossier.*
8. *Donnez-moi le troisième dossier.*
9. *Vous mettez trop de temps pour trouver le dossier.*
10. *Mademoiselle c'est vous qui mettez (avez mis) le dossier à sa place et ne savez pas où il est.*
11. *Dans chaque bureau, chaque directeur a besoin de deux secrétaires.*

12. Alors Mademoiselle, ce dossier bleu, vous me le donnez?

13. *Le dossier bleu, apportez-le moi.*
14. *Donnez-le moi.*
15. ** Apportez-moi le.*
16. *Montrez-le moi.*
18. *Prenez-le moi!*
19. *Prenez-le pour moi.*
20. *Alors!*
21. *Le Directeur a attendu longtemps.*
22. *Il est un peu en colère.*
23. *Il est un peu nerveux.*
24. *C'est la jeune fille-là qui est un peu nerveuse.*
25. *Je pense que le directeur va se mettre en colère.*
26. *Le Directeur s'impatiente.*
27. *C'est peut-être son premier jour au bureau.*
28. *Elle ne sait pas où sont les choses.*
29. *Elle ne sait pas comment travailler.*
30. *Dépêchez-vous, je voudrais le dossier, le bleu. Je vous attends.*
31. *Je voudrais voir le dossier bleu.*
32. *Tout de suite, Monsieur, je vais le chercher.*
33. *Il est dans le deuxième tiroir, Mademoiselle.*
34. *Cette demoiselle ne peut pas trouver le dossier que je voudrais, vous pouvez lui aider à, pour chercher le dossier.*
35. *Vous pouvez l'aider pour trouver le dossier.*
36. *Vous voulez celui-ci ou celui-là?*
37. *Je vous ai dit le bleu, Mademoiselle!*
38. *Qu'est-ce que vous cherchez, Mademoiselle? Je veux le dossier bleu!*
39. *Mettez vos lunettes!*
40. *Je suis pressé!*
41. *Ah mon Dieu! Si j'aurais (j'avais) une bonne secrétaire, j'aurais déjà le dossier bleu.*
42. *Je crois qu'il veut changer une (de) secrétaire.*
43. *A mon avis, vous ne le trouvez pas!*
44. *Alors, Mademoiselle, ce dossier bleu, vous ne le trouvez pas.*

Cette image est la seconde ; la première est « muette » et représente un bureau avec trois personnages que les étudiants peuvent identifier comme un directeur et ses deux secrétaires, l'une d'entre elles étant en train de chercher quelque chose dans une armoire. On se trouve à la leçon 15, c'est-à-dire après environ deux cents heures de cours, et les productions des étudiants retranscrites (et corrigées de certaines erreurs) sont celles d'un groupe relevant de huit nationalités différentes et résidant en France. L'énoncé 12, en romain, est celui prévu par le manuel. Cette phase de production de reformulations, à partir de ce qu'ils ont deviné de l'intention du personnage qui parle, a duré environ une demi-heure.

Il est manifeste, pour un francophone qui adopte un point de vue communicatif, que les énoncés 1 à 11, produits par les étudiants à partir de leur interlangue, expriment bien la même intention de communiquer prêtée au directeur, ou le même acte de parole deviné par son geste, son visage, sa relation hiérarchique à la secrétaire et par ce qui a été vu dans la première image. Tous constituent des reformulations différentes d'une « réitération d'ordre » qui n'a pas été exécuté ou pas assez rapidement. Certains le réitèrent explicitement et directement (6, 7 et 8), d'autres implicitement et indirectement, par des sous-entendus ironiques (4, 5, 11), par des reproches qui impliquent que la secrétaire n'a pas fait ce qu'elle devait faire (9, 10), ou par des exhortations à se dépêcher qui présupposent que le directeur a déjà demandé de faire quelque chose (1, 2, 3).

Toutes ces reformulations sont des paraphrases (non du sens littéral mais du sens communiqué dans la situation visualisée) de l'énoncé 12 prévu dans le manuel, énoncé dans lequel sont introduits, pour la première fois, les double pronoms : *vous* **me le** *donnez*.

Les énoncés 13 à 19 attestent que les étudiants ont immédiatement perçu ce nouvel objectif d'apprentissage. Ce sont des tentatives pour réemployer ces deux pronoms, mais en contournant la difficulté qu'il y a à le faire dans des phrases assertives : avec l'impératif, déjà bien connu des étudiants, le pronom tonique se distingue phonétiquement nettement du pronom atone, et l'ordre de succession est toujours le même. Ces énoncés paraissent constituer un exercice structurel de substitution plus ou moins ludique *(Lancez-le moi)*, mais leur production ne relève pas d'un conditionnement répétitif : ce sont des « essais et erreurs » comme le montre l'énoncé 15 dans lequel un étudiant essaie une combinaison *(moi le)* qui n'est pas admise en français, bien qu'elle soit parfois pratiquée.

L'énoncé 20 *(Alors !)*, qui est bien une réitération indirecte de l'ordre de rapporter le dossier, a été produit par un étudiant chinois qui s'était, jusque là, montré silencieux. Ce qui indique que cet exercice permet une certaine individualisation dans les tactiques de reformulation, bien que tout le groupe-classe travaille sur les mêmes données communicatives : l'étudiant chinois fait des phrases courtes pour ne pas se tromper et parce que sa langue de départ est très éloignée du français, l'étudiant hispanophone fait des phrases longues dans une finalité et pour des causes différentes.

Les énoncés 21 à 29 sortent de l'exercice de reformulation proprement dit : ils ne reformulent pas l'intention prêtée au directeur, mais commentent son attitude et celle des deux autres personnages. Dans la classe, ces commentaires ont une fonction interactionnelle entre étudiants bien précise : il visent à « féliciter » l'étudiant chinois, à l'« encourager », en justifiant la violence de son énoncé (prononcé d'une voix très impérieuse et forte) par le caractère « tendu » de la situation visualisée. A partir de l'énoncé 30, on revient à des reformulations de l'acte de départ, directes ou indirectes ; à un commentaire (42) ; à des énoncés qui réalisent d'autres actes (34 et 35 adressés à l'autre secrétaire pour lui demander d'aider la première, ou qui anticipent sur sa réaction : 36).

Le matériel audio-visuel utilisé pour cet exercice doit présenter certaines caractéristiques. Les images doivent s'inscrire dans des séquences et, si possible, dans une histoire continue afin de restreindre l'ambiguïté de chaque image. Ces images ne doivent pas contenir de « bulles », parce que les étudiants cherchent alors à en décrire le contenu et non à reformuler l'intention du personnage. Le dialogue doit être un dialogue « de situation », c'est-à-dire un dialogue dont les échanges dépendent étroitement du lieu, du moment, des actions et interactions des protagonistes : un dialogue qui n'est pas « de situation » (deux personnes qui, dans un train, parlent de leurs vacances ou de leur enfance) ne permet pas de deviner le contenu des propos échangés par l'observation du comportement de ceux qui les tiennent (sur ces points, voir H. Besse, 1974 b). S'agit-il d'un exercice grammatical ? Nous le pensons, non seulement parce qu'il permet à chaque étudiant de « tester » les combinaisons et les tactiques discursives qui sont grammaticales et acceptables dans une situation d'interlocution donnée, mais aussi parce qu'il met empiriquement en jeu un modèle métalinguistique allant du « sens au texte », qui n'est pas éloigné, par exemple, de celui que proposent les linguistes A.K. Zolkovskij et I.A. Mel'Cuk (1971), même s'il est vrai qu'il part d'un point de vue différent de celui de la plupart des modèles que nous connaissons.

Il existe des variantes pédagogiques de cet exercice. F. Delaunay, par exemple, partant de l'idée que « c'est quand on s'affronte à la difficulté d'expression dans une langue étrangère qu'on peut le mieux se rendre compte des valeurs d'emploi d'une forme et donc se l'approprier en ' profondeur ' », et qu'il « faut se débarrasser de certaines illusions qu'on se fait sur l'ignorance des élèves, vrais débutants compris » (1983, p. 10), propose d'inciter les élèves à « inventer », par essais, erreurs et réminiscences, le passé composé que nécessite une situation simulée dans laquelle « le récit n'est pas gratuit mais nettement motivé » *(ibid.)* : il s'agit de justifier un retard à un rendez-vous. De nombreux exercices de reformulation sont liés aux pratiques du discours rapporté (H. Gauvenet et al., 1976), dont nous ne pouvons rendre compte dans ce chapitre.

Conclusion

Certains des exercices que nous avons analysés ne sont pas exemplaires, en ce sens qu'ils ne sont pas des modèles à imiter. Mais leurs imperfections nous paraissent particulièrement révélatrices des préconceptions qui les organisent, que celles-ci relèvent du « principe » constitutif de l'exercice ou de la description grammaticale de référence. De plus, comme nous l'avons souligné, il existe toujours un bon usage pédagogique des exercices imparfaits, pour peu que le professeur soit conscient de leurs préconceptions et de leurs limites.

Il en existe un usage particulièrement intéressant qu'on pourrait appeler interactif. Il consiste à faire en sorte que la bonne réponse ou la solution ne puisse être trouvée qu'à travers une série d'échanges verbaux entre les apprenants, qu'elle passe nécessairement par un certain nombre d'interactions entre ceux qui la recherchent. L'exercice ne peut alors s'exécuter seul, mais à deux ou par petits groupes. Ainsi, pour un exercice à trous (ou de combinaison) classique, au lieu de donner au même étudiant et le texte lacunaire et les éléments manquants, on donne le premier à l'un et les seconds à l'autre, et on leur demande de découvrir mutuellement les éléments que chacun possède par un jeu de questions-réponses, avant de se mettre d'accord sur leur appropriation ; ou bien, un élève commence à lire le texte lacunaire, son partenaire propose un élément de sa liste, et l'un et l'autre discutent de la solution qui leur paraît la plus acceptable. La confrontation des solutions apportées par chaque couple ou chaque petit groupe peut ensuite susciter un nouveau débat entre tous les membres du groupe-classe. La même démarche est applicable avec les exercices structurels où les exercices de reformulation. On en trouvera de nombreux exemples dans la seconde partie de l'ouvrage de C.J. Kramsch (1984) sur les interactions dans la classe de langue. L'exercice est alors considéré comme une tâche qu'il faut mener à bien à deux ou à plusieurs, et l'apprentissage se développe autant, sinon plus, à travers les interactions qu'induit cette tâche qu'au moyen de l'exercice lui-même, qui n'est que prétexte à celle-ci.

En raison des caractéristiques de tout exercice (voir § 1), un exercice, même dit « communicatif » ou « interactionnel », n'engendre jamais qu'une pseudo-communication. Son caractère répétitif et contraint, y compris dans les exercices à réponse « ouverte », conduit à une stéréotypisation ou idéalisation des situations interlocutoires présentées et à une réduction ou simplification des formulations langagières proposées. Sa finalité évaluatrice exige un certain « alignement des productions sur le même étalon » (E. Bautier-Castaing, 1983, p. 88) afin de pouvoir les confronter au modèle et de les évaluer par rapport à celui-ci. Il en résulte que l'élève y est clairement réduit à son statut d'apprenant « qui le démunit de sa 'compétence sociale' et de son autonomie langagière, même lorsqu'il est fait, paradoxalement, référence à son 'vécu' » *(ibid.).* L'exercice prive ainsi l'étudiant d'une bonne partie de son autonomie énonciative et de ses stratégies individuelles de négociation du sens avec ses interlocuteurs : il ne peut, en particulier, « éviter » le point grammatical sur lequel porte l'exercice. C'est pourquoi la bonne exécution d'un exercice ne saurait être confondue avec la réelle acquisition de ce à quoi renvoie l'exercice. Elle n'est qu'un entraînement destiné à favoriser cette acquisition, mais celle-ci se développe et se fixe selon d'autres règles (encore peu connues, voir la troisième partie) que celles qui constituent l'exercice.

D'où le fait, souvent observé par les enseignants, que l'erreur corrigée pendant l'exercice réapparaisse hors exercice. Fait qui s'explique par les « balisages » que l'exercice impose à la communication, et par le type de savoir qu'on acquiert à travers sa pratique guidée. Ce savoir, relevant toujours, de manière plus ou moins masquée, d'une description grammaticale de la langue-cible, ne coïncide jamais exactement avec la « compétence » intériorisée mise en jeu par ses usages authentiques. On retrouve donc là les problèmes de « transfert » ou de « généralisation » abordés à propos de la grammaire explicitée.

Enfin, dans le choix des exercices qu'on propose aux étudiants, il nous semble qu'on devrait, plus qu'on ne le fait généralement, tenir compte des comportements d'apprentissage antérieurement acquis par les apprenants dans leur culture d'origine. Des apprenants accoutumés dès l'enfance à un apprentissage par répétition intensive sont souvent peu motivés, au moins au départ, par des exercices de reformulation, lesquels développent un apprentissage par « essais et erreurs » ; des apprenants qui n'ont reçu aucune formation scolaire sur la grammaire sont parfois désemparés par les exercices structurels, surtout si ceux-ci ne tiennent pas compte de l'environnement communicatif dans lequel ils s'inscrivent. Apprendre à bien exécuter un exercice est une tâche d'apprentissage qui exige parfois beaucoup de l'apprenant. Et apprendre pour apprendre, comme on dit parfois, n'est pas nécessairement efficace et peut développer des « résistances », comme celles auxquelles se heurtent les professeurs qui changent trop rapidement de technique d'exercices.

Chapitre 7

La grammaire implicitée

Tout usage, réceptif ou productif, de la langue étrangère par l'apprenant, qu'il soit guidé ou non par un professeur, met en jeu des données grammaticales relatives à celle-ci. Il en résulte que l'appropriation de ces données passe par bien d'autres procédures pédagogiques que les seules **explications grammaticales** (chap. 5) ou les **exercices grammaticaux** (chap. 6). D'autant plus que certaines d'entre elles sont directement destinées à accélérer ou à favoriser cette appropriation par une organisation méthodique de la matière à enseigner/apprendre. Rationalisation qui peut certes porter sur des données non grammaticales, mais qui trouve son champ d'application électif dans celles-ci, simplement parce que concepteurs de manuels et professeurs possèdent à leur sujet un savoir déjà construit, légué par les grammairiens et les linguistes.

Nous appelerons **grammaire implicitée** ce savoir grammatical plus ou moins méthodiquement «enfoui» dans la présentation de la langue étrangère et dans le travail qu'on demande aux étudiants de mener sur elle. Comme pour la **grammaire explicitée,** le participe est ici préféré à l'adjectif habituel (grammaire **implicite),** parce qu'il atteste mieux du fait que cette grammaire **implicitée** est presque toujours le résultat d'une activité didactique consciente. Nous avons vu que même les tenants de pratiques aussi «naturelles» que possible admettent qu'il y a des arrangements de la matière à enseigner plus optimales que d'autres pour l'enseignement/apprentissage (chap. 4, § 4), et que beaucoup d'entre eux soutiennent qu'une approche systématiquement implicitée doit être compensée par une plus grande rigueur dans l'introduction et le traitement des données (chap. 4, fin du § 3).

C'est pourquoi la grammaire implicitée a toujours été au cœur des débats, anciens et actuels, entre les tenants des deux courants principaux de la didactique des langues. Que ces débats portent sur une introduction graduée, grammaticale ou non, des données et sur l'importance à accorder à la notion de **progression ;** qu'ils concernent le caractère plus ou moins «authentique» de ces données, et le fait de savoir s'il vaut mieux s'appuyer sur des documents conçus pour la classe ou sur des documents réellement utilisés par les natifs **(dialogues didactiques** ou **documents authentiques,** par exemple) ; qu'ils traitent de l'intérêt pédagogique des **jeux, simulations** et autres **activités interactives** par lesquels on peut remplacer ou compléter les exercices ; qu'ils touchent enfin à ce problème essentiel de la place et du rôle qu'on doit accorder à l'**écrit** et aux **normes** qu'il véhicule. Nous voudrions montrer que les options et le choix des procédures sur ces quatre points mettent toujours en jeu, directement ou médiatement, une certaine description grammaticale de la langue-cible.

1. Les progressions d'enseignement

Il semble bien qu'il n'est pas de manuel ou de cours, destiné en particulier à des débutants adolescents ou adultes, qui ne suive un ordre dans l'introduction et/ou dans le traitement des données langagières à enseigner, simplement parce que celles-ci ne peuvent être apprises que progressivement, successivement. D.A. Wilkins, qui a pourtant contesté les progressions d'inspiration structurale, n'en admet pas moins qu'il y a «vraiment un programme au centre de toute méthode, même si ce programme n'est explicité nulle part» (1974, p. 117). Et Ch. O'Neil note que dans les ensembles récents qui récusent, par principe, toute progression formelle, «la non-inclusion de la progression grammaticale (...) semble surtout un moyen pour tenter d'en masquer la présence» (1982, p. 333).

La notion de progression mêle souvent des réalités qui, bien que connexes, doivent être clairement distinguées. Toutes progression implique d'abord une **sélection,** que cette sélection porte sur le «niveau de langue» qu'on veut enseigner, sur le type de discours qui correspond le mieux aux besoins des apprenants, sur les documents ou échantillons de la langue-cible qui suscitent leur intérêt, sur les mots et structures qu'on juge les plus utiles (les listes lexico-grammaticales du *Français Fondamental* en sont une illustration), sur les notions et fonctions communicatives qu'on considère comme prioritaires dans les usages que les étudiants auront à faire de la langue qu'ils apprennent (recensements du type *Notional Sylla-buses* de D.A. Wilkins, 1976, ou de *Un niveau-seuil,* D. Coste et *al,* 1976). Cette sélection délimite une «portion» de la langue à enseigner/apprendre, et constitue, par ce fait même, toujours une certaine représentation de celle-ci.

La progression proprement dite résulte de l'ordre selon lequel on échelonne, dans l'enseignement, les éléments sélectionnés et de la manière dont on les regroupe en leçons. **Gradation** et **groupages** (selon la terminologie de W.F. Mackey, 1972) dépendent des réponses qu'on apporte aux deux questions suivantes : quels sont les éléments qui doivent venir en premier et quels sont ceux qui doivent les suivre ? Quels sont les éléments qu'il est préférable d'enseigner ensemble ? Les réponses sont évidemment liées aux critères qu'on adopte (nous allons y revenir). Cette progression est rarement explicitée, même si elle transparaît souvent dans les tables de matière des manuels du maître (voir pour un exemple chap. 8, § 4) et si les étudiants la repèrent rapidement. Elle constitue la langue enseignée, c'est-à-dire une langue relativement différente de la langue réellement apprise par les étudiants, d'une part parce que même

149

les progressions les plus surveillées mêlent toujours aux éléments sélectionnés d'autres qui ne le sont pas, mais que les contextualisations rendent nécessaires (aucune leçon audio-visuelle ne respecte strictement les listes du *Français Fondamental* pour cette raison), d'autre part parce que les étudiants acquièrent toujours à la fois moins et plus qu'il ne leur est enseigné : moins en ce qu'ils ne retiennent que certains des éléments présentés ou travaillés, plus en ce qu'ils les restructurent constamment par des inférences, des combinaisons, des généralisations qui perturbent la progression prévue. Il est donc nécessaire de distinguer **progressions d'enseignement** et **progressions d'apprentissage** ou **d'acquisition.** Il ne sera question, dans ce chapitre, que des progressions d'enseignement (pour les secondes, voir chap. 9).

Trois options didactiques traditionnelles s'opposent quant à ces progressions. La première consiste à l'impliciter dans les textes du manuel ou dans le discours du professeur : ce qui est présenté aux étudiants coïncide approximativement avec ce qui leur est enseigné. En relèvent toutes les approches dont les leçons s'articulent autour d'échantillons de la langue-cible produits en fonction de cette progression : que ce soient les **dialogues** des cours audio-visuels, audio-oraux, et de certains cours notionnels-fonctionnels, ou **le dialogue** par lequel, en méthode directe, le professeur introduit, interactivement avec ses élèves, les éléments de la langue-cible. La seconde consiste à l'impliciter dans le traitement pédagogique qu'on fait des documents de départ : ce qui est présenté aux étudiants est plus vaste et plus riche que ce qui leur est enseigné. En relèvent aussi bien l'approche «grammaire-traduction» à partir de «morceaux choisis», littéraires ou non, que nombre d'approches dites communicatives qui partent d'une sélection de **documents authentiques,** en fonction des besoins ou des intérêts des apprenants. La troisième a pour principe de récuser l'utilité didactique de toute progression proprement linguistique. Elle est aussi ancienne et répandue que les deux autres : ce fut celle des précepteurs et des nurses qui enseignaient leur propre langue aux enfants de l'aristocratie européenne, ce fut celle qu'imposa l'enseignement primaire obligatoire aux élèves des provinces non francophones ou des colonies de la France, c'est celle de certains programmes dits «d'immersion» et de nombreux didacticiens communicativistes et interactionnistes : la langue, dans sa composante lexico-grammaticale, n'a pas être enseignée en tant que telle, mais elle doit être pragmatiquement utilisée pour faire apprendre des savoirs (arithmétique, histoire, géographie...), ou pour établir des relations réelles entre les membres du groupe-classe.

La première part donc de discours élaborés didactiquement, «fabriqués» en fonction de la sélection et de la progression choisies *a priori ;* quatre critères de gradation et de groupages ayant été, et étant encore, essentiellement utilisés.

Le plus ancien est celui qui oppose le simple au complexe, ou le facile au difficile. Ce critère «fourmille d'empirisme et de variables» (M.F. Mackey, 1972, p. 259), et n'a, à notre avis, de valeur opératoire que si on le réfère à une description grammaticale particulière de la langue-cible : en effet, pour l'auteur de manuel ou le professeur, est considéré comme simple ou facile ce qui s'y analyse aisément, et complexe ou difficile ce qui s'y analyse moins aisément. Ainsi, la description traditionnelle du français conduira à introduire les verbes dits réguliers avant ceux dits irréguliers ou dits défectifs, parce que les premiers se conforment mieux que les seconds aux tableaux des conjugaisons ; les propositions interrogatives dites « par inversion simple » (*Quand vient ton père ?*) apparaîtront « naturellement » [1] avant celles par « inversion complexe » *(Quand ton père vient-il ?).* Une description de type transformationnel amènera à poser les phrases dites « de base » comme plus simples et plus faciles que leurs « transformées ». On peut dire que l'appréciation de la difficulté d'une structure est fonction de la description qui la construit.

Le critère statistique de fréquence et de répartition conduit à des progressions sensiblement différentes (*être* et *avoir,* par exemple, seront introduits avant *marcher* ou *parler,* en dépit de leur complexité morpho-syntaxique apparente), mais il n'en reste pas moins un critère fondamentalement grammatical. On sait que dans le *Français Fondamental* (premier degré) ce sont « les mots grammaticaux qui atteignent les plus hautes fréquences, puis les verbes et enfin les adjectifs et les noms » (G. Gougenheim et *al.,* p. 114). C'est que le traitement même du corpus des enregistrements de départ implique une description, que ce soit par l'usage qu'on y fait de la notion de mot, laquelle s'établit sur une tradition graphique qui n'est pas dissociable d'une tradition grammaticale (comme nous le verrons ci-dessous), ou que ce soit par le regroupement de formes différentes sous le même mot (*blanc* et *blanche,* mais pas *blanchir*) ou la distinction de formes homographes (*la* article opposé à *la* pronom ; *si* conditionnel distingué du *si* interrogatif, du *si* intensif et du *si* affirmatif). De plus, il existe une corrélation certaine entre la fréquence et la répartition d'un mot et son degré de « grammaticalité ». Les mots les plus fréquents et les mieux répartis sont ceux qui relèvent de paradigmes fermés (c'est-à-dire les paradigmes grammaticaux) dans lesquels les délimitations syntaxico-sémantiques font peu de place à la synonymie ; et les mots les moins utilisés sont ceux qui relèvent de paradigmes ouverts (c'est-à-dire les paradigmes lexicaux) où les relations synonymiques sont nombreuses. Ainsi, plus une catégorie est limitée, plus la fréquence et la répartition de ses unités sont importantes. Il semble que ce critère statistique synthétise des critères qui ont toujours permis de distinguer la grammaire du lexique, par exemple les *modi significandi* médiévaux qui font que si on compare le grec *p'eitho/peithomai* au français *je persuade/j'obéis,* on en conclura que l'opposition est rendue dans un cas grammaticalement et dans l'autre lexicalement,

1. En fait, il semble bien que les interrogatives les plus régulières soient celles avec *est-ce que* et celles par « inversion complexe » ; celles par « inversion simple » se heurtant à de nombreuses limitations : *Pourquoi vient ta mère ?* est agrammaticale.

parce que là on a un même « mot » et deux désinences différentes alors qu'ici on a deux mots différents.

Le critère de constrastivité, qu'il conduise à présenter en premier ce qui est le plus semblable dans les deux langues (de départ et d'arrivée), ou au contraire ce qui est le plus dissemblable, s'inscrit lui aussi nettement dans un modèle métalinguistique donné, puisque ce qui est comparé *a priori* (dans une perpective comparatiste) ou *a posteriori* (dans celle de l'analyse d'erreurs), ce n'est manifestement pas deux grammaires intériorisées, mais bien deux descriptions de celles-ci construites à partir d'un modèle métalinguistique (voir chap. 9).

Quant au critère de « productivité » morpho-lexicale (*avoir* est plus productif qu'*aimer* parce qu'il sert à former ses temps composés) ou sémantique (*bagage* est plus productif que *sac* ou *valise* parce qu'il peut les « remplacer », comme *quand* peut remplacer *lorsque* et *alors que*, et *faire* de nombreux verbes), il est clair qu'il porte empiriquement sur la structuration grammaticale et lexicale de la langue, même s'il ne met pas en jeu une description précise.

Certes, ces critères grammaticaux peuvent être modulés en fonction des nécessités de la communication en classe (l'impératif sera considéré comme prioritaire parce que nécessaire à son fonctionnement), ou hors de la classe (ce qui correspond aux besoins potentiels des apprenants), mais il est clair que ces critères qui mettent en jeu une description grammaticale de la langue-cible restent dominants dans tous les manuels élaborés à partir d'une progression.

Les progressions notionnelles (D.A. Wilkins, 1976) ou notionnelles-fonctionnelles (telles qu'on peut les construire à partir de *Un niveau-seuil*) n'ont, à notre avis, pas renouvelé fondamentalement cette problématique, bien que ces progressions, fondées sur des entités sémantiques empiriques (notions, fonctions ou actes de parole), permettent de varier plus aisément les contenus présentés selon les besoins des apprenants que lorsqu'on obéit aux impératifs d'une progression grammaticale fixée *a priori*. Mais ces entités sont nécessairement exprimées par des formes ou formulations linguistiques, et leur sélection et programmation en fonction des besoins des apprenants ne permettent pas de déterminer, à elles seules, quelles sont les données morpho-syntaxiques et lexicales qu'il vaut mieux introduire en premier. On en revient alors, très généralement, aux critères traditionnels. D.A. Wilkins fait observer que les « critères utilisés depuis des années pour l'élaboration des progressions grammaticales (...) peuvent toujours aider à choisir les formes linguistiques qui seront enseignées à telle étape » (1976, p. 57) ; M. Martins - Baltar envisage d'exclure des diverses possibilités d'expression que peuvent recevoir notions et actes « ce qui paraîtra trop complexe aux niveaux lexical et grammatical » (dans D. Coste et *al.*, 1976, p. 87) ; J.A. Van Ek et G. Alexander recommandent d'en revenir « au vieux principe de la complexité progressive » (1977, p. 10). On voit comment peut être réintroduite une description grammaticale de la langue-cible, et on en comprend d'autant mieux la remarque de Ch. O'Neil : la plupart des manuels notionnels-fonctionnels se bornent à « masquer » la progression grammaticale, souvent traditionnelle, qu'ils suivent.

La seconde option exclut toute progression grammaticale stricte dans la présentation des données de la langue-cible, puisque cette présentation se fait par des textes ou des documents qui n'ont pas été produits en fonction de celle-ci : « Introduire des textes écrits authentiques, c'est mettre en cause toute progression exclusivement linguistique du matériel didactique au profit d'une répartition des données en fonction de critères extra-linguistiques. » (S. Moirand, 1977 b, p. 57)

Ce qui ne pose pas de difficultés pédagogiques si on cherche à développer une compétence de compréhension « globale » de ces textes, encore qu'il ne soit de compréhension qui ne mette en jeu des significations grammaticales. Mais ce qui en pose, si on cherche à développer également une compétence de production orale ou écrite : « on ne peut nier la nécessité didactique d'une organisation des activités favorisant la récurrence des éléments, les discriminations et généralisations des observations (...) » (P. Colombier et J. Poilroux, 1977, p. 22), organisation qui assurera au niveau des activités menées en classe la gradation et les groupages qu'on n'a pu prendre en compte dans la présentation de la langue-cible. Puisque tout texte, même relativement court, renferme de très nombreuses données grammaticales, il faut que le concepteur de manuel, ou le professeur, fasse nécessairement un choix parmi celles-ci, afin de décider quel est le point grammatical ou la structure qu'il devra « exploiter », par des exercices ou des explications, en ménageant autant que possible les réemplois ou les « échos » sans lesquels il n'y a pas de véritable apprentissage. Il s'ensuit que la progression grammaticale récusée dans la présentation de la langue-cible se retrouve dans l'exploitation pédagogique qui en est faite dans la classe. D.A. Wilkins en revient, actuellement, à ce que pratiquaient les professeurs qui présentaient la langue étrangère à partir de « morceaux choisis » : « Dans les textes, écrits et sonores, authentiques et non authentiques, liés à un thème, le professeur peut identifier certains **points focaux.** C'est-à-dire qu'il essaie d'accélérer le processus d'apprentissage en se concentrant sur certaines formes linguistiques. Les élèves étudient ces formes dans leur contexte linguitique, mais aussi en dehors de ce contexte dans des matériaux pédagogiques qui permettent un contact plus intensif avec la forme et avec le système auquel elle appartient. » (1984) Et il conseille de « donner la priorité aux aspects les plus généralisables de la grammaire, de la sémantique, de l'emploi fonctionnel et de la construction textuelle de la langue » (*ibid.*). Il est clair que le choix des aspects susceptibles d'être généralisés dépend de la description grammaticale dans laquelle on les inscrit. En critiquant les progressions grammaticales, les didacticiens ont fait souvent comme s'il était possible de contourner ce choix ; les professeurs qui les ont suivis se sont vite rendu compte que l'apprentissage des régularités de la langue-cible n'en était guère facilité.

La troisième option seule, en récusant toute progression grammaticale dans la présentation et dans l'exploitation des données langagières étrangères, paraît écarter tout recours à une description grammaticale de la langue-cible.

2. Les progressions d'enseignement sont-elles nécessaires?

Comme nous l'avons indiqué, cette option n'est pas nouvelle, mais elle a, ces dix dernières années, puisé de nouveaux arguments dans un faisceau d'hypothèses psycholinguistiques partiellement convergentes, bien que leurs présupposés et leur méthodologie soient loin de former un tout homogène.

La plus connue est l'hypothèse innéiste de N. Chomsky. On sait qu'il a postulé (voir chap. 3), chez tout être humain, l'existence d'un dispositif cérébral inné, appelé *Language Acquisition Device* (ou L. A.D.), apte à traiter, selon une programmation bio-génétique universelle, les données langagières de n'importe quelle langue.

Pour N. Chomsky, ce dispositif, propre à l'espèce humaine, est une véritable «organe mental» (M. Piattelli - Palmarini, 1979, p. 67) destiné à «spécifier les propriétés phonétiques, syntaxiques et sémantiques d'une classe infinie de phrases possibles» (*ibid.*, p. 65), propriétés constitutives de la grammaire d'une langue donnée, laquelle est conçue comme dérivée de structures profondes communes à toutes les langues. Autrement dit, l'intériorisation de la grammaire d'une langue est certes le fait de l'environnement, mais d'abord de l'activité de ce L.A.D..

Cette hypothèse s'est trouvée en partie confortée par des travaux qui se placent, pourtant, dans une perspective plus cognitiviste que purement innéiste, et qui portent sur l'acquisition de la langue maternelle ou seconde. Ces travaux tendent à montrer que l'acquisition des structures grammaticales d'une langue donnée se fait toujours dans le même ordre, qu'elle suit une cheminement quasi invariable, quels que soient l'âge, les circonstances, les aptitudes ou le milieu dans lequel elle s'inscrit; et qu'il y aurait donc **une progression naturelle** dans l'acquisition des éléments grammaticaux d'une langue. R. Brown (1973) a mené une recherche longitudinale sur trois jeunes enfants anglophones qui l'a amené à conclure qu'ils avaient acquis leurs quatorze premiers morphèmes de l'anglais dans le même ordre, bien qu'ils aient eu des parents différents et aient vécu dans des environnements dissemblables: présent en *- ing; in, on; on, in;* pluriel en *s;* certains passés irréguliers *(came, fell,...);* le cas possessif (-'s); le verbe copule *(am, is, are);* l'article *(a, the);* le passé régulier en *- ed;* la troisième personne du singulier en *s (he plays)* puis *has, does, can;* le verbe *to be* comme auxiliaire; enfin des formes contractées de ce verbe en tant que copule, et en tant qu'auxiliaire.

Pour R. Brown, cette progression des acquisitions est le résultat d'une maturation cognitive progressive qui permet à l'enfant d'intérioriser des structures de plus en plus complexes, d'un point de vue sémantique et grammatical. P.A. et J.C. de Villiers (1973), en utilisant une méthode proche de celle de Brown, corroborent cette conclusion par une étude, cette fois transversale, portant sur 21 enfants anglophones de 16 à 40 mois ; étude dont les résultats ont un niveau de corrélation avec ceux de Brown proche de 0,85 (d'après G. Bibeau, 1983a, p. 52). D'autres études, menées en particulier par H.C. Dulay et M.K. Burt (1973 et 1974), selon une méthode différente et contestable, indiquent que de jeunes hispanophones et sinophones apprenant l'anglais comme langue seconde suivraient sensiblement le même cheminement grammatical que les jeunes anglophones. Enfin, des recherches (entre autres D.E. Larsen-Freeman, 1975) portant sur des adultes apprenant l'anglais ont conduit à des conclusions parfois semblables (mais sans jamais être tout à fait identiques), parfois différentes. Selon G. Bibeau, la comparaison des ordres d'acquisition des morphèmes grammaticaux de l'anglais dans dix études de ce type indique qu'on « ne peut pas dire que les résultats en langue seconde montrent une corrélation positive avec les résultats en langue maternelle, ni entre eux, sauf de façon fragmentaire et instable » (1983 a, p. 55). Il en conclut, toutefois, que « malgré les faiblesses certaines de la démonstration, il est tout à fait plausible que, dans des circonstances naturelles d'acquisition, un certain nombre de morphèmes grammaticaux soient acquis avant les autres » (*ibid.* p. 57), même si cet ordre d'acquisition ne peut être considéré comme universel et inné (nous y reviendrons au chap. 9, § 3).

Une troisième hypothèse (ou plutôt un ensemble d'hypothèses linguistiques et psychologiques), déjà évoquée dans cet ouvrage, consiste à supposer que l'acquisition de la grammaire d'une langue est, pour ainsi dire, la résultante de l'acquisition des conventions qui régissent le processus de communication dans une communauté donnée. Autrement dit, la communication n'est pas un échange d'informations pré-formées lexico-syntaxiquement, mais le résultat d'une approche ritualisée et négociée entre au moins deux partenaires socio-culturellement situés, la langue ne fournissant que les indices ou les balisages nécessaires au succès de cette interaction. Cette hypothèse est d'un certain point de vue à l'opposé de celle du L.A.D., puisque la grammaire s'y acquiert dans et par le jeu des interactions sociales et non par un dispositif spécifique. Elle n'est pas très éloignée de celle d'un M. Bakhtine qui oppose un « dialogisme généralisé » à « l'objectivisme abstrait » d'un F. de Saussure ; ou de celle de B. Malinowki pour qui le langage n'est qu'un des rouages, le plus indispensable, de toute activité humaine concertée. Elle est à la base de la plupart des études pragmatiques et sociolinguistiques contemporaines (voir C. Bachmann et *al.,* 1981). En ce qui concerne l'acquisition de la langue maternelle, on peut citer les travaux de M.A.K. Halliday (1973) pour qui le jeune enfant ne parle pas simplement pour décrire le monde ou pour jouer avec le monde, mais fondamentalement pour apprendre à s'insérer dans des communications interpersonnelles avec les membres de son entourage. C'est ainsi qu'il acquiert la capacité de transformer et de recréer rituellement la réalité qui l'entoure par son activité langagière ; et c'est cette capacité à susciter des situations dans lesquelles le sens peut se négocier pragmatiquement, «fonctionnellement», qui déterminerait l'acquisition des régularités grammaticales.

En ce qui concerne l'acquisition d'une langue étrangère, C. Kramsch (1984, chap. 2) se réfère à de nombreuses études (R. Scollon, 1973 ; E.M. Hatch, 1978 a ; S. Peck, 1979 ; L.W. Fillmore, 1979) qui tendent à conforter l'hypothèse selon laquelle enfants et adultes acquièrent les formes linguistiques étrangères essentiellement par et à travers les interactions sociales dans lesquelles ils parviennent à s'insérer, et que l'ordre d'acquisition de ces formes reflète approximativement leurs progrès dans la négociation de ces interactions.

C'est dans ces diverses hypothèses que les didacticiens ont puisé des arguments visant à contester l'utilité de toute progression lexico-grammaticale. D. Ingram affirme, par exemple, que «le professeur doit spéculer sur le fait que le L.A.D. déterminera la grammaire de la langue et qu'imposer une structure pré-déterminée n'est ni nécessaire, ni souhaitable» (1971, p. 128), puisque ce dispositif inné assurera méthodiquement le traitement grammatical des données langagières étrangères présentées, quel que soit l'ordre dans lequel elles seront introduites et quelles que soient ces données : il suffit que ces données soient suffisamment riches et variées, que l'apprenant les pratique intensivement pour qu'il en intériorise progressivement les régularités morpho-syntaxiques. Partant de la seconde et de la troisième hypothèses, C. Kramsch (1984) considère que, dans toute communication interpersonnelle, le message est plus important que sa forme, que l'authenticité de l'expérience interactive est plus importante que la grammaticalité de son expression. Elle propose à cet effet toute une panoplie d'**exercices,** dits **interactifs,** dont l'objectif est d'abord de développer chez les apprenants la capacité de gérer à leur profit des interactions qui s'établissent naturellement dans une classe, les formes et la grammaire de ces formes étant acquises en leur sein.

C'est une hypothèse linguistique forte et légitime que de poser, comme l'ont fait, entre autres M.A.K. Halliday ou O. Ducrot, que la structure d'une phrase, y compris dans ses aspects morphologiques, est déterminée par la structure discursive et pragmatique dans laquelle elle s'inscrit ou peut s'inscrire, même si cette hypothèse n'a pas, jusqu'à maintenant, conduit à des descriptions grammaticales aussi exhaustives et précises que le souhaiteraient didacticiens et pédagogues. C'est une question psychologique capitale de savoir si l'intériorisation de la grammaire d'une langue maternelle est la conséquence d'une maturation ontogénétique conceptuelle (J. Piaget) et du jeu multiple des interactions psycho-sociales (G.A. Kelly), ou bien si elle est la conséquence d'une «programmation» innée (N. Chomsky), même si le premier terme de l'alternative paraît actuellement mieux étayé expérimentalement que le second. C'est une autre hypothèse et une autre question que d'avancer qu'on peut enseigner/apprendre efficacement, dans un milieu institutionnel, la grammaire d'une langue étrangère par la simple fréquentation répétée de documents authentiques étrangers ou la multiplication des interactions simulées ou réelles entre les membres du groupe-classe. D'abord, parce que les études et les travaux auxquels on se réfère concernent beaucoup plus souvent l'acquisition d'une langue maternelle que d'une langue seconde. Ensuite, parce qu'on peut constater que certains adolescents et adultes qui acquièrent une langue seconde en milieu naturel (travailleurs immigrés, par exemple, en «immersion» et en «interactions» constantes avec les natifs) ne parviennent jamais à «parler comme on parle», en raison du fait qu'ils s'en tiennent à une interlangue, plus ou moins «fossilisée» mais relativement efficace dans leurs échanges avec les natifs.

Peut-il en aller autrement dans une classe uniquement centrée sur la communication ou sur les interactions ? Nous en doutons. G. Bibeau (1983 b, pp. 107-108) fait état de comparaisons entre des classes «d'immersion» canadiennes, britanniques et scandinaves (classes, rappelons-le, dans lesquelles la langue étrangère est surtout utilisée pour enseigner d'autres matières qu'elle-même) et des classes incluant un enseignement lexico-grammatical de la langue, comparaisons qui sont à l'avantage de ces dernières. Il en résulte «qu'il n'existe pratiquement plus de classes d'immersion 'pure' au Canada et qu'on mixe de plus en plus l'enseignement systématique de la langue formelle à celui des matières scolaires. On en est arrivé à ce changement parce que le processus d'acquisition se mettait en marche avec trop de lenteur et parce que les enfants traînaient de nombreuses fautes durant toutes leurs études» (1983 b, p. 119). P. Lecomte, dans une étude comparée sur les temps de parole accordés aux apprenants dans **des** classes allemandes fondées sur la grammaire explicite et la traduction, et **des**[1] classes françaises centrées sur la communication et des activités créatrices, conclut : «En temps de parole, elles donnent lieu à des résultats semblables (...) Quand nous constatons que nos élèves français ont un vocabulaire d'une pauvreté consternante et qu'ils font preuve d'une absence pitoyable des automatismes morpho-syntaxiques qui les condamne au silence, on est obligé de reconnaître que nos collègues allemands tiennent un langage de bon sens et qu'ils ont raison de faire des exercices, de faire apprendre du vocabulaire. A la limite, leurs élèves ne parlent pas beaucoup, mais ils apprennent quelque chose, les nôtres parlent ou sont censés le faire, mais ils n'apprennent presque rien et ont l'impression de ne pas progresser.» (1982, pp. 86 et 87)

1. Cette étude ne se prétend pas «représentative» de ce qui se passe en Allemagne et en France.

Bref, il semble que, d'un point de vue empirique, il soit hasardeux d'affirmer, comme le font actuellement nombre de didacticiens, qu'il suffit de communiquer activement ou d'interagir intensivement dans une classe de langue pour que la grammaire étrangère y soit acquise pour ainsi dire de surcroît. Conclusion que commencent à admettre certains « communicativistes » ou « interactionnistes » : H.H. Stern écrit qu'il « serait naïf d'estimer qu'un engagement total dans la voie d'une communication vraiment authentique apporte une solution définitive qux problèmes de l'apprentissage des langues » (1980, p. 61), et E. Bialystok constate que « l'usage efficace de stratégies communicatives est indéniablement lié à la compétence linguistique (...) [et que] les recherches montrent que la maîtrise des formes de la langue a une place bien définie dans une compétence de communication » (1983, p. 116).

C'est pourquoi l'enseignement/apprentissage de cette maîtrise ne nous paraît pas pouvoir faire l'économie d'une gradation et de groupages méthodiques des éléments de la langue-cible qu'on présente et/ou qu'on exploite, dans une classe de langue, quitte à ce que cette progression soit construite sur le modèle de la « progression naturelle », s'il s'avère un jour qu'une telle progression existe. Ce qui ne veut pas dire que nous minimisons l'utilité didactique des activités communicatives ou interactives dans la classe de langue, mais qu'il s'agit toujours d'articuler méthodologiquement un enseignement relativement formel de la langue (de ses régularités morpho-syntaxiques) à un enseignement de ses conditions pragmatiques d'emploi, sans qu'on puisse réduire l'un à l'autre, du moins dans l'état de nos connaissances et expériences actuelles. La didactique des langues, probablement parce qu'elle est une didactique, nous paraît devoir être conjointement globale et structurale.

3. Dialogues didactiques et documents authentiques

L'insertion de cette description, ou d'un mixte de descriptions, peut être le fait du professeur, comme en méthode directe ou comme dans le *Community Langage Learning* de Ch. A. Curran (l'enseignant reformule en langue-cible, par traduction, les intentions de communiquer qui émergent du groupe-classe et qui sont exprimées par les apprenants en langue de départ). Elle est souvent le fait de l'auteur de manuel qui l'insère soit dans des dialogues fictionnels (plus rarement des récits ou des descriptions), soit dans le traitement pédagogique des documents authentiques.

Il existe différents types de dialogues didactiques. Certains s'efforcent de respecter strictement la progression prévue, au point de donner parfois l'impression de n'être qu'une séquence de phrases modèles destinées à l'illustrer : c'est le cas de presque tous ceux des méthodes audio-orales et de certains « mécanismes » des leçons audio-visuelles de la première génération. D'autres cherchent, au contraire, à respecter une certaine vraisemblance pragmatique des échanges, quitte à ne pas suivre rigoureusement les impératifs de la progression : c'est le cas de nombreux dialogues audio-visuels dans lesquels apparaissent des données qui n'ont pas à être enseignées systématiquement. Les deux types ont eu leurs défenseurs et leurs pourfendeurs (on aura un écho de ces débats dans D. Girard, 1966 et R. Galisson, 1969), mais l'un et l'autre ont pour objectif de présenter contextuellement et situationnellement les groupages en particulier morpho-syntaxiques prévus par la progression. Chaque dialogue est d'abord destiné à illustrer un ou plusieurs micro-systèmes grammaticaux de la langue-cible, et en tant que tel, il constitue un mode pédagogique de présentation, implicitée mais systématique, d'une description de cette langue.

C'est particulièrement clair dans certains dialogues de *Voix et Images de France* (1962). La leçon 2 introduit les articles « définis » et « indéfinis » : les premiers sont systématiquement présentés dans des syntagmes où, selon la description, ils sont définis par des « compléments » *(le père de Paul, la Tour Eiffel, la rue de la Gare, le camion du boucher, les deux fenêtres à droite) ;* les seconds sont tout aussi systématiquement présentés sans complément et donc, selon la description, non définis *(Voilà une grande ville, c'est un camion ; ce sont des portes)* (on en trouvera un autre exemple sur les adjectifs possessifs au chap. 8). Parce qu'ils illustrent des éléments d'une description de la langue-cible au moyen de répliques qui en exemplifient les catégories et les règles, certains dialogues didactiques peuvent être considérés comme une variété d'exercices grammaticaux inductifs proches des « micro-conversations » : leur pratique et leur mémorisation doivent, en principe, permettre aux étudiants d'induire, consciemment ou non, ces catégories et ces règles. Ils ont donc généralement une double fonction : présenter méthodiquement les régularités de la langue-cible et aider les étudiants à les fixer par une certaine récurrence de leurs actualisations. Certes cette récurrence n'apparaît pas toujours dans le dialogue lui-même : ainsi dans *De vive voix* (M.T. Moget et P. Neveu, 1972) elle est beaucoup moins systématique que dans *Voix et Images de France,* parce qu'elle doit être le fait des étudiants eux-mêmes, dans la classe, au travers de leurs multiples productions paraphrastiques (comme nous l'avons signalé au chap. 6), et de nombreux dialogues ne possèdent donc pas ce caractère répétitif à quoi se reconnaissent les exercices. Mais ils restent fondamentalement un moyen d'impliciter une description grammaticale.

On comprend dès lors qu'on ait pu dénoncer leur « artificialité » : ils portent nécessairement les traces de l'énonciation didactique dans laquelle ils s'inscrivent. Les formes utilisées sont contraintes par la gradation et les groupages antérieurement prévus ; les références et les situations sont suffisamment « générales » pour que des interlocuteurs d'une autre culture (les apprenants) puissent aisément les saisir ; même s'il s'agit de discours fictionnels simulés, leur pragmatique tient compte du fait qu'ils sont produits pour enseigner une langue étrangère et qu'ils sont reçus par leurs destinataires comme recelant la matière même de leur apprentissage. D'où des récurrences formelles peu naturelles, une stéréotypisation des comportements et des interactions, une pragmatique relativement pauvre et parfois assez différente de celle mise en jeu dans les échanges authentiques, même s'il existe d'heureuses exceptions. Ce n'est là que la conséquence du projet initial : insérer un savoir grammatical, qui implique abstraction et reconstruction, dans des dialogues dont on veut qu'ils simulent la réalité afin de recontextualiser ce savoir, de le reglobaliser. Il y a, à notre avis, quelque incohérence méthodologique à dénoncer, comme le fait G. Gschwind-Holtzer (1981), le didactisme de ces textes qui sont précisément produits pour être didactiques. D'autant plus que la recherche du naturel finit souvent par « brouiller », comme on le dit d'une communication, les relations entre ce qui est présenté grammaticalement sous forme dialoguée et ce qu'on prétend enseigner/faire apprendre. Ainsi, dans *Cartes sur tables* (R. Richterich et B. Suter, 1981), l'article défini et l'article indéfini sont présentés à la fois explicitement (par des tableaux purement morphologiques, hors contextes même phrastiques : pp. 129 et 130), et implicitement dans une activité où les étudiants doivent nommer, sur une carte, des pays francophones (*le Québec, la France, le Mali,...*) et dans des dialogues visualisés façon bande dessinée (un homme, dans un hôtel, demande : *Le bar !*, puis : *Un café*). Il est conseillé aux professeurs de « marquer la différence (entre les deux articles) sans expliquer encore toutes les subtilités et difficultés de cette différence » (*Guide d'utilisation*, p. 17). On voit mal comment pourra être « marquée » cette différence, puisque dans l'activité et dans les dialogues leur caractère défini ou indéfini est déterminé par l'implicite de la situation *(le bar* parce qu'un hôtel d'une certaine classe est supposé en avoir un ; *le Mali* parce qu'il s'agit de nommer une réalité unique, qui est en outre définie par le geste qui la désigne sur la carte). Il est probable que la pratique que les étudiants auront de ces articles ne sera que morphologique, sans qu'ils puissent en saisir les conditions d'emploi respectives (on dit *le Maroc* mais *Haïti* ou *Madagascar,* alors que les tableaux ne donnent pas l'article zéro ; on peut demander *le bar* dans certains hôtels, mais on devra demander *un bar* dans d'autres hôtels). Les « difficultés » et « subtilités » de la différence entre défini et indéfini sont d'autant plus grandes que cette différence n'est pas marquée didactiquement. Dans *Archipel* (J. Courtillon et S. Raillard, 1982), l'article apparaît dans les sept situations dialoguées de la première leçon, mais n'est pas considéré comme un objectif linguistique particulier (voir *Livre du professeur,* p. 41). On remarque, cependant, que le défini ne l'est que dans deux occurrences *(la jeune fille du train* et *c'est l'étudiant en médecine) ;* dans toutes les autres, il l'est implicitement ou a valeur générique *(demandez à la dame, il travaille à la poste, elle aime le whisky, il est dans les bureaux).* Alors que l'indéfini apparaît souvent dans des contextes qui le déterminent *(il est noir avec un collier rouge, j'ai vu un chien noir, c'est un technicien en informatique).* Ce que ces dialogues gagnent en naturel, ils le perdent en efficacité didactique, du moins pour l'enseignement/apprentissage des régularités morpho-syntaxiques.

La notion de **document authentique,** comme celle de dialogue didactique à laquelle elle est souvent opposée, a donné lieu à de vifs débats (pour une tentative de synthèse, on pourra se reporter aux *Bulletins de l'ACLA,* Association Canadienne de Linguistique Appliquée, du printemps et de l'automne 1982, vol. 4, n° 1 et n° 2). Un consensus semble se dessiner pour définir cette notion à partir de deux critères : un document authentique, c'est d'abord un échantillon, écrit ou oral, prélevé au sein d'échanges ayant réellement eu lieu entre les natifs dont on veut enseigner/apprendre la langue ; un document authentique, c'est aussi un document qui correspond aussi exactement que possible aux intérêts et préoccupations des apprenants, afin que sa réception dans la classe en soit authentifiée. Toute la difficulté méthodologique vient d'une certaine non concordance entre ces deux types d'authenticité, l'originale et la pédagogique. Le geste par lequel on extrait un document de ses conditions primitives de production, de transmission et de réception (conditions pour lesquelles il a été conçu et par rapport auxquelles il signifie) pour l'introduire dans la classe (c'est-à-dire dans des conditions de présentation, de transmission et de réception pour lesquelles il n'a été prévu ni linguistiquement, ni culturellement, ni pragmatiquement) n'est pas sans conséquences pour son interprétation et pour le traitement pédagogique qu'on peut en faire. De ce geste résulte d'abord ce que nous avons appelé « un dénivellement interprétatif » (voir H. Besse, 1982 a) qui entraîne nombre d'incompréhensions, et surtout de mécompréhensions, d'ordre référentiel aussi bien que langagier ; mais de ce geste résulte aussi que le document se voit prêter, par enseignant et enseignés, une dimension proprement métalinguistique qu'il n'avait pas originellement : ce qui était véhicule d'information devient objet d'enseignement/apprentissage. Autrement dit, de manière avouée ou non, le document est pragmatiquement utilisé dans la classe pour enseigner/apprendre la langue dont il est fait. Et même si le professeur ne l'« exploite » pas d'un point de vue grammatical, les étudiants intègrent certaines de ses données linguistiques à leurs acquisitions antérieures, ce qui revient à les insérer dans leur grammaire d'apprentissage.

C'est pourquoi, contrairement à ce qu'avancent nombre de didacticiens, il nous semble que le professeur ne peut éviter de s'interroger sur la manière dont il coordonne sa pratique des documents et la progression linguistique (en particulier morphosyntaxique) qu'il suit, que celle-ci relève de son propre choix, du manuel ou de l'institution dans laquelle il travaille (programmes à respecter, examens à préparer). Cette coordination peut être assurée, soit par le choix de documents offrant une certaine récurrence des formes à étudier (un horoscope pour enseigner le futur, une recette de cuisine pour l'impératif, une interview pour les interrogatives, etc.), soit, comme nous l'avons vu, dans l'exploitation pédagogique qu'on en fait, en sélectionnant les formes qui s'insèrent dans la progression. D'un point de vue grammatical, ces deux tactiques courantes se heurtent à certaines difficultés.

Le transfert du document dans la classe fait que celui-ci est
«enchâssé» dans une double énonciation, celle relative à sa transmission originale (dont les conditions sont absentes de la classe
mais dont il porte les marques) et celle que lui confère son utilisation dans cette classe même. Ce double enchâssement énonciatif,
qui semble être une des caractéristiques de la communication en
classe de langue et qui concourt à sa dimension métalinguistique
(voir A. Trévise, 1979), n'est évidemment pas sans influencer la
valeur qu'on peut attribuer aux déictiques, aux temps, aux diverses
modalités et aspects, à l'argumentation, bref à tout ce qui dans les
énoncés du document relève plus ou moins directement de son
énonciation. Ainsi, dans l'exercice suivant où on demande aux étudiants de reformuler en une phrase les informations données dans
un encart paru dans un journal de décembre 1977 :

Tranformez chaque paragraphe de l'article suivant en phrase.
Exemple :
- *Lundi, le président portugais, Ramalho Eanes, effectuera une
visite en Allemagne de l'Ouest.*
- *Ramalho Eanes, le président portugais, effectuera lundi une visite
en Allemagne de l'Ouest.*

La semaine qui vous attend

Lundi - *Allemagne de l'Ouest :* visite du président portugais
Ramalho Eanes.
Mardi - Algérie : visite du chef du P.C. français Georges Mar-
chais. *Congo-Brazzaville :* fin de la visite du ministre français
de la Coopération, Robert Galley.
Mercredi - *Egypte :* conférence du Caire. *Arabie Saoudite :*
dernière étape de la tournée de Cyrus Vance au Proche-
Orient. *France :* Valéry Giscard d'Estaing répond à la télévi-
sion aux questions sur la politique étrangère de la France.
Jeudi - *France :* le vice-président égyptien M. Moubarak reçu
par le président de la République.
Vendredi - *URSS :* Leonid Brejnev reçoit le président du parti
social démocrate ouest-allemand, Willy Brandt.
Samedi - *Japon :* réunion de l'Internationale socialiste à Tokyo.

J'informe, 13.12.77
(*Passage à l'écrit* 2, C. Lavenne. E. Bérard-Lavenne. 1979, p. 49)

Il est évident que, originellement, *la semaine qui vous attend* se
réfère à la troisième semaine de décembre 1977 que n'ont pas
encore vécue les lecteurs du journal, et que donc les informations
données relèvent de l'avenir de ceux-ci. Mais pour l'étudiant qui
reformule ces paragraphes, cette semaine et ces informations ne
relèvent plus que du passé. Si bien que lorsqu'il produit une phrase
du type : *vendredi prochain Léonid Brejnev recevra...,* l'adverbe et
le temps utilisés ne correspondent plus à rien de précis du point de
vue énonciatif. Il ne s'agit que d'une manipulation formelle hors
énonciation, semblable à celle qu'on pratique dans les exercices
structuraux de «transformation». L'authenticité du document dés-
authentifie l'énonciation de l'étudiant.

Une autre difficulté est liée au fait que le document actualise une grammaire intériorisée, souvent plus ou moins individualisée, et que la description grammaticale que le professeur cherche à enseigner, implicitement ou explicitement, ne lui correspond pas toujours ou très imparfaitement. Ainsi la description traditionnelle rend mal compte de l'oral spontané; le pronom est défini comme « un mot qui souvent représente un nom, un adjectif, une idée ou une proposition exprimés avant ou après lui » (M. Grevisse, 1964, p. 402), mais dans nombre de documents conversationnels les dits pronoms ne sont mis à la place d'aucun nom ou autre mot *(Donnez-moi ça ! Passe-la lui !)* : ils « montrent » des personnes ou des choses présentes au moment et lieu de l'échange. Les antécédents qui, d'après leur dénomination, devraient « aller devant » les pronoms, spécifiquement des relatifs, les suivent fréquemment : - *Tu l'as reçue, ma lettre ? ; Qui a pu faire ça, sinon ton frère.* Comme le dit la *Grammaire Larousse du français contemporain* : « Ce substantif, quoiqu'il se trouve parfois après le pronom, est son antécédent. » (J.-C. Chevalier et *al.*, 1964, p. 211) D'après les définitions traditionnelles, la forme *avais* dans *Ah, de l'argent, si j'en avais !* relèverait plus du mode conditionnel (lequel « présente l'action comme une éventualité », M. Grevisse, 1964, p. 552) que du mode indicatif (lequel « présente l'action considérée dans sa réalité », *ibid*), d'autant plus qu'il n'exprime absolument pas « un fait passé, en train de se dérouler » *(id.,* p. 354). La description traditionnelle, dans son appareillage conceptuel même, postule un français « exemplaire », en ce sens qu'il doit être apte à lui fournir des exemples qui l'illustrent adéquatement, et tout ce qui l'infirme est réputé « infirmité » : les verbes qui ne remplissent pas toutes les cases des tableaux de conjugaison sont dits **défectifs,** la phrase qui bouleverse l'ordre reconnu est dite **segmentée** ou **disloquée,** et toute valeur qui ne suit pas les définitions posées est taxée de **subjective, affective, stylistique** ou **littéraire.** Suivre la description revient alors à ne pas traiter la grammaire réellement intériorisée dans le document. L'horoscope peut certes servir à enseigner les formes du futur, mais quelle est leur valeur dans ce type de discours ? Presque exclusivement associées à des *vous*, elles présupposent que leur énonciateur détient un certain pouvoir, celui de prédire l'avenir, prédiction qui peut être reçue comme certaine (leur valeur est alors proche de celle d'un impératif : « mon destin veut que... »), ou comme purement conjecturale (leur valeur n'est dans ce cas guère différente de ce qui s'appelle le conditionnel « journalistique » : *Le Président envisagerait des élections anticipées*). Une recette de cuisine peut contenir de nombreux impératifs formels (ou des infinitifs : *Prendre un verre de...*), mais ceux-ci ne présentent pas l'action « sous la forme d'un ordre, d'une exhortation, d'une prière » (M. Grevisse, 1964, p. 552), mais plutôt comme une condition à réaliser si on veut obtenir un certain résultat.

On pourra objecter que cette non adéquation est dûe aux faiblesses et contradictions de la grammaire traditionnelle. Mais on peut constater qu'il en va souvent de même avec des descriptions

modernes : la grammaire intériorisée dans un document authentique s'avère presque toujours plus complexe, plus subtile, plus
diverse que les descriptions par lesquelles on cherche à en rendre
compte. Par exemple, aucune des descriptions du système temporel
français évoquées au chap. 3 ne nous paraît parfaitement adéquate
pour analyser les valeurs de l'imparfait dans l'article suivant :

I rait-il, n'irait-il pas ?
Les visiteurs de Fran-
çois Mitterand, ses in-
terlocuteurs, ses commen-
saux, ses familiers, et jusqu'aux plus intimes, res-
sortaient de leurs entretiens
avec le leader du Parti
socialiste la proie d'im-
pressions contradictoires
et lourds de confidences
qu'ils s'empressaient, tout
gonflés de leur importance,
de colporter à travers Paris.
Le premier secrétaire, à
vrai dire, excellait depuis
longtemps, à la manière et
peut-être à l'imitation de
feu le général, dans l'art
machiavélique de dissimu-
ler ses intentions derrière
un nuage de fumée et de
prêcher le faux pour savoir
le vrai.
C'était, d'autre part, chez
lui, une habitude, si invétérée qu'elle en était devenue une seconde nature,
que d'avoir toujours au
moins deux fers au feu. Un
vrai politique s'entoure volontiers d'incertitude. Dans
le cas présent, il s'y ajoutait que François Mitter-
rand n'avait pas beaucoup
à se forcer *pour* (¹) donner
l'apparence d'un homme
hésitant, voire désabusé,
ou découragé. Il réfléchis-
sait tout haut : valait-il une
fois encore d'affronter les
fatigues et les excès d'une
longue campagne ? Quelle
gloire y avait-il à solliciter
une troisième fois les suf-
frages des électeurs *pour*
(²) aller au-devant d'une
défaite que tout laissait
prévoir sévère ? Non. Il se
sentait las, il en avait assez
fait *pour* (³) lui, *pour* (⁴) le
parti. Vivre entre ses bou-
quins le reste de son âge,
donner de temps à autre
un conseil, voilà où il bor-
nait toute son ambition.
Que l'on ne comptât pas
sur lui pour descendre
dans l'arène avec les gla-
diateurs. (.........)

(D. Jamet : « Les stratégies bousculées », *Le Quotidien de Paris*, sam. 25 et
dim., 26 octobre, 1980).

Ces imparfaits empruntent certes quelque chose à l'énonciation
historique de Benveniste ou à l'imparfait « décor » de Weinrich,
mais il est frappant de voir qu'on peut leur substituer des présents
(ou des futurs en place des conditionnels : *ira-t-il, n'ira-t-il pas ?*)
sans que le texte y perde de sa cohésion, de sa cohérence ¹ et de son

1. La **cohésion** relie les contenus propositionnels des phrases entre elles par tout un
jeu anaphorique de pronoms, de synonymes, d'articulateurs.
La **cohérence** relie les fonctions illocutoires ou les actes de parole que ces phrases
réalisent.

acceptabilité énonciative par rapport à ses conditions originelles de publication et de lecture. Certaines phrases, qui décrivent des traits permanents de la personnalité du candidat *(c'était, d'autre part, chez lui, une habitude, si invétérée qu'elle en était devenue une seconde nature...)*, s'inscrivent d'ailleurs alors mieux dans la cohésion temporelle du texte *(un vrai politique s'entoure volontiers d'incertitude)*. C'est que ces imparfaits, qui n'ont pas de valeur temporelle précise, ont une valeur énonciative (modale si l'on veut) qui vise à présenter ce non encore candidat comme un homme du «passé». En le décrivant à l'imparfait, le journaliste, en quelque sorte, l'évacue énonciativement dans le passé, il suggère à ses lecteurs que ce candidat relève du «décor»: il lui prête les valeurs conférées ordinairement aux formes de l'imparfait pour mieux l'opposer à un autre candidat qui, dans la suite de l'article, sera, lui, décrit au présent. Usage stylistique ou littéraire, dira-t-on, qui ne relève pas des emplois «normaux» ou «généraux» de l'imparfait. Mais on retrouve, autre exemple, des difficultés d'analyse comparables dans l'emploi de la préposition *pour*. Quelle valeur lui donner en (1)? On ne peut lui substituer *afin de* ou *dans le but de*, puisqu'il s'agit, en fait, d'une conséquence aussi inévitable qu'involontaire, et non d'un objectif qu'on cherche à atteindre. En (2) la valeur est plus facile à cerner: elle est proche de celle du *et* «adversatif». En (3), *pour* est ambigu: il veut à la fois dire *à son avis, selon lui*, et *dans son intérêt*; alors qu'en (4), seule cette dernière valeur est actualisée. Sauf erreur de notre part, les valeurs (1) et (3) ne sont pas attestées dans la grammaire de M. Grevisse, qui recense pourtant de nombreux emplois de *pour*, et nous ne connaissons pas de modèles métalinguistiques permettant d'en rendre compte méthodiquement.

Certes, il existe des documents qui illustrent parfaitement certaines descriptions (ainsi, les comptes rendus de matchs dans les journaux de province respectent presque toujours scrupuleusement le «duratif» des imparfaits et le «ponctuel» des passés simples), et on peut considérer que cette valeur «modale» de l'imparfait ou ces valeurs de *pour* ne sont que des nuances trop ténues pour être perçues par les apprenants, et donc pour être enseignées, même à un stade avancé. Mais rappelons que ce qui n'est que nuance pour un professeur, ou pour un francophone, est souvent une différence significative, une opposition pertinente, pour l'étranger qui apprend le français, simplement parce qu'il l'appréhende sur la base de sa langue de départ et que celle-ci utilise des formes différentes selon qu'on a affaire à un avenir certain ou à un avenir conjectural (l'analyse des temps des horoscopes dans d'autres langues est parfois révélatrice), une conséquence volontairement recherchée ou non (les traductions différentes qu'on peut obtenir des *pour* analysés ici sont aussi instructives), etc. Ce qui est stylistique pour le professeur peut être grammaire pour l'apprenant. Ce que celui-là estime être une nuance ne l'est que par rapport à la représentation qu'il se fait des régularités de la langue, autrement dit par rapport à la ou les descriptions qui lui ser(ven)t de référence; et cette nuance peut être, dans la grammaire d'apprentissage de celui-ci, une signification différente. Comme le souligne A. Wisniewska, en pédagogie des langues, « on a tort de taxer certains faits de nuances alors qu'il s'agit de significations différentes » (1980, p. 45).

Les dialogues didactiques, en raison de leur « artificialité », présentent l'avantage d'intérioriser une grammaire qui ne contredit pas la description grammaticale sur laquelle on s'appuie pour les exploiter (sous forme d'explicitations ou d'exercices divers), parce qu'ils sont conçus et traités à partir du même modèle métalinguistique (presque toujours traditionnel) : les pronoms y ont de vrais antécédents, les temps s'y conforment aux valeurs reconnues, les paradigmes y disséminent régulièrement leurs formes, etc. Il n'en va pas de même avec les documents authentiques, sauf à les sélectionner pour illustrer la description de référence. Trop souvent, ils ne sont pas traités pédagogiquement dans ce qui fait leur authenticité grammaticale.

Il nous semble que le traitement grammatical d'un document authentique dans une classe de langue devrait être d'ordre quasi stylistique, c'est-à-dire qu'il soit orienté vers la grammaire qui y est textuellement intériorisée, que celle-ci confirme ou infirme la description grammaticale sur laquelle on s'appuie. D'abord, parce que cette approche stylistique est souvent déterminante pour une compréhension un peu fine (beaucoup d'informations passent par l'organisation morpho-syntaxique des phrases). Ensuite, parce qu'il n'est pas mauvais que les étudiants découvrent que les catégories métalinguistiques et la terminologie qui les spécifient sont souvent prises en défaut par la diversité des discours. Enfin, parce que « ces analyses, qui peuvent paraître trop fouillées pour un public étranger, en réalité enrichissent et éveillent l'intérêt de celui-ci » (A. Wienewska, 1980, p. 46). Peut être y découvre-t-il les singularités de sa propre langue par différence avec celle de la langue étrangère ? Les documents authentiques sont sans doute un excellent moyen de sensibiliser (par la fréquentation guidée de nombreux textes et l'analyse aussi poussée que possible des emplois variés de leurs formes) les apprenants à la richesse de l'organisation morpho-syntaxique de la langue-cible, pour peu qu'on les traite stylistiquement ; mais, à notre avis, ils ne sont pas le meilleur matériau pour « faire de la grammaire ».

4. Compréhension globale et expression grammaticale

Depuis quelques années, certains didacticiens préconisent une approche dite « globale » des documents authentiques, surtout écrits, approche qui n'est pas sans incidence sur l'intériorisation de la grammaire étrangère.

Cette approche, qui s'inspire de certains procédés de lecture rapide, vise d'abord à développer chez les apprenants une compétence de compréhension des textes étrangers qui ne soit pas linéaire, qui ne parte pas du mot-à-mot, mais qui procède par repérage d'indices à travers l'aire scripturale et par élaboration d'hypothèses interprétatives à partir de ces indices. Il s'agit « d'inférer l'organisation du sens du texte à partir d'hypothèses issues de points de repérage et des liens qu'ils entretiennent entre eux » (S. Moirand, 1979, p. 23) ; ce que H. Portine paraphrase ainsi : « l'approche globale c'est le repérage : - de la forme du texte, - des indices pertinents, et la reconstruction du réseau formé par ces indices » (1983, p. 47). Autrement dit, il s'agit d'enseigner/apprendre à repérer dans un texte des marques ou des traces à partir desquelles les étudiants pourront tenter de reconstituer son contenu.

Pour que cette reconstitution ne soit pas trop hasardée et que le travail des apprenants en soit plus aisé, on propose, au moins en début d'apprentissage, des textes dans lesquels ces derniers peuvent réinvestir une partie de leurs savoirs et de leurs pratiques langagières antérieurs. On choisit donc des documents, soit directement en fonction de la spécialité professionnelle des apprenants (un public d'économistes sera confronté d'emblée à des textes d'économie, comme dans D. Lehmann et *al.*, 1979), soit en fonction de références extralinguistiques suffisamment transculturelles pour pouvoir être retrouvées sans trop d'erreurs (certains faits divers ou articles au contenu culturel peu marqué, comme dans S. Moirand, 1979), soit encore en fonction de la culture et de l'univers de départ des apprenants, s'ils forment un groupe homogène de ce point de vue (par exemple, des extraits d'un guide touristique en langue étrangère sur leur propre ville). Ainsi, on spécule didactiquement sur le fait que les apprenants connaissent déjà l'essentiel des données référentielles du document et une partie des règles communicatives et discursives qui l'organisent (ils sont accoutumés à des documents théoriquement comparables dans leur langue de départ), pour que leur accès au sens que construisent les formes étrangères en soit facilité : « Si l'on pose par hypothèse que la compréhension découle d'une double connaissance : celle des modèles d'organisation du discours, celle des références extra-linguistiques du contenu, il importe d'aider les étudiants à s'approprier peu à peu les modèles syntactico-sémantiques du français au travers de repères leur montrant comment s'expriment en français les notions du domaine de référence (...) qu'ils connaissent en langue maternelle » (D. Lehmann et *al.*, 1979, p. 18). L'approche globale ne vise donc pas, dans ses première étapes au moins, à percevoir ou à construire un sens non encore connu, mais à retrouver sous des formulations étrangères un sens qu'on connaît déjà. Elle développe, en conséquence, une compétence de lecture onomasiologique (du sens au signes qui en rendent compte) plutôt que sémasiologique (des signes au sens qu'ils expriment), contrairement à la lecture authentique. Retournement qui est un effet de la dimension métalinguistique qu'une classe de langue impose à presque tout ce qu'on y introduit.

Le problème didactique de l'approche globale est, dès lors, d'enseigner/apprendre les meilleures tactiques de repérage des indices qui permettent de retrouver ce contenu familier. Comme ces indices sont le plus souvent disséminés à travers l'ensemble des phrases du texte, et non attachés à une phrase ou à un vocable isolé, les didacticiens se sont très naturellement tournés vers les modèles métalinguistiques de l'analyse du discours, en estimant qu'ils trouveraient là des outils que le professeur de langue pourrait utiliser dans son travail de guidage. D'où la notion d'**analyse prépédagogique** proposée par S. Moirand, et reprise par H. Portine, qui «consiste à poser sur le document plusieurs regards successifs afin de trouver l'angle d'attaque pédagogiquement le plus efficace pour entrer dans le texte» (S. Moirand, 1979, p. 74). Un regard «sociolinguistique» portant sur les conditions de production, de transmission et de réception primitivement prévues, sur le rôle et le statut du message et des interlocuteurs ; un regard «linguistique» découvrant les marques formelles de l'énonciation, les modalités et les actes de parole ; un regard «logico-syntaxique» s'attachant à l'organisation signifiante du document, au repérage des procédés diaphoriques de cohésion, aux relations temporelles, etc. On reconnaît là la «grille» de l'analyse du discours proposée, entre autres, par R. Jakobson et ses fonctions du langage, E. Benveniste et son approche énonciative, J.L. Austin et J.R. Searle et leur théorie des actes. H. Portine (1983) emprunte, lui, la notion d'**opération énonciative** à la théorie d'A. Culioli, celle d'**opération discursive** et de **préconstruit culturel** à J.B. Grize, celle d'**intertexte** à la critique littéraire et à la sociolinguistique, et celle d'**argument** et d'**argumentation** à ce qu'on a pu appeler la nouvelle rhétorique (Ch. Perelman, 1970).

Comme l'écrit Portine lui-même : «l'approche globale n'est en effet qu'une sorte d'analyse pédagogique du discours» (*id.*, p. 57), c'est-à-dire, plus explicitement, une application des théories de l'analyse du discours au traitement pédagogique des documents authentiques dans la classe. On retrouve la même démarche, appliquée à «l'oral interactionnel», c'est-à-dire aux conversations authentiques, dans S. Moirand (1982), qui en propose une analyse prépédagogique s'appuyant sur les travaux récents de l'analyse conversationnelle (voir en français E. Roulet, 1980 et 1981), et plus largement sur les modèles de l'analyse pragmatique.

On risque alors de retrouver, au niveau du discours, les problèmes didactiques posés par l'utilisation des modèles et des descriptions de la phrase, c'est-à-dire enseigner/apprendre un savoir métalinguistique sur le discours étranger plutôt que ce discours lui-même. S. Moirand, consciente de cette dérive, insiste sur cette recommandation que l'analyse prépédagogique, indispensable au professeur, ne doit pas être transférée telle quelle dans la classe : «le cours de langue ne doit pas devenir un champ d'application pour des théories en cours d'élaboration» (1979, p. 91) ; «il ne s'agit pas de refaire devant les apprenants l'analyse du texte que l'on aurait faite la veille et de retomber ainsi dans les travers de l'explication de texte» *(ibid.)*. Mais même si les «grilles» prépédagogiques sont seulement destinées à aider les professeurs à «imaginer des stratégies pédagogiques qui puissent servir aux apprenants» (*id.*, p. 86), reste à faire, comme le reconnaît S. Moirand, « le plus difficile : le passage à la pédagogie avec les apprenants » (*id.*, p. 88).

Or, il semble bien que de nombreux enseignants et concepteurs de manuels se bornent à les réutiliser quasi systématiquement quel que soit le document traité, si bien que la répétition des mêmes procédures d'analyse, même lorsqu'elles sont introduites dans un ordre différent et en s'appuyant sur une terminologie simplifiée (au risque toujours de diminuer le pouvoir constructeur des concepts), finit par ancrer ces procédures dans l'esprit des apprenants, sans que ceux-ci intériorisent vraiment les régularités discursives sur lesquelles elles portent. Ils apprennent un savoir métadiscursif, comme il apparaît souvent quand les étudiants passent à l'expression. Il ne semble pas que « l'exposition » répétée à des documents authentiques et l'approche globale discursive qu'on en propose leur suffisent à intérioriser la grammaire étrangère : S. Moirand reconnaît que leurs productions sont souvent « bien décevantes » (1977 a, p. 125), soit qu'ils s'en tiennent prudemment à une sorte de « pastiche » (*id.*, p. 117) ou « collage » de segments des textes de départ, soit que se multiplient les interférences diverses avec la langue maternelle et les généralisations abusives en langue étrangère.

Plusieurs raisons peuvent expliquer ce constat. Les **erreurs interlinguales** (par transfert négatif entre langues ou cultures, voir chap. 8 et 9) nous paraissent d'abord liées à la contradiction partielle qu'il y a entre l'option didactique initiale (partir de documents dont les références et une partie des normes discursives sont familières aux apprenants) et les modèles métalinguistiques du discours auxquels on fait appel. La première implique, en effet, une relative universalité des composantes non verbales de la communication (référentielles, discursives et interactionnelles), et donc une relative autonomie de celles-ci par rapport à la composante verbale (lexico-grammaticale) caractéristique de chaque langue. Les seconds, au contraire, impliquent presque tous, dans le cadre d'une « pragmatique intégrée », que la composante verbale est non seulement déterminée, mais structurée dans et par les composantes non verbales, et que donc l'étude de l'une n'est pas dissociable de l'étude des autres. En incitant les étudiants à s'appuyer sur des composantes non verbales familières pour apprendre une composante verbale étrangère, l'approche globale, telle que nous l'avons décrite ici, est donc, au moins partiellement, en contradiction avec les présupposés fondamentaux de ces modèles, puisqu'elle les conduit à percevoir la composante verbale étrangère comme pouvant s'intégrer à des composantes référentielles, discursives et interactionnelles qui relèvent d'un autre univers pragmatique, celui dans lequel ils ont acquis leur langue maternelle. On comprend, dès lors, que les règles profondément intériorisées, et presque toujours non conscientes, qui régissent cet univers pragmatique maternel soient constamment transposées dans la mise en parole des formes étrangères repérées dans les documents authentiques, et que ces formes soient apprises comme un simple « surcodage », un « étiquetage » nouveau, d'un discours maternel dont l'essentiel des composantes demeurent inchangées. En d'autres termes on enseigne/apprend une comp. tence linguistique étrangère dans et au moyen d'une compétence communicative maternelle : il n'est pas surprenant que la première conserve les traces de la seconde (sur tous ces points, voir H. Besse, 1980 c et 1981).

Les **erreurs intralinguales** (par généralisations analogiques dans la langue et culture d'arrivée) s'expliquent par les procédures pédagogiques suivies. Il s'agit presque toujours (par un jeu de fléchage, de soulignement, de regroupement) d'amener les étudiants à rapprocher les formes ou les formulations qui relèvent d'une même notion référentielle (ainsi la notion de «ressemblance» sera dans tel texte de chimie formulée par : *x a y en commun avec z, x et y sont très semblables, x partage avec z, y,* etc., exemple tiré de G. Alvarez, 1982, p. 112) ; d'une même fonction ou d'un même acte (quelles sont les formulations différentes de la «mise en garde» dans tel prospectus médical) ; ou d'un même concept métalinguistique (relever les modalités appréciatives du texte, les mots qui renvoient à l'énonciateur, au destinataire, etc.). Ce sont ces réseaux et ces rapprochements, établis avec l'aide du professeur, qui permettent aux étudiants d'inférer le sens des formes et formulations non connues à partir de celui des formes et formulations qu'ils connaissent : si dans tel fait divers, la photo d'un homme entre deux gendarmes co-réfère avec *Pierre X, l'assassin présumé, le triste individu,...* il est facile de saisir le sens global des deux derniers syntagmes à partir de la photo et de *Pierre X.* Le problème pédagogique est que l'étudiant, qui a appréhendé le sens d'une forme ou formulation inconnue par rapprochement avec des formes et formulations connues, a tendance à généraliser les connexions morpho-syntaxiques, les collocations lexicales et les insertions rhétoriques ou énonciatives qu'il est accoutumé à pratiquer avec ces dernières à la nouvelle forme ou formulation qu'il apprend. Ainsi, un regroupement des déictiques temporels qui le conduit à inférer le sens de *hier* de la série *à demain, à midi, à ce soir* pourra l'inciter à produire un * *à hier* ou un * *à aujourd'hui ;* une liste des modalités appréciatives comme *c'est mieux de Vinf, il vaut mieux Vinf, j'aime mieux Vinf* pourra susciter un * *je préfère mieux sortir.* Bref, ce qui était un moyen de compréhension globale relativement efficace devient un obstacle à une expression conforme aux usages morpho-syntaxiques de la langue étrangère.

Les difficultés qu'il y a à articuler pédagogiquement compréhension globale et expression grammaticale en langue étrangère font que les didacticiens de la première ne s'attardent guère sur la seconde. H. Portine se borne à signaler que, parfois «un travail grammatical est (...) possible» et qu'il «faut lier travail grammatical et travail sur le texte (qui ne doit pas être alors qu'un prétexte »)» (1983, pp. 65, 66). S. Moirand refuse également d'extraire la grammaire «du contexte situationnel dans lequel elle apparaît et de la couper de la sémantique» (1977 a, p. 125), ajoutant : «tant pis pour les exercices, puisqu'ils ne paraissent pas nécessaires» (*ibid.).*

170

C'est cette non dissociation, du travail sur la composante verbale et du travail sur les composantes non verbales de la communication, que nous avons appelée stylistique grammaticale. C'est la seule option qui soit, à notre avis, pleinement compatible avec les modèles de l'analyse du discours, lesquels fournissent des outils conceptuels évidemment mieux adaptés à ce projet que les modèles de la phrase, même s'ils restent souvent trop généraux Mais une telle option suppose qu'on aille au-delà de la compréhension globale, que sur certains points au moins (ceux qui s'intègrent à la progression qu'on suit) l'analyse, nécessairement explicitée, soit poussée plus loin, affinée, en travaillant, par exemple, sur les différences morpho-syntaxiques, et autres, qui existent entre les insertions contextuelles des formes et formulations que l'approche globale aura regroupées autour de la même entité sémantique. Ce travail de stylistique grammaticale ne pourra être qu'une sensibilisation à la grammaire intériorisée étrangère, mais, en tant que tel, il nous paraît indispensable au développement d'une véritable intuition grammaticale et devrait être entrepris dès le début de l'apprentissage, quitte à s'appuyer sur la langue de départ et certaines procédures de traduction.

5. Brève remarque sur les jeux et simulations

Ces techniques ne sont pas nouvelles puisqu'elles étaient déjà recommandées par les tenants de la méthode directe (par exemple, par le Congrès des langues vivantes de Vienne, en 1898). Certains y voient un moyen privilégié de faire pratiquer communicativement les régularités grammaticales de la langue étrangère : « L'utilisation récurrente de mots ou de règles syntagmatiques dans un jeu peut constituer une situation de communication plus authentique que la répétition et la mémorisation par cœur du célèbre dialogue en situation, ou, à plus forte raison, que les techniques répétitives formelles, telles que les exercices structuraux. » J.M. Caré, F. Debyser, 1978, p. 6). Ce qui n'est guère contestable, mais au-delà du plaisir que les apprenants peuvent y prendre parfois (un jeu, en classe, peut aussi sécréter l'ennui), il faut bien remarquer que ces jeux conduisent presque toujours à pratiquer la composante verbale étrangère à l'intérieur de composantes non verbales qui relèvent plus des règles constitutives du jeu que des normes communicatives authentiques. Un exemple simple : un élève doit découvrir un objet choisi à son insu par le groupe-classe, au moyen de questions « totales » (réponses par *oui* ou par *non*) ; il est clair qu'en dehors de ce jeu, et peut-être de certaines situations pédagogiques, il n'existe guère d'interactions où on peut ainsi multiplier naturellement les questions de même forme à son auditoire. Autrement dit, le jeu en classe de langue amène les apprenants à manipuler les régularités de la langue étrangère selon les règles du jeu, lesquelles ne coïncident que très rarement avec celles qui régissent la communication authentique. Il est symptomatique, d'ailleurs, que les jeux de langage pratiqués dans les cours de langue ne sont presque jamais ceux qui sont pratiqués spontanément par les natifs (jeux de mots, anecdotes, contrepèteries, etc., pour les francophones). Ce sont en fait des exercices, et en tant que tels ils sont aisément réductibles aux quatres types que nous avons distingués (voir chap. 6), la différence tenant essentiellement, à nos yeux, au fait que souvent dans les exercices on n'explicite pas ou mal les règles de fonctionnement, alors que dans les jeux on se sent tenu de le faire, ce qui facilite leur exécution par les étudiants.

Les **simulations** nous paraissent poser un problème pédagogique plus proche de celui des techniques de compréhension globale. On sait que ce terme peut recouvrir des activités relativement variées que l'on peut distinguer selon le caractère plus ou moins contraint des formes linguistiques à utiliser, et selon le caractère plus ou moins impliquant, pour les apprenants, des rôles et statuts à jouer (voir *Le Français dans le Monde*, n° 176, 1983). La **dramatisation** par laquelle on joue un dialogue appris par cœur est très contrainte, mais peu impliquante. La **méthode des cas** qui permet de simuler en classe des situations professionnelles ou touristiques qu'on aura à affronter en langue étrangère est moins contrainte linguistiquement (on peut en général choisir entre les formulations langagières sur un canevas prédéterminé). Le **jeu de rôles** proprement dit, « version pédagogique du psychodrame morénien » (J.M. Caré, 1983, p. 38) est supposé libérer l'expression profonde, et est donc à la fois très impliquant, émotionnellement et imaginairement, et très libre sur le plan langagier car « il est difficile de s'exprimer spontanément en essayant en même temps d'utiliser des contenus linguistiques précis » (B. Dufeu, 1983, p. 44). Ces quatre types de simulations sont utilisés actuellement en didactique des langues, les deux premiers sont plutôt des exercices de « fixation » par les répétitions langagières qu'ils supposent, les deux derniers sont plutôt des exercices « d'exploitation » par lesquels on « apprend à s'en sortir avec ses propres moyens d'expression » (*id.*, p. 43). *Archipel* (J. Courtillon, S. Raillard, 1982), par exemple, utilise des « canevas de jeux de rôles » du type suivant (p. 31):

CANEVAS 1
A et B marchent ensemble dans la rue et rencontrent C.
- A salue et C répond au salut.
- B demande à A qui est C.
- A répond.
- B demande quel travail il fait.
- A répond.
- B fait un commentaire.
- A répond au commentaire.
On peut suggérer les rôles suivants pour A, B et C : deux lycéens, un employé des P.T.T., un professeur d'histoire, une vedette célèbre, un étudiant étranger, une secrétaire, etc.

CANEVAS 2
En utilisant comme cadre la rue, une personne voit un chien perdu.
Monologue : la personne parle au chien:

- Elle lui demande pourquoi il pleure, comment il s'appelle et où il habite.
- Elle le caresse et voit son nom. Elle va téléphoner à son maître.
Dialogue au téléphone :
La personne qui a trouvé le chien téléphone et demande la personne dont le nom est sur le collier du chien.
- Le propriétaire répond.
- La personne dit qu'elle a trouvé un chien.
- Le propriétaire demande comment est le chien.
- La personne répond.
- Le propriétaire fait un commentaire.

Il s'agit, pour les étudiants, travaillant par petits groupes, de ré-employer les formulations qu'ils ont rencontrées dans les situations dialoguées de départ à partir du canevas proposé, lequel peut être expliqué en langue maternelle au début. C'est une activité qui nous paraît relever des exercices de reformulation, puisqu'il s'agit, en général, de partir de la description d'une séquence d'actes de parole pour en trouver les formulations appropriées. On se trouve donc entre « la méthode des cas » et « le jeu dramatique ». J.M. Caré a proposé des activités qui sollicitent beaucoup plus l'imaginaire sans prétendre enseigner/apprendre la langue en tant que telle, activités qui relèvent évidemment du dernier type.

Toutes ces simulations nous paraissent, à des degrés divers, faire pratiquer la composante verbale étrangère à partir de composantes non verbales relevant plutôt de l'univers socio-culturel de départ des apprenants, puisqu'il s'agit de spéculer sur la prégnance de celles-ci (référentielles, discursives et interactionnelles) pour faciliter la prise de parole en langue étrangère. De manière approximative, on peut dire qu'on joue dans une langue et qu'on parle dans une autre. La langue étrangère est pratiquée selon des règles et des normes communicatives qui ne relèvent pas d'elle : un étudiant arabophone dramatisera « la recherche d'un logement » en utilisant des répliques françaises mais en se comportant gestuellement et interactionnellement comme il a coutume de le faire (l'étudiante qui joue le rôle de son épouse doit le suivre, n'intervient pas dans la négociation, etc.) ; des étudiants australiens, qui simulent une campagne électorale dans une petite ville française, posent aux candidats des questions relatives à leur vie privée, qui seraient légalement sanctionnées en France, etc. Il nous semble que les pratiques de simulation ne peuvent que multiplier les interférences syntaxiques, discursives et socio-interactionnelles. Si, d'une manière ou d'une autre, on dissocie en didactique des langues la composante lexico-grammaticale de la pragmatique qui en justifie les valeurs, les étudiants ont tendance à y substituer leur propre pragmatique, et ceci d'autant plus que la simulation est impliquante. D'où l'importance et la difficulté de la correction des productions des apprenants dans ce type d'activité : elle ne peut être effectuée que lorsque la simulation est achevée, et doit être à la fois linguistique et communicative, particulièrement lorsqu'il existe une grande distance entre l'univers socio-culturel de départ et celui d'arrivée.

173

6. Ecrit et grammaire traditionnelle

Comme nous l'avons déjà signalé, étymologiquement la *grammaire*, en tant que réflexion méthodique sur une langue, fut d'abord « la science des lettres », c'est-à-dire le savoir permettant de transcrire, et donc de fixer, le flux de la parole. Le grammairien latin Varron disait que la grammaire prenait sa source dans l'alphabet.

Simplement, peut-être, parce que toute réflexion systématique implique une certaine objectivation, c'est-à-dire une relative immutabilité de l'objet observé, et une distance entre celui-ci et l'observateur, objectivation qui ne pouvait être le fait de l'oral tant qu'on ne savait pas le conserver. Ainsi, la grammaire est née de l'écrit, et l'écrit, du moins pour les langues qui s'écrivent depuis des siècles, n'a pu qu'être influencé par cette tradition grammaticale, par ce lent travail sur la langue qu'ont mené les professionnels de la parole et de l'écriture (linguistes et grammairiens, mais aussi juristes et religieux, imprimeurs et typographes), que ce soit dans les normes de transcription, dans l'**orthographe** (littéralement « écrit droit »), ou que ce soit dans ses normes discursives, sa **rhétorique,** qui fut certes au départ un art du bien parler, mais qui s'institua bientôt comme un art du bien écrire. Il nous faudrait beaucoup plus de place que celle dont nous disposons ici pour esquisser, en ce qui concerne par exemple la langue française, la longue histoire des interactions entre ces normes orthographiques et discursives et ce qu'on appelle, parfois avec condescendance, la grammaire traditionnelle, laquelle ne relève pas, comme nombre de ses critiques l'ont noté, d'un modèle métalinguistique homogène et non contradictoire, mais plutôt d'une culture grammaticale de la langue, d'une somme d'observations et de raisonnements légués par les générations passées.

On connaît la thèse d'A. Chervel selon qui la **grammaire scolaire** (variante pédagogique de la grammaire traditionnelle) serait « un discours sur la langue tout entier orienté vers l'enseignement de l'orthographe » (1977, p. 69). On apprendrait aux élèves à nommer l'article, le pronom, la préposition, la conjonction pour qu'ils s'habituent à les isoler graphiquement de ce qui les suit ; on apprendrait à distinguer le complément d'objet direct de l'indirect pour respecter les accords des participes passés, on aurait maintenu le mode impératif, fortement contesté par les grammairiens-philosophes du XVIIIe siècle, parce que ses désinences écrites sont traditionnellement différentes de celles de l'indicatif présent (*Mange/tu manges).* Pour A. Chervel, la grammaire scolaire « n'est donc pas autre chose que la mise en forme théorique de l'orthographe grammaticale » (*id.* p. 28). Mais s'il n'est pas contestable que la grammaire scolaire française (du XIXe et d'une partie du XXe) est, entre autres choses, le résultat d'une théorisation des problèmes posés par l'enseignement généralisé de l'orthographe traditionnelle, il n'est pas contestable non plus, que cette orthographe, dont les conventions ont été fixées progressivement à partir du XIVe siècle, est aussi le résultat d'une certaine théorisation grammaticale des pratiques scripturales de la langue. Théorisation clairement implicitée dans le découpage des mots graphiques et des phrases qui reflète l'analyse en parties du discours ; dans certaines distinctions morphologiques (l'adjectif possessif *son* s'oppose graphiquement au verbe *sont,* le futur *je viendrai* s'oppose graphiquement au conditionnel *je viendrais);* dans les règles d'accord qui attestent d'une hypothèse métalinguistique sur les relations entre les éléments de la phrase. C'est pourquoi il nous semble qu'on ne saurait dissocier l'enseignement/ apprentissage de l'orthographe française de l'explicitation ponctuelle de la description grammaticale qui est à l'origine de certaines de ses règles, et qui les explique au moins en partie. On ne voit pas, par exemple, comment on pourrait enseigner/apprendre les règles d'accord des participes par pure routine ou par exercices implicites, puisque même les natifs se montrent incapables de les suivre intuitivement.

« On ne parle pas comme on écrit », pour des raisons générales et d'autres spécifiques à certaines langues. Les premières tiennent au fait que les conditions de production, de transmission et de réception de l'écrit (que rappellent entre autres S. Moirand, 1979, pp. 8 à 10 et H. Portine, 1983, chap. 2) diffèrent presque toujours de celles de l'oral. Et nombre de difficultés de l'enseignement/apprentissage de l'écrit viennent de ce que les apprenants ne perçoivent pas, ou perçoivent mal ces différences. Les secondes tiennent aux normes discursives de l'écrit qui, comme celles de l'orthographe mais de manière moins évidente, trouvent en partie leur origine et leur explication dans la tradition grammaticale et rhétorique propre à la langue dont elles relèvent.

C'est cette tradition qui progressivement épure, enrichit, standardise, normalise une variété langagière pour la constituer en langue nationale telle qu'elle est décrite dans les dictionnaires, les grammaires scolaires ou de référence, et, autrefois, dans les ouvrages de rhétorique. C'est cette tradition qui, pour une part, articule un texte français différemment d'un texte anglais ou chinois, dans ses règles de construction, dans sa structure interphrastique, dans sa manière de présenter les arguments, de les classer et de les développer, et dans certains « tabous » discursifs (ne pas se répéter, ne pas changer de registre, ne pas être ambigu, etc...).

Là aussi, nous pensons qu'une explication ponctuelle de cette tradition grammaticale et rhétorique ne peut que faciliter l'apprentissage. D'autant plus que, jusqu'à maintenant, comme nous l'avons signalé, l'analyse moderne du discours en reste à des règles relativement translinguistiques.

La grammaire traditionnelle et ce qui reste de la rhétorique constituent une sorte de patrimoine culturel qu'on ne peut dissocier de la plupart des usages écrits du français, parce qu'il s'y trouve implicité un peu à la manière dont on inscrit les éléments d'une description grammaticale dans un dialogue didactique. Une langue ne sert pas qu'à communiquer, mais aussi à signifier le monde et la mémoire de ceux qui la pratiquent. Appartiennent à la langue les évaluations et les représentations, grammaticales ou autres, que s'en font les natifs, si ce n'est que parce que ces représentations et ces évaluations influencent constamment les pratiques scripturales, et même orales. C'est ce patrimoine culturel, intégré en particulier dans les écrits d'une langue, que, entre beaucoup d'autres, se sont efforcés de théoriser A. Meillet, les dernières thèses du Cercle de Prague, certains linguistes soviétiques, ou plus récemment J. Derrida (1967).

Conclusion

Ainsi, dans une classe de langue, se trouvent toujours implicités des éléments d'une description grammaticale (ou d'un mixte de descriptions) de la langue-cible, que cette implicitation soit le fait de l'auteur du manuel à travers la progression suivie, les dialogues qui l'illustrent, les divers exercices et activités qui la traitent ; qu'elle soit le fait du professeur dans l'exploitation plus ou moins méthodique qu'il fait des documents de départ, ou qu'elle soit inscrite dans les normes, en particulier orthographiques et scripturales, de la langue qu'on enseigne/apprend. Cette grammaire implicitée didactiquement et historiquement n'est jamais exactement la même que celle implicitée par l'acquisition naturelle d'une langue, maternelle ou étrangère, simplement parce qu'elle est, dans la classe, presque constamment objet d'enseignement/apprentissage, et en tant que telle s'inscrit dans des activités métalinguistiques plus ou moins conscientes (voir H. Besse, 1980 b et F. Cicurel, 1983). C'est pourquoi il nous semble que ces éléments descriptifs implicités devraient être, de manière ponctuelle et adaptée, explicités par l'enseignant et les enseignés, compte tenu des représentations métalinguistiques de ces derniers.

Les connaissances dont nous disposons actuellement sur ce qu'est l'acquisition naturelle ou guidée d'une langue étrangère sont trop fragmentaires ou trop incertaines pour qu'il soit possible d'en tirer des conclusions définitives, et qui ne seraient que dogmatiques, quant à ce qui devrait être l'enseignement/apprentissage de la grammaire d'une langue étrangère. Celles que nous avançons ici, au terme de cette seconde partie, s'en tiennent aux analyses que nous y avons menées et au «bon sens», bien que celui-ci ne soit souvent que le sens reçu avant tout examen critique.

Un cours de langue étrangère ne peut se réduire à un cours de grammaire ou de linguistique, même appliqué à la langue enseignée/apprise : le savoir délivré par ce type de cours ne coïncide pas avec le savoir-faire langagier que les apprenants cherchent à acquérir. Il faut donc enseigner/apprendre à la fois plus et moins qu'un simple savoir grammatical ou linguistique sur la langue étrangère. Plus, en ce sens que les apprenants doivent acquérir des connaissances, des comportements, des normes et des règles que grammairiens et linguistes excluent épistémologiquement de leur champ d'investigation. Moins, en ce que la majorité de ces apprenants ne se destinent pas à devenir des spécialistes du langage. Mais, en même temps, nous doutons qu'une classe de langue puisse se passer de tout recours à un savoir grammatical ou linguistique : comme nous l'avons vu, le refoulement de la terminologie spécialisée dans l'implicite des progressions d'enseignement et des explications grammaticales est loin d'éliminer les options et les raisonnements métalinguistiques sous-jacents, au moins du côté de l'enseignant et du manuel. Un cours de langue étrangère demeure donc toujours, à nos yeux, une sorte de cours de grammaire ou de linguistique, en ce qu'il est un lieu et un temps où, non nécessairement de manière explicite et méthodique, enseignant et enseignés pratiquent (ou s'efforcent de pratiquer) une langue en communiquant à propos de cette langue. En d'autres termes, ils sont contractuellement réunis pour travailler *sur* une langue, essentiellement au moyen d'elle-même.

Ces propositions antagonistes admises, nous nous bornerons à indiquer deux orientations qui nous paraissent en découler directement.

La première est qu'il faut, le plus vite possible, donner aux étudiants les mots, expressions, constructions relevant de la langue-cible qui leur permettront de parler de celle-ci. Certes au départ, on peut parler de la langue-cible en s'appuyant sur la langue de départ (du moins dans une classe homogène de ce point de vue), mais il paraît souhaitable que les étudiants parviennent rapidement à parler de la langue-cible en utilisant la métalangue ordinaire[1] qui en relève. D'abord parce que cette métalangue non spécialisée appartient à la langue, et que pour certaines langues elle y véhicule une culture grammaticale qui n'est pas sans incidence sur ses pratiques écrites et sur les évaluations que font les locuteurs natifs de leurs productions ; ensuite parce que la plupart des mots qui la constituent ont de hautes fréquences et une bonne répartition (voir H. Besse, 1980 b) ; enfin parce qu'elle rend possible dans la classe une certaine « métacommunication » en langue étrangère sur l'objet même d'enseignement/apprentissage et sur les interactions que suscitent ces deux processus. Cette métalangue-cible ordinaire est, le plus souvent, enseignée au hasard des échanges enseignant/enseignés et très peu prise en compte dans les manuels ; il nous semble que ceux-ci et les cours gagneraient en cohérence à l'introduire méthodiquement.

La seconde est que le travail grammatical dans la classe doit tenir compte de ce qu'on pourrait appeler les potentialités métalinguistiques des étudiants auxquels on s'adresse : ont-ils déjà appris un modèle métalinguistique à propos de leur langue maternelle ou d'une langue seconde ? Quel modèle ? Exprimé dans quelle méta-

1. Par là, il faut entendre simplement les mots, expressions, constructions ordinaires qui permettent, pour une langue donnée, de parler de celle-ci et de son fonctionnement.

langue ordinaire et spécialisée (distinguer comme le font les anglophones *noun* «nom» de *name* «nom propre», ou *time* «le temps» de *tense* «temps verbal» induit des catégorisations différentes de celles d'un francophone)? Si ces étudiants n'ont été formés à aucun modèle métalinguistique précis et ne pratiquent que la métalangue ordinaire de leur langue de départ, mieux vaut, nous semble-t-il, s'en tenir à des pratiques grammaticales qui ne s'appuient pas directement sur une description grammaticale de la langue-cible, c'est-à-dire à des activités de grammaire implicitée (jeux de langage, simulations diverses, réemplois, compréhension «globale», corrections communicatives, etc.) et à des exercices de répétition et de reformulation. Ce qui ne veut pas dire qu'à propos de ces activités, on ne parlera pas de la langue et de ses régularités, mais on parlera à l'aide de la seule métalangue ordinaire (de départ ou cible) afin de ne pas alourdir la tâche des étudiants par l'apprentissage d'un nouveau modèle métalinguistique. Sauf, évidemment, si on considère que cet apprentissage est en lui-même «formateur», en ce qu'il donne une méthode de réflexion sur le langage. Si les étudiants concernés ont été formés à un modèle métalinguistique et qu'ils en ont retenu une partie des catégorisations et opérations, mieux vaut, nous semble-t-il, tenir compte, autant que faire se peut, de ce modèle, soit dans les explications que le professeur peut donner du fonctionnement de la langue étrangère, soit dans les «conceptualisations» que les étudiants élaborent eux-mêmes à partir de leur interlangue.

TROISIEME PARTIE

Grammaires d'apprentissage et apprentissage de la grammaire

Tout enseignement de langue suppose et met en jeu une certaine représentation du fonctionnement de cette langue mais aussi de son apprentissage. Les conceptions, les idées et les croyances, souvent peu explicitées et largement diversifiées selon les contextes socio-culturels, sur la façon d'apprendre et de faire apprendre une langue jouent un rôle important dans son enseignement. Une théorie et une pratique de l'enseignement des langues impliquent non seulement une théorie du langage et une théorie de l'apprentissage mais aussi une articulation entre l'une et l'aure.

Bien que l'apprentissage des langues étrangères ait fait depuis des siècles l'objet de tentatives de théorisation (voir par exemple W.F. Mackey, 1965, Ie partie et L.G. Kelly, 1976), la didactique des langues, dans la seconde moitié du XXe siècle, s'est d'abord déve-loppée dans le cadre d'une linguistique appliquée privilégiant les descriptions linguistiques, notamment entre 1950 et 1970 : mieux nous connaîtrions et décririons le fonctionnement des langues, mieux nous enseignerions.

Pour des raisons diverses, qui tiennent en partie aux limites des méthodes structurales et audio-linguales et aux développements de la psycholinguistique, on en est rapidement venu, vers la fin des années 1960, à percevoir la nécessité de prendre en compte les dimensions psychologiques de l'apprentissage et à s'interroger non seulement sur le «quoi enseigner» et le «comment enseigner», mais davantage sur le «comment apprend-on ?». Dans sa préface à l'ou-vrage *Foreign Language Learning* de L.A. Jakobovits (1970), W.F. Mackey[1] constate qu'«il est surprenant que l'on ait consacré si peu d'attention scientifique aux processus par lesquels on apprend -ou non - une langue (...) Il y a toujours eu une confusion inexplicable entre enseignement des langues et apprentissage des langues.» (p. IX) Au début des années 1970, P. Pimsleur et T.Quinn estiment que «l'objectif de nos recherches doit se déplacer de la langue vers le sujet apprenant, du matériel pédagogique à l'individu destiné à l'assimiler. Mieux nous comprendrons comment les étudiants apprennent, mieux nous enseignerons.» (1971, p. 4) Parmi diverses

---

1. Lui-même auteur quelques années plus tôt de *Language teaching analysis*, dont la rédaction était terminée en 1961 mais paru en 1965 (Traduction française *Principes de didactique analytique*. Paris, Didier, 1972)

propositions programmatiques pour l'enseignement de la grammaire, E. Roulet préconise à la même époque « que les psychologues de l'apprentissage et psycholinguistes intensifient les recherches pour trouver un ou plusieurs modèles valables de l'acquisition de la langue maternelle ou d'une langue étrangère. » (1971, p. 13).

Ces constats et ces vœux, qui ne nient pas l'intérêt des descriptions linguistiques pour l'enseignement des langues, amènent cependant à s'interroger sur l'adéquation de leur apport à une problématique de l'apprentissage de la grammaire et plus largement sur les processus d'apprentissage. Dans les chapitres qui suivent, on tentera de clarifier les relations entre descriptions linguistiques et grammaires d'apprentissage (chap. 8), puis d'examiner l'itinéraire récent de l'analyse contrastive à l'analyse d'erreurs (chap. 9) pour ensuite préciser ce que l'on peut entendre par « grammaire intériorisée » des apprenants, ou interlangue (chap. 10). On tentera enfin de resituer l'apprentissage de la grammaire dans un cadre psycholinguistique (chap. 11). Chemin faisant, on abordera certaines implications pédagogiques des différentes questions abordées.

Chapitre 8

Descriptions grammaticales
et grammaires d'apprentissage

Entre les grammaires descriptives, les grammaires pédagogiques et les grammaires intériorisées des apprenants s'établissent des interrelations qui, tant dans les théories didactiques que dans les pratiques d'enseignement, renvoient à diverses acceptions du terme « grammaire » (voir chap. 1). Ceci est vrai, bien que différemment, qu'il s'agisse de langue maternelle ou de langue étrangère. Mais, par rapport à d'autres disciplines ou matières d'enseignement/apprentissage, le statut de la grammaire, en langue étrangère, sous la diversité même de ses acceptions, apparaît spécifique à plusieurs égards.

1. Grammaire et pédagogie

De façon générale, une pédagogie centrée sur la matière se fonde sur des descriptions du contenu à enseigner, c'est-à-dire sur une certaine structuration des savoirs portant sur cette matière. En géographie, en physique, en chimie, en histoire, en mathématiques, en sciences naturelles ou en littérature, il s'agira de faire acquérir un savoir préstructuré, de telle sorte qu'étudier l'une ou l'autre de ces matières signifie s'approprier non seulement les éléments constituants de ce savoir - les notions, les concepts, les lois, les faits - mais aussi la façon dont il est organisé, présenté et transmis. Il est justifié de parler là d'apprentissage guidé en ce que l'apprenant, quelle que soit la pédagogie adoptée, n'a au fond que peu d'initiative et d'autonomie dans l'organisation de ce savoir, même s'il y investit des stratégies personnelles et des sources parallèles individualisées d'apprentissage ou de connaissance. La pédagogie consiste là, à partir d'une délimitation et d'une structuration préalable des contenus - selon des principes didactiques variables et des options idéologiques diverses -, à effectuer des choix opératoires : sélection, progression, présentation, activités, évaluation, de nature à agencer et à suivre un itinéraire et des pratiques appropriés à la transmission - l'appropriation pour les destinataires - de savoirs ou de savoir-faire progressifs aboutissant à une connaissance de la matière. Connaissance dont la nature, l'étendue et les capacités d'investissement ultérieur sont estimées et sanctionnées en fonction d'objectifs institutionnels, eux-mêmes définis à l'intérieur d'un système éducatif. Dans cette perspective, pour enseigner une langue, on part des descriptions de cette langue pour en structurer l'enseignement et l'apprentissage, de façons diversifiées selon les différentes variables prises en compte. Apprendre une langue, c'est alors en quelque sorte en apprendre les règles de fonctionnement et d'utilisation - en tant que corps de savoir sur cette matière -, selon les descriptions préalablement adoptées et adaptées par et pour l'enseignement.

A cette démarche s'oppose, schématiquement bien sûr, celle qui suscite ou assume une structuration progressive des contenus et des savoirs par l'individu ou le groupe, de façon autonomisée et essentiellement inductive. Un apprentissage naturel, tel qu'on peut l'observer pour une langue étrangère hors de tout guidage institutionnel, se construit non pas sur la base de descriptions préstructurées de cette langue mais sur la base de l'expérience langagière préalablement acquise - connaissance d'une langue maternelle au moins et, à travers celle-ci, expérience de la représentation et de la communication par le langage - et selon des activités et représentations cognitives et des pratiques sociales et communicatives qui structurent la connaissance et l'utilisation de l'idiome non-maternel. A la différence des matières scolaires évoquées plus haut, cet apprentissage peut s'effectuer de façon efficace et relativement rapide, sans autre guidage que celui, non préstructuré, du milieu où il se développe.

Si l'enseignement des langues tente de reproduire, d'imiter ou de simuler les situations, les conditions et les démarches d'appropriation naturelle d'une langue étrangère (voir chap. 4), il ne peut les re-constituer dans le cadre même où il opère et qui le contraint : «Ce qui est difficile, ce n'est pas d'apprendre des langues étrangères, mais de les apprendre en classe.» (G. Kennedy, 1973, p. 77) Il s'agit donc moins d'imiter le naturel que de tenter d'en comprendre les mécanismes profonds pour les mobiliser ou les activer dans des stratégies pédagogiques appropriées, susceptibles de faciliter l'apprentissage. En particulier, la façon dont s'apprend la grammaire, dans un cadre naturel non pré-structuré par des descriptions pédagogiques, intéresse en principe l'enseignement des langues. Mais aussi la façon dont elle s'apprend dans un cadre institutionnel, et la comparaison entre l'une et l'autre. Si l'on retient provisoirement comme valide dans les deux cas la sixième acception du terme «grammaire» dans le *Dictionnaire de Didactique des Langues* (voir chap. 1) : «Système intériorisé par le locuteur-auditeur d'une langue et lui permettant de produire et de comprendre les phrases de cette langue», en admettant donc qu'elle s'applique à une langue non-maternelle et à un locuteur-auditeur non-natif, on peut alors se poser une série de questions : comment un apprenant de langue étrangère construit-il *sa* grammaire de cette langue ? Quelle en est la nature ? Quelles similitudes, différences et relations y a-t-il entre cette «grammaire d'apprentissage», les grammaires descriptives et les grammaires pédagogiques ?

2. Aperçu d'une grammaire d'apprentissage

Pour clarifier cette notion de grammaire d'apprentissage, sur laquelle nous reviendrons, nous en donnerons une première illustration. Il s'agit de la transcription d'un enregistrement de deux minutes de production orale sur images (test d'expression orale, *CGM 62*, Didier, Paris, 1962) par une jeune adulte non-francophone ayant déjà étudié le français pendant un an dans son pays. Dans cette transcription, on peut repérer certaines régularités internes, indépendamment du caractère correct ou erroné des occurrences répertoriées :

> A huit heures ma sœur et moi se [lεv] pour l'école... et aussi à huit heures ma mère prépare le petit déjeuner pour ma sœur et moi. Elle prépare le café au lait peut-être café au lait et le pain et... et après... euh ma famille... ma famille mange euh [tutãsãbl]
> 5 devant... avant ma sœur et moi et mon père [paRt] pour... travail. Ma père... mon père monte le... la voiture pour... pour conduire et ma sœur et moi se [pRɔmɔnad] à l'école. A la même fois ma mère a... a allé à les magains pour acheter des choses pour euh déjeuner. A midi ma sœur et moi euh
> 10 [RɔtuRn] à chez moi et [mãʒ] avec ma mère. Ma père reste à le... au restaurant parce que il est... il est plus facile pour lui. A... après nous mangions ma sœur et moi [paRt] pour l'école... [paRt]... C'est cinq heures ? Cinq heures ? Ah OK ma sœur et moi euh ir... ira à l'école encore et à cinq heures nous partions
> 15 pour chez moi. Quand... nous [aRiv] euh ma m... ma mère [liz] le journal et elle [atãd] de le radio et après elle prépare le dîner pour... pour nous. Ma sœur et moi [mãʒ tutãsãbl] et ma mère [etãd]... a étendu pour mon père. Mon père arrive à huit heures pour dîner. A... à neuf heures euh ma sœur et moi... se [Kuʃ] et
> 20 mon père et ma mère [vwa] le télévision. Le prochain jour est jeudi et jeudi euh il n'est pas une classe parce qu'il est une fête... [pεntikɔst] et jeudi ma sœur joue... euh... joue à chez moi et euh pour le weekend ma famille est [ʒu] et... voit la télévision et... dimanche nous mangions... ensemble à sept heures pour dîner
> 25 et la famille reste à chez moi.

(Extrait de R. Porquier, 1975 a)

a. *ma sœur et moi* (lignes 1, 5, 7, 9, 12, 13-14, 1,7, 19) est toujours suivi de formes verbales de troisième personne (transcrites ici en phonétique faute de pouvoir les identifier comme singulier ou pluriel), alors que par ailleurs on rencontre *nous partions* (ligne, 14), *nous mangions* (l. 12) et *nous* [*aRiv*] (l. 15).
b. Les indicateurs temporels (mis à part les verbes co-occurrents) apparaissent sous les formes suivantes : *à... heures* (l. 1, 1-2, 14, 18, 19, 24), *à midi* (l. 9) ; *jeudi* (l. 21, 22), *dimanche* (l. 24) *devant...*

avant[1] (l. 5, avec reprise du premier par le second), *après* (l. 4, 12, 16) ; *à la même fois* (l. 7-8) ; *encore* (l. 14). Et dans les positions suivantes : avant le sujet (l. 2 *à huit heures ma mère prépare le petit déjeuner,* et 1, 4, 8, 9, 15, 17, 20, 23, 25) ; après le verbe (l. 18 *mon père arrive à huit heures* et l. 24) ; après le verbe (l. 18 *mon père arrive à huit heures* et l. 24) ; après un complément (l. 13-14 *ma sœur et moi ira à l'école encore*).

c. Les compléments ou indicateurs de lieu apparaissent sous les formes suivantes : *se* [*lɛv*] *pour l'école* (l. 1), [*paRt*] *pour travail* (l. 5-6), *se* [*pRɔmenad*] *à l'école* (l. 7), *a allé à les magasins* (l. 8), [*RɔtuRn*] *à chez moi* (l. 10), *reste à le... au restaurant* (l. 10-11), [*paRt*] *pour l'école* (l. 12), *ira à l'école* (l. 14), *nous partions pour chez moi* (l. 14-15), *joue à chez moi* (l. 22), *reste à chez moi* (l. 25).

Dans le cas **a**, les régularités observées sont différentes des règles de la langue cible. Dans le cas **b**, elles sont, pour l'essentiel, conformes aux règles de la langue cible. Dans le cas **c**, qui mérite un examen plus détaillé, on pourrait voir l'apparition d'une règle du type :

$$\textbf{verbe} + \begin{matrix} à \\ pour \end{matrix} + \begin{matrix} chez\ moi \\ l'école \end{matrix}$$

différente des règles de la langue cible. Cette règle pourrait éventuellement être décomposée en sous-règles déterminant le choix de *à* et de *pour* selon le caractère sémantique (directionnel / non directionnel, mouvement / non mouvement) des verbes qui précèdent. Quel que soit le mode de description adopté - et celui que nous avons ébauché résulte d'un choix *a posteriori* parmi d'autres possibles -, on observe des régularités grammaticales, sans préjuger des règles, implicites ou explicites, effectivement intériorisées et appliquées par la locutrice ; et sans pouvoir en expliquer l'origine ou les causes, ni pourquoi elles s'écartent des règles de la langue-cible. On se contente, à ce stade, d'y repérer une cohérence qui renvoie à un système de règles autre que celui de la langue cible et aussi, sans doute, que celui introduit par l'enseignement qu'elle a reçu antérieurement. On peut y voir une certaine logique grammaticale interne, par confrontation avec celle de la langue cible. En français, on peut dire :

1	2
je suis chez moi	*je suis à Paris, à la poste*
je viens de chez moi	*je viens de Paris, de la poste*
je vais chez moi	*je vais à Paris, à la poste*

Si on admet l'équivalence *Paris/chez moi* comme indicateur de lieu dans le contexte *je viens de*, on peut comprendre que la projection de 1 sur 2 produise, par analogie, **je vais la poste*, forme rencontrée, par exemple, chez des arabophones migrants ; ou que la projection de 2 sur 1 donne, à l'inverse, **je vais à chez moi* rencon-

---

1. Dans le contexte, *avant* (5) et *après* (12) sont apparemment à interpréter comme *avant que* et *après que*.

tré plus haut. On entrevoit donc que la confrontation d'une grammaire d'apprentissage, telle qu'on l'a abordée ci-dessus, avec une grammaire descriptive du français interroge non seulement le fonctionnement de la première mais aussi celui de la seconde, celle-ci servant en principe, dans l'enseignement, à informer et à étalonner celle-là.

L'influence de la langue maternelle (l'anglais, dans le cas examiné) peut suffire à **expliquer** certaines formes relevées, voire certaines particularités des règles sous-jacentes à sa production, mais non à **décrire** ces règles. Nous reviendrons plus loin (chap. 9 et 10) sur ce point. On se contentera ici de deux observations : d'une part, l'échantillon examiné illustre certaines caractéristiques des grammaires d'apprenants, telles que les envisage S.P. Corder : « quelqu'un qui apprend une langue étrangère ʻpossède une langueʼ en ce sens que son activité langagière obéit à des règles et que l'on peut par conséquent, en principe, la décrire en termes linguistiques (...) Si nous envisageons de décrire la langue[1] de l'apprenant de la même façon qu'une langue maternelle inconnue ou non-décrite, nous devons alors considérer l'apprenant comme un « locuteur natif » de sa propre langue[1] et, théoriquement du moins, comme le **seul** locuteur natif de cette langue. » (S.P. Corder, 1967-1980, p. 29). D'autre part, dans la mesure où cette grammaire d'apprentissage s'est construite initialement dans un cadre institutionnel, il y a lieu de se demander quelles relations existent entre elle et la grammaire pédagogique qui l'a informée. Et, plus généralement, entre les descriptions grammaticales d'une langue, les grammaires pédagogiques pour l'enseignement d'une langue étrangère et les grammaires d'apprentissage.

3. Grammaires descriptives, grammaires pédagogiques et grammaires d'apprentissage

Une question centrale en didactique des langues est celle de l'apport et de l'adaptation des descriptions linguistiques qui rendent compte du fonctionnement, des usages et des normes des locuteurs natifs d'une langue (voir chap. 4), la « langue cible » pour les enseignants et les apprenants. L'objet de l'enseignement/apprentissage n'est pas constitué en soi par les descriptions des linguistes, mais par les descriptions pédagogiques ou pédagogisées de cette langue, ce que nous appelons ici grammaire pédagogique. Ou, si l'on préfère, par une connaissance de cette langue construite et canalisée sur la base de descriptions pédagogiques. La connaissance effective

---

1. *langue* renvoie naturellement ici non à la langue maternelle de l'apprenant mais à *sa* langue étrangère (son interlangue).

des apprenants, à un stade quelconque, peut être appelée grammaire d'apprentissage. La distinction entre grammaires descriptives[1], grammaires pédagogiques et grammaires d'apprentissage (voir G. Kahn, 1981) et leurs interrelations aident à caractériser leurs statuts respectifs.

Comme le montre J.P.B. Allen, une grammaire pédagogique se différencie d'une grammaire descriptive *(scientific grammar)* sur au moins deux points. D'une part, ses objectifs sont différents : « L'auteur d'une grammaire pédagogique a pour principale tâche non de rendre compte de la compétence d'un locuteur-auditeur natif idéal, mais de fournir un cadre relativement informel de définitions, de schémas, d'exercices et de règles qui puisse aider un apprenant à acquérir une connaissance de la langue et une certaine maîtrise de son utilisation (...) Une grammaire pédagogique n'est donc pas contrainte par les critères d'adéquation descriptive requis d'une grammaire scientifique, ni tenue de respecter une théorie formelle pour obtenir de bons résultats dans la classe » (1974, p. 60). D'autre part, et par conséquent, une grammaire pédagogique est éclectique dans son utilisation des grammaires scientifiques : « le linguiste appliqué *(applied linguist)* doit sélectionner (...), à la lumière de son expérience de l'enseignement, les façons les plus appropriées d'organiser les informations qu'il retire des grammaires descriptives. » *(ibid., p. 60)*

Cette double caractérisation est cependant restrictive à plusieurs égards. S'il est vrai qu'une grammaire pédagogique, au sens où l'entend Allen, n'est pas en principe soumise aux mêmes contraintes qu'une grammaire scientifique, les tentatives ne manquent pas de fonder des descriptions pédagogiques, voire certaines pratiques pédagogiques, sur une grammaire descriptive (voir entre autres Charlirelle 1975, N.Combe-Mc Bride et P. Le Goffic 1975, et les exemples évoqués par E. Roulet 1971). Leur adéquation à l'enseignement, si l'on admet l'adaptation que nécessite toute pédagogisation et la divergence des objectifs - description ou enseignement, selon le cas -, ne peut être appréciée *a priori* ni même sans doute *a posteriori*: on invoque souvent, pour expliquer les limites ou les échecs d'une méthodologie ou d'une méthode d'enseignement, non seulement l'inadéquation de la théorie ou des descriptions de référence mais aussi le manque de formation linguistique des enseignants, l'insuffisance des conditions institutionnelles et/ou matérielles ou la non-validité des modes d'évaluation.

Par ailleurs, une grammaire pédagogique ne peut s'élaborer sur la seule base de descriptions linguistiques, fussent-elles éclectiquement brassées et mixées mais, de façon plus complexe, selon des options didactiques préalables qui conduisent à envisager, examiner, sélectionner et éprouver des descriptions présumées utiles ou adéquates, c'est-à-dire pédagogiquement traitables en fonction des objectifs visés. Ainsi, des enseignements se réclamant d'une approche communicative tendent à utiliser des apports divers (pragmati-

---

1. C'est ce que nous avons appelé description grammaticale.

que, analyse de discours, linguistique de l'énonciation mais aussi grammaire transformationnelle et linguistique structurale) en fonction d'un cadre d'enseignement défini plutôt par des objectifs communicatifs ou fonctionnels (au sens où l'entendent, en didactique des langues H. Besse 1980 c ou S. Moirand 1982) que par l'expérience d'enseignement ou les options linguistiques de leurs auteurs.

Enfin, la notion même de grammaire pédagogique est floue, comme le montrent la diversité et l'hétérogénéité de ses manifestations concrètes. Du point de vue de l'apprenant, aussi bien que du point de vue de la mise en œuvre pédagogique, elle revêt des formes très diverses : contenu grammatical des méthodes, outils pédagogiques spécialisés (manuels de grammaire, contrastive ou non ; appareillage d'exercices intégrés ou non à une méthode), pratiques effectives dans la classe de langue, etc.. Les descriptions grammaticales investies dans l'enseignement ne se réduisent pas à un corps de descriptions pédagogiques quelque peu fini, préalablement élaboré par des auteurs de méthode ou de matériaux d'enseignement, mais apparaissent plutôt comme un ensemble composite d'informations complémentaires sur la langue à enseigner/apprendre. Il n'y a pas isomorphisme entre les descriptions retenues par une méthode quelconque et celles qui circulent dans les pratiques effectives d'enseignement. Or, ce sont celles-ci qui informent et construisent les grammaires d'apprentissage.

4. Quelques aspects des grammaires pédagogiques

Quelques exemples illustreront cette diversité. Si l'on tente d'inventorier ou de reconstituer la charpente grammaticale des méthodes, c'est-à-dire le système de règles qui en organise le contenu et qu'elles entendent inculquer, sous forme explicite ou implicite, on remarque que les manuels eux-mêmes - y compris les «livres du maître» ou «guides pédagogiques» les plus élaborés - ne présentent souvent qu'un inventaire des contenus, découpés en rubriques grammaticales successives ou récapitulatives, comme ci-dessous :

LEÇON	1.	Un, une — C'est	2
»	2.	Un, des — Ce sont	4
»	3.	Le, la, les, l'	6
»	4.	L'accord de l'adjectif qualificatif. Les couleurs	8
RÉVISION ET VARIÉTÉS			10
LEÇON	5.	Je suis. Les adjectifs *(suite)*	12
»	6.	Un chapeau, des chapeaux. Il y a ; y a-t-il ?	14
»	7.	Je ne suis pas. Suis-je ? La matière des objets	18
RÉVISION ET VARIÉTÉS			18
LEÇON	8.	J'ai. Le corps	20
»	9.	Mon, ton, son. La tête	22
»	10.	Notre, votre, leur. Les verbes en -er	26
RÉVISION ET VARIÉTÉS			26

Leçon 11. **Du, des.** L'heure 28
» 12. **Au, aux.** Le jour, le mois, l'année 30
» 13. **Les verbes en -ir.** Les saisons 32
» 14. **Ce, cette, ces.** Les mesures; l'âge 34
RÉVISION ET VARIÉTÉS 36

(G. Mauger, *Cours de langue et de civilisation françaises*, I., 1967)

et jamais le détail des descriptions sous-jacentes au contenu des leçons et à la progression qu'elles parcourent.

Ces descriptions, il est vrai, apparaissent souvent en filigrane, sous les dialogues ou dans les schémas d'exercices, au point d'être parfois aisément reconstituables (voir chap. 6 et 7). Ainsi, dans *Voix et Images de France I* (*Livre du maître*, 1962, p. 11), le mécanisme de la leçon 3 présente, dans une série de pseudo-dialogues *ad hoc*, le paradigme des possessifs :

LEÇON 3. — MÉCANISMES.

Les **possessifs** : mon — votre — son
                      ma — votre — sa

VOIX : *Voix d'homme, voix de femme, Monsieur Thibaut, Madame Thibaut, Catherine.*

Une voix d'homme. — Voilà un chapeau.
Une voix de femme. — C'est le chapeau de Monsieur Thibaut ?
Une voix d'homme. — Oui, c'est son chapeau.
Une voix de femme. — Monsieur Thibaut, c'est votre chapeau ?
Monsieur Thibaut. — Oui, c'est mon chapeau.

Une voix d'homme. — Voilà un manteau.
Une voix de femme. — C'est le manteau de Madame Thibaut ?
Une voix d'homme. — Oui, c'est son manteau.
Une voix de femme. — Madame Thibaut, c'est votre manteau ?
Madame Thibaut. — Oui, c'est mon manteau.

Une voix de femme. — Qu'est-ce que c'est ?
Une voix d'homme. — C'est une voiture.
Une voix de femme. — C'est la voiture de Monsieur Thibaut ?
Une voix d'homme. — Oui, c'est sa voiture.
Une voix de femme. — Monsieur Thibaut, c'est votre voiture ?
Monsieur Thibaut. — Oui, c'est ma voiture.

Catherine. — Au revoir, Madame.
Une voix de femme. — Au revoir, Catherine.

Une voix d'homme. — C'est la fille de Madame Thibaut ?
Une voix de femme. — Oui, c'est sa fille.
Une voix d'homme. — Madame Thibaut, c'est votre fille ?
Madame Thibaut. — Oui, c'est ma fille.

On identifie là aisément l'inventaire des formes du singulier pour *mon*, *son* et *votre* (sauf devant voyelle), en rapport avec les formes correspondantes des déterminants *le* et *un*, ainsi que la distribution exhaustive des cas de figure avec le «possesseur» et le «possédé» (possesseur masculin, possédé masculin ; possesseur masculin, possédé féminin ; possesseur féminin, possédé masculin ; possesseur féminin, possédé féminin) comme aurait pu le prévoir, par exemple, une analyse contrastive français-anglais [1] (l'accord en genre se faisant en anglais avec le «possesseur», et non avec le «possédé» comme en français).

On en trouve d'autres exemples dans la forme même d'exercices où les règles, qu'elles soient explicitées ou non au préalable, apparaissent en transparence dans les schèmes de variations syntagmatiques et/ou paradigmatiques suggérés, comme dans cet extrait d'*Intercodes* :

Impératif + le, la, les

Recettes

1
On choisit quatre pommes.
On les lave.
On les épluche.
On les coupe en morceaux.
On les met dans une casserole et on les fait cuire avec un peu de sucre.

Continuez
Pour faire cette recette choisissez quatre pommes lavez-les,
...

2
Prenez des pommes de terre (une par personne).
Lavez-les.
Mettez-les dans une casserole avec de l'eau.
Faites-les cuire.
Épluchez-les.
Mangez-les avec un peu de beurre.

Continuez
Pour faire cette recette,
on prend quatre pommes,
on...
...

(A. Monnerie, *Intercodes 1, Livre de textes*, 1978, p. 32)

1. *Voix et Images de France*, méthode dite «universaliste», n'était pas spécialement destinée à un public anglophone mais à des publics de n'importe quelle langue maternelle. Ce qui n'invalide pas l'intérêt de la description évoquée.

Il existe par ailleurs, sous des formes diverses, des précis de grammaire, adjoints ou intégrés à un matériel pédagogique, qui récapitulent, sous forme plus ou moins explicitée, la grammaire interne à la méthode, celle qu'on vise à faire acquérir et que l'on suppose acquise en fin de parcours, comme dans l'extrait suivant de *Cartes sur Table* 1 :

27 On ne peut pas compter la quantité	masculin	pluriel	féminin
	du de l'	des	de la de l'
Vous avez...	Vous avez... du fromage du lait de l'argent	Vous avez des haricots des fleurs des légumes	Vous avez... de la salade de la bière de l' essence de l' huile
Nous n'avons pas	Nous n'avons... pas de fromage pas de lait pas d'argent	Nous n'avons... pas de haricots pas de fleurs pas de légumes	Nous n'avons... pas de salade pas de bière pas d'essence pas d'huile
	Vous avez du...? de la...? Oui, j'en ai. des...? Non, je n'en ai pas.		

(R. Richterich, B. Suter, 1980, *Cartes sur table* 1, p. 135)

En ce cas, ce qui est regroupé et synthétisé, c'est la somme du contenu grammatical pédagogique, non l'itinéraire progressif des règles introduites dans la méthode (la grammaire «longitudinale»). Ces précis de grammaire, contrastifs ou' non, varient dans leur fonction, leur contenu et leur présentation selon qu'ils sont destinés aux apprenants, aux enseignants ou aux deux.

On trouve d'autres éléments de grammaire pédagogique dans les rubriques «grammaire» (diversement baptisées) qui rythment et jalonnent la progression, sous forme de synthèses ou d'explications périodiques. Ainsi, dans *A bientôt 1*, méthode de français pour

190

germanophones débutants, l'emploi «emphatique» de *c'est... qui.*/
c'est... que... est présenté ainsi :

Die Hervorhebung einzelner Satzeile

Abweichen vom Deutschen werden im Französischen Satzteile nicht durch Betonung hervorgehoben, sondern durch die Hervorhebungsformen *c'est... qui* und *c'est... que.*

ohne Hervorhebung	Hervorhebung des Subjeckts	Das Subjeckt
Je ne suis pas en tort	Ce n'est pas **moi** qui suis en tort.	wird durch
Si, **vous** avez freiné,	Si, c'est **vous** qui avez freiné,	*c'est... qui*
alors **vous** êtes en tort.	alors c'est **vous** qui êtes en tort.	hervorgehoben.

ohne Hervorhebung	Hervorhebung von Ergänzungen	
Je préfère **la 4 L.**	C'est **la 4L** que je préfère.	Alle anderen
Je **te** parle !	C'est **à toi** que je parle !	Ergänzungen
On va **à Paris**?	C'est **à Paris** qu'on va ?	werden durch
On part **ce soir**?	C'est **ce soir** qu'on part ?	*c'est... que*
Je viens **pour la télé.**	C'est **pour la télé** que je viens.	hervorgehoben

Beachten Sie : Mit *c'est... que* hönnen auch ganze Nebensätze hervorgehoben werden :
C'est *parce que vous avez freiné* que vous êtes en tort.

(H. Haberzettl & al., A bientôt 1., 1978, p. 127)

Dans *Contacts* 1, méthode de débutants pour l'Afrique anglophone, une récapitulation grammaticale sur l'interrogation apparaît comme suit :

2. Interrogatives sentences :
1. Yes/No questions :
Use a rising intonation

- Il y a des ananas ?
- Oui.

- Vous allez à la plage ?
- Non, pas aujourd'hui.

*In certain cases,
the original order :
subject + verb becomes :
verb + subject, as in :*
Quelle heure est-il ?
Quel temps fait-il ?
Où vont les enfants ?
Comment allez-vous ?

2. Questions with interrogative words :

Madi a le numéro 9.
Qui a le numéro 9 ?

Il mange une orange.
Qu'est-ce qu' il mange ?

Elle écoute la radio.
Qu'est-ce qu' elle fait ?

Ils ont vingt cassettes.
Il ont **combien de** cassettes.

Il a treize ans.
Quel âge il a ?

Il ne boit pas de bière
parce qu'il est malade.
Pourquoi ?

Je m'appelle Youssouf.
Comment tu t'appelles ?

Il est dix heures.
Quelle heure est-il ?

Il fait beau aujourd'hui.
Quel temps fait-il ?

(C. Boucher, M.J. Capelle, Contacts 1., 1980 19, p. 147)

Dans ces deux exemples, il s'agit du livre de l'élève. Dans *Behind the words* (1975) dans *Interlignes* (1975) ou dans *C'est le Printemps* 1, parmi d'autres, le livre du maître ou le guide pédagogique présente, à l'intention des enseignants, des descriptions ou des explication sur des points grammaticaux, destinées à orienter leur pratiques grammaticales en fonction des descriptions sous-jacentes à la méthode. Ainsi, dans l'unité didactique 3 de *C'est le Printemps* 1, pour la négation :

- **Pas de douche!** = il n'y a pas de douche!

Négation elliptique qui exprime la surprise et le mécontentement (faire remarquer l'imbrication et la mimique). On travaillera la négation + SN accompagné à l'affirmative des déterminants :

> *un, une, des.*
> *du, de la, de l'...*

Exemple 1 - *Tu as des cigarettes?*
> *- Oui, mais je n'ai pas de feu!*

Exemple 2 - (au café) *Vous avez des gauloises, s'il vous plait?*
> *- Non.*
> *- Pas de gauloises!...*

On demandera aux étudiants de proposer d'autres situations et de déterminer dans quels cas on utilise :

> *pas de + SN*

Exemple - *Ce n'est pas un appartement.*
> *- Il n'y a pas de douche dans cette chambre.*

Règle 1 : Quand le substantif de la forme affirmative est précédé de : *un, une, des, de la, de l'...*, la forme négative est :
> *pas de* + substantif.

Règle 2 : élargir la règle en envisageant les cas suivants :
> - possessif + substantif : *ton frère*
> - démonstratif + substantif : *cette fille*
> - défini + substantif : *la télévision.*

On aura :

> - *je n'aime pas ton frère.*
> - *il ne connaît pas cette fille.*
> - *je n'ai pas la télévision.*

Règle 3 : pour le présentatif : ce n'est pas + indéfini + substantif, on aura :
> - *ce n'est pas un hôtel, ici.*

(J. Montredon & al. : *C'est le Printemps* 1, livre du professeur, 1976, p. 76)

Cependant, comme nous l'avons dit, aucun ensemble pédagogique ne rend compte de façon systématiquement détaillée de la grammaire pédagogique sous-jacente, à la façon dont procéderait une grammaire descriptive, alors que bien des livres du maître s'expliquent en détail sur leurs principes pédagogiques et leur méthodologie d'enseignement de la grammaire. Le corps virtuel de description sous-jacent est donc inaccessible, sinon *a posteriori* et à rebours, à l'investigation didactique. Il est frappant, à cet égard, que les «grammaires de méthode» les plus détaillées apparaissent soit dans la thèse d'E. Roulet (1969), qui a procédé à une analyse tagmémique et transformationnelle du corpus constitué par les dialogues de *Voix et Images de France* 1 [1], sur des bases descriptives nettement différentes de celles adoptées par les auteurs de cette méthode ; soit dans la thèse de M.H. Clavères (1982) qui donne un précis extrêmement détaillé des leçons et des phases suivies dans un enseignement de l'anglais à des francophones ; soit enfin dans des analyses de méthodes effectuées *a posteriori* par des chercheurs en didactique ou des enseignants en recyclage. Dans tous les cas, les résultats obtenus diffèrent sans doute sensiblement des descriptions investies, consciemment ou non, par les auteurs de méthode. A l'inverse, des descriptions pédagogiques ou à finalité pédagogique (comme celle de N. Combe Mc Bride et P. Le Goffic, 1975 déjà citée) sont peu susceptibles d'être investies telles quelles dans un programme d'enseignement de langue - ou à un niveau très avancé -, leur finalité étant autre.

5. La réalité empirique des grammaires pédagogiques

Cette absence de grammaires pédagogiques exhaustives, et le fait qu'on n'en trouve, de façon quelque peu kaléidoscopique, que des manifestations multiformes et peu homogénéisées, s'expliquent de plusieurs façons.

Il paraît d'abord utopique d'établir, en termes de descriptions explicites et systématiques, la grammaire interne d'une méthode ou d'un programme d'enseignement, et *a fortiori* d'une langue, maternelle ou étrangère au sens didactique : tout comme les descriptions linguistiques d'une langue quelconque ne peuvent rendre compte que de façon très partielle et fragmentaire d'une certaine représentation de son fonctionnement (voir chap. 3), de même la description exhaustive des seules cinq premières leçons d'une méthode quelconque pour débutants constituerait une tâche quasi impossible, et vaine : on y verrait inévitablement apparaître, au-delà des règles, en nombre limité, qui constituent la visée pédagogique de ces leçons, d'autres non destinées à une exploitation systématique à ce stade, et pourtant nécessaires à rendre compte du fonctionnement des énoncés rencontrés. Il y a davantage, dans le contenu d'une méthode ou même d'une leçon, qu'une grammaire pédagogique ou même descriptive n'est en mesure de décrire. Inversement, une méthode ou une leçon ne peuvent restreindre les échantillons de langue qu'elles présentent à un cadre descriptif préalablement circonscrit. Cela explique, par exemple, que, dans un apprentissage guidé, on puisse

---

1. *Voix et Images de France* 1 n'ayant pas été conçu sur la base de descriptions tagmémiques ni transformationnelles, cette recherche ne visait pas à en reconstituer la grammaire pédagogique mais à exploiter, pour une analyse linguistique, un corpus oral accessible, et jugé suffisamment représentatif, de français parlé contemporain.

découvrir des informations sur la langue, ou sur des règles de cette langue, autres que celles prévues, sélectionnées et prédécoupées par une grammaire pédagogique préalable : des indices en sont présentés en effet, de façon incidente ou cursive, et généralement incontrôlée, aux apprenants qui les percevront et les traiteront éventuellement à l'insu de l'enseignant (voir chap. 10 et 11).

De plus, les règles sous-jacentes à un matériel d'enseignement font en principe partie du bagage grammatical de l'enseignant utilisateur, bagage présumé non seulement suffisant mais aussi homologue des descriptions pédagogiques adoptées. Les indications pédagogiques qui lui sont fournies portent alors davantage sur la façon d'enseigner ces descriptions, et donc sur les modalités de présentation, d'explication, d'exploitation des contenus introduits (et sur les modalités d'évaluation de leur acquisition), que sur les descriptions elles-mêmes, présumées connues. Bien que l'on sache que les méthodes de langue servent aussi, à divers égards, à recycler les enseignants.

En outre, l'expérience langagière des apprenants eux-mêmes fait que, dans le contenu d'une méthode ou d'une leçon, tout ne requiert pas une préstructuration pédagogique. Point n'est besoin, en langue étrangère, de réapprendre qu'il existe des animés et des non-animés, des déictiques et des anaphoriques, des assertions et des questions, de l'actuel et du non-actuel. Cela fait partie des savoirs implicites sur le langage. Ce qui est à découvrir et à apprendre, ce sont les formes et les règles d'agencement et d'emploi dans une langue autre, au prix d'une éventuelle restructuration des savoirs déjà intériorisés. Cette expérience langagière, partagée par les apprenants et les enseignants, même si elle est davantage théorisée et explicitée chez ces derniers, sert de point d'appui à l'enseignement/apprentissage et, concrètement, à l'ensemble des activités de classe, tout comme la connaissance, elle aussi partiellement partagée et plus ou moins implicite, des règles socio-culturelles et institutionnelles sous-jacentes à la situation et aux activités d'apprentissage.

Dans la classe, en effet, les informations et les explications sont transmises non seulement par le contenu des leçons mais aussi par l'interaction pédagogique et, en premier lieu, par l'enseignant. Non seulement par les données qu'il fournit (exemples, explications, etc.) mais aussi, s'il conduit la classe dans la langue étrangère, par son propre discours qui constitue un échantillon supplémentaire de données sur la langue et sur ses dimensions discursives, pragmatiques et métalangagières. On en trouvera de nombreux exemples dans de récentes analyses de discours de classe (voir par exemple J.C. Pochard, 1982 et F. Cicurel, 1983). On peut parler ici de grammaire adventice ou incidente, qui déborde toujours des contours délimités par les grammaires pédagogiques et en module sensiblement le contenu. Comme le fait observer S.P. Corder (1973 b, p. 347), l'enseignant est lui-même une grammaire pédagogique et sa propre connaissance, explicite et implicite, de la langue étrangère, ainsi que la façon dont il l'investit dans ses pratiques d'enseignement, constituent une composante importante de la grammaire pédagogique à laquelle se trouvent de fait exposés les apprenants, et à partir de laquelle se construit leur grammaire d'apprentissage. On peut penser que la concordance entre la grammaire pédagogique des méthodes et celle, *in situ*, de l'enseignant peut, selon les cas, entraver ou faciliter le montage d'une grammaire autonome par les apprenants. Que ceux-ci la sollicitent ou non, la grammaire «active» de l'enseignant peut s'avérer opportune ou importune.

Ainsi, une grammaire pédagogique se présente non comme un appareillage descriptif finement construit et exhaustif - comme le serait une grammaire descriptive idéale - mais bien plutôt sous des formes diverses et diffuses, partiellement complémentaires, écheveau d'informations plus ou moins formalisées sur le système de la langue étrangère, noué ou dénoué par les pratiques d'enseignement ou d'apprentissage, dont la reproduction par les apprenants ne fournit qu'une image réfractée.

6. L'apport des grammaires d'apprentissage

Les problèmes d'apprentissage, et cela même qui est appris dans un cours de langue étrangère, révèlent les limites intrinsèques de la transposition à l'enseignement des descriptions grammaticales. Dans une méthode à la progression la plus minutieuse, dont la grammaire pédagogique serait agencée dans le détail sur la base de descriptions adaptées, le déroulement de l'apprentissage redessinera inévitablement les contours et le contenu de cette grammaire initiale : soit que les tentatives d'expression s'écartent des réalisations prévues, soit que l'assimilation se heurte, de façon tacite ou exprimée, à des obstacles, cette grammaire pédagogique se verra interrogée, mise en question, détournée ou subvertie, déconstruite ou reconstruite autrement. Pour reprendre le cas des possessifs en français, déjà évoqué, on pourra rencontrer, après quelques leçons au niveau débutant - ou, sous forme occasionnelle ou fossilisée, chez des apprenants plus avancés - des formes telles que : **c'est un ami de moi, *c'est un mon ami, *c'est la veste à lui.* On peut y voir soit des lapsus accidentels, soit la mise en œuvre des règles non prévues, soit une infraction à des règles prévues. Mais la description sous-jacente aux règles prévues et la présentation pédagogique qui s'en inspire ne peuvent exclure de telles tentatives, dont l'origine elle-même n'est pas *a priori* envisagée. Que l'on impute de telles erreurs à l'influence de la langue maternelle ou à des généralisations intralinguales, elles reflètent au moins en partie la façon dont l'apprenant a appréhendé ou intériorisé la grammaire pédagogique qui l'a informé. Une grammaire qui prétendrait prévoir ce type d'erreurs, de façon à les traiter adéquatement, devrait par exemple envisager l'impossibilité en français de cumul des articles et des adjectifs possessifs (*un mon ami*), comme en grammaire transformationnelle ou générative, ou comporter une description élargie du système de l'appartenance. C'est-à-dire pouvoir rendre compte des compatibilités et incompatibilités entre :

N *de* N	N *de* pronom	possessif N	N *à* pronom
1. c'est un ami de Pierre	* c'est un ami de lui	? c'est son ami	c'est un ami à lui
c'est l'ami de Pierre	* c'est l'ami de lui	c'est son ami	? c'est l'ami à lui
2.	* c'est un ami de moi	? c'est mon ami	c'est un ami à moi
	* c'est l'ami de moi	c'est mon ami	? c'est l'ami à moi
3. c'est une veste de Pierre	* c'est une veste de lui	? c'est sa veste	c'est une veste à lui
c'est la veste de Pierre	* c'est la veste de lui	c'est sa veste	? c'est la veste à lui
(la veste)* c'est de Pierre	* c'est de lui	* c'est sa	c'est à lui
4.	* c'est de moi	* c'est ma	c'est à moi

Les formes marquées* sont soit agrammaticales soit non acceptables quant à la signification visée. Les formes marquées? peuvent se rencontrer chez des francophones natifs dans certaines circonstances de discours (insistance, variantes familières, etc.) pour la signification envisagée ici (cet inventaire est issu d'un travail mené avec Gisèle Kahn lors d'un stage de formation). Un examen plus poussé montre que, pour certains noms animés, les contraintes peuvent être différentes (* *Ce frère est à moi* mais *cet enfant est à moi*).

La plupart des formes déviantes (*) ne sont pas rares chez des apprenants de français langue étrangère (ni chez de jeunes enfants francophones). Une grammaire descriptive peut difficilement prévoir l'exclusion de formes qu'elle n'a pas rencontrées ou envisagées, à moins que sa propre démarche ne l'y conduise comme c'est le cas pour les descriptions génératives ou transformationnelles fondées sur une démarche hypothético-déductive, où les formes agrammaticales ou non acceptables permettent de mettre à l'épreuve les règles qui les produisent. Ainsi, M. Gross, dans sa *Grammaire transformationnelle du français (syntaxe du nom)* (1977) est amené à constater l'agrammaticalité de *Luc lit bien de livres, *les plusieurs personnes attendent, *beaucoup de l'air est nécessaire* (pp. 19-22). Il peut donc y avoir convergence en certains points entre des productions « déviantes » d'apprenants et des constats d'agrammaticalité formulés par des grammaires descriptives. Cependant, ces convergences ne sont pas constantes et s'inscrivent dans deux cadres fondamentalement différents, même si l'on peut parfois percevoir ou présumer certaines homologies entre des méthodes de description et l'explicitation par les apprenants de leurs propres généralisations grammaticales.

En outre, les grammaires d'apprentissage sont susceptibles de fournir des informations utiles aux grammaires descriptives : les réalisations qu'elles suscitent (phrases agrammaticales ou non acceptables, dérivations morphologiques inopinées), les rapprochements qu'elles établissent et les structurations particulières qu'on y observe contribuent à interroger les descriptions grammaticales, voire à en décloisonner les catégories. Les productions suivantes : *on peut utiliser ça dans des certains cas, * il y a des différentes démarches, * de divers groupes s'échangent des paroles, relevées chez des apprenants avancés de langues maternelles diverses, font apparaître l'impossibilité pour le syntagme nominal de comporter de ou des devant certains, divers, différents (alors que de préposition est possible : je m'occupe de divers groupes), observation qui semble avoir échappé à plusieurs descriptions du syntagme nominal en français. Une grammaire descriptive récente (Eléments de linguistique française - Syntaxe, de J. Dubois et F. Dubois-Charlier, 1970, p. 54) pose que «quelques, divers, différents peuvent être précédés d'un article défini ou indéfini» ce que contredisent, pour l'article indéfini, nos exemples.

Par ailleurs, certaines catégorisations grammaticales, héritées de grammaires descriptives, se voient décloisonnées ou déconstruites par les intuitions des apprenants, par exemple lorsque ceux-ci se refusent à classer parmi les adverbes heureusement, certainement, décidément, naturellement, évidemment dont, sans formation préalable en linguistique, ils identifient à leur manière le statut énonciatif particulier, en les baptisant «mots d'opinion», «adverbes personnels» ou encore «adjectifs de phrase» - en les reliant aux adjectifs correspondants : il est certain, évident, heureux que..., rejoignant là d'autres descriptions que celles qui avaient inspiré leur enseignement.

Les grammaires pédagogiques s'informent en fait aux deux sources : grammaires descriptives et grammaires d'apprentissage. A ces dernières, empiriquement, lorsqu'elles soulignent l'impossibilité de certaines formes, constructions ou emplois réputés fréquents chez les apprenants. Ces impossibilités, signalées comme erreurs potentielles à éviter ou à corriger, sont alors présentées comme des infractions à des règles de la langue cible, comme dans l'exemple ci-dessous :

5. ...confusions confusiones entre c'est...e il est...

c'est un...   il est...
c'est une...   elle est...
ce sont des...   ils/elles sont...

c'est un/une... anuncia la pertenencia a un grupo étnico, familiar, social, etc. ; o bien, presenta una definición :
— c'est un mammifère   — c'est un contremaître
— c'était un homme d'une quarantaine d'années.

mientras que il/elle est + sustantivo anuncia la identidad o una cualidad situadas, explícitamente o no, dentro del tiempo y el espacio :
— Elle est ingénieur aux Houillères depuis 1959.
— La situation d'Eric et de Claire s'est améliorée :
ils sont professionnels maintenant.

La construcción *il est un.../elle est une.../ils sont des...* es imposible
De la misma forma, para presentar a una persona por su nombre se utiliza
exclusivamente *c'est* :
— *c'est Gustave*

c'est le/la... de...   *il/elle* est à...
ce sont les... de...   *ils/elles* sont à...

Para significar la relación o la pertenencia, la construcción *il/elle est
un/une... de...* es imposible ; pero podemos decir :
— *c'est le chapeau de Madame Boulanger*
— *Il est à Madame Boulanger*
— *c'est le cousin du patron*
— *c'est un cousin du patron*

(B. Job, B. Mis, Comment dire, 1982, pp. 34-35)

plutôt que comme réalisations plausibles d'une grammaire progressive d'apprentissage.

La relation entre grammaires descriptives, (GD), grammaires pédagogiques (GP) et grammaires d'apprentissage (GA) est complexe. Plutôt que verticale :

les grammaires descriptives informant les grammaires pédagogiques et celles-ci à leur tour informant les grammaires des apprenants, elle est à envisager comme un réseau d'interrelations :

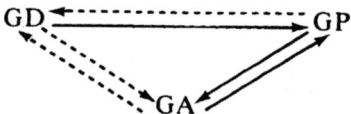

dans lequel les grammaires d'apprentissage informent et structurent les grammaires pédagogiques et fournissent indirectement des informations aux grammaires descriptives. Les relations entre grammaires descriptives et grammaires d'apprentissage sont le plus souvent médiatisées par les grammaires pédagogiques ; mais, d'autre part, les grammaires descriptives fournissent directement des descriptions et des cadres d'analyse aux recherches sur les grammaires d'apprentissage en milieu naturel autant qu'institutionnel.

La distinction établie entre grammaires descriptives, pédagogiques et d'apprentissage tient moins à une différence de nature ou de descriptions qu'à une différence de visée. Comme le montre H.G. Widdowson, « le modèle de description à adopter devrait être celui qui est susceptible d'être pertinent selon la finalité envisagée (...) S'il

198

s'agit d'enseignement des langues, la description (...) en termes de processus, de séquences d'acquisition et de stratégies de communication sera probablement très différente de celle qui traite le langage comme un **produit**, en tant que corps de connaissances déjà acquis et complet.» (1980, pp. 18-19) Une grammaire pédagogique est alors à concevoir non seulement en référence à des modèles et des descriptions linguistiques rendant compte du fonctionnement d'une langue, mais aussi et surtout en fonction des processus d'apprentissage et de la spécificité des conditions, des contraintes et des objectifs de l'apprentissage. Pour S.P. Corder, «nos descriptions pédagogiques de la langue cible doivent être élaborées pour aider l'apprenant à apprendre *ce qu'*il apprend. Les descriptions pédagogiques sont des auxiliaires pour l'apprentissage et non l'objet de l'apprentissage.» (1973 b, p. 331)

La distinction établie entre grammaires d'apprentissage et grammaires pédagogiques incite alors non seulement à relativiser le rôle de celles-ci mais à envisager autrement leurs interrelations. Les recherches sur l'apprentissage des langues, sur la nature et le développement des grammaires d'apprentissage et sur les processus et stratégies mis en jeu, dont la visée première n'est pas d'améliorer ou d'informer les grammaires pédagogiques, peuvent cependant y contribuer. Pour A.C. Berthoud et B. Py «une des conditions à remplir lorsqu'on étudie l'apprentissage d'une langue, c'est d'arriver à un découpage de celle-ci fondé non pas sur les catégories de la grammaire descriptive mais sur celles de l'apprenant» (1979, p. 23). Dans cette perspective, qui sera développée aux chapitres 10 et 11, les grammaires d'apprentissage sont envisagées moins comme le résultat ou le produit des grammaires pédagogiques que selon les processus et les stratégies que suggèrent ou révèlent les descriptions des interlangues.

Chapitre 9

Analyse contrastive
et analyse des erreurs

Les notions de grammaire pédagogique et de grammaire d'apprentissage prennent en compte l'influence de la langue maternelle et l'apparition d'erreurs, grammaticales ou autres, dans toute situation d'enseignement/apprentissage. Une esquisse de l'évolution récente des conceptions, des idées et des recherches en ce domaine aide à comprendre comment et pourquoi la didactique des langues en vient à donner actuellement une place et un rôle centraux à l'apprenant et à l'apprentissage. Pour C. Germain, la problématique fondamentale de l'apprentissage d'une langue seconde tient à « 1. l'obligation de tenir compte de ce qui existe déjà, 2. l'impossibilité de déstructurer cet acquis, 3. la nécessité d'y superposer de nouvelles habiletés et connaissances » (1983, p. 30). Ce qui existe déjà, c'est la langue maternelle et éventuellement deux ou plusieurs langues déjà connues peu ou prou[1]; ce dont il s'agit, c'est d'y « superposer » une autre langue.

La relation entre un apprentissage antérieur et un apprentissage nouveau, entre un savoir-faire acquis et un savoir-faire à acquérir, envisagée dans le cadre behaviouriste, justifiait le recours à une analyse contrastive, fondée sur des descriptions linguistiques, puis à l'analyse d'erreurs, en termes de difficultés d'apprentissage.

1. Bases et principes de l'analyse contrastive

Dès 1945, C.C. Fries affirmait que « les matériaux pédagogiques les plus efficaces sont ceux qui sont basés sur une description scientifique de la langue à apprendre, comparée avec une description parallèle de la langue maternelle de l'apprenant » (1945, p. 9). Cette idée, déjà en germe dans certains travaux de l'Ecole de Prague et dans une tradition européenne de linguistique comparée, a été par la suite développée et théorisée par R. Lado (1957) pour qui l'apport de la linguistique à l'enseignement des langues peut se caractériser ainsi :
a. Les méthodes de description des langues, et notamment sous leur forme orale, proposées par la linguistique structurale, fournissent les meilleurs outils pour leur enseignement.

1. Si l'on étend le sens de « langue seconde » à celui de langue étrangère nouvelle.

200

b. Les comparaisons de langues, selon les mêmes méthodes, permettent de prévoir les problèmes d'apprentissage, par confrontation des structures phonologiques, morphologiques, syntaxiques et lexico-sémantiques de la langue «source» et de la langue «cible»: en «en comparant chaque structure *(pattern)* dans les deux systèmes linguistiques, nous pouvons découvrir tous les problèmes d'apprentissage» (p. 70).

c.Sur la base de ces comparaisons, il est possible d'établir des progressions tenant compte des différences et des similitudes entre les deux langues et des difficultés inhérentes d'apprentissage.

Lado préconise donc là l'élaboration de descriptions contrastives à finalité pédagogique. Son hypothèse (ce que l'on a appelé l'hypothèse «forte» de l'analyse contrastive) se réfère de façon plus ou moins explicite, mais néanmoins claire, à une théorie de l'interférence selon laquelle:

a. Les individus tendent à transférer dans la langue étrangère, en production et en réception, les caractéristiques formelles et sémantiques de leur langue maternelle.

b. Ce qui est similaire est facilement transféré, donc facile à apprendre, ce qui est différent donne lieu à transfert négatif - ou interférence - et donc à des erreurs, manifestations des difficultés d'apprentissage.

Cette théorie de l'interférence est elle-même directement inspirée des théories behaviouristes de l'apprentissage (voir F. Debyser 1970), ainsi résumées par G. Oléron: «dans tous les cas où une activité modifie d'une façon quelconque, par facilitation ou par interférence, celle qui la suit, on dit qu'il y a transfert (...) Lorsque l'imitation ou l'apprentissage d'une tâche provoque une amélioration de l'efficience dans celle qui la suit, on dit que les effets de transfert sont positifs et qu'il y a une facilitation proactive (...) Si l'influence de l'acquisition d'une première tâche se traduit par une diminution de l'efficience de la seconde, on dit que les effets de transfert sont négatifs, on parle d'inhibition ou d'interférence proactive.» (G. Oléron 1964, pp. 115-117)

Les méthodes d'analyse contrastive proposées par Lado et appliquées ensuite à divers couples de langues se basaient sur des descriptions fournies ou inspirées par la linguistique structurale nord-américaine. Par la suite, on a tenté d'introduire d'autres modèles descritptifs: tagmémique, stratificationnel ou génératif-transformationnel, susceptibles de mieux correspondre aux développements de la linguistique et aux objectifs didactiques. R. Di Pietro, par exemple, a préconisé l'utilisation d'un modèle génératif-transformationnel: «L'analyse contrastive peut être définie comme le processus qui consiste à montrer comment chaque langue interprète des traits universaux communs sous des formes de surface spécifique.» (1968, p. 68) La démarche consiste alors à partir de structures profondes présumées communes aux deux langues, pour «remonter» aux structures superficielles en spécifiant à chaque niveau intermédiaire, en terme de règles particulières, différents ordres de différence-similitude entre les langues confrontées. On en trouve des réalisations dans les travaux du PAKS de Stuttgart (1970) et du Centre de Linguistique appliquée de Neuchâtel (J.P. Borel et B. Py, 1979). Outre les difficultés présentées par leur application pédagogique, ces analyses sont apparues comme n'ayant qu'un rapport indirect avec les processus d'apprentissage et d'enseignement. Comme l'a formulé de façon générale J.T. Lamendella : « Nous n'avons aucune raison de croire qu'il y ait un isomorphisme ou même une relation quelconque entre les structures, les catégories et les règles d'une théorie descriptive et les structures et processus cognitifs mis en jeu lorsque des êtres humains apprennent, intériorisent et utilisent une langue. » (1969, p. 58) [1]

2. Critiques de l'analyse contrastive

Les critiques de l'analyse contrastive selon Lado, et de ses avatars ultérieurs, portent sur ses présupposés psycholinguistiques d'une part, et sur sa pertinence et son utilité pour l'enseignement des langues, d'autre part.

L'application à l'apprentissage et à l'enseignement des langues d'une théorie concernant surtout l'apprentissage de savoir-faire moteurs (chez des humains ou chez des animaux) a suscité diverses objections théoriques et méthodologiques, notamment chez J.B. Carroll (1971). Les études sur le transfert en psychologie de l'apprentissage avaient jusqu'alors rarement porté sur le transfert d'un système d'habitudes hautement élaboré à un système nouveau et différent, mais plus généralement sur le transfert de conduites élémentaires à d'autres conduites comparables et/ou plus complexes. Le plus souvent, dans ces expériences, le nouvel apprentissage tendait à effacer, remplacer ou modifier le précédent, ce qui n'est pas le cas pour l'apprentissage d'une langue étrangère qui n'a pour visée, ni normalement pour effet (sauf dans l'acquisition précoce, dans l'enfance), de se substituer à celui de la langue maternelle [2]. Comme l'observe G. Oléron, « il est souvent difficile, au niveau de l'analyse des résultats, de dissocier les effets positifs du transfert et ses effets négatifs. C'est leur résultante seule que l'on mesure. » (1964, p. 118) De fait, le même processus de transfert peut donner lieu, selon les cas, à réussite ou à erreur, selon les critères externes adoptés. Par ailleurs, plusieurs processus peuvent se combiner ou s'enchaîner pour aboutir à la production d'énoncés en langue étrangère, corrects ou non, sans qu'il soit possible de démêler la part et l'effet respectifs des transferts positifs et négatifs.

1. Cité en anglais par E. Roulet 1971, traduit ici par nous.

2. Il n'aurait pas été sans pertinence, en revanche, d'envisager dans ce cadre théorique le passage d'un stade intermédiaire en langue étrangère à un stade ultérieur plus développé.

De plus, dans l'apprentissage institutionnel d'une langue étrangère, l'influence de la langue maternelle sur la langue cible ne constitue pas la seule source de transfert : le transfert dû à l'enseignement est à distinguer du transfert d'apprentissage tel qu'on peut l'envisager en situation naturelle. Quels que soient le cadre et la méthode d'enseignement, ceux-ci provoquent des transferts, positifs ou négatifs, autres que ceux qu'ils entendent favoriser ou éviter. D'autre part, outre le cas où deux ou plusieurs langues ont déjà été acquises ou étudiées auparavant, l'apprentissage antérieur de la langue étrangère sera lui-même source de transferts « internes », positifs ou négatifs, comme dans l'acquisition de la langue maternelle par les enfants. En effet, parler de transfert entre deux systèmes linguistiques, c'est d'abord ignorer une évidence : ce qui est en « contact » pour un apprenant à un stade donné d'apprentissage, c'est non pas deux systèmes linguistiques - *le* français, et *l'*anglais, par exemple [1] - mais bien une grammaire intériorisée de sa langue maternelle et ce qu'il connaît ou découvre, à ce stade, de la langue étrangère (voir W. Nemser et T. Slama-Cazacu, 1970). A supposer que les descriptions utilisées ou obtenues par l'analyse contrastive puissent rendre compte de ces grammaires intériorisées et, dans les mêmes termes, de l'apport des grammaires pédagogiques, on doit constater que transferts positifs et négatifs ne peuvent s'opérer, chez l'apprenant, entre deux systèmes linguistiques, représentés par leurs descriptions grammaticales, mais entre ce qu'il possède déjà de l'une et de l'autre. Le transfert ne peut s'opérer alors qu'entre ce qui est déjà acquis, de la langue maternelle et de la langue étrangère, et les données nouvelles d'acquisition.

L'idée, sous-jacente à la théorie de Lado, que le langage est un système d'habitudes comportementales et que « les règles linguistiques devraient résumer *(be summaries of)* le comportement » s'applique difficilement - sauf, dans une certaine mesure, au domaine phonologique (voir F. Debyser 1971, p. 8) - à l'apprentissage des langues. Outre l'assimilation à deux systèmes de descriptions linguistiques de deux savoir-faire comportementaux, pour s'en tenir au cadre behaviouriste, elle se dispense de décrire les comportements verbaux des apprenants résultant des transferts positifs ou négatifs postulés. Cette notion même de transfert, qui amalgame processus et résultat, souligne la confusion épistémologique profonde entre l'objet et les méthodes des linguistes, l'objet et les méthodes d'une psychologie behaviouriste et la problématique spécifique de l'apprentissage d'une langue étrangère.

Elle exclut en outre la dimension cognitive du langage ; ce qui est transféré, si l'on admet qu'il existe des phénomènes de transfert au sens général du terme, ce n'est pas seulement des savoir-faire, des

---

1. Sinon, en toute logique, le transfert devrait être envisagé chez des individus possédant une maîtrise développée des deux langues, c'est-à-dire des deux systèmes linguistiques que confronte l'analyse contrastive. Or, les interférences ne jouent là que de façon restreinte et dans les deux sens (langue source → langue cible et inversement). Voir déjà U. Weinreich, 1953.

habitudes verbales et des structures linguistiques, mais plus fondamentalement l'expérience langagière et cognitive intériorisée par l'individu (voir chap. 10 et 11).

Ces limites théoriques de l'analyse contrastive *a priori* (l'hypothèse « forte ») quant à sa pertinence pour l'enseignement des langues sont corroborées par divers constats empiriques, surtout dans le domaine de la morpho-syntaxe :
• Bien des erreurs prévues par une analyse contrastive ne se produisent pas, ou rarement, ou seulement à certains stades d'apprentissage, ou de façon aléatoire selon les individus, les circonstances, les méthodes ou les exercices. Certaines, de façon apparemment paradoxale, ne se produisent qu'à un niveau avancé.
• Nombre d'erreurs, dans une langue cible donnée, sont communes à des apprenants de langues maternelles diverses, y compris sur des points où celles-ci paraissent très dissemblables. F.G. French (1947) souligne déjà la quantité et la variété de ces erreurs « universelles » et estime qu'elles sont plus difficiles à éliminer que celles imputables à l'interférence d'une langue source particulière. En français langue étrangère, des erreurs telles que : * *j'ai prendu*, * *personne n'est pas venu*, * *je lui donne*, * *où est-ce qu'habitez-vous ?*, sont familières aux enseignants, y compris dans les cas où la ressemblance formelle des langues maternelle et étrangère semblerait devoir exclure leur probalité d'apparition.
• Des erreurs souvent imputées à l'interférence se rencontrent soit chez des enfants natifs soit dans certaines variétés ou normes de la langue cible. J. Deulofeu (1980) a pu remarquer, par exemple, que des formes identifiées comme erronées et imputées à l'interférence de l'arabe chez des maghrébins migrants de la région de Marseille existaient dans les variétés régionales de français auxquelles ils avaient été exposés.

Ces observations pourraient se limiter à montrer l'insuffisance ou l'inadéquation des méthodes de l'analyse contrastive et des modèles linguistiques dont elle s'inspire. Or, elles n'invalident pas le principe de l'analyse contrastive de deux langues mais suggèrent plutôt que ni l'analyse contrastive, ni le transfert de la langue maternelle ne suffisent à rendre compte des erreurs rencontrées dans l'apprentissage, ni *a fortiori* à les prévoir. Sans exclure qu'elles puissent contribuer, au prix de précautions méthodologiques nécessaires, à les expliquer.

Dans l'élaboration de matériaux pédagogiques, l'apport d'une analyse contrastive pose deux problèmes. D'abord, une progression basée sur une comparaison de langues est amenée à choisir entre deux stratégies globales, ou à en organiser la complémentarité.

L'une consiste à mettre l'accent sur ce qui est considéré comme différent, pour endiguer par anticipation les risques d'interférence ; l'autre à insister - selon le degré de proximité ou de ressemblance entre les deux langues - sur ce qui est considéré comme « semblable » ou ressemblant, pour exploiter d'emblée les potentialités de transfert positif. Or, non seulement il paraît difficile de répartir dans des étapes successives de progression le « semblable » et le « différent » - quels que soient les présupposés descriptifs et comparatifs en la matière - mais de plus, ces notions relatives n'ont pas le même caractère opératoire selon le couple de langues concerné : français et italien d'une part, français et japonais d'autre part supposent des modes de comparaison sensiblement différents, entre deux langues voisines dans le premier cas et « éloignées » dans le second, du point de vue typologique. La proximité formelle entre le français et l'itatlien donnera lieu à des interférences superficielles, voire à des calques, partiellement induits chez l'apprenant par la présomption de proximité. Dans le second cas, l'éventuel transfert de l'une à l'autre langue passe inévitablement par une appréhension initiale de leurs différences structurelles. Pour prendre deux exemples simples, il est courant qu'un italien produise en français des énoncés tels que : * *(ils) nous viennent à sauver* (pour *ils viennent nous sauver*, it. *ci vengono a salvare),* étroitement calqués sur sa langue maternelle (voir E. Forti, 1980). Il est peu probable qu'un apprenant japonais produise en français : * *moi avec vous viendrez (est-ce que)?* (pour *est-ce que vous viendrez avec moi ?)* ou * *cette école dans salles combien il y a ?* (pour *il y a combien de salles dans cette école ?)* qui reproduisent d'aussi près que l'exemple précédent la structure de la langue maternelle.

Ensuite, les matériaux pédagogiques directement basés sur une analyse contrastive induisent des pratiques d'apprentissage et d'enseignement susceptibles de susciter ou renforcer ce qu'ils prétendent circonvenir : faire pratiquer de façon systématique des formes ou des structures jugées difficiles car sujettes à l'interférence, c'est aussi, implicitement ou explicitement, souligner leur différence ou leur particularité, et donc suggérer à l'apprenant des associations ponctuelles entre les deux systèmes linguistiques, dont l'effet peut aller à l'encontre du but visé. A l'inverse, insister sur des similitudes ou des ressemblances entre les deux systèmes a souvent pour effet d'induire des surgénéralisations ou des erreurs qui se voient imputées, de façon apparemment paradoxale, à l'interférence. On peut induire des causes en tentant de prévenir leurs effets, ou des effets en tentant d'en neutraliser les causes.

Enfin, les mises en garde et les stratégies pédagogiques suggérées par l'analyse contrastive sont souvent perçues par les enseignants expérimentés, lorsqu'ils sont de même langue maternelle que les apprenants, comme peu utiles, ne leur apprenant rien qu'ils ne sachent déjà ou n'ayant pas de prise sur les erreurs et les difficultés effectives qu'ils rencontrent : ou bien l'interférence est perçue comme une fatalité, ou bien le problème pédagogique est, pour eux, celui des méthodes de correction, plutôt que de prévention.

Cependant, l'approche contrastive, en tant que description comparée de deux langues, et dégagée de son ancrage behaviouriste initial, apparaît pédagogiquement utile au moins sous deux formes. D'abord, dans les explications fournies par les manuels ou les enseignants, qui éclairent l'apprentissage par des informations contrastives adaptées : l'activité même de l'enseignant, s'il connaît la langue maternelle des apprenants, est explicitement ou implicitement contrastive, lorsqu'il s'y réfère pour structurer son guidage pédagogique. Ensuite, dans les descriptions contrastives approfondies à l'intention d'enseignants, de futurs enseignants ou d'étudiants avancés : elles sont alors destinées moins à servir de base à des méthodes ou des programmes de langue qu'à synthétiser et détailler, sous forme contrastive, des différences de fonctionnement déjà connues pour l'essentiel [1]. Elles intéressent à ce titre autant les traducteurs ou l'enseignement de la traduction, les linguistes et l'enseignement de la linguistique, que l'enseignement des langues *stricto sensu*.

Dans une approche contrastive élargie, l'analyse contrastive *a posteriori*, qui traite des transferts effectivement observés chez les apprenants, paraît moins ambitieuse mais plus opératoire que l'analyse *a priori*. Celle-ci prétendait prévoir et cerner tous les problèmes d'apprentissage (R. Lado, 1957, p. 10). Celle-là entre dans le cadre empirique de l'analyse des erreurs.

3. L'analyse des erreurs

Développée à partir des années 1960, l'analyse des erreurs marque une étape importante dans la recherche en didactique des langues, progressivement détachée du cadre étroit de la linguistique appliquée.

Elle est d'abord envisagée comme un complément ou substitut économique aux analyses contrastives : « Les erreurs commises et les difficultés rencontrées par les élèves dans l'apprentissage reflètent bon nombre des points de différence qui seraient automatiquement inclus dans une comparaison bilingue complète [...] L'analyse systématique des erreurs constantes, à l'aide des catégories et des techniques de la linguistique moderne, ouvre un champ fécond aux recherches ultérieures. En se concentrant sur les points de difficulté les plus évidents, elle apporte une contribution certaine à l'enseignement des langues [...]. L'analyse des erreurs ne saurait remplacer les études contrastives, mais elle offre une solution de rechange qui peut porter plus vite des fruits. » (P. Strevens, 1964, p. 65)

Par ailleurs, l'analyse des erreurs compensait l'impossibilité ou la difficulté d'analyses contrastives dans le cas de langues maternelles non-décrites ou inconnues des enseignants et des chercheurs, et dans le cas de publics plurilingues comme par exemple dans de nombreux pays africains (voir M. Houis 1971, chapitres V et VI).

1. De telles grammaires contrastives (on en trouvera un excellent exemple dans J.M. Zemb 1980) sont rares, et surtout bien moins nombreuses que les innombrables articles sur la question.

Ce qui explique que, pour le français, les premières analyses d'erreurs poussées aient été réalisées en Afrique, et que la première grille typologique d'analyse de fautes [1] (BELC, 1967) ait été initialement conçue pour des pays africains, et d'abord expérimentée et diversement utilisée dans ce contexte. (voir par exemple J. Champion, 1974).

Cette première génération d'analyse d'erreurs débouchait en fait sur des inventaires d'erreurs (phonétiques, lexicales, morphosyntaxiques), classées selon des typologies diverses (erreur relative/absolue ; par addition/omission/remplacement ; sur le genre/le nombre ; etc), éventuellement agrémentées de pourcentages statistiques permettant d'en apprécier les fréquences ; ceci à des fins d'enseignement : élaboration ou adaptation de méthodes, mise au point d'exercices, de techniques de correction, de batteries de tests, etc. Les critères adoptés empruntaient à des catégories linguistiques diverses, celles des grammaires traditionnelle, structurale, fonctionnelle ou transformationnelle, et souvent mixtes, selon les sources et les choix de leurs auteurs et utilisateurs. Les critères fondés sur l'écart entre l'erreur et la forme présumée correspondante en langue-cible (forme « rectifiée ») et sur la cause présumée de l'erreur (interférence ou analogie « intra-linguale » soulevaient de nombreux problèmes de classement, d'interprétation et d'analyse (voir R. Porquier, 1977), faisant apparaître du même coup la diversité et la complexité des causes potentielles des erreurs. D'où le développement de véritables analyses d'erreurs explicatives, en relation avec une théorie psycholinguistique de l'apprentissage.

S.P. Corder (1967-1980) a montré comment l'apparition d'erreurs, en langue étrangère comme en langue maternelle chez les enfants, constitue un phénomène naturel, inévitable et nécessaire, et reflète le montage progressif des grammaires d'apprentissage, sur la base d'hypothèses successives (voir chap. 10 et 11).

L'analyse d'erreurs a alors un double objectif, l'un théorique : mieux comprendre les processus d'apprentissage d'une langue étrangère ; l'autre pratique : améliorer l'enseignement. Ils s'articulent l'un à l'autre : une meilleure compréhension des processus d'apprentissage contribue à la conception de principes et de pratiques d'enseignement mieux appropriés, où sont reconnus et acceptés le statut et la signification des erreurs. L'étude des apprentissages, dans un contexte d'enseignement, constitue un terrain de recherche utile pour une théorie de l'apprentissage des langues.

1. La distinction erreur/faute, discutée plus loin, n'est pas pertinente ici : on en trouve un exemple frappant page 183, lignes 16-17 : *elle* [atăd] *de la radio*, forme globalement erronée où l'on peut identifier six erreurs imbriquées : [atăd] au lieu de [ată], *attendre* au lieu de *entendre*, *entendre* au lieu de *écouter*, préposition *de* en trop (à moins que *de le* soit catégorisé comme partitif cf. faire *de la musique*), *le radio* au lieu de *la radio*, *de le* au lieu de *du*.

A ces deux objectifs, on peut en ajouter un troisième, suggéré par un effet heuristique de l'analyse d'erreurs, déjà évoqué à propos des grammaires d'apprentissage (voir chap. 8) et comparable à celui de certaines descriptions contrastives. De même que la comparaison du français avec d'autres langues dotées d'un système aspectuel différent et formellement plus saillant a contribué à éclairer l'étude de l'aspect en français, par exemple chez E. Benveniste, de même l'analyse des erreurs, en mettant à l'épreuve les catégories descriptives de la langue-cible, sert de révélateur à certains aspects de son fonctionnement. Dès 1929, H. Frei, dans sa «grammaire des fautes» a étudié un important corpus de fautes en langue maternelle d'adultes francophones, pour «rechercher en quoi les fautes sont conditionnées par le fonctionnement du langage et en quoi elles le reflètent» (p. 9). Se référant à une théorie fonctionnelle du langage, il a montré comment, lorsque les besoins linguistiques (différenciation, clarté, économie, stabilité, expressivité) ne sont pas assurés par la langue, les fautes servent à combler ce déficit, jouant ainsi un rôle fonctionnel dans la communication. A la même époque, le psychologue P. Guillaume, étudiant le développement du langage de l'enfant, constate que «chose paradoxale, ce sont les fautes qui témoignent de la possession -incomplète- des lois de la langue» (1927, p. 228). Ce que H.V. George, à propos d'erreurs d'analogie, formule ainsi : «Ce n'est pas là l'apprenant qui est en faute, mais la langue.» (1972, p. 148) Ce dont témoignent nombre d'erreurs morphosyntaxiques en langue étrangère (* *Je ne veux qu'il vienne,* * *La fatigation de ce travail,* ou * *Je vais à chez moi* déjà mentionné) qui ont souvent pour triple effet d'interroger les descriptions linguistiques et pédagogiques, d'informer les grammaires d'apprentissage et de montrer que les erreurs peuvent constituer des indices positifs d'acquisition et relever de statégies d'apprentissage ou de communication.

Les principales distinctions méthodologiques introduites dans l'analyse d'erreurs (erreur/non erreur, erreur/faute, erreur systématique/asystématique, erreur intralinguale/erreur interlinguale) renvoient à l'un ou l'autre de ces aspects.

Toute analyse d'erreurs commence par une identification provisoire des erreurs, qui ne peut se faire que selon des repères distincts, voire concurrents, même s'ils peuvent coïncider (voir R. Porquier et U. Frauenfelder, 1980) : a) le système de la langue étrangère, c'est-à-dire celui des natifs, ce qui implique des jugements de norme et d'acceptabilité ; b) l'exposition antérieure à la langue étrangère, c'est-à-dire ce qui, dans un cadre institutionnel, a déjà été étudié et est présumé appris ; c) la grammaire intériorisée d'un apprenant, à un stade donné et dans son développement longitudinal. C'est, d'ordinaire le premier repère qui est retenu, moins souvent le second et rarement le troisième. Le passage à une analyse explicative des erreurs mobilise au contraire en priorité ces deux derniers, plus rarement le premier. Cette apparente contradiction explique une partie des difficultés d'analyse rencontrées, l'identification, la description et le classement des erreurs aiguillant souvent sur de fausses pistes les tentatives d'explication. Le premier critère renvoie en effet implicitement aux descriptions linguistiques, le second aux descriptions pédagogiques, le troisième à la grammaire intériorisée de l'apprenant pour laquelle, précisément, on ne dispose pas d'éléments de descriptions sauf en recourant à sa propre explication de ses erreurs ou à l'examen externe de leur statut : erreur ou faute, systématique ou non.

La distinction désormais répandue entre **erreur** et **faute** renvoie approximativement à celle établie par la théorie chomskyenne entre compétence et performance. L'erreur relèverait de la compétence, la faute de la performance. Un apprenant ne peut donc corriger ses erreurs, représentatives de sa grammaire intériorisée, mais peut en principe corriger ses fautes, imputables à des lapsus, à la fatigue ou à diverses causes psychologiques [1]. On en trouve des traces dans les auto-corrections spontanées (*ma mère... mon père monte le... la voiture,* ci-dessus page 183, lignes 6-7). Cependant, outre les difficultés pratiques rencontrées (l'apprenant n'est pas forcément consultable pour collaborer à l'analyse et celle-ci se fait souvent trop tard pour que ce critère reste valide), cette distinction n'est pas forcément applicable à des occurrences isolées.

La distinction établie par S.P. Corder (1967) entre erreurs systématiques et non-systématiques (voir aussi F. Voronin, 1969 et M.P. Jain, 1974) renvoie au fond à la démarche linguistique inductive consistant à repérer des caractéristiques régulières dans des échantillons langagiers. Pour Voronin, les erreurs systématiques, ou typiques, sont caractéristiques d'un groupe et inhérents à un contexte d'apprentissage donné. Pour Corder, les erreurs systématiques, qui intéressent au premier chef l'analyse d'erreurs, sont des manifestations de la «compétence transitoire» d'un apprenant. Ici, systématiques signifie moins fréquentes ou persistantes que représentatives d'un **système** intériorisé, c'est-à-dire de l'existence de règles et de la nature de ces règles : «les erreurs de performance seront par définition non-systématiques et les erreurs de compétence systématiques» (S.P. Corder, 1967-1980, p. 13). En effet, la récurrence de certaines formes «erronées» n'implique pas qu'elles soient représentatives de la grammaire intériorisée : c'est le cas des fossilisations, formes fréquentes ou constantes chez un individu, qu'il sait «erronées» mais dont il ne peut - et parfois ne veut - se défaire et qui paraissent rétives à toute intervention pédagogique. Ainsi, chez certains hispanophones d'un niveau très avancé en français, on entendra *à côté de le cinéma, près de les chaises,* alors même que les règles d'amalgame sont connues. Il est d'autre cas où l'hésitation ou l'alternance entre une forme correcte et une forme

---

1. En ce sens, il ne pourrait y avoir en langue maternelle que des fautes, jamais d'erreurs. A moins bien sûr de recourir à des jugements normatifs externes. On peut noter à ce propos que certaines analyses d'erreurs en langue étrangère considèrent comme erreurs des formes assez répandues chez des locuteurs natifs («donne-moi-z-en», «si j'aurais su», «j'ai pas vu»).

erronée signale une compétence incertaine ou en cours de modification. Cela peut être le cas dans l'échantillon de la page 183 pour les possessifs. Mais l'absence de systématicité, c'est-à-dire la variabilité, pour une règle ou une forme donnée, peut aussi être l'indice de règles ou de sous-règles dans la grammaire intériorisée. Ainsi, la coexistence chez un anglophone des formes suivantes : *je n'ai pas d'argent*, * *je n'ai pas des amis*, si elle apparaît récurrente, peut tenir à une opposition comptable/non comptable installée à ce stade dans sa compétence intermédiaire. L'identification d'erreurs systématiques, c'est-à-dire d'un système d'erreurs, est tributaire des échantillons analysés, et des conditions de production du discours, aussi bien dans un cadre pédagogique contraint que dans la communication spontanée.

La distinction, déjà entrevue, entre erreurs intralinguales et erreurs interlinguales, consiste à déterminer si les erreurs proviennent de la langue maternelle ou de la grammaire étrangère intériorisée, celle-ci partageant déjà des règles avec la langue-cible. Il s'agit dans ce dernier cas d'erreurs de généralisation analogique, apparentées à celle des enfants natifs de cette langue-cible. Cette distinction, théoriquement importante, est souvent difficile à établir, sauf dans le cas de calques caractérisés. Nombre d'analyses l'ont tenté, soit pour démontrer leurs poids respectifs en termes de pourcentages comparés, au point d'en tirer des conclusions générales ; soit pour montrer, plus utilement, qu'un lot important d'erreurs n'entrent ni dans l'une, ni dans l'autre catégorie, ou peuvent entrer au contraire dans les deux à la fois (voir G. Bibeau, 1983). Les critères adoptés sont soit intuitifs, soit dépendants des modèles descriptifs et explicatifs adoptés, au point qu'une partie de ces travaux induisent leurs propres résultats, en démontrant ce qu'ils entendaient démontrer. Il est également frappant que, dans les stages de formation, des enseignants soient souvent enclins à chercher des explications interférentielles, qu'ils connaissent bien ou non la langue maternelle des apprenants [1]. Hormis les cas relativement clairs, où les deux interprétations s'excluent l'une l'autre, on est fondé à penser qu'elles ne sont pas incompatibles. J.Y. Dommergues suggère même que «toute erreur possède (...) deux composantes : une composante d'interférence et une composante d'analogie, dans des proportions variables» (1973, p. 7).

Au vrai, la distinction est trop sommaire pour être suffisamment opératoire, et rend nécessaire la notion de généralisation interlinguale. L'hispanophone qui, en début d'apprentissage, prononce [mesõ] pour *maison*, [ildis] pour *ils disent* et [ilsõ] pour *ils ont* (cette dernière erreur étant souvent identifiée comme erreur grammaticale, par confusion entre *avoir* et *être*), sous l'influence du système

---

1. L'échantillon proposé page 183 est souvent perçu comme provenant d'une hispanophone, d'une anglophone ou d'une germanophone selon que les enseignants ont des publics hispanophones, anglophones ou germanophones...

phonologique de sa langue maternelle qui ne connaît pas l'opposition S/Z, tendra souvent, une fois perçue et assimilée cette opposition, à suremployer [z] et à prononcer [ʃãzõ] pour *chanson*, [beze] pour *baisser*, voire [ilzõ] pour *ils sont*. Un anglophone qui a déjà appris qu'à l'anglais *when* + présent à sens futur *(when you come, I'll let you know)* correspond souvent en français *quand* + futur *(quand tu viendras, je te dirai)*, en viendra à dire * *si tu viendras, on sortira ensemble* (angl. *if you come, we'll go out together*) alors qu'un transfert direct de l'anglais produirait *si tu viens*, forme correcte en français dans ce contexte. Un autre exemple fréquent est celui d'apprenants dont la langue maternelle ne comporte pas d'articles et qui rapidement surgénéralisent l'emploi de l'article en français, et en viennent à les utiliser même dans les cas où le français les omet. Bien souvent en effet, «les fautes [1] interférentielles sont (...) non pas des fautes issues des différences entre les deux langues, mais de l'inadéquation du système de correspondances que, face à ces différences, l'élève se construit.» (L.J. Calvet, 1971, p. 42) La prise en compte de ce réseau de correspondances et de l'interaction entre deux grammaires intériorisées, l'une achevée, l'autre évolutive, amène à moduler la distinction entre erreurs intralinguales et interlinguales et à approfondir l'étude des mécanismes d'apprentissage sous-jacents dans un cadre méthodologique plus approprié.

4. L'apport de l'analyse des erreurs à la pédagogie des langues

L'analyse d'erreurs, en débordant partiellement de son cadre initial, a apporté directement et indirectement une contribution importante à l'enseignement des langues : 1) dans l'amélioration des descriptions pédagogiques ; 2) dans la modification des attitudes et des pratiques d'enseignement et d'apprentissage ; 3) dans la conception et le contenu des programmes de formation et de recyclage d'enseignants, lieux et relais institutionnels où se cristallisent et s'interrogent les évolutions profondes et superficielles de la didactique des langues.

Les attitudes envers l'erreur, liées à des représentations socioculturelles et idéologiques, sont souvent négatives et péjorativement connotées (tabou, péché, ennemi, délit, maladie), y compris dans une littérature pédagogique encore récente. Elles débouchent alors, côté enseignants, sur des pratiques directives, voire coercitives, et sur une sanction négative dans l'évaluation et la certification des acquis ; côté apprenants, sur des inhibitions ou des stratégies d'éludage dont les productions orales *(il faut que je... je dois partir)* ou écrites (ratures, surcharges) portent souvent la trace matérielle.

---

1. Calvet entend ici par *faute* ce que nous avons défini plus haut comme *erreur*.

L'un des premiers enjeux pédagogiques est alors de dédramatiser les erreurs dès l'accès initial à la langue étrangère : en sensibilisant, par exemple, les apprenants au caractère banal ou naturel de leur apparition en langue maternelle ou étrangère (écoute d'enregistrements de locuteurs natifs ou d'étrangers) et en développant les conduites exploratoires à travers des mini-corpus de langue fictive ou de langue maternelle, ou des jeux de découverte. Les attitudes initiales, qui sont parfois à reconstruire, non *ex nihilo* mais à contre-courant de représentations et d'attitudes déjà ancrées, exercent une influence profonde sur la relation ultérieure des apprenants à la langue étrangère et sur leurs pratiques d'apprentissage. Cela n'exclut pas des pratiques correctives, mais suppose leur cohérence par rapport aux attitudes d'apprentissage préalablement développées. Les erreurs apparues dans la classe sont en ce sens à considérer comme un matériau utile, grammaires pédagogiques et grammaires d'apprentissage entretenant là une relation dialectique constructive.

L'amalgame entre difficulté et erreur, fréquent chez les premiers théoriciens de l'analyse contrastive [1] et chez nombre de didacticiens, relève d'attitudes traditionnelles vis-à-vis de l'erreur et de l'apprentissage, comme l'a abondamment montré S. Baruk (1973 et 1977) à propos de l'apprentissage des mathématiques. Une difficulté potentielle ou réelle n'est pas automatiquement source d'erreurs, pas plus qu'une erreur n'est forcément indice de difficulté d'apprentissage. La perception de difficultés et l'appréciation d'erreurs ne se situent pas au même plan pour l'enseignant ou l'apprenant. La représentation des difficultés, si elle tient en partie aux différences intrinsèques entre les deux langues, ou à la complexité de certaines règles ou de certains paradigmes, est largement subjective et relative : elle relève pour une part de l'expérience antérieure d'apprentissage et d'enseignement (bien des enseignants, par exemple «annoncent» la difficulté) et, pour l'essentiel, de la progression pédagogique adoptée. L'acquisition du système de la négation en français implique l'assimilation, dans un ordre quelconque, d'un système de règles rendant compte d'énoncés simples tels que :

1. *Je ne suis pas français (≠ je suis français)*
2. *Je ne connais pas l'adresse (≠ je connais l'adresse)*
3. *Je n'ai pas de billet(s) (≠ j'ai un/des billet(s))*
4. *Ce n'est pas l'heure (≠ c'est l'heure)*
5. *Ce n'est pas de l'eau (≠ c'est de l'eau)*

Quel que soit l'itinéraire adopté, il est susceptible de provoquer difficultés ou erreurs, sans que l'on puisse assimiler celles-ci à celles-là. Si la règle d'addition de *ne ... pas* (1, 2, 4, 5) est introduite et assimilée en premier lieu, et la règle *ne ... pas de* (3) abordée ensuite, celle-ci vient restreindre la précédente : le problème, sinon la diffi-

---

1. Pour qui l'erreur est indice de difficulté, et la difficulté source d'erreurs, la facilitation ou la récompense étant les clés de l'apprentissage de savoir-faire moteurs, selon la théorie behaviouriste.

culté, est alors de départager leurs champs respectifs. Des erreurs fréquentes, soit sous l'empire de la première (*je n'ai pas un billet), soit par effet rétroactif (*ce n'est pas de l'heure, *je ne suis pas de français), peuvent être là constatées. Si l'on introduit au contraire d'emblée ces deux règles, pour anticiper sur cette «contamination», en présentant 1, 2 et 3 par exemple, on pourra rencontrer *ce n'est pas d'eau ou *je n'ai pas un billet. C'est de la rémanence à long terme de ces erreurs que peut se soucier l'enseignant, plutôt que de leur apparition provisoire dans les étapes immédiates de la progression. La difficulté n'est pas identifiable à la complexité relative d'un système de règles descriptives ou à la complexité de la description, ni à la complexité des descriptions pédagogiques, ni à la fréquence ou la gravité estimée des erreurs relevées. L'apprentissage étant étalé dans le temps, la difficulté tient davantage à l'adéquation entre progression pédagogique et progression d'apprentissage et à leur adaptation mutuelle. On n'apprend pas tout à la fois, et on n'enseigne pas tout en même temps... Quelle que soit la progression pédagogique adoptée (plus ou moins «massée» ou «distribuée» selon les descriptions pédagogiques et leur découpage dans la progression), il est exclu de présenter massivement toutes les règles de la négation en français, comme peut le faire à sa façon une grammaire descriptive qui rendra compte de structures comme : Je ne veux pas des billets, seulement des pièces ; ce n'est pas d'argent que j'ai besoin ; je suis venu pas dimanche mais lundi. En outre, le système de la négation s'acquiert en relation avec d'autres systèmes de règles (détermination, quantification, etc.) qui ne sont introduits et assimilés que progressivement. En un sens, une progression «massée» n'est en tout état de cause qu'une variante plus compressée des progressions «distribuées», ou inversement. Le principe cartésien des étapes minimales n'est guère transposable à l'apprentissage des règles minimales en langue étrangère. La différence tient au rythme et aux stratégies d'enseignement et d'apprentissage, non à la difficulté intrinsèque présumée inhérente à ce qui est appris, et dont les erreurs seraient à la fois l'effet et la preuve. Il est remarquable qu'un apprentissage naturel rapide et réussi soit habituellement jalonné par des erreurs intermédiaires abondantes : la difficulté subjective rencontrée en ce cas par l'apprenant relève là autant de son investissement personnel, social, psychologique et affectif, voire idéologique, dans un univers communicatif étranger qu'à des difficultés intrinsèques de la langue qu'il apprend.

Les approches notionnelles-fonctionnelles ou communicatives, qui adoptent des progressions linguistiques relativement massées, plus souples et moins guidées, misent désormais davantage sur la progression d'apprentissage, c'est-à-dire sur la façon dont les apprenants construisent eux-mêmes leur grammaire intériorisée, à partir des données langagières qui leur sont présentées et des pratiques communicatives auxquelles ils s'exercent (voir chap. 7, § 2). Sans évacuer totalement de leur univers pédagogique les notions de difficulté et d'erreur, ni les ambiguïtés évoquées plus haut, elles tendent à relativiser l'apport des descriptions grammaticales et à accepter la diversité des itinéraires d'apprentissage, en introduisant d'autres attitudes et d'autres pratiques vis-à-vis des erreurs dans la classe de langue.

Les techniques de correction d'erreurs fondées sur la correction immédiate et systématique, comme dans les exercices structuraux au laboratoire de langues, ont souvent peu de prise sur les causes mêmes des erreurs, et sur leur relation à la grammaire intériorisée, stabilisée ou mouvante, dont elles émanent. L'exemple de la page 183 est à cet égard significatif : corriger *elle* [atãd] *de le radio* par *elle écoute la radio* ne suffira sans doute pas à éliminer les six erreurs imbriquées qu'on y trouve, ni à éclairer l'apprenant sur la nature exacte de ces erreurs. D'où l'intérêt de pratiques plus inductives et réflexives, appuyées sur les grammaires intériorisées des apprenants et sur leur capacité de conceptualisation.

On en trouve trois propositions différentes chez A. Lamy (1976 et 1981), H. Besse (1974 a et 1980 a), H. Raabe (1982).

Lamy préconise une « pédagogie de la faute »[1] mobilisant l'intuition et la démarche réflexive des apprenants, orientée et synthétisée par les regroupements et les rapprochements proposés par l'enseignant en fonction des hypothèses formulées par eux. Cette démarche, qui n'exclut pas les confrontations avec la langue maternelle, tend à récupérer la dimension positive de l'erreur, soit formellement : * *c'est Pierre qui j'ai vu* sera rapproché de * *c'est Pierre qui est venu* ou de *vous ne savez pas qui j'ai vu* avant d'embrayer sur *c'est Pierre que j'ai vu ;* soit analytiquement, par exemple en rapprochant *c'est ... qui/c'est ... que ....* de *qui est-ce qui/qui est-ce que,* pour clarifier l'opposition *qui/que* à travers un corpus d'exemples appropriés.

La conceptualisation, selon Besse, va dans le même sens, mais de façon moins guidée. Fondée sur les productions des apprenants, elle sollicite leurs hypothèses et leurs intuitions sans les faire entrer dans un cadre sémantique ou grammatical *a priori* (voir chap. 5, § 4) à la différence des exercices proposés, par exemple, dans *C'est le Printemps,* où l'on vise à faire découvrir inductivement, à l'aide de corpus fabriqués à cette fin, des descriptions pédagogiques pré-construites.

Pour H. Raabe (1982), l'analyse d'erreurs en discours renvoie à une analyse du discours, l'interaction corrective étant alors à rattacher, comme en langue maternelle, à une régulation de l'interaction discursive (réduction de malentendus, reprises, auto-corrections, demande de précision, etc.). Ce qui permet de distinguer la correction centrée sur le code (la langue) de celle centrée sur le contenu de l'échange, même si les deux sont souvent imbriquées. En outre, Raabe propose un modèle d'analyse du discours correctif qui permet d'étudier, à la façon de J.M. Sinclair et R.M. Coulthard (1975),

---

1. *Faute* est ici à entendre au sens d'erreur, page 209 ci-dessus.

les « chemins d'actions discursives qui peuvent être empruntés par le locuteur et son partenaire lors d'une énonciation erronée » (p. 181).

Ces trois démarches ont en commun, sous des formes différenciées, de travailler sur des productions en contexte situationnel, et de susciter l'activité du groupe, plutôt que de se limiter à des corrections individualisées. La mise en commun de grammaires intériorisées diversifiées, d'hypothèses individuelles et de stratégies variées contribue à évacuer le tabou de l'erreur et à mobiliser et exploiter, au profit du groupe, les ressources et les activités individuelles des apprenants. En ce sens, elles aident non seulement à concevoir des grammaires pédagogiques plus adéquates, mais surtout à justifier une autre pédagogie de la grammaire.

L'analyse d'erreurs, dans ces apports pédagogiques, paraît répondre partiellement à ses objectifs initiaux : meilleure compréhension des processus d'apprentissage, amélioration de l'enseignement, informations sur le système de langue-cible. Cet apport cependant tient moins à ses méthodes qu'aux interrogations et aux ouvertures qu'elle a suscitées, au-delà de son cadre initial, dans la problématique de l'apprentissage des langues, comme le montrent les travaux sur l'interlangue et sur les processus d'apprentissage.

Chapitre 10

L'interlangue et ses descriptions

Ce que l'on a dénommé, ici ou là, **système approximatif, compétence transitoire, dialecte idiosyncrasique, système intermédiaire, interlangue, système approximatif de communication, langue de l'apprenant** ou **système approché** (voir U. Frauenfelder, C. Noyau, C. Perdue, R. Porquier 1980 pp. 43-46) recouvre, malgré certaines dispersions théoriques ou méthodologiques, un même objet : la connaissance et l'utilisation « non-natives » d'une langue quelconque par un sujet non-natif et non-équilingue, c'est-à-dire un système autre que celui de la langue-cible mais qui, à quelque stade d'apprentissage qu'on l'appréhende, en comporte certaines composantes. C'est ce que nous avons précédemment appelé **grammaire intériorisée** par l'apprenant, et que nous appellerons également ici **interlangue** [1].

C'est là un objet d'investigation, de description et d'analyse plus riche et plus complexe que celui délimité par l'analyse d'erreurs. Celle-ci opère essentiellement sur des productions, éventuellement sur des erreurs de compréhension. L'étude des interlangues porte non seulement sur des performances mais surtout sur les compétences sous-jacentes et sur la façon dont elles sont activées dans les performances. Son principal objectif est en effet de décrire les grammaires intériorisés à travers les activités langagières qui les manifestent, pour en caractériser les spécificités, les propriétés et les modalités de leur développement.

1. Caractères et spécificité des interlangues

Une interlangue, considérée à un stade quelconque de son développement ou à l'état fossilisé, si ce développement est interrompu, répond, sauf dans un état initial où elle constitue un répertoire non-structuré, à l'essentiel des divers critères servant à caractériser une langue : système symbolique de signes, d'double articulation, sys-

---

1. Malgré l'ambiguïté de ce terme (anglais *interlanguage*, voir L. Selinker, 1972). souvent assimilé à *interlingual*, ou compris comme désignant un état intermédiaire dans le passage d'une langue « source » à une langue « cible ». Par ailleurs, le terme « interlinguistique » renvoie souvent à la théorie et aux pratiques de la traduction (voir J.R. Ladmiral, 1980).

tématicité, variabilité, intelligibilité. Elle paraît cependant comporter des traits spécifiques qui la différencieraient des langues dites naturelles : instabilité, perméabilité, fossilisation, régression, simplification, et qui renvoient à son caractère évolutif. Des traits comparables sont pourtant repérables, dans les langues naturelles, soit dans leur évolution diachronique soit, d'un autre point de vue, dans les idiolectes ou sociolectes de locuteurs natifs (voir U. Frauenfelder et *al.*, 1980 et J. Arditty et C. Perdue, 1979).

La double caractérisation de l'interlangue (désormais IL) repose alors d'une part sur ces caractères internes, c'est-à-dire sur la nature et les règles de la grammaire intériorisée, d'autre part sur son caractère évolutif. De façon comparable dans le premier cas à la grammaire intériorisée d'un locuteur natif, dans le second au langage de l'enfant, dont le développement est cependant sujet à des déterminations biologiques et cognitives spécifiques.

Les caractères internes et le développement de l'IL, à la différence d'une langue naturelle, ne peuvent être abordés sans la double référence au système de la langue-cible, dont elle tend en principe à se rapprocher et à laquelle elle peut être comparée, et au système intériorisé de la langue maternelle, substrat d'acquisition qui intervient dans le montage d'une interlangue.

Ces différentes caractérisations, sur lesquelles nous reviendrons plus loin, conduisent à envisager une IL comme sytème linguistique particulier, soit du point de vue synchronique, soit du point de vue diachronique, pour en fournir des descriptions transversales ou longitudinales et pour étudier les modalités de son acquisition, de son développement et de son utilisation. On a donc là affaire à un concept théorique et méthodologique, définissant un objet provisoire d'investigation. Comme on le verra, les problèmes méthodologiques de description et d'analyse interrogent certains présupposés théoriques, non sans incidence sur les implications et les apports en didactique des langues de l'étude des grammaires intériorisées.

Le caractère naturellement empirique de ces recherches, aussi bien dans un cadre naturel que dans un cadre institutionnel, se manifeste dans la diversité, l'hétérogénéité, voire les divergences des nombreux travaux déjà effectués. Ils vont de la description ponctuelle d'échantillons d'interlangues individuelles, qui relèvent souvent de l'exercice méthodologique, à l'analyse de corpus étendus, de natures diverses, destinés à informer, appuyer ou vérifier certaines hypothèses sur la nature et le développement des IL. L'appellation d'interlangue ou de grammaire intériorisée renvoie dans le premier cas à des systèmes individuels (**des** interlangues), dans le second à la caractérisation globale d'un objet conceptuel (l'interlangue).

N'y aurait-il de grammaires intériorisées qu'individuelles et particulières ? Ou bien peut-on au contraire poser comme postulat ou comme hypothèse que ces grammaires intériorisées relèvent de schèmes communs d'organisation et de développement, comme pour une langue « native » et naturelle ? Voire communs avec l'ensemble des langues, sous leurs diversités descriptives ? Cette dernière hypothèse, selon laquelle l'interlangue, comme les pidgins, le langage enfantin et les langues naturelles comporterait et manifesterait les propriétés spécifiques du langage humain, paraît heuristiquement riche voire féconde, mais encore invérifiable dans l'état actuel des sciences du langage.

La précédente, moins ambitieuse, selon laquelle toute interlangue serait dotée de schèmes d'organisation et de développement analogues, mais non identiques à ceux d'une langue naturelle « native », suppose qu'elle puisse relever des mêmes modèles de description, sinon des mêmes descriptions. Or, montrer que les interlangues comporteraient certaines propriétés spécifiques par rapport aux langues naturelles, ce qui est une autre hypothèse, suppose qu'elles soient au moins en principe et en partie appréhendables à l'aide de **modèles** de description utilisables pour celles-là, donnant lieu à des descriptions différentes. Si l'on cherchait à montrer, et cette quatrième hypothèse est la plus faible, que les interlangues individuelles, en regard d'une langue-cible donnée et *a fortiori* d'une langue maternelle donnée, sont trop différenciées pour relever de modèles descriptifs communs, alors ou bien l'adéquation de ces modèles descriptifs serait à mettre en question, selon l'hypothèse précédente, ou bien la notion même d'interlangue ne serait d'aucune portée, d'aucun intérêt, voire d'aucune signification.

Le **concept** d'interlangue ne vaut alors que selon l'hypothèse où il s'inscrit. La nôtre, nuancée, et sous-jacente à ce chapitre, est qu'une interlangue comporte au moins des propriétés essentiellement communes avec les langues naturelles quant à leur organisation et leur développement. Ce qui entraîne comme hypothèses méthodologiques qu'elles soient, partiellement au moins, justiciables de mêmes modèles de description sans préjuger ici de l'adéquation de tel modèle particulier ; que les descriptions de la langue-cible et de la langue de départ fournissent des repères privilégiés et en tous cas indispensables (bien que non forcément suffisants pour décrire des interlangues), tant dans le cas de langues voisines que de langues très différentes (mais sans ignorer que ces deux cas ne relèvent pas exactement de la même problématique) ; que, sur cette base, des interlangues rapportées à une langue-cible (et, préférentiellement, à une même langue de départ), sont comparables entre elles, soit diachroniquement, soit synchroniquement : diachroniquement si l'on compare les états successifs de l'interlangue chez un même individu ou entre plusieurs individus ; synchroniquement, si l'on compare les interlangues respectives de plusieurs individus à un stade identique ou voisin d'acquisition.

Comparer l'interlangue d'un (ou de) Chinois apprenant le swahili et celle d'un (ou de) Français apprenant l'anglais, fût-ce à un stade comparable (en terme de temps et de conditions d'apprentissage) n'a de sens qu'en référence à une hypothèse plus générale, entraînant d'autres implications méthodologiques. Une telle tentative présumerait que l'on ait déjà vérifié notre hypothèse précédente, ce qui n'est pas le cas. Cependant, elle suggère l'intérêt, à l'appui de notre hypothèse, de comparaisons « bilatérales » entre interlangues : c'est-à-dire par exemple entre l'interlangue « japonaise » d'un francophone et l'interlangue « française » d'un japonophone, ou entre celle d'un francophone parlant l'« italien » et celle d'un italophone parlant « français ». Curieusement, alors que l'analyse contrastive envisageait initialement cette réversibilité, des comparaisons bilatérales d'interlangues n'ont pas été effectuées, sinon de façon ponctuelle et illustrative dans le cadre différent du bilinguisme ou des contacts de langue, sur des cas d'interférences ou d'emprunts. Les descriptions d'interlangues portent le plus souvent sur des cas individuels, isolément ou comparativement, plus rarement sur des groupes.

2. Quelques aspects de l'interlangue

On envisagera ici, à l'aide de quelques exemples, les principaux aspects de l'interlangue et les problèmes qu'ils soulèvent quant à l'approche des grammaires intériorisées. L'examen du microsystème des déterminants dans l'interlangue relativement développée d'un anglophone en donnera un premier aperçu.

Systématicité et variabilité

Il s'agit d'une discussion libre en français sur l'énergie nucléaire entre un anglophone spécialiste de ces questions et un francophone. Dans un premier temps, la confrontation de l'interlangue (IL) avec la langue-cible (LC) fournit le tableau suivant :

IL \ LC	LE LA L'	DU DE LA DE L'	LES	DES
LE	XXX	X		
DU, DE LA, DE L'				
LES			XXXX	XXX
DES				X

Les cases de la diagonale descendante (ici en grisé) marquent les concordances entre interlangue (IL) et langue-cible (LC). Les autres, auxquelles se serait limitée une analyse d'erreurs, marquent les écarts entre IL et LC. Chaque croix correspond à une occurrence. Ainsi, dans « *ils ont trouvé l'uranium enrichi* » *(le = de l')* et « *ça présente les difficultés* » *(les = des)*, grammaticalement possibles en français, l'inadéquation au contexte ou la vérification ulté-rieure permettaient d'identifier des erreurs. Une description de ce microsystème, c'est-à-dire tentativement de la grammaire intériori-sée sous-jacente revient non à recenser séparément les erreurs et les formes correctes, mais à tenter de reconstituer les règles sous-jacentes à l'ensemble, où l'opposition défini/indéfini paraît structu-rée d'une certaine façon. En élargissant la description à d'autres déterminants ou quantificateurs, regroupés en un système plus étendu :

des N	: *ils ont des degrés supérieurs, des doctorats.*
des autres N	: *il y a des autres centrales* (des = d')
beaucoup de N	: *beaucoup de problème(s)*
	beaucoup de temps
	beaucoup de soleil
beaucoup des N	: *beaucoup des chercheurs poursuivent les stages* (des = de)
	il y a beaucoup des problèmes (des = de)
assez des N	: *nous avons assez des centrales* (des = de)
pas un N	: *nous n'avons pas en Angleterre un problème* (un = de)
pas aucune N	: *il n'y a pas aucune commande* (aucune = de)
pas des N	*nous n'avons pas des centrales* (des = de)

on constate une cohérence globale, une relative systématicité. Elle peut être décrite sommairement ainsi :

$$des \ N \ + \ \begin{Bmatrix} assez \\ beaucoup \\ pas \end{Bmatrix} \longrightarrow \begin{Bmatrix} assez \\ beaucoup \\ pas \end{Bmatrix} \ des \ N$$

avec un cas de variabilité : *beaucoup de/des problèmes.*

Cette description vaut pour les énoncés négatifs où :

$$\begin{Bmatrix} un \\ aucun \\ des \end{Bmatrix} N + \text{négation} \qquad pas \qquad \begin{Bmatrix} un \\ aucun \\ des \end{Bmatrix} N$$

En résumé, la présence de quantificateurs ou de négation ne modifie pas la forme des déterminants. Cependant, on rencontre une fois *beaucoup de nos chercheurs* qui oblige à affiner la descrip-tion soit en présumant l'existence de sous-règles particulières, ou variables, pour *beaucoup,* soit en présumant une règle particulière, différente de la règle de cacophonie décrite par M. Gross (1967), où :

$$de \ + \ \begin{Bmatrix} les \\ des \end{Bmatrix} \ N \longrightarrow des \ N$$

Cette règle est à relier avec l'utilisation des déterminants *les/des,* déjà évoquée, où *les* a valeur d'indéfini. Cela paraît confirmé dans d'autres contextes (verbe *des* N, N *des* N): *le CEGB n'a pas besoin*

des réacteurs nucléaires ; l'UKAEA était et est encore une organisa-
tion de recherche et aussi de production des combustibles» (le
recours au jugement du locuteur a été nécessaire pour vérifier là le
statut de *des,* correspondant à *de* en langue-cible). Tout se passe en
fait comme si
a) le choix entre *les* et *des* relevait de choix aléatoires ou systématiques, sans que les règles puissent en être élucidées, malgré la tendance à utiliser *des* avec valeur d'indéfini ;
b) *de + les →des,* règle d'amalgame existant en langue-cible ;
c) la présence de négation ou de quantificateurs ne modifiait pas la
forme des déterminants.

Cette dernière règle paraît contradictoire avec la précédente ; en
fait, elle peut s'y relier de deux façons : soit *des,* article, n'est pas
modifié par *beaucoup, assez, pas,* soit *les,* article, est modifié par
beaucoup de, assez de, pas de selon la règle d'amalgame ci-dessus.
La variabilité *beaucoup de/des* et l'occurrence de *beaucoup de nos*
chercheurs semble confirmer plutôt la seconde hypothèse.

Les règles et la variabilité ainsi décrites, si elles paraissent pouvoir rendre compte de cet aspect de l'interlangue, sans que l'on
puisse considérer qu'elles ont été intériorisées de cette façon, ne
renvoient pas à des règles correspondantes de la langue maternelle,
et suggèrent une organisation spécifique, différente également de la
langue-cible.

On remarque, par exemple, chez divers anglophones de niveau
comparable au précédent (voir R. Porquier, 1975 a), soit chez l'un
l'absence totale d'amalgame : * *il écrit de les choses,* * *beaucoup de*
les médecins, * *80% de les gens,* * *une organisation de les prési-*
dents, etc., soit chez un autre une absence non-systématique d'articles : *il écrit un magazine/* il écrit magazine, tout le monde parle*
anglais/il parle l'anglais, * *être à Israël/* aller au Israël ;* ou encore
chez un troisième, à la fois une nette variabilité dans la présen-
ce/absence des articles indéfinis et partitifs *(acheter des enve-*
loppes ; on a sorti des chiffres ; on nous a donné du spaghetti ; on
n'avait pas la permission de boire, seulement jus de fruit, coca-cola
et choses comme ça) et une systématicité totale, et conforme à la
angue-cible, pour les quantificateurs *(beaucoup de bruit, beaucoup*
d'enfants, pas d'alcool). Indépendamment de la conformité à la
langue-cible du caractère systématique des erreurs, de tels systèmes individuels présentent donc des caractéristiques spécifiques
différenciées, descriptibles en termes de systématicité/variabilité,
en fonction des points d'occurrence potentiels et effectifs d'utilisation des règles et formes observées.

Cette variabilité peut être décrite de différentes façons : selon le
cadre descriptif adopté, lui-même modifiable en cours de route
selon les occurrences rencontrées, elle peut être perçue comme aléatoire, s'il y a coexistence de deux formes concurrentes sans critères
de choix identifiables, ou comme l'indice de règles inconnues,
inexistantes en langue-cible ou différentes de celle-là, qui relèveraient de catégorisations établies par l'apprenant. On peut dans ce

dernier cas parler de variabilité systématique. L'accès à ces règles variables suppose souvent le recours à l'apprenant lui-même, dont l'intuition verbalisée ou les commentaires explicites, formulés en termes métalinguistiques, aident à préciser ou modifier les hypothèses initiales de description du chercheur ou de l'enseignant. D'autre part, la variabilité peut être en rapport avec le contexte situationnel (type d'échange, choix sociolinguistiques, conditions de production orale/écrite, etc.) ou le type de tâche (dictée, expression orale, test), points sur lesquels nous reviendrons au chapitre 11.

Ainsi, l'examen du système de la négation chez cinq hispanophones ayant étudié le français essentiellement en milieu naturel (C. Dubois et al., 1981) montre, chez quatre d'entre eux, une importante variation *(ne/ne ... pas),* selon la situation d'entretien et le caractère plus ou moins formel ou surveillé des registres de discours.

Enfin, la variabilité apparente peut également refléter un état transitoire, donc dynamique de la grammaire intériorisée : elle est alors la trace de l'instabilité dans le temps de l'interlangue.

Simplification ou complexification ?

La comparaison des interlangues avec les langues-cibles, en empruntant à leurs descriptions, ont souvent conduit à voir dans les interlangues des *systèmes simplifiés,* voire à postuler dans leur développement des processus ou des stratégies de **simplification,** comme pour les pidgins ou les créoles ou, différemment, pour le langage enfantin. Indépendamment des effets idéologiques ou ethnocentristes qui l'expliquent en partie, cette vision relève d'une confusion apparente entre des objets différents et des problématiques différentes : respectivement idiomes véhiculaires restreints à des transactions fonctionnelles, langues à substrat mixte relevant d'une typologie descriptive particulière, ou systèmes embryonnaires à développement progressif, les pidgins, les créoles et le langage enfantin n'auraient de commun avec les interlangues que de se caractériser par un système de règles plus simple que celui de la langue ou des langues de référence, c'est-à-dire d'être passibles de descriptions moins complexes. Cette idée vient en partie de leur relative « simplicité » morphologique, (paradigmes verbaux restreints, peu de formes pour le genre ou le nombre, ou pour les pronoms) et, pour les pidgins et le langage enfantin, de leur lexique « limité ».

Si par exemple, on constate dans l'interlangue « française » d'un apprenant arabophone ou russophone l'absence systématique ou variable de la copule *être,* on peut y voir un système simplifié. Si l'on admet que cette caractéristique de l'interlangue reflète un trait structurel de la langue maternelle, cela n'implique pas que cette langue, l'arabe ou le russe, soit moins complexe ou plus simplifiée que le français, à moins d'adopter un point de vue logocentriste comme le font certaines théories descriptives. De même, d'apparentes fossilisations morpho-lexicales, comme celle-ci, rencontrées à l'oral chez un anglophone (R. Porquier, 1975 a) : *j'irai en Israël et [travaj] ; il va à son [travaj] ; il n'y a pas d'école ou de [travaj] ; *je veux [travaj] ; *il a [travaj] (= travaillé) ; *ceux qui voudraient [travaj], etc., que l'on pourrait être tenté de décrire en termes de simplification formelle, ne sont pas forcément représentatives de l'interlangue : dans le cas présent, le locuteur utilise ailleurs pour d'autres verbes des formes (infinitif, passé composé) qu'il n'emploie pas ici. En outre, pour deux des occurrences citées, il est difficile de décider, même en contexte, s'il « s'agit » d'un nom ou d'un verbe. La moindre variété formelle de l'équivalent anglais work, qui pourrait expliquer de façon interlinguale cette invariabilité formelle de l'interlangue, ne signifie pas que l'anglais soit un système plus « simple » que le français, même pour le micro-système envisagé.

Si l'on entend décrire une interlangue comme un système en soi, cette notion de simplification paraît non-pertinente, la référence aux systèmes des langues-cibles et de départ étant en principe exclue de la description, sauf pour suggérer des catégories descriptives utilisables ou pour repérer les états successifs d'une interlangue qui se rapproche peu à peu du système de cette langue-cible. Si la référence à la langue-cible est indispensable pour interpréter les énoncés et apprécier leur intelligibilité [1] - le destinataire virtuel étant soit locuteur natif de la langue-cible, soit doté d'une compétence développée dans cette langue -, leur description ne peut a priori présumer un système aussi développé, et identiquement structuré, que celui dont rendent compte les descriptions de la langue-cible, ou d'idiolectes de locuteurs natifs. Ce caractère simplifié, s'il est présupposé par le descripteur, le conduit à adopter un cadre descriptif simplifié, c'est-à-dire une grammaire réduite, selon laquelle il rendra compte de la systématicité et de la variabilité observées. Considérer une interlangue comme un système simplifié conduira à la décrire et à la construire comme telle, et donc à nier ou à ignorer sa complexité interne. S'il est vrai qu'une interlangue est, par définition, moins développée que la langue-cible, elle peut comporter des traits complexes, dont ne saurait rendre compte tel cadre descriptif de la langue-cible à laquelle elle ne se conforme pas. Ce qui caractérise une interlangue, c'est sa complexification progressive - sauf fossilisation ou éventuelle régression - et le processus de complexification que reflètent la nature et l'évolution de ses règles internes.

En outre, les notions de simplification-complexification renvoient autant à des processus et à des stratégies individuelles qu'aux caractéristiques intrinsèques de l'interlangue. L'apprenant sélectionne à sa manière, dans les données langagières qui lui sont four-

---

1. A ce jour, personne, semble-t-il n'a tenté de décrire une interlangue sans connaître la langue-cible et se référer à certaines descriptions de celle-ci, sauf des linguistes de terrain croyant décrire une langue ou un dialecte avant de découvrir qu'il s'agissait en fait d'interlangues ou d'idiomes véhiculaires (voir H. Wolff, 1964).

nies, des schèmes et des formes qui serviront de repères et de matériaux pour le montage de sa grammaire intériorisée. Plutôt que de considérer qu'il simplifie les données ou les règles présentées, il y a lieu alors de chercher comment il procède; les opérations sousjacentes peuvent en effet être différentes mais également aussi complexes, voire davantage, que celles présumées chez lui par l'enseignant. Le terme même de simplification n'a pas le même sens selon qu'il prétend rendre compte du résultat, c'est-à-dire des productions observées selon des *a priori* descriptifs, ou des processus internes d'apprentissage, selon des présupposés cognitifs.

De plus, les simplifications descriptives auxquelles procèdent les grammaires pédagogiques ne peuvent qu'induire, par divers détours, des « simplifications » analogues, ou différentes, dans l'interlangue des apprenants voire dans les opérations qui les construisent. Il n'est pas rare, en ce cas, de confondre la cause et l'effet, et d'imputer à celui-ci ce qui relève de celle-là.

D'autre part, on peut observer en discours des phénomènes de simplification apparente: retour à des formes d'interlangue rudimentaires, réduction de paradigme, non-application de sous-règles présumées connues, etc., imputables à des stratégies adaptatives de formulation ou de communication mobilisées en fonction de contraintes ou d'enjeux « institutionnels » (éludage de difficultés, réduction de risques d'erreurs) ou de conduites pragmatiques, où l'efficacité communicative prend le pas sur la correction formelle des énoncés.

Perméabilité

C. Adjemian (1976) voit dans la **perméabilité** de l'interlangue l'un de ses traits caractéristiques: « dans une situation où l'apprenant tente de communiquer en langue-cible (c'est-à-dire au moyen de son interlangue), il aura tendance à simplifier, à schématiser les aspects de sa grammaire en évolution qui provoquent le plus de difficultés, qui bloquent le plus la communication » (p. 309). C'est ici, l'apprenant faisant appel à des stratégies de production, de communication, ou autres, que la perméabilité de son IL laissera violer sa systématicité interne, en acceptant des surgénéralisations, des simplifications, ou d'autres modifications d'une fonction linguistique quelconque qui lui est propre « et ce de deux manières, soit [par] la pénétration dans un système IL de règles étrangères à sa cohérence interne, soit [par] la surgénéralisation ou la distorsion d'une règle IL » (*ibid.* p. 308). Cette notion de perméabilité (discutée entre autres par U. Frauenfelder et al., 1980) renverrait à la performance en IL, par opposition à une compétence intériorisée qu'elle modifierait dans certaines circonstances et de diverses manières. Si la surgénéralisation ou la distorsion d'une règle déjà acquises n'est pas un phénomène propre à l'interlangue, car elle s'observe aussi dans le langage de l'enfant, voire dans la performance d'adultes natifs, la perméabilité à la langue maternelle paraît caractéristique des interlangues, sans pouvoir être limitée à la performance. Il semble bien en effet que l'intériorisation de règles nouvelles puisse être mise en relation avec le système intériorisé de la langue maternelle, sans qu'on puisse *a priori* le déceler dans la performance, si ce n'est en termes de variabilité ou d'interférences occasionnelles manifestes. On sait par ailleurs que la perméabilité peut jouer en sens inverse, dans des cas où les productions en langue maternelle comportent des traces d'une langue étrangère, phénomène souvent observé chez les bilingues ou après un long séjour en milieu de langue étrangère. C'est la coexistence de deux systèmes intériorisés, l'un stabilisé, l'autre transitoire et évolutif, qui rend possible cette perméabilité observable dans la performance mais surtout constitutive de l'apprentissage.

Interlangue, langue-cible et langue maternelle

Dans la mesure où une interlangue tend à se rapprocher d'une langue-cible, elle semble pouvoir être envisagée en référence à cette langue-cible, voire comme une variété de cette langue-cible, dont elle partage par définition un certain nombre de règles. Cependant, elle ne peut pour autant être décrite en référence à une langue-cible standard, ni à une variété quelconque déjà reconnue de la langue-cible, sauf à retomber dans la problématique de l'analyse d'erreurs ou à interpréter de façon non-pertinente ses règles spécifiques selon les règles et les catégories, différentes, d'une autre langue, comme si l'on tentait de décrire, par exemple, l'anglais comme une variété de français. Il est également non pertinent, et en tous cas impossible, de décrire une interlangue comme exclusivement composée de la somme de règles de la langue maternelle et de règles de la langue-cible, susceptibles de cohabiter sans donner naissance à des règles spécifiques, ou de considérer que l'interlangue se réduirait au système de règles éventuellement communes aux deux langues, ce qui expliquerait son caractère prétendument «simplifié». On pose alors, ce qui se trouve vérifié par diverses recherches empiriques, que l'interlangue comporte au moins des règles de la langue-cible, des traces de règles de la langue maternelle, et des règles qui n'appartiennent ni à l'une ni à l'autre. Ce que l'on peut schématiser ainsi:

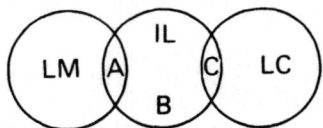

la proportion, la nature et l'interrelation des zones A, B, C dépendant, pour une interlangue donnée, du cadre et des méthodes de description adoptées.

1. On n'exclut pas ici les modulations possibles d'un tel schéma, notamment les intersections entre LM et LC dans l'IL, mais qui ne recouvrent en aucun cas toute la surface de l'IL.

225

La présence dans l'interlangue de traits de la langue maternelle, qui peut être observée empiriquement dans la performance, dans la prononciation, la prosodie, le lexique ou la grammaire conduit à s'interroger non seulement sur les mécanismes de transfert, mais aussi sur la façon dont l'interlangue s'appuie sur un système linguistique déjà intériorisé. Diverses études montrent comment des catégorisations issues de la langue maternelle aident à expliquer certains traits de l'interlangue et de son développement, notamment du point de vue sémantico-grammatical. J. Giacobbe et M. Lucas, étudiant l'acquisition de *ser* et *estar* en espagnol par des adultes francophones, dans le cadre d'un enseignement implicite, cherchent à voir comment cette distinction, qui repose sur des catégories sémantiques telles que «attribution-identification-spécification», est acquise par des apprenants dont la L1 ne comporte pas de distinction lexico-sémantique correspondante : le verbe *être*, utilisé en français dans les deux cas, la neutralise : F. *il est sale,* E. *está sucio/es sucio.* Ils en arrivent à la conclusion que «les» systèmes intermédiaires «que l'apprenant construit sont des systèmes hypothétiques qui fonctionnent comme des **filtres.** Ceux-ci donnent un sens au matériel linguistique utilisé par l'apprenant [...]. Les hypothèses du système en question se construisent de façon déductive à partir des systèmes préalablement établis, qui sont complètement ou partiellement modifiés à mesure que les hypothèses qui les constituent sont infirmées» (1980 p. 35). En ce sens, la L1 n'exerce pas d'interférence mais fournit un cadre qui permet l'assimilation progressive, par hypothèses successives, du système de la langue étrangère. L'interlangue reflète à la fois ces hypothèses, les restructurations qu'elles suscitent, et donc les caractères transitoires et évolutifs de l'apprentissage.

J. Montredon (1981) arrive à des conclusions comparables quant à l'acquisition du système des temps du passé en français par des étudiants japonais. Son étude, basée sur des productions libres et sur les jugements intuitifs et métalinguistiques des apprenants, l'amène à constater que ceux-ci, de façon relativement homogène, privilégient l'opposition «durée-momentané» dans leur catégorisation des valeurs de l'imparfait, du passé composé et du plus-que-parfait, au détriment de l'opposition «accompli-non accompli». Ainsi, **pas étonnant qu'il soit fatigué, il buvait toute la nuit* ou **enfin te voilà, je t'attendais trois heures* (pp. 54-63) sont jugées correctes par un certain nombre d'étudiants en raison de la durée de l'action. J. Montredon impute cette catégorisation à une simplification partiellement induite par le système de la L1 (le japonais), mais aussi par les grammaires françaises utilisées au Japon et par la progression des méthodes et la présentation adoptée par les enseignants. «Ces trois causes se renforçant mutuellement, l'on comprend que le système [...] qui en est l'aboutissement logique soit aussi fort, et les fossilisations qui en résultent aussi solides» (p. 81) ([1]).

---

1. J. Montredon propose, dans la deuxième partie de son ouvrage, une pédagogie rationnelle des temps, expérimentée auprès d'apprenants japonais.

On retrouve là l'effet de filtre exercé par le système de la L1 - c'est-à-dire par la représentation temporelle - aspectuelle qu'en ont les apprenants et qui, renforcé par l'enseignement, conduit à structurer, dans l'interlangue, des représentations et des catégorisations originales du système de la langue-cible.

3. Le développement de l'interlangue

La notion de développement est centrale dans une théorie de l'interlangue. D'abord, parce que celle-ci s'apprend dans le temps, ensuite, parce que ses caractères principaux, partagés au moins en partie avec les langues naturelles, renvoient inévitablement à son caractère évolutif. Si la systématicité permet de repérer des états synchroniques, comme pour l'évolution des langues naturelles, tous les traits envisagés : systématicité, variabilité, instabilité, perméabilité, fossilisation, sont à examiner dans le cadre de son développement longitudinal. La systématicité même est la résultante d'un itinéraire d'apprentissage qui l'a progressivement construite et qui peut la modifier à plus ou moins courte échéance, et non la somme de savoirs successifs additionnés, comme un mur se construit de briques. L'instabilité intrinsèque d'une interlangue non fossilisée, sa variabilité même et sa perméabilité à un stade quelconque montrent que la dualité systématicité-asystématicité porte la trace interne de cette évolution et comporte non seulement des traits des étapes antérieures mais aussi, en pointillé, des traits des étapes ultérieures que celles-ci révèlent rétrospectivement. Ainsi, en français, la maîtrise du système verbo-temporel ne jaillit pas inopinément d'un magma de représentations temporelles et de formes verbales, adverbiales et prépositionnelles, mais passe par la construction progressive de catégorisations et de valeurs référentielles dont l'utilisation «interlangagière» éclaire, pour le chercheur, les stades antérieurs de l'interlangue autant que les précédents éclairent les nouveaux. Sans doute en va-t-il de même pour l'apprenant, qu'elle que soit la conscience qu'il en ait. Cet itinéraire de développement échappe à l'analyse ponctuelle de l'interlangue, mais non à l'analyse comparée des états successifs qu'elle parcourt, pour peu que le cadre et les méthodes de description s'y ajustent.

Un exemple restreint d'apprentissage institutionnel servira d'illustration initiale à ce propos. Il s'agit des emplois de la négation chez un arabophone apprenant le français dans une classe hétérogène de débutants, en France, avec *C'est le Printemps 1* (Gasm El Seed A.B., 1977).

Enoncés professeur	Enoncés étudiant	Unités	N° de l'énoncé
C'est un arabe?	Non, un italien	2	03
Elle est mariée?	Non, célibataire	2	06
Qu'est-ce qu'il boit?	Non, il non boit	2	10
Qu'est-ce que tu bois? un petit café?	Non, un double café	2	11
Tu aimes Nicole?	Non, j'aime la... l'autre	2	23
Allan connaît Nicole?	Non il [nepakone] Nicole	2	27
Elle est jolie?	Non, il ne... connaît pas, non il la connaît pas	2	31
Haba est ton frère?	Non, c'est ton ami	3	12
Est-ce qu'il y a une douche?	Non, pas de douche	3	13
Tu as des cigarettes?	Non, je[ne pa] fume	3	15
Qu'est-ce que t'as pris?	J'ai pris [də] poisson(s) Aujourd'hui j'ai pas de faim	3	19
Elle a passé un bon week-end?	Non, [senepa] passé un bon week-end	3	22
Chez nous, le week-end commence quand?	Je sais pas	3	33
Une chambre à 200 francs par mois c'est cher?	Non, ce n'est pas cher mais pour... étudiant elle est chère	4	03
Qu'est-ce qu'elle demande à son mari?	«Tu vas à bureau?»	5	02
Il répond?	«Non, je ne peux pas»	5	03
(...)	Il y a pas de chauffage central	5	08
Tu aimes la cuisine française?	Non, à la restaurant universitaire le manger n'est pas bon	5	10
Est-ce qu'elle accepte?	Non, elle accepte pas, elle refuse pas	5	16
Il dit ça, «tu»? Pourquoi?	Non, il dit «vous»	6	03

228

		Unité	Numéro
Pourquoi est-ce qu'il met les valises derrière ?	Parce que c'est pas possible... monter les valises à côté de chauffeur	6	05
Le chômage, qu'est-ce que c'est ?	C'est travailler pas	6	11
Faites des phrases avec « je peux pas »	Je peux pas manger au restaurant parce que je n'ai pas ticket	6	13
Faites des phrases avec « rien »	Hier, j'ai ouvert l'armoire et il y a rien	6	14
Faites des phrases avec « quand »	Quand j'arrive à France, [ʒepaparle] français	6	21
Cette dame, qu'est-ce qu'elle fait ?	L'autre dame [ne pa] entend, elle explique lui	6	25
Il est content, ce monsieur ?	Non, il n'est pas content... parce que l'homme noir embrasse la fille, lui non	6	32
Qu'est-ce que c'est ?	Je sais pas	6	35

Ce sont, en presque totalité, des énoncés de réponse à des énoncés de l'enseignant ou d'autres apprenants du groupe [1]. On y constate la diversification progressive des structures négatives et la coexistence, à certains stades, de formes apparemment contradictoires (Unité 2 : il [nepakone], il [nekɔnepa]. Ces productions d'apprentissage, qui reflètent à la fois la découverte de formes et constructions nouvelles présentées par la méthode et une relative instabilité dans le temps (la construction [ne pa] + verbe semble

1. Les colonnes « unités » et « numéro » renvoient respectivement aux unités correspondantes (2 à 6) de *C'est le Printemps* 1, et au numérotage des énoncés produits par l'apprenant lors de l'unité correspondante (33 énoncés dans l'unité 2, dont 7 ont été retenus ici car ils comportaient une marque de négation). L'observation s'est étendue sur 2 mois, chaque unité représentant environ une trentaine d'heures de cours. Faute de place, il n'est pas possible de présenter ici les énoncés « affirmatifs » recueillis aux mêmes stades chez le même apprenant. Il figurent dans le mémoire cité. La prononciation apparaît ici sous forme partiellement rectifiée, de façon à ne pas dénaturer les exemples. Il s'agit dans tous les cas de productions orales, dans des dialogues guidés. Certains énoncés, comme 3-13 et 5-03, reproduisent fidèlement des énoncés du dialogue enregistré entendu auparavant.

disparaître après l'unité 3 au profit de (ne) + V + pas, mais réapparaît à l'unité 6, à côté des précédentes). Il s'avère en outre, comme l'ont montré Gasm El Seed *(ibid.)* et Musa A. (1978) dans une recherche comparable, que la négation [ne pa] portant sur la copule n'est pas clairement distinguée de *ne... pas* : en ce cas 3.15 *je* [*ne pa*] *fume* et 4.03 [*se ne pa*] *cher* peuvent relever d'une même règle provisoire. Cela peut s'expliquer à la fois par l'influence de la langue maternelle et une non-discrimination phonologique entre [ə] et [e], qui rendrait compte à la fois de la perception et de l'intériorisation syncrétiques des formes *ne... pas, n'est pas, n'ai pas ;* il semble bien que l'apprentissage de la négation réduite, sans *ne,* aide l'apprenant à catégoriser progressivement cette distinction. On entrevoit donc que les structurations intermédiaires *et* progressives sont éclairées par les étapes successives du développement de l'interlangue, alors qu'une description ponctuelle ne fournirait que des indices trop pauvres, à moins de recourir à l'explicitation de l'apprenant, à condition que cela lui soit possible, même en langue maternelle, à ce stade. La réapparition, après une phase intermédiaire assez longue, du même type d'erreurs est sans doute à interpréter là moins comme une régression que comme la manifestation d'un autre état de l'interlangue, où elle est dotée d'un autre statut qui suggère une description et une analyse différentes.

Cette approche longitudinale s'apparente à celle adoptée pour étudier le développement du langage de l'enfant que, dans une perspective constructiviste, F. Bresson et G. Vignaux présentent ainsi : « A chaque niveau, le système du langage doit être «suffisant», c'est-à-dire doit pouvoir fonctionner pour communiquer ce que l'enfant peut comprendre à ce niveau du développement de l'intelligence, suffisant donc à la fois syntaxiquement et sémantiquement. Mais cela n'implique nullement que les règles apparaissent toutes à la fois et qu'elles y apparaissent dans la totalité de leur maîtrise. On a bien plutôt affaire à une succession de systèmes ordonnés de la même manière pour tous les sujets, et tels que les «opérateurs» nécessaires à la réalisation des règles de production d'un certain niveau soient constructibles à partir du système d'opérateurs du niveau précédent. » (1973, pp. 439-430)

Bien que l'apprentissage d'une langue étrangère, sauf avant la puberté, ne soit pas lié au développement cognitif comme pour la langue maternelle, cette notion de systèmes successifs paraît de nature à rendre compte du développement des interlangues. Celles-ci passeraient par des états synchroniques successifs, chacun construit sur la base de l'état précédent et le modifiant et, en théorie au moins, descriptibles d'un état à l'autre. La fossilisation serait alors envisagée et décrite comme le figement, global ou partiel, de ce changement d'état ; la régression comme le retour partiel à un état antérieur. La systématicité serait alors caractéristique de chaque état, et la variabilité, soit un aspect de cette systématicité à un état donné, soit un indice d'évolution latente, ou déjà amorcée, d'un état à l'autre, c'est-à-dire, dans ce dernier cas, d'instabilité. L'instabilité ne serait alors que l'image arrêtée, à un stade donné, des changements longitudinaux, ou, entre deux stades comparés, que l'image « en mouvement » du passage d'une systématicité à une autre.

Cette notion de systèmes successifs présente un intérêt évident pour la description des interlangues. Il n'est pas possible de décrire des changements continus sans les résoudre en du discontinu, pas plus que nous ne pouvons conceptualiser le temps sans nous référer à son découpage en siècles, années, mois, lunaisons, marées ou saisons. Le fait que le développement de l'interlangue se fasse selon un continuum oblige donc à relativiser la portée théorique, sinon l'utilité méthodologique, de la description de stades successifs. Même dans une classe de langues, où le rythme des leçons ne constitue pas *a priori* un critère suffisant pour repérer des stades d'apprentissage correspondants. D'une part, le rythme d'apprentissage n'est pas identique au rythme d'enseignement, d'autre part une étude longitudinale paraît devoir être étendue sur des périodes de temps suffisamment longues pour cerner des systématicités solides à chaque stade étudié, et leur évolution longitudinale. Ceci est nécessairement le cas pour étudier l'évolution d'interlangues naturelles, non guidées, où l'exposition et l'assimilation ne sont pas rythmées par un cadre, un contenu et un itinéraire pré-construits qui fourniraient des repères objectifs pour délimiter des stades d'acquisition.

Ceci explique les différences sensibles entre les approches descriptives et les résultats des études d'interlangue en milieu institutionnel et en milieu naturel. Celle d'A.C. Berthoud (1980) sur l'acquisition de la deixis spatiale en allemand chez des élèves francophones, étendue sur trois semaines et quatre étapes, comportait des étapes intermédiaires exploitant pédagogiquement les résultats obtenus à chaque test. L'analyse était basée sur l'interaction constante entre explicite et implicite, en confrontant « quatre niveaux ou microsystèmes » : le système implicite de l'apprenant, le système explicite de l'apprenant (sa métalangue), le système de la langue-cible, la métalangue du maître (ici métalangue collective). Les résultats font apparaître : une progression spécifique chez chaque élève ; un mouvement de « régression » chez chaque élève, à des moments variables, et une diversité sensible dans les possibilités métalinguistiques des sujets, qui révèle « un décalage non négligeable, pour chaque élève, entre production et explicitation ».

Cette dernière observation se retrouve dans l'étude de J. Giacobbe et M. Lucas (1980), sur l'acquisition de *ser* et *estar* en espagnol par des adultes francophones, dans un cadre d'enseignement implicite : leurs explicitations métalinguistiques ne coïncident pas avec leurs productions. Là, cependant, on observe que leurs hypothèses formulées à deux stades distants (250 h et 600 h d'apprentissage) sur les valeurs respectives de ces deux verbes, en terme d'oppositions sémantiques (permanence/changement, inhérent/non inhérent, certitude/doute) restent globalement les mêmes, affinées seulement dans le deuxième stade. Les catégorisations établies par eux-mêmes, au premier stade, telles au moins qu'ils les formulent en termes métalinguistiques, sont en quelque sorte conservées, les nouvelles données sur le système étant progressivement assujetties au cadre antérieur.

Dans les études longitudinales sur l'acquisition naturelle par des travailleurs migrants (voir par exemple J. Meisel, H. Clahsen et M. Pieneman, 1981), où le recours à l'explicitation par les apprenants est plus limité, et l'exposition peu contrôlable et en tous cas non pré-structurée, on peut identifier des stades d'acquisition, caractérisés par des traits de systématicité, variabilité, régression apparente mais aussi des sauts qualitatifs parfois rapides, qui laissent penser que, comme dans l'apprentissage guidé, certaines conditions sont requises dans la grammaire intériorisée pour la construction de nouvelles hypothèses et catégorisations, et aussi qu'un temps de latence, variable selon les individus et les conditions d'acquisition, est nécessaire à l'intégration, c'est-à-dire à la structuration et la restructuration de l'interlangue.

Nombre de travaux (partiellement regroupés dans E. Hatch, 1978) tendent à montrer l'existence de séquences naturelles d'acquisition en langue non-maternelle, en s'appuyant sur la méthodologie de R. Brown (1973) sur l'acquisition de la langue maternelle (voir chap. 7, § 2). Ils suggèrent la mise en œuvre d'universaux cognitifs et psycholinguistiques qui, reliés à des universaux linguistiques, expliqueraient que les capacités humaines délimitent les possibilités et les processus d'acquisition d'une langue, maternelle ou non-maternelle, et que le développement de l'acquisition/apprentissage, pour une langue quelconque, détermine des itinéraires partiellement identiques ou comparables. Cette hypothèse intéresse l'enseignement des langues à un double titre : soit pour l'agencement de progressions qui s'appuieraient sur cet ordre naturel ; soit en laissant faire la nature, la progression pédagogique n'ayant alors qu'un rôle secondaire à jouer, consistant à suivre, à alimenter et à canaliser à long terme, plutôt que la guider, la progression d'apprentissage. Ces deux options paraissent à première vue contradictoires ou antinomiques. Pourtant, elles reflètent d'une certaine manière la dualité ou l'ambiguïté des choix et des stratégies qu'adoptent, empiriquement, les méthodes et les enseignants de langue. Plus concrètement, l'attitude des enseignants vis-à-vis de la progression et des productions des apprenants paraît marquée par ce double aspect de l'apprentissage : des invariants dans le développement et des variations individuelles, où ni les uns ni les autres ne s'assujettissent à une progression pédagogique pré-structurée, fût-elle informée par l'expérience des apprentissages antérieurs. A. Valdman (1973) a souligné cet aspect de la progression d'apprentissage : quelle que soit la progression adoptée, on rencontre chez les apprenants des formes et des structures non enseignées, qui paraissent jouer un rôle de relais structurant dans le développement de l'apprentissage : leur apparition ne peut être expliquée et prise en compte qu'en référence aux interlangues individuelles où elles s'insèrent, et aux stratégies d'assimilation des apprenants.

B. Py (1980 a, 1980 b) met en question la notion de stades d'apprentissage correspondant à des états structurés de l'interlangue : « Une théorie de l'apprentissage doit intégrer la variation pour en faire une des propriétés essentielles de l'interlangue (...). La variation est liée étroitement à la diachronie : la coexistence de deux variantes peut être le premier signe d'un dysfonctionnement dont le rééquilibrage constitue justement un moment évolutif (...) on ne peut faire rendre compte d'un tel passage par la simple juxtaposition de deux règles dont l'une se substituerait à l'autre. Ce qui nous intéresse, ce sont les causes internes et les modalités de cette substitution, dont on ne peut rendre entièrement compte que par la prise en considération de l'interlangue elle-même : le changement ne peut pas être expliqué uniquement par la présence de paramètres extérieurs (conditions de la communication, besoins langagiers, etc.). Ces paramètres ne sont efficients que si l'interlangue présente des prédispositions à un certain type de changement (...). Définir l'interlangue comme un système stable - ainsi que le fait la linguistique avec les langues achevées - c'est passer à côté d'une de ses composantes essentielles. » (1980 b, pp. 43-46)

Ceci conduit B. Py à introduire les notions de **microsystème** et d'**hétérogénéité**. La première « permet de concevoir la langue comme équilibre instable. Au lieu de la définir comme système cohérent d'unités dépendantes, on l'envisage comme un ensemble formé d'un nombre indéfini de microsystèmes. Leur coexistence implique une solidarité de fait, mais elle laisse assez de jeu pour que chacun jouisse d'une relative autonomie. » (1980 b, p. 45) Ce qui explique entre autres que « l'apprenant groupe les éléments par l'expérience dans *des frontières originales,* différentes la plupart du temps de celles que se donne la linguistique descriptive » ; que « l'apprenant organise chaque sous-ensemble selon des règles qui se modifient selon l'axe du temps, de telle sorte que chacun peut fonctionner selon des principes *originaux* et *spécifiques* » ; et que « la constitution et l'organisation d'un sous-ensemble nouveau peut avoir des incidences sur les précédents. Celles-ci consistent à regrouper les éléments intégrés antérieurement [...] et à revoir certaines règles de leur oganisation intrinsèque » (1980 b, pp. 47-48). Les interférences de la langue naturelle sont alors « soumises à des contraintes [...] qui relèvent en partie du fontionnement de l'interlangue [...]. La constitution particulière [de chaque microsystème] explique seule l'existence (ou au contraire l'absence) de telle ou telle interférence sous telle forme » (1980 b, p. 42). Le caractère contingent de l'interférence (déjà évoqué au chap. 9) renvoie alors à la dynamique de l'interlangue, c'est-à-dire à l'autonomie et à la souplesse qui la caractérisent. Le transfert et l'interférence de la langue naturelle s'exercent alors selon la constitution particulière de chaque micro-système mais aussi selon les interconnexions (et les voisinages frontaliers, pour reprendre l'image de B. Py) entre les micro-systèmes eux-mêmes et leurs interrelations avec des micro-systèmes correspondants de la langue maternelle (voir § 4 ci-dessous).

Le caractère **hétérogène** de l'IL tient non seulement aux modalités de constitution, de réorganisation et d'interconnexions des micro-systèmes, mais aussi aux conditions de leur observation. Les contradictions apparentes observées dans les règles d'une IL peuvent être dues soit à ce que les différents microsystèmes (à un « stade » donné ou à différentes étapes successives) obéissent à des principes fonctionnels différents ; soit, ce qui revient partiellement au même, à ce que l'analyste tente de les appréhender, de les décrire et de les expliquer selon des cadres descriptifs homogènes inappropriés (voir B. Py, 1980 a, p. 75). D'où la nécessité de distinguer les plans **objectif** et **subjectif**. « Par plan objectif, nous désignons l'ensemble des productions ou comportement effectifs ou virtuels de l'apprenant, en tant qu'ils peuvent être décrits en termes grammaticaux ou psychologiques. Par plan subjectif, nous désignons la conscience que l'apprenant a de ce qu'il fait ou doit faire. » (1980 b, p. 38) Cette distinction souligne l'éventuelle divergence entre le cadre, les méthodes et les résultats de deux approches complémentaires, et surtout la nécessité de prendre en compte le plan subjectif, c'est-à-dire l'intuition et l'introspection des apprenants sur leur propre IL, leurs hypothèses et leurs stratégies, et, plus largement leur activité métalinguistique, tant dans un cadre de recherche que dans un cadre d'enseignement (nous reviendrons sur ce point au § 4).

4. Interlangue et communication

Comme on l'a vu, une interlangue est envisagée et décrite tantôt selon les productions qui la caractérisent, tantôt comme un système intériorisé qui n'est accessible et descriptible qu'à travers les performances qui la manifestent ou par le recours à l'intuition et l'introspection des apprenants. On retrouve dans les deux approches deux démarches d'apprentissage et d'évaluation en usage dans l'enseignement des langues, l'une consistant à solliciter l'expression plus ou moins libre ou spontanée, l'autre consistant à solliciter la connaissance intériorisée au moyen d'activités formelles : tests, exercices. Dans les deux cas se pose le problème de l'intelligibilité et de l'inter-compréhension, et donc de la dimension communicative de l'interlangue, et celui du décalage entre une grammaire intériorisée et des réalisations d'interlangue à des fins communicatives. Ou l'interlangue se définit comme un système de règles **linguistiques**, ou elle se définit comme une **compétence de communication**, comportant des composantes discursives et socio-culturelles. Une approche communicative de l'interlangue, qu'elle soit acquise en contexte naturel ou dans le cadre d'un enseignement « communicatif », est alors nécessaire pour rendre compte de la connaissance intériorisée et des échanges communicatifs qui la manifestent. Ce qui conduit à élargir, en les modifiant, son cadre théorique et son cadre descriptif.

On envisagera brièvement, de ce point de vue, le statut de l'interlangue par rapport aux langues naturelles, l'interlangue comme compétence de communication et les stratégies de communication investies dans l'apprentissage et l'utilisation d'une langue non-maternelle.

Interlangue et intercommunication

Une langue se définit non seulement par ses caractéristiques structurelles, mais aussi par le critère d'intelligibilité réciproque ou d'inter-compréhension à l'intérieur d'une communauté d'usagers. Or, il paraît difficile de postuler des communautés définies par une interlangue commune, s'il n'y a d'interlangues qu'individuelles. Tout au plus parlera-t-on de « sociolectes » pour caractériser le parler d'une catégorie d'usagers non-natifs à l'intérieur d'une communauté de locuteurs natifs, ou par rapport à celle-ci : la caractérisation de cette sous-communauté « sociolectale » étant fondée sur des traits spécifiques (« accent » étranger, structures grammaticales, etc.) présumés inhérents à un groupe ethnique ou linguistique. Lorsqu'on parle d'une communauté d'apprenants, c'est à l'espace pédagogique que renvoie l'appellation et non à un idiome commun qui fonderait cette communauté. Pas plus que pour des travailleurs migrants, une communauté d'apprenants ne se caractérise par une interlangue commune et homogène qui en constituerait l'idiome spécifique et fonderait son identité sociolinguistique, sinon en référence à la langue-cible et donc comme une variété particulière de celle-ci.

Cependant, l'étude des situations de communication exolingues (dans un idiome autre qu'une langue maternelle commune aux interlocuteurs, voir H. Wolff, 1964, L.J. Calvet, 1981, R. Porquier, 1983) montre que les interlangues, comme les idiomes véhiculaires, servent non seulement à communiquer avec des natifs d'une langue-cible, mais aussi entre interlocuteurs de langues maternelles différentes (voire de même langue maternelle en présence de tiers). Lorsque l'intelligibilité mutuelle est suffisamment étendue pour assurer l'intercommunication, la diversité des interlangues mobilisées, appuyées sur des stratégies de communication diverses, comporte un dénominateur commun qui renvoie, pour l'essentiel, au système de la langue-cible, même dans le cas de locuteurs de langues maternelles voisines. En effet, dans le cas d'un Italien et d'un Espagnol tentant de communiquer en français, le recours éventuel à leurs langues maternelles respectives relève soit de la perméabilité de leur interlangue à la langue maternelle, soit de stratégies de communication, soit des deux.

De ce point de vue, il n'y aurait guère de sens à décrire des IL dépourvues de tout capacité communicative, et qui n'auraient d'autre réalisation que dans des productions scolaires ritualisées ou des échanges incantatoires dans la classe de langue. Au contraire, l'étude des interlangues implique leur dimension communicative, et donc leur observation et leur description, tant en contexte scolaire qu'en contexte naturel, selon des paramètres « communicatifs », pragmatiques et sociolinguistiques. Les déterminations de l'interlangue, même si elles ne permettent pas de délimiter des communautés linguistiques ou sociolinguistiques, sont également sociales, y compris en milieu institutionnel. Comme le souligne J. Arditty, «on sait qu'historiquement les recherches sur l'acquisition des L2 ont commencé dans le contexte de la classe de langue. Les chercheurs, qu'ils travaillent ou non dans ce cadre, doivent-ils pour autant adopter la vision idéologique qu'il donne de lui-même et le définir comme un lieu échappant aux contradictions de la société, où se rencontreraient des individus sans passé et sans autre lien que le discours du maître, lui-même défini par sa seule compétence supposée dans la matière qu'il enseigne? Doivent-ils extrapoler cette vision pour appliquer la définition de l'interlangue qui en découle à toutes les situations d'acquisition?» (1982, p. 5)

Il semble en effet que les travaux sur l'interlangue ont longtemps reproduit les présupposés linguistiques et didactiques sur la nature d'une compétence linguistique intériorisée, en s'attachant à décrire des systèmes de règles formalisés relevant surtout de la morphologie ou de la syntaxe, éventuellement du lexique et de la phonologie, d'où les dimensions sémantiques, énonciatives, discursives et sociolinguistiques étaient le plus souvent évacuées. Comme le souligne D. Larsen-Freeman (1980), l'acquisition d'une langue étrangère implique inévitablement l'acquisition des fonctions sémantiques, communicatives et pragmatiques du langage dans cette langue, y compris dans un cadre scolaire, d'où elles ne sont jamais absentes. Les apports théoriques et méthodologiques de l'analyse de discours, de l'analyse textuelle, de l'analyse conversationnelle, par exemple, permettent d'aborder et de décrire de façon plus appropriée les dimensions communicatives et sociolinguistiques de l'interlangue en milieu naturel (voir par exemple C. Perdue 1982, D. Larsen-Freeman 1980) ou institutionnel (voir par exemple F. Cicurel 1982, H. Raabe 1982).

Comme l'a montré A. Trévise (1979), l'activité «interlangagière» des apprenants en milieu didactique est caractérisée et déterminée par la double situation d'énonciation où elle s'insère : énonciation didactique - la seule naturelle ou authentique au regard du cadre de la classe? - et énonciation simulée, ou «translatée», «exigée par le thème de travail ou le jeu de rôles» (p. 45). Ces deux énonciations ne sont pas superposées mais imbriquées, tant dans le discours de l'enseignant que celui de l'apprenant. De telle façon que les questions ne sont souvent que de pseudo-questions : *Que demande Mireille?* n'est pas une demande d'information, mais une incitation à «produire» du discours indirect; ou qu'une intonation interrogative [1] *(nous avons ... loué des bicyclettes, alors on est tous ... parrés »)* sollicite, selon les cas, l'évaluation ou la correction, par l'interlocuteur, de l'énoncé ou d'une partie de l'énoncé. L'imbrication de l'activité métalinguistique ou épilinguistique avec l'énonciation simulée implique pour l'activité langagière - l'interlangue - en

---

1. Le point d'interrogation superposé indique le lieu ou le point culminant de l'intonation interrogative, souvent accompagnée d'accentuation.

milieu didactique des approches descriptives et des méthodes d'analyse spécifiques. Si l'activité métalinguistique ou métalangagière se manifeste également en milieu naturel, elle ne constitue pas là, comme en milieu didactique, une composante inhérente à la situation d'énonciation.

L'interlangue comme compétence de communication

On peut envisager l'interlangue comme une compétence de communication non-native individualisée, comportant, comme en langue maternelle, plusieurs composantes : linguistique, discursive, référentielle et socio-culturelle (S. Moirand 1982, ou avec quelques variantes M. Canale et M. Swain 1980, H. Besse 1982 b) composantes non étanches entre lesquelles se tisse un réseau d'interrelations complexes, que l'on peut schématiser de deux façons [1] :

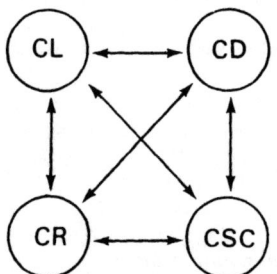 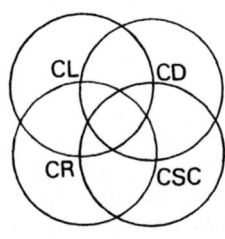

De même qu'à l'intérieur de la composante linguistique, le système de l'appartenance articule les systèmes des possessifs, des constructions avec *de* et *à,* des verbes *avoir* et *être,* qui s'articulent respectivement avec d'autres systèmes, de même, à un autre niveau, les diverses composantes évoquées ci-dessus s'articulent entre elles. L'expression de l'appartenance relève non seulement dè la composante linguistique, mais aussi des composantes discursive (utilisation déictique et anaphorique des possessifs) et socio-culturelle (choix entre *ton* et *votre,* désignation des relations parentales ou sociales : *C'est un ami/C'est mon ami).*

Dans cette perspective, on peut concevoir de façon élargie la nature complexe des interrelations entre langue maternelle, interlangue et langue-cible (voir R. Porquier, 1984 b). Dans l'apprentissage, ce qui est transféré de la langue maternelle, ou ce qui, dans la grammaire intériorisée de celle-ci, sert d'appui à l'interlangue, ce n'est pas seulement des règles ou des micro-systèmes de règles, c'est également le réseau d'interrelations entre les diverses composantes de la compétence «native». Ainsi, pour exprimer son admiration (*que c'est beau, comme c'est beau, ce que c'est beau, c'est très beau,* etc.), pour manifester un refus poli ou pour signifier une invitation,

---

1. Un schéma plus approprié, et sans doute plus suggestif, mais certainement moins lisible, combinerait ces deux modes de représentation.

on recourt à des structures linguistiques et à des formes de discours dont l'usage et la signification pragmatique sont intégrés dans les diverses composantes d'une compétence de communication. Dans l'apprentissage, structures et formes sont associées à des valeurs et à des significations liées à l'expérience et aux représentations langagières, socio-culturelles et sociales. Les systèmes intermédiaires que constituent les interlangues en portent la trace, et, à cet égard, ne peuvent être décrits sans référence à la compétence de communication native et à l'expérience communicative en langue-cible. D'autre part, la description d'une compétence de communication « non native » implique de la distinguer des stratégies de communication observables en discours.

Les stratégies de communication

Une approche externe de l'interlangue, sur la base d'échantillons de communication (authentique ou simulée) ne fournit, comme on l'a déjà noté, qu'une image partielle, mais aussi décalée, de la compétence sous-jacente, comme le montrent, par exemple, les auto-corrections différées, ou les jugements d'acceptabilité *a posteriori* des apprenants. En effet, la mise en œuvre, dans le discours spontané, d'une compétence intériorisée suscite une diversité de stratégies adaptatives, selon les circonstances et les besoins de la communication. Elles ont pour visée, sinon pour effet, d'adapter le discours aux intentions de communication, d'expression et aux enjeux pragmatiques, ou au contraire, d'adapter la situation et le discours aux capacités communicatives.

Dans le cadre de tâches scolaires où les productions sont jugées et jaugées à l'aune de la correction des énoncés, on observera souvent des stratégies d'éludage ou de simplification, consistant à éviter les zones dangereuses, c'est-à-dire les formes ou les structures mal maîtrisées ou à haut risque - celles qui coûtent cher dans la notation. Ainsi certaines analyses d'erreurs font apparaître un nombre réduit d'erreurs sur des structures réputées difficiles, et un nombre relativement élevé d'erreurs sur d'autres réputées faciles ou présumées acquises. Il s'avère souvent, à bien y regarder, que, dans le premier cas, les difficultés ont été éludées et que le faible taux d'erreurs s'explique par la rareté des tentatives ; dans le second, que le nombre élevé de tentatives explique un taux relatif d'erreurs, inhérent à l'absence de défiance de l'apprenant et au fait qu'il s'était là concentré sur le contenu à exprimer davantage que sur la forme.

En situation naturelle (ou simulée), on retrouve des stratégies d'éludage, mais aussi des stratégies de communication visant à l'intelligibilité au détriment de la correction formelle, dont le poids est plus restreint (ou nul) au regard de l'enjeu pragmatique : simplification d'énoncés, auto-paraphrases, improvisations lexicales, thématisation, redondance, induction de réponses, supports paralinguistiques, etc. Ces stratégies expliquent, pour une part, la variabilité de l'interlangue et certaines régressions apparentes, si les formes de discours adoptées paraissent relever de stades antérieurs, présumés dépassés, du développement de la compétence intériorisée. Ces stratégies, si elles s'avèrent efficaces, sont susceptibles d'être intégrées à la compétence de communication, dans une composante « socio-interactionnelle » (H. Besse, 1982 b) ou « stratégique » (M. Canale et M. Swain, 1980); toutefois, la diversité des stratégies adoptées selon le stade d'acquisition, les circonstances, le contenu et la visée de l'interaction, rend difficile de proposer d'une telle composante des descriptions homogènes. Ces stratégies relèvent en effet de variables psycho-affectives, psycholinguistiques, psychosociales et socio-culturelles, qui interviennent autant dans l'apprentissage que dans l'utilisation d'une compétence de communication ; au point que, surtout dans l'acquisition naturelle, il apparaisse souvent difficile de distinguer les stratégies de communication des stratégies d'acquisition.

La notion d'interlangue, et la complexité des paramètres à considérer pour observer, décrire et analyser les grammaires d'apprentissage, élargit considérablement le champ d'investigation entr'ouvert par l'analyse contrastive et l'analyse d'erreurs. Elle conduit en effet à aborder les productions et la grammaire intériorisée des apprenants non seulement sous l'angle linguistique, comme un système de règles en soi, mais également selon les modalités de leur acquisition et de leur développement, et de leur utilisation dans les activités de communication où elles s'investissent. De plus, elle amènent à s'interroger non seulement sur la nature et l'organisation des grammaires intériorisées, mais aussi sur les processus et les stratégies sous-jacents, c'est-à-dire sur les dimensions psycholinguistiques de l'apprentissage d'une langue non-maternelle.

239

Chapitre 11

Dimensions psycholinguistiques de l'apprentissage de la grammaire

L'importance des facteurs et des variables psychologiques (attitudes, aptitudes, motivations, représentations, affectivité, etc.) dans l'apprentissage des langues a souvent été mise en évidence. Les descriptions et les analyses de grammaires d'apprentissage recourent inévitablement à des paramètres psychologiques, en termes de processus, de stratégies ou d'opérations, susceptibles de rendre compte de l'activité interne du sujet apprenant ou communiquant. Tenter de comprendre ces mécanismes suppose que l'on ne se contente pas de les inférer sur la seule base des productions langagières, mais que l'on s'intéresse aux processus cognitifs impliqués par l'apprentissage, la production et la compréhension en langue étrangère. En effet, comme nous l'avons déjà souligné, l'activité sous-jacente à l'appropriation et à l'utilisation d'une langue, maternelle ou étrangère, ne peut se réduire à des systèmes de règles linguistiques ou communicatives. Elle met en œuvre chez l'individu des mécanismes de perception, de traitement, de stockage, de production et de compréhension qui relèvent de l'activité cognitive, comme tout apprentissage ou toute conduite. Ainsi, la compréhension n'est qu'indirectement accessible à l'observation externe : si nous pouvons cerner, approximativement au moins, *ce qui* est compris - ou n'est pas compris -, c'est-à-dire la signification perçue, ou repérer qu'un mot, un énoncé ou un texte est compris ou non, nous ne savons pas pour autant comment et de quoi procède cette compréhension. De plus, comprendre des énoncés et comprendre le fonctionnement de certaines règles d'une langue relèvent d'opérations différentes (voir chap. 3). Enfin, l'introspection, c'est-à-dire l'investigation réflexive et éventuellement sa verbalisation par l'apprenant, reste limitée au niveau conscient ou infra-conscient de cette activité.

D'où l'intérêt heuristique d'une démarche hypothético-déductive consistant, à partir d'une théorie ou d'un modèle de l'acquisition et/ou de l'utilisation du langage, à en éprouver empiriquement la validité et l'adéquation par rapport aux phénomènes langagiers observés. On se référera ici à la psycholinguistique et à la psychologie cognitive pour aborder quelques aspects de l'acquisition/utilisation de la grammaire et en envisager d'éventuelles implications didactiques.

1. Psychologie cognitive et acquisition de la grammaire

Les observations sur la structuration et le développement de l'interlangue, dans ce qu'on y trouve de comparable avec l'acquisition d'une langue maternelle et dans ce qu'on y reconnaît comme spécifique d'une langue non-maternelle (voir chap. 10), reçoivent un éclairage important des théories et des concepts de la psychologie cognitive, quant aux processus, aux statégies et aux opération mises en jeu dans l'appropriation et l'utilisation de la grammaire.

Le principe d'une activité structurante, selon laquelle le sujet traite et organise à sa façon les données qu'il reçoit du milieu, renvoie aux notions piagétiennes d'interactionnisme et de constructivisme et aux processus d'assimilation, d'accomodation et d'équilibration (voir J. Piaget, 1979 a, 1979 b et J.P. Bronckart, 1977) qui fondent la connaissance et le développement cognitif.

Chez Piaget, « les trois termes de la connaissance sont (...) en premier lieu l'organisme et son activité, ensuite les stimulations éventuelles du milieu, enfin les mécanismes d'interaction entre cet organisme et ce milieu » (...) La notion d'**interactionnisme** « fait référence à la nature même des relations entre organisme et milieu (...), à une sorte de dialectique permanente entre le sujet et son milieu, le premier agissant sur le second et se modifiant à son contact, le second fournissant des stimulations et « résistant » au premier » (J.P. Bronckart, 1977, pp. 48-49). Dans l'acquisition de la langue maternelle ou l'appropriation d'une langue étrangère, les stimulations du milieu ne sont pas seulement langagières, pas plus que les réactions de l'organisme. On y retrouve le mécanisme interactionnel selon lequel l'individu, au lieu d'être le réceptacle passif de données externes qu'il assimilerait telles quelles, agit lui-même sur le milieu, en sollicitant, modifiant ou refusant l'action du milieu. Ces réactions modifient en retour l'action du milieu, et la nature même de son apport. On en trouve des manifestations verbales dans l'étude du langage de l'enfant, mais aussi, en milieu naturel ou institutionnel, dans l'étude des conduites langagières chez un apprenant non-natif. Ces manifestations n'illustrent qu'indirectement l'activité structurante interne mais aussi l'écart entre les données fournies par le milieu et la façon dont elles sont traitées et assimilées par l'individu. Ainsi dans un entretien entre mère et enfant, on rencontrera souvent des échanges tels que celui-ci :

Mère : *Où est-ce que tu as trouvé ce jouet ?*
Enfant : *J'ai trouvé à Juliette.*
Mère : *Comment ?*
Enfant : *J'ai prendu à Juliette.*
Mère : *Tu l'as pris à Juliette ?*
Enfant : *Oui, j'ai pris à elle.*
Mère : *Tu le lui a pris ?*
Enfant : *Oui, je lui ai pris.* (S.P. Corder, 1967-1980, p 13.)[1]

---

1. Pour l'exemple original en anglais, voir Corder 1980, p. 13, n. 1.

On peut lui comparer le dialogue suivant entre une adulte francophone (F) et un adulte polonais (P) apprenant le français en milieu naturel :

F : *Propose-moi ça.*
P : *est-ce que tu veux du ... pinard? (rire) De la pinard?*
F : *(rire) non, c'est «pinard» qui me fait rire. Est-ce que tu veux ..?*
P : *un petit peu de pinard?*
F : *Un petit peu de pinard, c'est parfait. Oui je veux bien. Bon, maintenant avec ça.*
P : *une petite morceau de pain?*
F : *quoi un petit morceau de pain?*
P : *est-ce que tu veux un petit peu/une petit morceau du pain, un petit morceau du pain?*
F : *un petit morceau du pain?*
P : *oui, un petit morceau de pain*
F : *alors, un petit morceau de quoi?*
P : *un petit morceau du pain.* (A.M. Parmentier, 1984).

Ces deux exemples, s'ils ne rendent pas compte de l'activité structurante interne, en fournissent un aperçu externe instantané, dont l'effet sur l'assimilation à moyen terme est à envisager dans une perspective développementale.

La notion de **constructivisme** «fait référence à la fois au rôle de l'action (de l'activité de l'organisme) et au caractère progressif de l'élaboration des structures de connaissance.» (J.P. Bronckart, 1977, p. 49) La connaissance s'élabore selon des mécanismes régulateurs qui construisent des états successifs structurés, caractérisés par des schèmes. Ces états successifs, dans le développement qu'ils jalonnent, constituent autant d'états d'équilibre provisoires entre la connaissance du sujet et les apports du milieu. Les paliers successifs de développement correspondent à la régulation entre états d'**équilibre** et de **déséquilibre** dans l'interaction entre l'organisme et le milieu. Ce sont ces stades d'acquisition qui recouvrent et caractérisent, dans une perspective constructiviste, les structures cognitives de l'individu. Celles-ci sont donc envisagées non par rapport à une structuration terminale, au terme du développement cognitif, mais dans la dynamique même de leur acquisition, selon des processus d'équilibration et des états d'équilibre-déséquilibre transitoires (voir J.P. Bronckart, *ibid.* et F. Bresson et G. Vignaux, déjà cités).

La transposition à l'appropriation des langues étrangères de cette notion de constructivisme est, en un sens, plus suggestive qu'appropriée. En effet, si le principe d'un équilibre terminal vaut pour le développement de l'intelligence et de la langue maternelle - l'un et l'autre étant étroitement liés -, il n'a pas la même pertinence théorique pour un apprentissage de langue non-maternelle à l'adolescence ou à l'âge adulte. La notion d'équilibre revêt là une signification particulière : les états de déséquilibre, envisagés en termes d'hétérogénéité, d'instabilité ou de perméabilité, peuvent être constitutifs de l'interlangue, sans que son évolution débouche sur un équilibre optimal ou terminal, comme pour le développement cognitif ou linguistique de l'enfant. Autrement dit, tout palier d'interlangue peut, en théorie au moins, être considéré comme état potentiel d'équilibre, selon le contexte d'apprentissage. Cependant, la notion de stades d'acquisition, déjà évoquée à propos de l'interlangue, paraît au moins opératoire à propos d'une langue étrangère, si l'on admet qu'ils relèvent de processus cognitifs comparables à ceux postulés dans le développement du langage chez l'enfant, comme par exemple l'assimilation et l'accommodation.

Les notions d'**assimilation** (mécanisme de traitement et d'intégration de données nouvelles aux schèmes préexistants) et d'**accommodation** (modification adaptative des schèmes préexistants en fonction de données nouvelles) aident à rendre compte du processus dialectique d'interaction entre les données langagières fournies par le milieu et les schèmes intériorisés de l'interlangue : la structuration de l'interlangue à un stade donné détermine la saisie et l'intégration de matériaux nouveaux ; l'apport de données nouvelles modifie, pour qu'elles puissent y être intégrées, cette structuration préalable dans un continuum d'apprentissage. Ainsi peuvent s'expliquer, du point de vue linguistique, la coexistence de formes ou de règles apparemment antagonistes ou contradictoires et les résurgences de formes ou de règles correspondant à des stades antérieurs d'acquisition, réactivées dans le traitement de données nouvelles pour en permettre la saisie et l'intégration.

Par ailleurs, la notion de schèmes cognitifs construits par abstraction et généralisation renvoie là non seulement à des structures de langage, mais plus largement aux activités cognitives de l'individu : « Etant donné un matériau (ici le langage) présentant à la fois une grande variabilité et certaines régularités, l'activité mentale du sujet qui y est confronté consiste à en détecter les régularités et les conditions de variabilité. Cette activité ne se fait pas au hasard : elle est dirigée par les structures cognitives du sujet, qu'elle modifie en retour. » (D. Gaonac'h 1982, p. 162) De ce point de vue, « l'objectif du psycholinguiste doit être de décrire le fonctionnement de l'activité langagière en termes de structures et processus cognitifs » (*ibid.*, p. 163). Dans une perspective didactique, il s'agira non seulement de connaître et de comprendre la nature de ces activités cognitives, mais aussi de « déterminer quelles sont les activités de langage qui peuvent conduire de manière optimale à un apprentissage » (*ibid.*,) en se référant à un modèle cognitif du locuteur.

2. Processus ou stratégies d'appropriation

Par commodité terminologique, on regroupera ici sous le terme d'**appropriation** les notions d'acquisition et d'apprentissage distinguées par S. Krashen 1981 et 1982 (voir chap. 4), sauf lorsque la distinction s'avérera nécessaire.

243

On a déjà évoqué (chap. 10) l'importance et la diversité des stratégies de communication observées dans l'étude des interlangues. On considère ici que le processus global d'appropriation consiste à appréhender, à traiter et à stocker des données langagières fournies par le milieu (par exposition à la langue étrangère) et à les adapter à la connaissance antérieure, par assimilation et accommodation (voir le schéma ci-dessous).

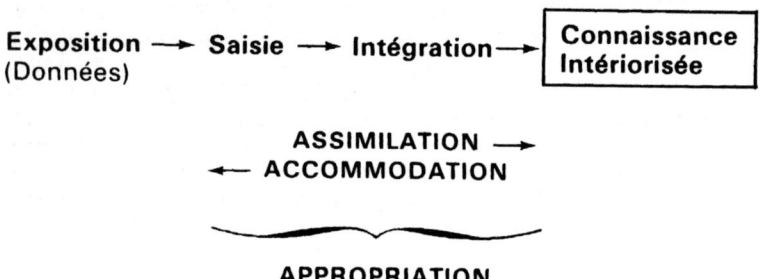

La **saisie** (voir U. Frauenfelder et R. Porquier 1979), phase initiale de l'appropriation, consiste en un traitement perceptif, sous forme explicite, implicite ou mixte, des matériaux fournis par l'exposition. Ce traitement comporte l'appréhension immédiate, filtrée par l'activité perceptive et cognitive du sujet, son état psychologique (le filtre affectif, selon H. Dulay, M. Burt et S. Krashen, 1982) et l'effort mental mobilisé, et aussi selon la structuration cognitive et linguistique préexistante. Il a été souvent observé que l'apprenant ne saisit pas tout ce qui lui est présenté, ni de la façon dont on le lui présente ou dont a prévu qu'il le « saisirait ». Ce traitement initial est lui-même déterminé par l'attente perceptive et par des hypothèses préalables quant à la nature du matériel présenté et du traitement à effectuer. En outre, dans l'apprentissage guidé, la saisie comporte une part de contrôle interne, parfois verbalisée, le plus souvent tacite : il s'agit là non seulement d'appréhender le sens des énoncés présentés mais aussi, surtout dans le cas de tâches formelles, de sélectionner les opérations à effectuer et de choisir des stratégies appropriées. Dans le cas de matériel informel (texte ou dialogue naturel ou fabriqué), certaines stratégies consisteront à sélectionner des éléments saillants ou à repérer des points opaques pour les soumettre à un traitement ultérieur. Celui-ci étant déterminé par les contraintes ou les habitudes d'apprentissage, il affectera, par anticipation, les stratégies de saisie. Celles-ci dépendent donc non seulement de la nature du matériau linguistique présenté, mais aussi de la situation et du contexte où il s'insère, et du traitement cognitif, partiellement idiosyncrasique, opéré par l'individu.[1]

---

1. On en trouvera des exemples comparables, pour l'apprentissage des mathématiques, chez S. Baruk, 1973 et 1977.

La saisie ne se réduit donc pas à un traitement spontané sur la base de schèmes préexistants, mais comporte aussi la sélection et la mise au point adaptatives, à court ou moyen terme, de stratégies de traitement, inconscientes ou infra-conscientes, qui seront elles-mêmes réinvesties, modifiées ou évacuées par la suite. En ce sens, la saisie est déjà structurante, même si son objet n'est pas lui-même structuré à ce stade. Ainsi, les stratégies de mise en mémoire immédiate déterminent en partie le rappel ultérieur : « Ce qui est « stocké » par le sujet, ce n'est pas [le produit de l'activité mentale], c'est l'activité mentale qui en est la cause : traitement perceptif, opérations psycholinguistiques, etc.(...) Dans ces conditions, le rappel n'est pas une réactivation de traces latentes, mais correspond à une nouvelle construction mentale qui prend comme base les traces laissées par une activité mentale antérieure.» (D. Gaonac'h, 1982, p. 161) De même, les manipulations de phrases ou d'énoncés, guidées par l'enseignement ou spontanées chez l'apprenant, constituent des activités structurantes d'appropriation qui influent sur la façon dont sera saisi et intégré le matériel grammatical ainsi abordé. Que cette activité se fasse sous forme implicite, explicite ou pseudo-implicite, elle établit, entre les formes et les structures traitées, des schèmes de relations qui, dans le rappel et l'utilisation ultérieurs, porteront les traces non seulement des schémas de règles intériorisés, mais aussi des procédures initiales de saisie et d'intégration. Ainsi, il n'est pas rare d'observer, dans la production, des interférences structurelles entre des formes ou des règles différentes, mais qui ont été traitées en même temps, ou associées par l'apprenant lors de la saisie ou de l'intégration. Par exemple, la mise en opposition de certaines structures grammaticales de la langue cible, ou la mise en contraste de structures de la langue maternelle et de la langue cible, peuvent déboucher sur une intégration erronée. De même, la pratique d'exercices structuraux de transformation peut conduire à l'intégration automatisée et inconsciente de schèmes transformationnels inadéquats, induits par le traitement initial.

La saisie, si elle donne lieu à un traitement effectif des données présentées et non au rejet sélectif de celles-ci, débouche à moyen terme sur des activités, conscientes ou inconscientes, d'**intégration**, c'est-à-dire d'assimilation ou d'accommodation. L'intégration met en jeu des opérations cognitives diverses, telles que la généralisation ou l'inférence, qui organisent le matériel saisi en relation avec la connaissance antérieure, soit par restructuration de celle-ci, soit par adaptation à celle-ci du matériel en cours de traitement, les deux processus étant complémentaires. Les stratégies qui interviennent à ce stade, pour le stockage et pour l'organisation de nouvelles structures, relèvent de conduites individuelles, variables selon les sujets, les conditions d'apprentissage et les éléments à structurer. Ainsi, les stratégies de mémorisation s'appuient, selon les cas, sur la répétition mentale, le dialogue intérieur, l'association avec la langue maternelle, la recherche d'exemples, etc. Qu'elles soient ou non guidées par l'enseignement, elles sont partiellement accessibles à la conscience, par introspection ou rétrospection. Cependant, l'activité interne d'assimilation et d'accommodation est en grande partie inconsciente et requiert un temps de latence variable, indépendant des contraintes prévues ou imposées par le cadre d'apprentissage, à moins que celui-ci ne prévoie de prendre en compte la diversité des rythmes d'apprentissage. Ainsi, l'itinéraire « présentation-explication-fixation-exploitation », érigé en principe dans la méthodologie audio-visuelle classique, présuppose un rythme et un temps d'intégration assujettis au rythme et aux phases de l'enseignement - fût-il extensif ou intensif - et non au temps de maturation requis par les apprenants. Ceci explique sans doute en partie non seulement la diversité des interlangues selon le cadre - naturel ou institutionnel - où elles se construisent, mais aussi les différences d'appropriation entre apprenants guidés et non guidés d'une part, et entre apprenants guidés d'autre part. Chez les apprenants non guidés, on observe, comme dans l'évolution du langage enfantin, des mutations soudaines imprévues, des restructurations accélérées, qui tiennent sans doute davantage au temps de maturation - dont seul l'état terminal est perçu par l'observateur, qu'à des sauts qualitatifs brusques dans l'appropriation des structures linguistiques.

Ni le temps ni les activités de saisie et d'intégration ne sont strictement subordonnés à l'exposition qui les informe et aux activités prévues par l'enseignement. En cours de route, l'apprenant peut solliciter des données ou des informations complémentaires de la part de l'enseignant ou des autres apprenants, un supplément ou un complément d'exposition ou d'information, déjà structurant, de nature à faciliter la saisie et l'intégration. Ces stratégies de sollicitation modifient de façon dialectique l'exposition qui modifie elle-même la saisie et l'intégration. Une étude systématique de ces sollicitations, en milieu naturel ou institutionnel, dans l'interaction communicative ou pédagogique, aide à comprendre les stratégies d'appropriation et l'activité cognitive des apprenants : elles portent en effet aussi bien sur le contenu ou les formes à traiter que sur les modalités de traitement requises ou suggérées. Ce domaine d'investigation, qui tend à se développer dans le cadre de recherches sur les interactions de classe en milieu institutionnel et sur les interrogations métalangagières en milieu naturel, est de nature à éclairer non seulement la nature et le rôle des pratiques verbalisées dans l'appropriation mais aussi des activités cognitives qui s'y investissent.

La distinction entre **processus** et **stratégies,** qui a fait l'objet de nombreuses discussions théoriques et terminologiques (voir par exemple P. Jordaens 1977, R. Porquier 1979, D. Gaonac'h 1982, H.H. Stern 1983) ne s'établit pas de la même façon chez les psycholinguistes et dans les recherches sur l'appropriation des langues étrangères. Si l'on considère que « traiter une phrase, c'est effectuer un ensemble d'opérations qui, permettent de la produire, de la comprendre, de la stocker en mémoire » (G. Noizet, 1980, p. 127), le processus de compréhension, par exemple, implique des stratégies sémantiques, syntaxiques, morpho-syntaxiques ou lexico-pragmatiques de traitement (G. Noizet, 1980, p. 138) à caractère général, qui relèveraient d'universaux cognitifs. Pour A.N. Leontiev (1973, pp. 261-263), une **stratégie** (choix d'une classe de décisions) est à différencier d'une **tactique** (choix et exécution d'une décision) et des **heuristiques** (mécanismes qui commandent le degré de réduction des recherches d'une solution d'un problème dans le champ d'un grand nombre de possibles).

Si l'on admet, comme D. Gaonac'h (1982, p. 172) que «l'existence d'une stratégie suppose la définition d'un objectif relativement précis, et d'étapes susceptibles d'aboutir à la réalisation de cet objectif», on devrait plutôt parler, à propos des démarches d'appropriation d'une langue étrangère, soit d'attitudes d'apprentissage (D. Gaonac'h, 1982, p. 172) soit de techniques d'apprentissage (H.H. Stern, 1983, p. 405), soit de conduites individualisées d'apprentissage. Pour H.H. Stern, le terme de stratégie conviendrait pour désigner «les tendances générales ou les caractéristiques d'ensemble de la démarche adoptée par l'apprenant», les techniques d'apprentissage désignant «les formes particulières des comportements d'apprentissage observables, adoptées plus ou moins consciemment par l'apprenant» (1983, p. 405).

Quelle que soit la terminologie adoptée, une distinction essentielle s'établit entre le général et le particulier, entre le commun et l'individuel. Or, dans l'apprentissage guidé, les décisions, les démarches et les conduites, qui ont en commun ce qui relève de principes universels d'acquisition, se différencient non seulement par l'idiosyncrasie des apprenants mais aussi par la façon dont ceux-ci s'adaptent au cadre d'apprentissage et aux techniques qui leur sont proposées ou imposées. Que l'on parle de stratégies scolaires (U. Frauenfelder et R. Porquier, 1979) ou de techniques scolaires d'apprentissage, les conduites adoptées (traitement, résolution de problèmes, réduction de difficultés, etc.) tiennent non seulement au matériau à traiter et assimiler mais aussi à la nature et à l'exigence des tâches (A.N. Leontiev, 1973 fait remarquer à ce propos que les stratégies - au sens qu'il donne à ce terme - ne sont pas les mêmes selon que la faute est permise ou non). A la différence des stratégies cognitives inhérentes au développement cognitif et à l'acquisition du langage, les stratégies d'apprentissage d'une langue non-maternelle seraient donc à distinguer des processus communs fondamentaux et universels d'appropriation d'une langue non-maternelle. L'apprentissage implique là en effet deux niveaux d'activité cognitive : l'une consistant à traiter et à s'approprier du langage, l'autre à s'adapter - et à adapter le premier - aux contraintes institutionnelles d'apprentissage, c'est-à-dire, en bonne partie, aux stratégies d'enseignement.

L'interaction entre ces deux niveaux d'activités, d'opérations et de conduites explique en partie la diversité des apprentissages en milieu institutionnel, où appropriation et utilisation de la langue étrangère sont constamment imbriquées.

3. L'utilisation : l'activité du locuteur

Divers modèles ont été proposés quant à l'**utilisation** par l'apprenant de sa connaissance intériorisée (voir entre autres E. Bialystok 1978, S. Krashen, 1981). Ces tentatives s'inscrivent dans la problématique plus large d'un modèle du locuteur, c'est-à-dire « du fonctionnement de l'être humain dans les divers actes de communication par la parole » (G. Noizet, 1980, p. 8), dans la production *et* la compréhension du langage.

Si l'on pose que l'utilisation se fonde sur une connaissance intériorisée, fût-elle transitoire ou instable, on est alors amené à s'interroger sur les mécanismes qui la mettent en action, dans des activités de langage authentiques, simulées voire expérimentales, sans exclure les activités de production ou de compréhension suscitées par des tâches d'apprentissage (ce que nous figurons dans le schéma ci-dessous en pointillé pour rappeler qu'appropriation et utilisation ne constituent pas *a priori* des activités distinctes). D'autre part, la connaissance intériorisée peut être mobilisée et consultée dans des activités de type métalinguistique (introspection, jugement d'acceptabilité, commentaires métalinguistiques) que nous figurons dans le schéma ci-dessous en pointillé.

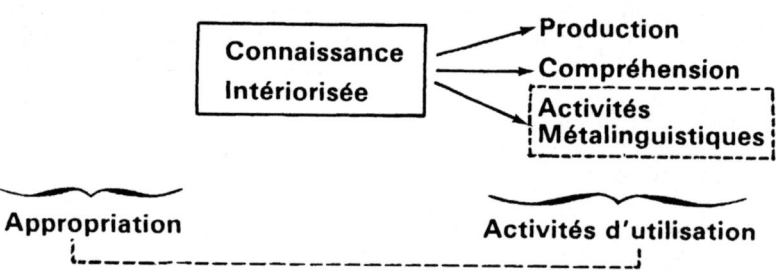

C'est donc, globalement, les mécanismes de performance qui sont envisagés ici, en y rattachant les activités métalinguistiques qui consultent et reflètent, sous forme explicite ou intuitive, la connaissance intériorisée, et qu'il est difficile de disjoindre de la production et de la compréhension dans la mesure où elles mobilisent en partie les mêmes activités mentales.

Pour S. Krashen (voir chap. 4), le « monitor » constitue l'activité de contrôle du locuteur sur sa propre production : la connaissance « apprise » (consciente et formalisée) surveillant en quelque sorte la production spontanée, celle-ci fondée essentiellement sur le système « acquis » (inconscient et non formalisé). C'est donc la connaissance explicite qui intervient dans le contrôle, notamment sous forme d'autocorrection. Sans revenir ici sur le cadre général du modèle de Krashen, nous formulerons quelques remarques à ce propos.

Tout d'abord, Krashen lui-même n'exclut pas que la connaissance implicite puisse intervenir dans le contrôle de façon intuitive. Il affirme seulement que la connaissance explicite *ne* peut intervenir *que* comme contrôle et n'est donc pas la source de la production spontanée, ce qui explique pour lui la variabilité observée dans les productions d'un apprenant, selon les conditions de performance et la nature des systèmes « acquis » et « appris » qu'il a intériorisés. A ce propos, on doit remarquer que Krashen n'envisage guère l'interaction entre les deux systèmes dans la saisie et l'intégration, et en particulier l'éventualité de données explicites intégrées sous forme implicite (voir U. Frauenfelder et R. Porquier, 1979). Or, l'interaction ou l'osmose entre les deux systèmes paraît susceptible de rendre compte de certains phénomènes de variabilité et de la façon dont s'exerce le contrôle dans certaines tâches de production.

D'autre part, Krashen n'envisage guère l'intervention du contrôle dans la compréhension. Or celle-ci, aussi bien en situation « guidée » que dans l'interaction naturelle spontanée, fait vraisemblablement intervenir, chez le récepteur, un contrôle sur sa propre activité interne, selon sa connaissance intériorisée et les messages qu'il reçoit. Bien que difficilement observable et peu accessible à l'introspection, même différée, ce contrôle « en réception » constitue un aspect important de l'activité mentale instantanée qui ajuste le décodage et l'interprétation des énoncés au contexte et à la situation ainsi qu'aux contraintes imposées par les tâches institutionnelles. Il est alors à rapprocher des opérations et des stratégies investies dans la saisie, elle-même structurée par un contrôle interne, explicite ou implicite.

Par ailleurs, les activités métalinguistiques mettent également en jeu des opérations de contrôle donnant lieu soit à des autocorrections soit à des modifications ou des rectifications de jugement (jugement d'acceptabilité, choix d'un item dans un test à choix multiple, explicitation de règles, etc.), à partir de la connaissance explicite ou implicite consultée.

Enfin, pour en revenir aux activités de production, le contrôle peut s'exercer, et éventuellement se manifester, à différents moments de l'activité elle-même : soit avant, soit pendant, soit après. Le décalage entre l'élaboration interne d'un énoncé et la production verbale fait que le contrôle mental peut porter sur l'énoncé ou un élément d'énoncé en gestation, et donnera alors lieu par exemple à une pause, à l'écrit ou à l'oral, antérieure à l'oralisation ou la scription. Le contrôle pourra aussi se manifester sous forme d'hésitations *(euh)* ou d'auto-corrections immédiates ou de tâtonnements, éventuellement signalés par des marqueurs métadiscursifs : *pardon, non, je veux dire*, etc. ; ou par des phénomènes prosodiques greffés sur la chaîne de l'énoncé. Les hésitations, répétitions, reprises et, à l'écrit, les ratures et les surcharges reflètent cette activité interne, sans permettre d'en repérer clairement le lieu. Le décalage entre élaboration et production d'énoncé, et le fait que le contrôle soit proactif ou rétroactif ou simultané font que l'élément affecté par l'hésitation, la reprise, la répétition ou la rature n'est pas forcément celui sur lequel s'exerce le contrôle : ainsi, dans l'échantillon de la page 183, aux lignes 4 et 5 : *et après... euh ma famille... ma famille mange euh* [tutãsãbl], l'hésitation sur *ma famille* peut être due à une opération de contrôle sur [tutãsãbl] déjà présent dans l'élaboration interne de l'énoncé. Aux lignes 18 et 19, la reprise paraît désigner une auto-correction immédiatement postérieure : *ma mère* [etãd]... *a étendu pour mon père,* le contrôle s'exerçant là apparemment sur la forme verbale, sans que l'on puisse exclure que cette reprise soit également l'effet d'un contrôle sur la suite imminente de l'énoncé, par exemple sur le choix de *mon* ou *ma* devant *père* (qui a déjà fait l'objet d'hésitations ou de reprises (voir ligne 6 du même échantillon). Les mêmes questions peuvent être soulevées à propos de la production écrite, comme dans l'échantillon suivant :

250

On y trouve ratures, surcharges, hésitations, rajouts, effectués soit en cours de scription soit postérieurement. Ainsi, l'autocorrection de la ligne 2 a été effectuée *a posteriori*, alors que celles des lignes 6, 8, 9 et 10 ont été faites au fil de la rédaction.[1] Ici encore, la nature même des modifications opérées ne suffit pas à déterminer sur quoi portait le contrôle interne : à la ligne 10, l'hésitation (raturée) entre *du* et *de (la)* peut tenir aussi bien au choix interne sur le genre de *littérature* qu'au choix du substantif approprié ou qu'au choix de la préposition (*de* ou *sur*), ou que cette hésitation soit due à la concentration rétroactive ou rémanente sur la construction après *négation* ou encore sur l'agencement terminal de la phrase, non encore décidé à ce stade.

Si l'on observe la production dans l'instant, on peut postuler que le contrôle s'exerce de façon complexe avant, pendant et après la production :

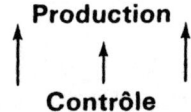

sans pouvoir dissocier, dans l'activité interne instantanée ou à court terme, l'empan respectif et les opérations particulières propres à ces différents moments du contrôle. Il faut cependant distinguer, comme le signale lui-même Krashen, les activités « sous contrôle », où la surveillance est constante et intense, du fait de la tâche, ou d'une situation formelle de discours où la forme constitue un enjeu suffisamment important pour mobiliser l'attention et le contrôle des activités de production spontanée où le contrôle sera moindre ou intermittent. Enfin, le contrôle interne ne se manifeste pas forcément de façon apparente dans la production, l'absence d'autocorrection ou de reprises n'impliquant pas l'absence de contrôle interne. A l'inverse, tout « raté » de production ne donne pas forcément lieu à un contrôle du locuteur, même lorsque sa connaissance intériorisée le lui permettrait.

Les remarques suggérées par le modèle de Krashen soulèvent, plus largement, le problème de l'activité mentale du locuteur et de l'activité psycholinguistique inhérente à la production et à la compréhension en langue étrangère.

---

1. Il serait intéressant, pour l'étude de la production écrite, comme l'ont fait d'une autre façon nombre de recherches sur la lecture, d'observer, en filmant le scripteur et la progression de la scription sur la feuille, non seulement les phénomènes de rature, surcharge et autres « réparations », mais aussi *quand* et *comment* ils interviennent dans le déroulement même de la production écrite, selon les individus et le type de tâche.

4. Tâches et activité mentale

Pour W.J.M. Levelt, « L'exécution de toute tâche complexe requiert de l'attention ou de l'effort mental. Le degré d'attention n'est pas illimité : une tâche très exigeante peut dépasser notre capacité momentanée, ce qui peut alors conduire à l'erreur ou à l'échec. L'évaluation des performances d'un apprenant de langue étrangère, du point de vue psychologique, suppose une analyse des relations complexes entre la structure de ses capacités et les facteurs qui déterminent la capacité d'effort mental dans l'expression et la compréhension orales et écrites. » (1976, p. 54) Cette capacité varie selon le degré d'« éveil » (*arousal*) du sujet, lui-même dépendant de la complexité de la tâche et aussi de la connaissance des résultats de son exécution, fournie par l'évaluation externe ou interne immédiate. Ainsi, traduire une phrase demande davantage d'effort mental que répéter une phrase. D'autre part, le degré d'éveil - et donc d'attention et d'effort mental - peut, à partir d'un certain seuil, diminuer la capacité. Enfin, le temps disponible influe sur l'exécution de la tâche : une tâche à effectuer en temps limité mobilisera davantage d'attention et d'effort mental.

Pour Levelt, une activité mentale complexe consiste en une série d'opérations hiérarchisées, organisées selon des programmes d'ordre cognitif, intériorisés comme schèmes d'action. L'automatisation de ces programmes libère d'autant la capacité d'effort mental. Ainsi, dans l'activité langagière, on peut distinguer entre opérations « de haut niveau », qui concernent l'organisation sémantique, discursive et pragmatique du discours, et des opérations de « bas niveau », qui concernent la morphosyntaxe, la phonologie et la graphie. Si celles-ci sont suffisamment automatisées, davantage d'effort mental sera disponible pour les opérations de haut niveau. Ceci explique la difficulté de tâches complexes qui mobilisent à la fois les deux niveaux d'opérations, lorsqu'elles dépassent les capacités disponibles d'effort mental, et aussi le fait que, selon les cas, cette limitation affecte l'un ou l'autre des deux niveaux. On en trouve des exemples fréquents dans l'activité langagière ordinaire, lorsque la concentration sur le contenu du discours occasionne des lapsus, à l'oral ou à l'écrit. De même, il est difficile de relire un texte en se concentrant à la fois sur la forme - et sur le contenu - pour en apprécier ou en vérifier la cohérence textuelle et le déroulement de l'argumentation. Comme le fait observer Levelt, la morphologie du genre et du nombre, dans des langues comme le français où les marques d'accord peuvent s'étaler sur des énoncés longs, requièrent automatisation et/ou contrôle dans l'exécution du programme. Il n'est pas rare d'observer en français, chez des locuteurs-scripteurs natifs, des fautes d'accord liées aux circonstances de production du discours : la phrase précédente en fournit un exemple[1].

---

1. *requiert* au lieu de *requièrent*... Cette faute d'accord n'a été repérée qu'à la relecture du manuscrit. On en trouvera un autre exemple, « proactif » celui-là, corrigé dans le texte, à la page 255 ci-dessous, où nous avions initialement écrit : « l'exercice grammatical peut être *considérée* comme une tâche plus ou moins ritualisée »

Bien des fautes proactives et rétroactives, évoquées par V. Fromkin (1973), s'expliquent en bonne partie par la façon dont nous gérons les opérations morphologiques dans la production en temps limité et par le décalage, déjà évoqué, entre le rythme d'élaboration interne du discours et le rythme de production de celui-ci. Ainsi, «ils partiront *demon* à Avignon» (exemple oral, *demon* pour *demain*) ou «les nouvelles qu'attendaient Pierre» (exemple écrit, *attendaient* pour *attendait*) illustrent, parmi mille exemples quotidiens, cet aspect des mécanismes de production. On en trouve également des exemples dans la compréhension orale ou écrite lorsqu'un élément non repéré ou un mauvais aiguillage dans le décodage oriente le récepteur sur une fausse piste, ce qui l'oblige, dans la lecture, à des retours en arrière.

Une partie des fautes observées en langue étrangère tient à la complexité intrinsèque ou subjective de la tâche et à l'effort mental requis, celui-ci étant, dans des conditions similaires ou comparables, normalement supérieur à celui nécessaire à un natif, surtout si l'activité langagière comporte une part de contrôle. Dans ce cas, l'attention et le contrôle peuvent être concentrés sur certains aspects du discours, sur tel niveau (haut ou bas) de l'activité, voire sur certaines opérations, en fonction du temps disponible, de la connaissance intériorisée et du degré d'automatisation du programme interne. Les autres aspects, niveaux ou opérations peuvent alors être affectés par cette concentration de l'activité mentale.

Ceci contribue à expliquer non seulement l'apparition de fautes, mais aussi la variabilité observée chez un apprenant selon le type de tâche. Cet aspect a été souligné à maintes reprises dans les recherches sur l'interlangue (voir E. Tarone, M. Swain et A. Fathman 1976, U. Frauenfelder et R. Porquier 1980, E. Tarone 1982) et conduit à préconiser, pour le recueil de données d'interlangue, une panoplie de tâches diversifiées et des critères de sélection selon les opérations qu'elles impliquent. Si la variabilité tient, pour une part, à la connaissance intériorisée - dotée elle-même de règles variables -, elle ne peut s'expliquer sans tenir compte de l'activité même du sujet selon les caractéristiques des tâches qui la sollicitent. Le fait qu'un apprenant recoure à sa connaissance explicite ou à sa connaissance implicite ne suffit pas à caractériser son activité : une même tâche, en effet, peut mobiliser l'une et/ou l'autre de façon elle-même variable selon les individus.

Ici se pose la question de l'activité inhérente à la tâche : les tâches scolaires les plus répandues (voir § 5 ci-dessous) impliquent non seulement un traitement linguistique ou psycholinguistique, mais aussi un traitement cognitif déterminé par la procédure spécifique de la tâche : connaissance et compréhension des consignes, adaptation au cadre formel de l'exercice, etc. Par exemple, un exercice formel consistant à faire des phrases relatives (contenant une proposition dite relative) à partir de phrases simples, ou à repérer des articulateurs dans un texte écrit implique d'autres opérations que celles qui seraient mises en œuvre dans la production naturelle de telles phrases ou dans la compréhension de lecture du même texte. D'une part, ces tâches, en mobilisant surtout le « bas niveau » (selon Levelt), libèrent d'autant la capacité mentale, qui n'est alors pas -ou peu - impliquée dans le contenu et l'émission d'énoncés. En contre-partie, elle est absorbée par la conduite même de l'exercice, qui implique d'autres opérations sensori-motrices et cognitives. S'il s'agit de tâches familières, pour lesquelles les schèmes d'action sont déjà intériorisés voire automatisés, l'effort mental investi sera d'autant moindre. Si au contraire il s'agit de tâches nouvelles ou plus complexes (par exemple, repérer des articulateurs en les classant selon leur forme, leur lieu et leur ordre d'apparition dans un texte), la complexité ou la difficulté des opérations impliquera d'autant plus d'effort mental, au point de dépasser éventuellement les capa-cités momentanées de celui-ci, sans pour autant dépasser les capaci-tés linguistiques de la connaissance intériorisée (voir chap. 5).

L'un des problèmes de l'apprentissage est alors celui de l'appro-priation de schèmes d'action liés aux tâches d'apprentissage. En ce sens, on est amené à s'interroger au moins sur trois implications didactiques des notions d'activité mentale et de programme cogni-tif. Tout d'abord, l'apprentissage d'une langue implique un entraî-nement aux tâches d'apprentissage et plus largement aux opéra-tions cognitives d'utilisation du langage. Comme le suggère W. Levelt (1976, p. 58), ce sont les programmes, non les activités « ter-minales », à quoi il faut entraîner les apprenants ; cet entraînement requiert l'intégration des types d'opération à travers des tâches diversifiées. C'est, en un sens, ce que signifie, « apprendre à appren-dre ». Ensuite se pose le problème de l'adéquation des tâches en usage dans l'apprentissage des langues étrangères par rapport aux schèmes d'action et aux opérations effectivement mobilisés dans l'utilisation d'une langue. Enfin, il y a lieu de s'interroger sur les approches ou les techniques pédagogiques de nature à développer ou mobiliser les capacités profondes d'attention ou d'effort mental latentes chez l'individu. L'approche suggestopédique préconisée par Lozanov, et les propositions de E. Stevick (1976) vont claire-ment dans ce sens.

Comme l'observe D. Gaonac'h, « [un] problème pédagogique central (...) est (...) celui des stratégies de communication mises en œuvre par les élèves (et non pas supposées telles a priori de par les caractéristiques formelles des exercices proposés) : à quelles activi-tés cognitives correspond telle ou telle activité pédagogique, telle qu'elle est effectivement mise en œuvre dans une situation de com-munication donnée ? (...) Les exercices scolaires correspondent à différentes activités de communication [1], qui n'ont pas les mêmes

---

1. Ou non-communicatives... Sur les implications de ces remarques quant à une approche communicative, voir les pertinentes observations de D. Gaonac'h dans le même article.

exigences cognitives et psycholinguistiques. Un des objectifs d'une psychopédagogie cognitive du langage devrait être de décrire ces exigences (comme l'a fait la psychologie du travail), autrement dit de procéder à une «analyse des tâches» (...) du point de vue des processus cognitifs impliqués.» (1982, p. 170)[1]

5. Exercices et tâches

On a vu (chap. 6) que l'exercice grammatical peut être considéré comme une tâche plus ou moins ritualisée, ponctuelle, qui comporte des caractères répétitif, contraint et métalinguistique, et dont l'exécution suppose connus non seulement le matériau langagier circonscrit par l'exercice, mais aussi les contraintes propres à l'exercice lui-même. Qu'un exercice mobilise la connaissance grammaticale explicite ou implicite ou l'une et l'autre - de façon variable selon l'apprenant -, il met en jeu des activités, elles-mêmes conscientes ou inconscientes mais éventuellement explicitables. Certaines tâches réflexives, ou la réflexion ultérieure sur les tâches et les activités mentales qu'elles mettent en branle, permettent d'élucider non seulement la connaissance intériorisée de l'apprenant et son activité métalinguistique mais aussi l'activité cognitive suscitée.

Ainsi, C. Hosenfeld (1975), en faisant verbaliser par des apprenants leur activité mentale consciente et leurs stratégies «scolaires» lors d'exercices de grammaire, a pu montrer comment ils procèdent. On en donnera ici deux exemples. [2]

1. «L'exercice consiste à choisir la préposition appropriée devant adjectif ou un verbe après un pronom neutre. Les phrases étaient du type suivant :
- *Connaissez-vous quelqu'un ... sympa ?*
- *J'ai des billets, je n'ai rien ... faire ce soir et je voudrais faire quelque chose ... amusant. Mais voilà, je ne connais personne ... gentil ou ... amusant ...*
Enquêteur (E) : Comment fais-tu cet exercice ?
Kurt (K) : Eh bien ... Je ne regarde pas du tout la première partie de la phrase. Je regarde juste le mot après le blanc. Si c'est un adjectif, je mets *de* et si c'est un verbe, je mets *à*.
E : On fait le numéro 1.

---

1. D. Gaonac'h en fournit lui-même une illustration dans un schéma procédural de la conduite de récit, où il distingue deux niveaux hiérarchisés d'opérations, non sans analogie avec le modèle de Levelt (D. Gaonac'h, *ibid.*, pp 163-168).
2. Dans le texte original, les entretiens se déroulent en anglais (traduits ici en français par nous-mêmes) et portent sur des exercices de français. Les passages en italique dans les dialogues sont en français dans le texte anglais original.

K : *Sympa* est un adjectif, alors c'est *de sympa*; *faire* c'est un verbe alors c'est *à faire*; *amusant*, c'est un adjectif alors c'est *d'amusant*; *gentil*, adjectif, *de*; *amusant*, adjectif, *de*.

E : Tu n'as pas regardé à *je voudrais faire quelque chose* ou *je ne connais personne*?

K : Ah non. Ces mots-là, on n'en a pas besoin du tout. Tout ce qu'il faut savoir, c'est qu'on emploie *de* avec les adjectifs et *à* avec les verbes. Vous savez, c'est ça qu'on essaie de vous enseigner et c'est ça qu'il faut apprendre (Pause) De toutes façons, on a déjà vu tous ces mots-là avant - c'est pour ça qu'on les a mis dans ces phrases. On ne les mettrait pas là si on ne savait pas ce qu'ils veulent dire. Et à quoi ça servirait de perdre du temps à les lire quand on connaît déjà la réponse?» (pp 157-158)

2. Ici, l'enquêteur propose à une même étudiante deux exercices successifs. « Le premier consiste à répondre à une question en deux ou trois phrases en utilisant *y* ou *en*:
- *Avez-vous une voiture? Pourquoi?*
- *Etes-vous resté(e) à la maison hier? Pourquoi?*

Enquêteur (E): Tu veux bien «penser tout haut» en faisant l'exercice?

Melonie (M): *Avez-vous une voiture? Pourquoi?* (Silence) J'ai toujours des tas de problèmes avec ce genre d'exercice. Je ne suis pas bonne du tout pour les exercices *d'imagination*. Bon ... allons-y ... *Avez-vous une voiture? Non ... je n'ai pas une voiture ... parce que ... elle est trop chère ... ou quelque chose comme ça. Etes-vous resté(e) à la maison hier soir? Pourquoi? Non ... j'ai pas resté à la maison parce que j'ai beaucoup de devoirs à faire.*

Le second exercice consistait à remplacer un nom objet direct et un nom objet indirect par les pronoms appropriés dans des phrases comme
- *Le professeur explique **la leçon à ses élèves***
- *La vendeuse vend **les robes aux clients***

E : Faisons celui-ci.

M : (Elle regarde l'exercice. Longue pause.) Vous savez ...

E : Quoi donc?

M : Vous savez, je crois que si j'ai tant de problèmes avec l'autre type d'exercice, c'est à cause de ce que je fais dans celui-ci. Dans ceux-ci je ne m'occupe pas du tout du sens des phrases. Vous savez, au bout de quelque temps, ça devient tellement mécanique. On prend quelque chose ici et on le met là (elle désigne d'abord *la leçon* et ensuite le blanc avant le verbe). On prend autre chose ici et puis on le met là, et ainsi de suite jusqu'à la fin de l'exercice. (...) Il faut voir quels morceaux déplacer et où les mettre et on continue à les déplacer comme ça encore et encore. Et je vais vous dire, j'ai l'impression d'avoir fait ça pendant toute l'année.» (pp 160-161)

Un autre exemple comparable est fourni par un étudiant hispanophone adulte dans un exercice écrit de transformation de phrases, consistant à répondre à une question en passant du futur au futur antérieur, la phrase étant ensuite complétée librement:
- *Vous entrerez. Et ensuite?*

- *Quand je serai entré,...* (libre) *j'irai m'asseoir.*

L'étudiant était en principe familiarisé avec ce type d'exercice. Désormais, R indique les réponses fournies par l'étudiant, qui en outre recopie chaque stimulus, ce qui n'était pas demandé.

- *Il se renseignera. Et ensuite?* R : *Quand il sera renseigné, il ira s'asseoir.*
- *Elle se mariera. Et ensuite?* R : *Quand elle sera mariée, elle ira s'asseoir.*
- *Vous arriverez sur la lune : Et ensuite?* R : *Quand vous serez arrivé, vous irez vous asseoir.*
- *Ils visiteront Tokyo. Et ensuite?* *Quand ils auront visité Tokyo, ils iront s'asseoir.*

L'exercice comportait 15 stimuli analogues. Les 15 réponses étaient complétées de la même façon. Cet exemple appelle trois observations. Tout d'abord, l'étudiant a lui-même expliqué ensuite que le fait de recopier le stimulus l'aidait à se concentrer sur les formes verbales et à élaborer sa réponse. Ensuite, on remarque que les questions avec *vous* et *tu* ont donné lieu à des réponses avec *vous* et *tu,* et non avec *je* ou *nous* comme le prévoyait le modèle : l'exercice a donc été perçu et traité comme une manipulation formelle, sans référence à une situation potentielle de dialogue. Enfin, la similitude des fins de réponse, dont l'effet cocasse relève d'une facétie délibérée de l'étudiant, est à rapprocher des stratégies repérées par Hosenfeld : celui-ci a sélectionné dans l'exercice une partie des opérations prévues, pour le traiter à sa manière, démontant et démontrant ainsi l'artifice d'une telle tâche.

Cependant, dans des exercices aussi formels, les stratégies et l'activité même du locuteur sont partiellement induites par le type d'exercices - bien que de façon imprévue par leurs auteurs - autant que par la routine engendrée par l'habitude et que par leur statut ambigu, à la fois tâche d'apprentissage et d'évaluation. Selon que l'exercice est perçu et traité comme activité de découverte ou d'entraînement («s'exercer» est l'un des sens du mot *exercice,* voir le *Lexis,* p. 670) ou au contraire comme activité d'évaluation (voir U. Frauenfelder et R. Porquier, 1980 pp 61-62), dont la réussite constitue un enjeu institutionnel, le traitement en sera sans doute différent : d'abord, parce que le niveau d'éveil et donc de capacité mentale ne sera pas le même ; ensuite parce que l'attention ne sera pas focalisée sur les mêmes aspects du matériau ni sur les mêmes opérations ; enfin parce que des schèmes cognitifs différents seront mobilisés. Qu'on l'envisage en termes d'opérations ou de stratégies, le traitement variera donc selon le type d'exercice, mais aussi selon sa finalité et son statut dans le cadre d'apprentissage où il est proposé.

D'autre part, l'activité des apprenants est à envisager dans un cadre plus large que celui des exercices *stricto sensu,* c'est-à-dire selon la diversité des tâches, formelles ou informelles, en usage dans l'enseignement/apprentissage des langues, même si celles-ci ne recouvrent pas la totalité des activités - guidées ou spontanées - des apprenants en milieu institutionnel.

Si l'on tente de répartir les tâches selon les trois types d'activités (production, compréhension, activités intuitionnelles ou métalinguistiques) déjà envisagés, on obtient le recensement suivant[1] :

a. Production : répétition (orale ou écrite) ; transcodage (dictée ou lecture oralisée) ; transformation ou manipulation d'énoncés sous forme d'exercices systématiques ou non ; paraphrases ; réécriture orale ou écrite, à partir d'énoncés oraux ou écrits (comme dans la mise au discours indirect ou au discours rapproché) ; traduction de L1 en L2 ; expression libre orale ou écrite avec consignes et support (visuel, écrit, sonore, audio-visuel) ou sans consignes et/ou sans support.

b. Compréhension : compréhension orale ou écrite (écoute ou lecture sans ou avec production) ; paraphrase ; prise de notes, résumé ou compte-rendu ; traduction L2 → L1 ; réponse à des questions ; classement de phrases ou d'énoncés synonymiques ; exercices à trous ou complétion de phrase ; recherche de contexte ou de situation appropriés à des énoncés ; association d'énoncés avec les images correspondantes, etc.

c. Activités intuitionnelles ou métalinguistiques : choix de synonymes ou de paraphrases dans des exercices ou tests à «choix multiple», avec ou sans texte-support ; classement ou analyse de phrases ou d'énoncés ; jugements de grammaticalité ou d'acceptabilité ; identification d'erreurs ; auto-correction ; auto-paraphrase ; commentaires métalinguistiques divers, etc.

Cet inventaire incomplet est en lui-même révélateur. Hormis la compréhension et l'expression naturelles (hors tâche, ou dans des tâches de simulation), il n'existe pas de tâches pures : toutes ou presque recouvrent deux ou trois des catégories envisagées. Ainsi, les tâches de compréhension mobilisent le plus souvent et la compréhension et l'expression, cette dernière étant destinée à vérifier le résultat de la précédente. Les tâches intuitionnelles ou métalinguistiques impliquent d'une certaine manière compréhension et/ou production, de même qu'une partie des tâches de compréhension ou de production mobilisent l'activité intuitionnelle et/ou métalinguistique. S'il n'existe pas - ou guère - de tâches pures, susceptibles de ne solliciter séparément que l'un des trois types d'activité, c'est que ces tâches sont par nature des tâches complexes, mobilisant des activités complexes.

La dictée, exercice traditionnel encore vivace, et qui semble une tâche simple, en fournit un exemple clair : elle suppose perception auditive, décodage du sens, mise en mémoire immédiate, transcodage interne et production graphique, sans exclure le contrôle simultané, immédiat ou à court terme (et la rectification éventuelle) de la transcription, voire du sens initialement décodé. Cet exercice ne paraît guère différent, quant aux opérations effectuées, de l'activité naturelle d'un locuteur-scripteur prenant par écrit un message

---

1. Recensement non-exhaustif, d'après une typologie esquissée par U. Frauenfelder et R. Porquier au séminaire ORLA 1978-79 de l'Université de Paris VIII. On retrouve, à l'intérieur de cette typologie, celle présentée de façon plus synthétique au chap. 6.

téléphonique sous la dictée, avec cette différence importante cependant que la correction formelle du texte transcrit ne sollicite pas forcément l'attention du récepteur, ni n'affecte le plus souvent le traitement et le devenir ultérieur de l'information reçue. Sinon, le récepteur est en mesure de solliciter et d'obtenir répétition, correction ou confirmation du contenu et de la forme du message. On voit que la justification pédagogique de la dictée, dans une perspective fonctionnelle-communicative, est autre que celles traditionnellement invoquées. S'il se peut que la dictée, comme d'autres exercices formels, se justifie comme tâche d'entraînement, il faut se demander quelle est sa nature dans les circonstances authentiques où l'apprenant aura à s'y livrer, quelles sont alors les opérations mises en jeu, et comment les simuler en situation d'apprentissage. Tâche d'apprentissage et d'évaluation, la dictée se définit par ce qu'elle entend faire pratiquer ou évaluer, et par les automatismes linguistiques qu'elle entend inculquer, mais non par les schèmes d'action et les opérations qu'elle peut exercer et développer chez les apprenants-utilisateurs de la langue étrangère, qui pourtant entrent en jeu dans d'autres tâches ou activités.

Par ailleurs, les exercices formels et systématiques (y compris maints exercices «communicatifs» ou «situationnels»), outre la complexité souvent insoupçonnée des opérations qu'ils impliquent, tendent, s'ils n'ont pas pour pure visée de monter des automatismes au sens skinnérien du terme, à mobiliser l'activité métalinguistique des apprenants tout en les entraînant à communiquer. Ces deux visées ne sont pas incompatibles, bien au contraire. Mais la conception ou la pratique même des exercices, selon qu'elles sont centrées davantage sur l'une ou l'autre visée, induisent soit des activités et des opérations différentes, soit des critères d'évaluation différents. L'inévitable conditionnement inhérent à une pratique non réfléchie (chez l'enseignant et l'apprenant) des exercices de grammaire, ou des tâches d'apprentissage en général, peut conduire davantage à savoir «faire des exercices» qu'à maîtriser les opérations cognitives impliquées par l'utilisation de la langue étrangère. Au point que l'on puisse parfois se demander si les exercices servent à faire de la grammaire ou si c'est la grammaire qui sert à faire des exercices.

Une approche pragmatique (au sens banal du terme) de l'enseignement/apprentissage de la grammaire impliquerait alors que l'on s'interroge d'abord sur les activités et les opérations mises en œuvre dans l'utilisation communicative des langues maternelle et étrangère selon les besoins, les objectifs, les contextes sociolinguistiques et socioculturels et les pratiques communicatives effectives ou envisagées ; et d'autre part sur les tâches et activités spécifiques de nature à exercer ou entraîner les apprenants à cette fin, sans que celles-ci soient *a priori* homologues des conditions et des processus d'utilisation de la langue étrangère. Il semble que ces deux perspectives ne soient pas inconciliables mais bien plutôt complémentaires. Des exercices jugés traditionnels peuvent être réadaptés, dans la pratique pédagogique, en ce sens. A l'inverse, les activités et opérations investies dans la communication naturelle sont susceptibles de suggérer des principes d'exercices ou de tâches aproriés à l'apprentissage.

L'activité métalinguistique ou «méta-cognitive» (voir D. Gaonac'h 1982, p. 172) des apprenants, qu'elle se manifeste spontanément ou soit repérée par des procédures empiriques ou même expérimentales, révèle, de façon plus profonde que l'analyse des erreurs ou des interlangues, comment ils appréhendent et traitent à leur manière les descriptions grammaticales sous-jacentes aux exercices et aux tâches et les adaptent à leurs propres conduites et stratégies d'apprentissage. Il n'est pas rare qu'un exercice communicatif se voie, dans la classe, converti en exercice de grammaire, ou qu'un exercice de grammaire soit transformé en exercice communicatif. L'exemple évoqué page 142 à propos d'une leçon de *De Vive Voix* montre qu'une tâche ouverte d'expression sur images n'est pas fondamentalement différente, quant à l'activité des apprenants, d'un exercice structural contextualisé. De même, des tâches communicatives suscitent, dans la classe, des commentaires et des échanges métalinguistiques (voir F. Cicurel, 1983 et G. Gavelle, 1980) où l'activité effective des individus et du groupe infléchit ou subvertit le déroulement canonique - pédagogiquement idéalisé - initialement prévu. On retrouve là, sous des stratégies individuelles d'apprentissage et de communication, les processus d'accommodation et d'assimilation précédemment évoqués.

Une analyse systématique des exercices et des tâches, que nous ne pouvons développer ici, montrerait que leur statut pédagogique consacré - souvent illustré, non sans ambiguïté, par le terme qui les dénomme - ignore ou réduit l'activité qu'ils suscitent chez l'apprenant, et donc leur fonction réelle dans l'apprentissage. De ce point de vue, c'est non seulement leur adéquation qui est en question mais tout autant la façon dont l'enseignement en exploite les ressources virtuelles. Il n'y aurait pas *a priori* de bons ou de mauvais exercices mais plutôt de bons et de mauvais usages des exercices selon les finalités qu'on leur prête, et selon les processus d'apprentissage et d'utilisation présumés auxquels on prétend les adapter ou les assujettir, en faisant bien souvent l'inverse.

Conclusion

La prise en compte des dimensions psychologiques, psycholinguistique et cognitives de l'appropriation et de l'utilisation d'une langue étrangère, à travers les questions qu'elle soulève, éclaire et élargit la problématique de l'enseignement/apprentissage des langues, bien au-delà des recherches sur l'interlangue et les grammaires d'apprentissage. Elle conduit en effet à se demander et à comprendre non seulement ce qu'apprend ou ce qu'a appris l'apprenant et comment il l'utilise, mais aussi comment il l'apprend et l'utilise. Autrement dit, à s'interroger sur les processus, les stratégies, les activités et les opérations qui régissent l'appropriation et la communication en langue non-maternelle, et à en envisager les implications didactiques.

Parmi d'autres, un ensemble pédagogique récent (*Cartes sur table* 2) intègre, dans ses principes et les pratiques qu'il propose, cette nouvelle orientation de la pédagogie des langues. Outre la part qu'il consacre à la grammaire dans des exercices diversifiés et des tableaux de consultation, il présente les «règles du jeu» pour l'enseignant et pour l'apprenant, que nous regroupons ci-dessous:

Règles du jeu pour l'enseignant

1 Donnez un sens à chaque activité pédagogique et faites-le comprendre aux apprenants.
2 Choisissez, en accord avec les apprenants, les activités qui correspondent le mieux à vos possibilités, désirs, besoins.
3 Multipliez les occasions de faire écouter et lire toutes sortes de textes sans exiger une compréhension précise et détaillée.
4 Aidez les apprenants à communiquer en français en fonction de leurs moyens et sans trop tenir compte de la correction ou de la perfection des phrases utilisées.
5 Rappelez et présentez rapidement, mais très souvent, les problèmes grammaticaux sans attendre des apprenants qu'ils comprennent et retiennent tout d'un seul coup.
6 Offrez l'éventail le plus large possible des différents moyens d'apprendre.
7 Donnez à l'apprenant de plus en plus d'occasions d'organiser lui-même son apprentissage en accord avec vous et les autres apprenants. Aidez-le à proposer, choisir, décider, prendre des risques.

Règles du jeu pour l'apprenant

1 Essayez de comprendre pourquoi vous faites chaque activité ou chaque exercice personnel.
2 Choisissez, en accord avec votre enseignant, les activités et exercices qui correspondent le mieux à vos possibilités, désirs, besoins.
3 Ecoutez et lisez le plus de textes différents sans vouloir toujours tout comprendre en détail. Habituez-vous à deviner.
4 Essayez toujours de vous débrouiller avec ce que vous savez déjà sans craindre les fautes.
5 Découvrez vous-même, par l'observation, la comparaison, l'association, la déduction, comment fonctionne la langue française.
6 Essayez tous les moyens d'apprendre qu'on vous propose sans les juger trop rapidement.
7 Prenez de plus en plus la responsabilité de votre apprentissage. Il vous appartient. En accord avec votre enseignant et vos collègues, proposez, choisissez, décidez ce que vous voulez faire.

261

De façon plus générale, et indépendamment des options propres à telle approche ou à tel matériel pédagogique, la prise en compte de l'apprentissage dans l'enseignement engage une réflexion, des recherches et des expériences poussées sur les conduites d'apprentissage (guidé) et d'acquisition (non-guidée) des langues étrangères et, d'autre part, la mise en œuvre de pédagogies « non directives atténuées » (C. Dalgalian, S. Lieutaud, F. Weiss, 1980) et d'apprentissages autonomisés (voir H. Holec, 1979). Celles-là et celle-ci passent par une conscientisation de l'apprentissage (voir E.S. Harri-Augstein et L.F. Thomas, 1981) de la part des apprenants *et* des enseignants. C'est-à-dire, pour ces derniers, par la conscientisation des apprentissages qu'ils co-gèrent et de leurs propres stratégies d'enseignement. Un apprentissage conscientisé et autonomisé d'une langue étrangère, et de la grammaire de cette langue, dépend en grande partie de la façon dont l'enseignant lui-même le conçoit, l'assume et l'oriente selon ses propres principes.

Remarque conclusive

Au terme de ces réflexions sur la grammaire et les grammaires dans l'enseignement/apprentissage des langues restent posées une série de questions, certaines déjà anciennes mais peut-être clarifiées ou actualisées ici dans les perspectives que nous avons envisagées, d'autres plus nouvelles mais non moins importantes.

Il est apparu, d'une part, qu'un certain savoir grammatical et que des descriptions grammaticales, quelles que soient les options didactiques et pédagogiques, sont invévitables dans une classe de langue, dont elles constituent une donnée immanente et une composante indispensable dans le processus d'enseignement/apprentissage et dans l'interaction entre celui-ci et celui-là ; d'autre part, que les descriptions pédagogiques, quelles qu'elles soient, n'apportent cependant pas de solutions définitives à la conception, à la conduite et à l'évaluation de l'enseignement d'une langue étrangère. Ce n'est pas elles, à proprement parler, qui font apprendre, même si elles sont censées organiser et faciliter l'apprentissage. Ce n'est pas elles non plus qui sont apprises : les apprenants organisent eux-mêmes, de façon diversifiée, leurs propres grammaires d'apprentissage. Une question centrale est celle du rapport entre ces descriptions pédagogiques et ce qui se passe effectivement dans la classe et chez les apprenants, ce que cet ouvrage tente d'expliciter mais qui appelle d'autres recherches et d'autres pistes de réflexion.

Ce savoir grammatical, quels qu'en soient la nature et les fondements épistémologiques et théoriques, n'offre pas en soi de solutions à l'enseignement/apprentissage des langues mais des hypothèses méthodologiques à la didactique des langues, tant du point de vue d'une théorisation de ses pratiques que de leur mise en œuvre pédagogique, fondées sur l'étude des apprentissages. Une théorisation de la discipline implique une réflexion empirique sur les pratiques d'enseignement et d'apprentissage et sur leurs relations avec le savoir métalinguistique. Ainsi, les distinctions entre grammaires pédagogiques et grammaires d'apprentissage, entre grammaire implicitée et grammaire explicitée, entre processus d'appropriation et d'utilisation déplacent les interrogations et les hypothèses. Il apparaît alors que les descriptions grammaticales et le métalangage grammatical sont indispensables, si ce n'est que pour traiter les grammaires des apprenants, dans un cadre théorique autre que celui d'une linguistique « appliquée » à l'enseignement.

Ces réflexions, interrogations et hypothèses, comme il a été suggéré à plusieurs reprises, ont évidemment des implications importantes quant à la formation initiale ou continue des professeurs de langue.

D'un point de vue linguistique, il nous semble nécessaire qu'elle comporte une solide initiation à au moins deux modèles métalinguistiques relativement différents dans leurs présupposés et appliqués, dans un cadre d'enseignement donné, tant à la langue de départ qu'à celle d'arrivée. Pour des langues comme le français, l'allemand, l'arabe, etc., dont les pratiques scripturales ont été codifiées et normées par des générations de grammairiens et de linguistes, il serait souhaitable que l'un de ces modèles soit le traditionnel : même si ses hypothèses externes sont assez composites et si sa cohérence interne est souvent faible, il est trop inscrit dans la langue et dans sa métalangue pour qu'un enseignant puisse l'ignorer. L'autre modèle, ou les autres modèles, devrai(en)t relever de théories récentes respectant les principes de non-contradiction, d'exhaustivité et de simplicité par lesquels L. Hjelmslev définissait la démarche scientifique : la théorie générative et transformationnelle standard nous paraît exemplaire de ce point de vue, ainsi que certaines théories énonciatives, même si on est loin de descriptions achevées pour les langues les mieux étudiées. Cette formation à un modèle moderne a le double avantage d'exercer les enseignants à une démarche épistémologique rigoureuse dans la construction du savoir grammatical, et de leur donner les moyens intellectuels de suivre l'évolution de la recherche dans ce domaine. Ce qui exclut une formation dogmatique ou une formation imprégnée d'esprit néo-positiviste, et ce qui suppose une ouverture et une information minimale sur les modèles concurrents de celui qui a été choisi.

D'un point de vue plus proprement didactique, il nous semble que cette formation devrait, plus qu'elle ne le fait, tenir compte de l'histoire, au moins occidentale, de la didactique des langues étrangères : l'enseignant y apprendrait à relativiser les polémiques et les modes qui changent souvent plus la terminologie des didacticiens que les pratiques de la classe. Pratiques dont les enseignants devraient pouvoir «expérimenter» par eux-mêmes la diversité, afin de pouvoir choisir celles qui conviennent le mieux à leur savoir, à leur personnalité, ainsi qu'au mode d'appropriation grammaticale qu'adoptent spontanément les étudiants : on trouve des différences (certains préférant la grammaire explicitée, d'autres la grammaire implicitée) même dans un public homogène quant à la langue de départ et quant à la formation métalinguistique reçue. Comme l'écrivait, il y a cinquante ans, L. Bloomfield : «Les diverses 'méthodes' qui ont été élaborées diffèrent beaucoup dans leur présentation, mais beaucoup moins dans leurs pratiques réelles de classe. Le résultat dépend très peu des fondements théoriques de la présentation, et beaucoup plus des conditions d'enseignement et de la compétence du professeur ; il est simplement nécessaire d'éviter certaines erreurs auxquelles nous pousse la tradition.» [1933] (1965, p. 503). Ce qui implique, à notre avis, qu'un professeur ait non seulement une bonne compétence linguistique de la langue qu'il enseigne, mais qu'il ait aussi une certaine compétence métalinguistique sur les langues en contact dans la classe et une certaine connaissance de la tradition didactique.

Bibliographie

Cette bibliographie ne comprend que les articles et les ouvrages correspondant aux références du texte ; les citations extraites d'articles ou d'ouvrages référencés en anglais sont traduites par les auteurs ; les dates entre crochets sont celles de la première édition, données quand nous l'avons jugé nécessaire.

ADAM, J.M. (1981) : « Labov et le récit - Questions de pragmatique - Les récits ordinaires », *Cahiers de linguistique sociale*, n° 3, Université de Haute-Normandie, GRECO.

ADJEMIAN, C (1976) : « On the nature of interlanguage systems », *Language Learning*, vol. 26, n° 2.

ALVAREZ G. (1982) : « Analyse du discours et pédagogie des documents authentiques », *Bulletin de l'ACLA*, automne 1982, vol. 4, n° 2.

ANSCOMBRE, J.C. ; DUCROT, O. (1977) : « Deux 'mais' en français », *Lingua*, n° 43.

ARDITTY, J. (1982) : « L'interlangue : pas d'accès par l'autoroute », *Revista de linguistica aplicada*, n° 2 (CELE, U. de Mexico).

ARDITTY, J. ; PERDUE, C. (1979) : « Variabilité et connaissances en langue étrangère », *Encrages*, n° spécial de linguistique appliquée.

AUSTIN J.L. (1970) [1962] : *Quand dire, c'est faire*, Paris, Seuil.

ARGAUD, M. ; MARIN, B. 1(975) : « Une pédagogie de De Vive Voix », dans H. BESSE (dir.) : *Pratique de la classe audio-visuelle au niveau 1*, Paris, Didier.

ARNAULD, A. ; LANCELOT, C. (1969) [1660] : *Grammaire générale et raisonnée*, Paris, republications Paulet.

AUTHIER, J. (1978) : « Les formes du discours rapporté », *DRLAV*, n° 17, sept.

BACHMANN, C. ; LINDENFELD, J. ; SIMONIN, J. (1981) : *Langage et communications sociales*, Paris, Crédif-Hatier, coll. L.A.L.

BAILLY, D. (1980) : « Synthèse de la discussion sur connaissance implicite et connaissance explicite en langue non maternelle », *Encrages. Acquisition d'une langue étrangère*, numéro spécial, Université de Paris VIII -Vincennes à Saint-Denis.

BAILLY, D. (1983) : « La classe d'anglais se bâtit-elle sur du sable ? ou les avatars des catégories grammaticales », *Le Français dans le Monde*, n° 177, mai-juin.

BARUK, S. (1973) : *Echec et maths*, Paris, Seuil.

BARUK, S. (1977) : *Fabrice ou l'école des mathématiques*, Paris, Seuil.

BASTUJI, J. (1977) : « Pourquoi des exercices de grammaire ? », *Langue française*, n° 33, février.

BAUTIER-CASTAING, E. (1983) : « L'authentique désauthentifié : la situation scolaire de productions langagières », *Etudes de Linguistique Appliquée*, n° 48, oct. - déc.

BAYLARD, M. ; TOCATLIDOU, V. (1978) : *Alouette 1* (livre de l'élève et livre du professeur), Paris, Hatier.

B.E.L.C. (1967) : *Grille de classement typologique des fautes*, Paris, BELC.

BENVENISTE, E. (1966) : *Problèmes de linguistique générale*, Paris, Gallimard.

BENVENISTE, E. (1974) : *Problèmes de linguistique générale II*, Paris, Gallimard.

BERTHOUD, A.C., PY, B. (1979): «Etude des processus d'apprentissage de L2. Problèmes méthodologiques et illustration : contraintes déictiques sur l'emploi de quelques verbes de mouvement en français, allemand, et espagnol», *Encrages* (Université Paris VIII), n° spécial de linguistique appliquée.

BERTHOUD, A.C. (1980): «Rôle de la métalangue dans l'acquisition de la deixis spatiale», *Encrages. Acquisition d'une languère étrangère*, numéro spécial, automne, Université de Paris VIII - Vincennes à Saint-Denis.

BERTHOUD, A.-C. (1982): *Activité métalinguistique et acquisition d'une langue seconde*, Berne, Lang.

BESSE H. (1974, a): «Les exercices de conceptualisation ou la réflexion grammaticale au niveau 2», *Voix et Images du CREDIF*, n° 2.

BESSE, H. (1974, b): «Signes iconiques, signes linguistiques», *Langue française*, n° 24, déc.

BESSE H. (1975, a): «De l'entraînement grammatical à la transposition» dans H. BESSE (dir.): *Pratiques de la classe audio-visuelle au niveau 1*, Paris, Didier.

BESSE, H. (1975, b): «De la pratique aux théories des exercices stucturaux», *Études de Linguistique Appliquée*, n° 20, oct.-déc..

BESSE, H. (1976): «Propositions pour une didactique de la grammaire», *Revue de Phonétique Appliquée*, n° 39-40.

BESSE, H. (1977): «Epistémologie grammaticale et exercices grammaticaux», *Etudes de Linguistique Appliquée*, n° 25, janvier-mars.

BESSE, H. (1979): «Pragmatique des paraphrases discursives», *Travaux de didactique du français langue étrangère*, n° 2, déc. (Université de Paul Valéry-Montpellier III, C.F.P.).

BESSE, H. (1980, a): «Métalangages et apprentissage d'une langue étrangère», *Langue française*, n° 47.

BESSE, H. (1980, b): «Le discours métalinguistique de la classe», *Encrages. Acquisition d'une langue étrangère*, Université de Paris VIII, Automne.

BESSE, H. (1980, c): «Enseigner la compétence de communication?», *Le Français dans le Monde*, n° 153, mai-juin.

BESSE, H. (1981): «Pour une didactique des différences communicatives», *Revue de Phonétique Appliquée*, n° 59-60.

BESSE, H. (1982, a): «The pedagogic authenticity of a text», dans *The Teaching of Listening Comprehension* (The British Council, ed.), London, E.L.T. Documents Special.

BESSE, H. (1982, b): «Vers un apprentissage contrasté de la compétence communicative étrangère», dans *Interaction L1 - L2 et Stratégies d'apprentissage* (Actes du 2° Colloque sur la didactique des langues, Oct. 81) Québec, C.I.R.B.

BESSE, H. (1983): «Authenticity and Grammar», *SGAV Review*, n° 4, July.

BESSE, H. ; GALISSON, R. (1980): *Polémique en didactique. Du renouveau en question*. Paris, CLE International.

BIALYSTOK, E. (1978): «A theoretical model of second language learning», *Language Learning*, n° 28.

BIALYSTOK, E. (1983): «Some factors in the Selection and Implementation of Communicative Strategies», dans C. FAERCH, G. KESPER. (eds.); *Strategies in Interlanguage Communication*, London, Longman.

BIBEAU, G. (1983 a): «Les rapports L1/L2 dans l'acquisition de L2», *Bulletin de l'ACLA*, vol. 5, n° 1, Printemps.

BIBEAU, G. (1983 b): «La théorie du moniteur de Krashen. Aspects critiques», *Bulletin de l'ACLA*, vol. 5, n° 1, Printemps.

BLOOMFIELD, L. (1965) [1933]: *Language*, New-York, Chicago, San Francisco, Toronto, Holt, Rinehart and Winston.

BOREL, J.P., PY, B. (1979): *Analyse contrastive et apprentissage des langues: la syntaxe de l'interrogation en espagnol, français, italien et anglais*, Bologne, Patron.

BOURDIEU, P. (1977): «L'économie des échanges linguistiques», *Langue française*, n° 34, mai.

BOURGUIGNON, C.; DABENE, L. (1983): «Le métalangage: un point de rencontre obligé entre enseignants de langue maternelle et de langue étrangère», *Le Français dans le Monde*, n° 177, mai-juin.

BOUTON, C. (1972): *Les grammaires françaises de Claude Mauger à l'usage des Anglais (XVII° Siècle)*, Paris, Klincksieck.

BREDART, S.; RONDAL, K.A. (1982): *L'analyse du langage chez l'enfant. Les activités métalinguistiques*, Bruxelles, Mardaga.

BRESSON, F.; VIGNAUX, G. (1973): «La psycholinguistique», dans B. POTTIER (dir.): *Le langage*. Paris, Denoël.

BRONCKART, J.P. (1977): *Théories du langage*, Bruxelles, Mardaga.

BROWN, R. (1973): *A First Language. The Early Stages*, Cambridge, Mass. Havard University Press.

CALAME - GRIAULE, G. (1965): *Ethnologie et langage. La parole chez les Dogon*, Paris, Gallimard.

CALVET, J. L. (1971): «Comparaison morphosyntaxique du système des pronoms personnels en français et en bambara», *Le Français dans le Monde*, n° 81.

CALVET, L.J. (1981): *Les langues véhiculaires*, Paris, P.U.F.

CANALE, M.; SWAIN, M. (1980): «Theoretical bases of communicative approches to second language teaching and testing, «*Applied linguistics*, vol. 1, n° 1.

CANDELIER, M. (1975) «Grammaire explicite/grammaire implicite», *Les langues modernes*, n° 4.

CAO DEMING (1983): «Les spécificatifs en français. Franc-parler ou comment les Français parlent», *REFLET*, n° 5 juin/juillet.

CAPELLE, G.; CAPELLE, J. (1971): *La France en direct 1*, Paris, Hachette.

CAPELLE, G.; GRELLET, F. (1980): *Ecritures 2. Textes et documents, exercices de compréhension et de production écrites*, Paris, Hachette.

CAPUT, J.P. (1972): *La langue française* (2t.), Larousse, Paris.

CARE, J.M. (1983): «Jeux drôles ou Drôles de jeux», *Le Français dans le Monde*, n° 176, avril.

CARE, J.M.; DEBYSER, F. (1978): *Jeu, langage et créativité*, Paris, Hachette/Larousse.

CARROLL, J.B. (1971): «Current issues in psycholinguistics and second language teaching», *TESOL Quarterly*, n° 5.

CHAMPION, J. (1974): *Les langues africaines et la francophonie*, Paris, La Haye, Mouton.

CHARLIRELLE (1975): *Behind the words*, Paris, OCDL-Hatier (avec un *Glossaire linguistique*).

CHERVEL, A. (1977): ... *et il fallut apprendre à écrire à tous les petits Français. Histoire de la grammaire scolaire*, Paris, Payot.

CHEVALIER, J.C. (1968, a): *Histoire de la Syntaxe. Naissance de la notion de complément dans la grammaire française (1530 - 1750)*, Genève, Droz.

CHEVALIER, J.C. (1968, b): «Quelle grammaire enseigner?», *Le Français dans le Monde*, n° 55, mars.

CHEVALIER, J.C.; BLANCHE-BENVENISTE, C. ARRIVE, M.; PEYTARD, J. (1964): *Grammaire Larousse du français contemporain*, Paris, Larousse.

CHISS, J.L.; FILLIOLET, J. (1982): «Des changements théoriques dans la linguistique au renouveau de l'exercice de grammaire?», *Etudes de Linguistique Appliquée*, n° 48, oct, - déc.

CHOMSKY, N. (1969): *La linguistique cartésienne* suivie de *La Nature formelle du langage*, Paris, Seuil. (trad.)

CHOMSKY, N. (1971): *Aspects de la théorie syntaxique*. Paris, Seuil. (trad.)

CHOMSKY, N. (1972): «La forme et le sens dans le langage naturel», *Hypothèses*, Paris, Seghers.

CICUREL, F. (1983): *Aspects métalinguistiques du discours de l'enseignant dans la classe de langue*, thèse de 3e cycle, université Paris III.

CLAVERES, M.H. (1982): *L'enseignement de l'anglais dans les classes de 6° et 5°. Quelques problèmes de didactique*, thèse de 3° Cycle, Paris, éd. A.P.L.V.

COIANIZ, A. (1981 a): *L'enseignement de la grammaire aux étrangers. Etude des relations de la grammaire avec les autres composantes de l'acte pédagogique*, thèse d'Etat, Besançon, Université de Franche-Comté, Faculté des Lettres et Sciences humaines.

COIANIZ, A. (1981 b): *Grammaire du français langue étrangère*, Université Paul Valéry - Montpellier III, C.F.P. (avec la collaboration de V. ALLOUCHE).

COLOMBIER, P., POILROUX, J. (1977): «Pour un enseignement fonctionnel du français aux migrants», *Le Français dans le Monde*, n° 133, nov.-déc..

COMBE - Mc BRIDE, N.; LE GOFFIC, P. (1975): *Les constructions fondamentales du français*, Paris, Hachette-Larousse.

COMBETTES, B.; LAGARDE, J.P. (1982): «Un nouvel esprit grammatical», *Pratiques*, n° 33, mars.

CORBETT, J. (1974): *Le Français Fondamental et l'enseignement audiovisuel en France (aspects théoriques et pratiques)*, thèse de 3e cycle, Grenoble, Université des langues et des lettres, multigr.

CORDER, S.P. (1967): «The significance of learners errors», *International Review of Applied Linguistics*, n° 5 (Traduction française 1980: «Que signifient les erreurs des apprenants», *Langages*, n° 57.)

CORDER, S.P. (1971): «Idiosyncratic dialects and error analysis» *IRAL* Vol. IX, n° 2, 1971 (Traduction française 1980: «Dialectes idiosyncrasiques et analyses d'erreurs», *Langages*, n° 57.)

CORDER, S.P. (1973, a): The elicitation of interlanguage». J. SVARTVIK (Ed.) *Errata, papers in error analysis*, Lund, Gleerup, (Traduction française 1980: «La sollicitation de données d'interlangue», *Langages* n° 57.)

CORDER, S.P. (1973, b) : *Introducing applied linguistics*, Harmondsworth, Penguin Education.

CORDER, S.P. (1980) : « Post-scriptum », *Langages* n° 57, mars.

COSTE, D ; FERENCZI, V. ; LECLERCQ - COURTILLON, J ; MARTINS-BALTAR. M. ; PAPO, E. ; ROULET, E (1976) : *Un niveau-seuil*, Strasbourg, Conseil de l'Europe.

COURTILLON, J. ; RAILLARD, S. (1982) : *Archipel. Français Langue Etrangère*, Unités 1 à 7, Paris, Didier.

C.R.E.D.I.F. (1962) : *Voix et Images de France* (P. GUBERINA, P. RIVENC, dir.), Paris, Didier.

CREVIER, M. (1805) : *Rhétorique française*, Lyon, A. Leroy (2 vols.).

CULIOLI, A. (1968) : « A propos du genre en anglais contemporain », *Les Langues Modernes*, n° 3.

CULIOLI, A. ; FUCHS, C. ; PECHEUX, M. (1970) : *Considérations théoriques à propos du traitement formel du langage. Tentative d'application au problème des déterminants*, Paris, Dunod.

DABENE, M. ; MARTIN-SAURA, C. (1979) : « L'adulte et le métalangage grammatical », *Etudes de Linguistique Appliquée*, n° 34, avril-juin.

DALGALIAN, C. ; LIEUTAUD, S. ; WEISS, (1980) : *Pour un nouvel enseignement des langues*, Paris, C.L.E. International.

DEBYSER, F. (1970) : « La linguistique contrastive et les interférences », *Langue française*, n° 8.

DEBYSER, F. (1971) : « Les recherches contrastives aujourd'hui », *Le Français dans le Monde*, n° 81.

DE CARVALHO, P. (1980) : « Réflexions sur les cas : vers une théorie des cas latins (1) », *L'information grammaticale*, n° 7, octobre.

DELAUNAY, F. (1983) : « Utiliser les méthodes. Composez-vous un passé », *REFLET*, n° 6, sept.

DELL, F. (1980) : « La langue chinoise », *Nagel Chine*, Genève, Paris, Munich, Les éditions Nagel.

DERRIDA, J. (1967) : *De la grammatologie*, Paris, Editions de Minuit.

DEULOFEU, J. (1980) : « Y a-t-il un dialecte propre aux enfants de migrants ? », *Champs éducatifs*, n° 1.

DI PIETRO, R. (1968) : « Contrastive analysis and the notions of deep and surface grammar », dans J.E. ALATIS (Ed.) : *Contrastive Linguistics and its pedagogical implications*, Washington D.C., Georgetown Univ. Press.

DOMMERGUES, J.Y. (1973) : *La double origine des erreurs de syntaxe dans l'emploi d'une langue étrangère*, thèse de 3e cycle, Univ. de Paris VII.

DUBOIS, C. ; NOYAU, C. ; PORQUIER, R. (1981) : « A propos d'une préenquête sur l'utilisation du français en milieu naturel par des adultes hispanophones », *GRECO* 13, n° spécial.

DUBOIS, J. (1965) : *Grammaire structurale du français, t. 1 : Nom et prénom*, Paris, Larousse.

DUBOIS, J. ; DUBOIS-CHARLIER, F., (1970) : *Eléments de linguistique française : syntaxe*, Paris, Larousse.

DUCROT, O. (1972) : *Dire et ne pas dire*, Paris, Hermann.

DUCROT, O. (1978) : « Stucturalisme, énonciation et sémantique », *Poétique*, n° 33.

DUCROT, O. (1980) : « Analyses pragmatiques », *Communications*, n° 32.

DUCROT, O.; TODOROV, T. (1972): *Dictionnaire encyclopédique des Sciences du langage*, Paris, Seuil.

DUFEU, B. (1983): « Le jeu de rôle : repères pour une pratique », *Le Français dans le Monde*, n° 176, avril.

DULAY, H.C.; BURT, M.K. (1973): « Should we teach children syntax ?, *Language Learning*, n° 23.

DULAY, H.C.; BURT, M.K. (1974): « Errors and strategies in child second language acquisition », *TESOL Quarterly*, Vol. 8, n° 2

DULAY, H.; BURT, M.; KRASHEN, S. (1982): *Language two*, New York, Oxford, Oxford University Press.

DU MARSAIS, C.Ch. (1797): *Oeuvres*, Paris, Pougrin.

DUNETON, C. (1973): *Parler croquant*, Paris, Dire/Stock.

ESPAGNAT, B. d'(1981): *A la recherche du réel. Le regard d'un physicien*, Paris, Gauthier-Villars.

FAYERABEND, P. (1975): *Against Method. Outline of an anarchistic theory of knowledge*, London, New Left Review Editions.

FILLMORE, L.W. (1979): « Individual Differences in second language acquisition », dans J.C. FILLMORE, D. KEMPLER, W. WANG (eds.): *Individual Differences in Language Ability and Language Behavior*, New-York, Academic Press.

FONAGY I. (1982): *Situation et signification*, Amsterdam, Philadelphia, John Benjamins Publ. Comp.

FORTI, E. (1980): *Analyse des erreurs d'après les productions écrites d'un groupe d'élèves italiens apprenant le français*, thèse de 3ᶜ cycle, Université de Besançon.

FOUCAULT, M. (1975): *Surveiller et punir*, Paris, Gallimard.

FRAUENFELDER, U.; PORQUIER, R. (1979): « Les voies d'apprentissage en langue étrangère », *Travaux de recherche sur le bilinguisme*, n° 17.

FRAUENFELDER, U.; PORQUIER, R. (1980). « Le problème des tâches dans l'étude de la langue de l'apprenant », *Langages*, n° 57.

FREI, H. (1929): *La grammaire des fautes*, Genève, Bellegarde.

FRENCH, F.G. (1947): *Common errors in English*, Londres, Oxford University Press.

FRIES, C.C. (1945): *Teaching and learning English as a foreign language*, Ann Arbor, University of Michigan Press.

FROMKIN, V. (1973): *Speech errors as linguistic evidence*, Paris, La Haye, Mouton.

FUCHS, C. (1982): *La paraphrase*, Paris, P.U.F.

GAONAC'H, D. (1982): « Psychologie cognitive et approche communicative en didactique des langues étrangères », *Revue de Phonétique Appliquée*, n° 61-62-63.

GASM EL SEED, R.A. (1977): *La progression linguistique d'un débutant arabophone apprenant le français par une méthode audio-visuelle*, mémoire de maîtrise, Université de Besançon.

GALISSON R. (1969): « Le dialogue dans l'apprentissage d'une langue étrangère », *Le Français dans le Monde*, n° 63.

GALISSON, R.; COSTE, D. (1976): *Dictionnaire de didactique des langues*, Paris, Hachette.

GAUTHIER, A. (1979): « Autonomie, contrôle, métalangage », *Bulletin de l'A.F.L.A*, n° 3-4, juin-sept.

GAUVENET, H.; MOIRAND, S.; COURTILLON-LECLERCQ, J.; MARTINS-BALTAR, M.; (1976): *Pédagogie du discours rapporté*, Paris, Didier.

GAVELLE, G. (1980): *Stratégies de communication dans la classe de langue*, thèse de doctorat de 3e cycle, Université de Paris V, multigr.

GEORGE, H.V. (1972): *Common errors in language learning*, Rowley, Newbury House.

GIACOBBE, J.; LUCAS, M. (1980): «Quelques hypothèses sur le rapport langue maternelle - systèmes intermédiaires à propos d'une étude sur l'acquisition des verbes *ser* et *estar* par des adultes francophones», *Encrages*, n° spécial.

GIRARD, D. (1966): «Pour ou contre le dialogue», *Le Français dans le Monde*, n° 38.

GLEASON, H.A. (1961): *An Introduction to Descriptive Linguistics*, New-York, Holt, Rinehart and Winston.

GOUGENHEIM, G.; RIVENC, P.; MICHEA, R.; SAUVAGEOT, A.; (1964): *L'élaboration du Français Fondamental (1er degré)*, Paris, Didier.

GIRAULT-DUVIVIER, Ch. P. (1859) [1814]: *Grammaire des grammaires*, Paris, A. Cotelle.

GRANGER, G. (1968): *Essai d'une philosophie du style*, Paris, Colin.

GRANGER, G. (1979): *Langages et épistémologie*, Paris, Klincksieck.

GREVISSE, M. (1964): *Le bon usage. Grammaire française avec des remarques sur la langue française d'aujoud'hui*, Gembloux, Paris, Duculot, Hatier.

GRICE, P. (1979): «Logique et conversation», *Communications*, n° 30. (trad.)

GROSS, M. (1967): «Sur une règle de cacophonie», *Langue française*, n° 7.

GROSS, M. (1968): *Grammaire transformationnelle du français. Syntaxe du verbe*, Paris, Larousse.

GROSS, M. (1977): *Grammaire transformationnelle du français. Syntaxe du nom*, Paris, Larousse.

GSCHWIND-HOLTZER, G. (1981): *Analyse sociolinguistique de la communication et didactique. Application à un cours de langue : De Vive Voix*, Paris, Crédif-Hatier, coll. L.A.L.

GUBERINA, P. (1974): «La parole dans la méthode structuro-globale audio-visuelle,» *Le Français dans le Monde*, n° 103.

GUEUNIER, N. (1982): «Linguistique et normes», *Le Français dans le Monde*, n° 169.

GUILLAUME, G. (1964): *Langage et science du langage*, Paris, Québec, Nizet, Presses de l'Université Laval.

GUILLAUME, P. (1927): «Le développement formel dans le langage de l'enfant», *Journal de psychologie normale et pathologique*, n° 24.

GUIMELLI, C.; ROUQUETTE, M.L. (1979): *Problèmes psychologiques des méthodes audio-visuelles*, Paris, CLE International.

HAGEGE, C. (1976): *La grammaire générative - Réflexions critiques*, Paris, P.U.F.

HALLIDAY, M.A.K. (1973): *Explorations in the functions of language*, London, Edward Arnold.

HALLIDAY, M.A.K. (1978): « Is learning a Second language like learning a first language All Over Again? », in D.E. INGRAM et T.J. QUINN: *Language learning in Australian Society*, Melbourne, Australia International Press & Publications Pty. Ltd.

HAMMAR, E. (1980): *L'enseignement du français en Suède jusqu'en 1807 - Méthodes et manuels*, Stockholm, Akademilitteratur.

HAPP, H. (1978): « La grammaire de dépendance dans l'enseignement: résultats et perspectives », *Etudes de Linguistique Appliquée*, n⁰ 31, juil.-sept.

HARRI-AUGSTEIN, E.S.; THOMAS, L.F. (1980): « Apprendre à apprendre par l'interaction », *Etudes de Linguistique Appliquée*, n⁰ 41.

HARRIS, Z.S. (1971): *Structures mathématiques du langage*, Paris, Dunod (trad.).

HATCH E.M. (1978 a): « Discourse analysis and second language acquisition », dans E.M. HATCH (ed.).

HATCH, E.M. (ed.) (1978): *Second language acquisition*, Rowley, Newbury House.

HAYNE, J.M., YORIO, C.A. (1982): « Adult views on foreign language teaching methods », dans P.R. LÉON, J. YASHINSKY (dir.): *Options nouvelles en didactique du français langue étrangère*, Montréal, Didier.

HEBRARD, J. (1982 a): « Présentation: le travail scolaire du langage. Quelques repères pour une étude de l'exercice », *Etudes de Linguistique Appliquée*, n⁰ 48, oct.-déc.

HEBRARD, J. (1982 b): « L'exercice de français est-il né en 1823? », *Etudes de Linguistique Appliquée*, n⁰ 48, oct.-déc.

HOLEC, H. (1979): « Prise en compte des besoins et apprentissage auto-dirigé », *Mélanges pédagogiques CRAPEL 1979*, Université de Nancy II.

HOLMES, V.; FORSTER, K. (1972): « Perceptual complexity and underlying sentence structure », *Journal of Verbal Learning and Verbal Behavior*, n⁰ 11.

HOSENFELD, C. (1975): « The new student role: individual differences and implications for instruction », dans G.A. JARVIS (ed.): *Perspective: a new freedom*, Skokie, National Textbook Compagny.

HOUIS, M. (1971): *Anthropologie linguistique de l'Afrique noire*, Paris P.U.F.

INGRAM, D. (1971-1972): « Implications of the theory of innate ideas for the foreign language teaching », *Audio-Visual Language Journal*, vol. 9.

JAIN, M.P. (1974): « Error analysis: source, cause and significance », dans J.C. Richards (ed.): *Error analysis*, London, Longman.

JAKOBOVITS, L.A. (1970): *Foreign language learning*, Rowley, Newbury House.

JAKOBSON, R. (1963): *Essais de linguistique générale*, Paris, Ed. de Minuit.

JOLY, A. (1973): « Sur le système de la personne », *Revue des langues romanes*, tome LXXX, (Montpellier III).

JOLY, A. (1974); « Personne et temps dans le récit romanesque », *Recherches anglaises et américaines*, n⁰ 7, (Strasbourg).

JORDAENS, P. (1977): « Rules, grammatical intuitions and strategies », *Interlanguage Studies. Bulletin* n⁰ 2.

KAHN. G. (1981): « Modèles linguistiques et didactique des langues : vers une nouvelle définition des contenus d'enseignement », dans L'approche communicative (colloque Ruby Knafo 1981) Montréal, Collège Vanier.

KELLY. L.G. (1976): 25 Centuries of language teaching. 500 BC - 1969, Rowley. Mass., Newbury House.

KENNEDY. G.D. (1973): Conditions for language learning, dans J.W. OLLER et J.C. RICHARDS: Focus on the learner : pragmatic perspectives for the language teacher, Rowley, Newbury House.

KRAFT. V. (1950): Der Wiener Kreis, Springer.

KRAMSCH. C. (1984): Interaction et discours dans la classe de langue, Paris, Crédif-Hatier, coll. L.A.L.

KRASHEN. S.D. (1981) : Second language acquisition and second language learning, Oxford, New-York, Pergamon Press.

KRASHEN. S.D. (1982) : Principles and practice in second language acquisition, Oxford, New-York, Pergamon Press.

KRISTEVA. J. (1981) [1969]: Le langage, cet inconnu. Une initiation à la linguistique, Paris, Seuil.

LABOV. W. (1976) [1973]: Sociolinguistique, Paris, Ed. de Minuit. (trad.)

LADMIRAL. J.R. (1980): « Une interlangue interlinguistique : l'Allemand zéro », Champs Educatifs, n° 1.

LADO. R. (1957): Linguistics across cultures, Ann Arbor, University of Michigan Press.

LAKOFF. G. (1973): « Fuzzy Grammar and the Performance/Competence game », Papers from the Ninth Regional Meeting, Chicago Linguistic Society.

LAMY. A. (1976): « Pédagogie de la faute et de l'acceptabilité », Etudes de Linguistique Appliquée, n° 22.

LAMY. A. (1981): Pédagogie de la faute et enseignement de la grammaire, Paris, BELC.

LAMENDELLA. J.T. (1969) : « On the irrelevance of transformational grammar to language pedagogy », Language Learning, n° 19.

LARSEN-FREEMAN. D.E. (1975): « The acquisition of grammatical morphemes by adults E.S.L. learners », TESOL Quarterly, vol. 9, n° 4.

LARSEN-FREEMAN. D. (ed.) (1980): Discourse analyses in second language research, Rowley, Newbury House.

LAVENNE. C. ; BERARD-LAVENNE. E. ; (1979): Passage à l'écrit. Compréhension et expression 2, Paris, CLE International.

LECOMTE. Ph. (1982): Silence et classes de langue, thèse de doctorat de 3e cycle, Université de Paris X.

LEONTIEV. A.N. (1973): « Le principe heuristique dans la perception, la production et la compréhension du langage », Bulletin de psychologie, vol. XXVI.

LEES. R. (1966): The grammar of english nominalizations, La Haye, Mouton.

LEHMANN. D. ; MOIRAND. S. ; MARIET. F. CATALAN. R. (1979): Lire en français les sciences économiques et sociales, Paris, Crédif-Didier.

LE ROUZO. M.L. (1975): « Y a t-il une justification psychologique à la pratique des exercices structuraux ? », Etudes de Linguistique Appliquée, n° 20, oct.-déc.

273

LEVELT, W.M.J. (1976): «Skill theory and language teaching», in S.P. CORDER & E. ROULET (eds.): *Theoretical approaches in applied linguistics*, Paris, Bruxelles, AIMAV.

MACKEY, W.F. (1968): «Applied linguistics, its meaning and use», *Journal of English Teaching* n° 1/3.

MACKEY, W.F. (1972) [1965]: *Principes de didactique analytique. Analyse scientifique de l'enseignement des langues*, Paris, Didier (trad.).

MAINGUENEAU, D. (1981): *Approche de l'énonciation en linguistique française*, Paris, Hachette.

MARTIN, R. (1971): *Temps et Aspect. Essai sur l'emploi des temps narratifs en ancien français*, Paris, Klincksieck.

MARTINS-BALTAR, M. (1976): «Actes de paroles», dans D. COSTE et al.: *Un niveau-seuil*, Strasbourg, Conseil de l'Europe, multigr.

MAUGER, G. (1968): *Grammaire pratique du français d'aujourd'hui. Langue parlée, langue écrite*, Paris, Hachette.

MAUGER G., BRUEZIERE, M. (1971): *Le français et la vie 1*, Paris, Hachette.

MEISEL, J.; CLAHSEN, H.; PIENEMAN, M. (1981): «On determining developmental stages in natural second language acquisition», *Studies in second language acquisition*, vol 3, n° 2.

MEHLER, J. (1963): «Some effects of grammatical transformation on the recall of english sentences», *Journal of Verbal Learning and Verbal Behavior*, n° 2.

MILNER, J. (1973): *Arguments linguistiques*, Paris, Mame.

MOGET, M.T.; NEVEU, P. (1972): *De Vive Voix. Méhode d'enseignement du français langue étrangère*, Paris, Didier.

MOGET, M.T. et al (1970): *Leçons de transition*, Paris, Didier.

MOGET, M.T.; BESSE, H.; LAPEYRE, F.; PAPO, E. (1975, 1976, 1977, 1979): *Interlignes* (18 livres du maître, 4 livrets de l'étudiant), Paris, Didier.

MOIRAND, S. (1977 a): «Analyse de textes écrits et apprentissage grammatical», *Etudes de Linguistique Appliquée*, n° 25, janvier-mars.

MOIRAND, S. (1977 b): «Communication écrite et apprentissage initial», *Le Français dans le Monde*, n° 133, nov.-déc.

MOIRAND, S. (1979): *Situations d'écrit (compréhension , production en langue étrangère)*, Paris, C.L.E. International.

MOIRAND, S. (1982): *Enseigner à communiquer en langue étrangère*, Paris, Hachette.

MONNERIE, A. (1979): *Intercodes, méthode de français langue étrangère, adultes débutants, livre d'exercices*, Paris, Larousse.

MONTREDON, J. (1981): *Enseignement des temps verbaux à un public d'étudiants japonais*, thèse de 3e cycle, Université de Besançon.

MOUNIN, G. (1967): *Histoire de la linguistique des origines au XXe siècle*, Paris, P.U.F.

MUSA, A.A. (1978): *L'apprentissage du français par des arabophones débutants. Etude linguistique et longitudinale du problème de la négation*, mémoire de maîtrise, Université de Besançon.

NEF, F. (1978): «Maintenant 1 et maintenant 2: sémantique et pragmatique de «maintenant» temporel et non temporel», *Actes du Colloque sur l'Aspect*, Paris, Klincksieck.

NEMSER, W. ; SLAMA CAZACU, T. (1970) : « A contribution to contrastive linguistics », *Revue roumaine de linguistique,* vol. XV, n° 2.

NOIZET, G. (1980) : *De la perception à la compréhension du langage,* Paris, P.U.F.

NOYAU, C. (1979) : « Deux types de connaissance de la langue étrangère dans l'acquisition en milieu naturel ? », *Champs éducatifs,* n° 1.

OLERON, G. (1964) : « Le transfert », dans R. FRAISSE et J. PIAGET (eds.) : *Traité de psychologie expérimentale,* volume IV. Paris.

O'NEIL, C. (1982) : *L'enseignement de l'anglais aux jeunes enfants (8 à 11 ans).* Problème d'élaboration d'un matériel pédagogique, thèse de 3e cycle, Université de Paris-Sorbonne - Paris IV, multigr.

P.A.K.S. (1970) : *Paks-Arbeitsbericht,* n° 5, Stuttgart, Institut für Literatur und Sprachwissenschaft.

PARMENTIER, A.M. (1984) : *Acquisition du français par un adulte polonais et par une enfant francophone,* mémoire de maîtrise, Université Paris X.

PECK, S. (1979) : « Child-child discourse », dans E. HATCH (ed.) 1978.

PERDUE, C. (ed.) (1982) : *Second language acquisition by adult immigrants. A field manual,* Strasbourg, European Science Foundation.

PERELMAN, C. ; OLBRECHTS-TYTECA, L. (1970) : *Traité de l'argumentation. La nouvelle rhétorique,* Bruxelles, éd. de l'Institut de Sociologie.

PIAGET, J. (1979 a) : « La psychogenèse des connaissances et sa signification épistémologique », dans M. PIATTELLI-PALMARINI (ed.) 1979.

PIAGET, J. (1979 b) : « Schème d'action et apprentissage du langage », dans M. PIATTELLI-PALMARINI (ed.) 1979.

PIATTELLI-PALMARINI, M. (1979) : *Théories du langage, théories de l'apprentissage : le débat entre Jean Piaget et Noam Chomsky,* Paris, Seuil.

PIMSLEUR, P. ; QUINN, T. (1971) : *The psychology of second language learning,* Cambridge, Cambridge University Press.

POCHARD, J.C. (1982) : *Programmatique et didactique des langues. Le cas de l'enseignement du français en Tanzanie,* thèse de 3e cycle, Université de Paris III.

POLITZER, R.L. (1965) : *Foreign language learning. A linguistic introduction,* New Jersey, Prentice Hall Inc.

PORQUIER, R. (1975 a) : *Analyse d'erreurs en français langue étrangère,* thèse de 3e cycle, Université de Paris VIII.

PORQUIER, R. (1975 b) : « Progression didactique et progression d'apprentissage : quels critères ? », *Etudes de Linguistique Appliquée,* n° 15.

PORQUIER, R. (1976) : « Analogie, généralisation et systèmes intermédiaires », *B.U.L.A.G.,* n° 3, Université de Besançon.

PORQUIER, R. (1977) : « L'analyse des erreurs. Problèmes et perspectives », *Etudes de Linguistique Appliquée,* n° 25.

PORQUIER, R. (1979) : « Stratégies de communication en langue non-maternelle », *Travaux du Centre de Recherches Sémiologiques de Neuchatel,* n° 33.

PORQUIER, R. (1981) : « C'est/il est : à propos d'une séance de réflexion grammaticale », *Travaux de didactique du français langue étrangère,* n° 4, Université de Montpellier III.

PORQUIER, R. (1982): « Aspects psychologiques de l'enseignement/apprentissage des langues », *Actes du 5e séminaire sur l'apprentissage des langues par les adultes,* Crapel, Université de Nancy II.

PORQUIER, R. (1984 a): « Communication exolingue et apprentissage des langues », dans *Acquisition d'une langue étrangère,* Universités de Paris VIII et de Neuchâtel.

PORQUIER, R. (1984 b): « Le caractère naturellement complexe des processus d'appropriation d'une langue non-maternelle. Le cas des langues voisines », Colloque: *Enseignement du français dans l'aire méditerranéenne,* Université de Bologne (à paraître).

PORQUIER, R.; FRAUENFELDER, U. (1980): « Enseignants et apprenants face à l'erreur, ou de l'autre côté du miroir », *Le Français dans le Monde,* no 154.

PORTINE, H. (1983): *L'argumentation écrite. Expression et communication,* Paris, Hachette/Larousse.

POTTIER, B. (1974): *Linguistique générale. Théorie et pratique,* Paris, Klincksieck.

PROUST, M. (1966): *A la recherche du temps perdu,* t. 2. Paris, Gallimard.

PY, B. (1980 a): « Hétérogénéité et transgression dans le fonctionnement de l'interlangue », *Encrages,* no spécial, Université de Paris VIII.

PY, B. (1980 b): « Quelques réflexions sur la notion d'interlangue », *Travaux neuchatelois de linguistique.* no 1.

RAABE, H. (1982): « Réflexion sur la méthodologie de la correction des fautes : vers la correction communicationnelle », *Encrages,* no 8-9.

REBOULLET, A.; MALANDAIN, J.L.; VERDOL, J.: *Méthode Orange 1,* Paris Hachette.

RENARD, R. (1983): *Mémento de phonétique à l'usage des professeurs de langue et des orthophonistes,* Bruxelles, Didier, Mons, Cipa.

REY-DEBOVE, J. (1978): *Le métalangage,* Paris, Le Robert.

RICHTERICH, R.; SUTER, B. (1981): *Cartes sur table,* Paris, Hachette.

RICKEN, U. (1978): *Grammaire et philosophie au siècle des Lumières,* Villeneuve-d'Ascq, Publications de l'Université de Lille III.

RIVENC, P. (1982): « Et la grammaire dans tout cela ? », *Revue de Phonétique Appliquée,* no 61, 62, 63.

RIVENC-CHICLET, M.M. (1983): « Approche communicative ; « effets pervers », paradoxes et contradictions », *Travaux de didactique du français langue étrangère,* no 9 (CFP. Université Paul Valéry - Montpellier III).

RIVERS, W.M. (1968): *Teaching foreign language skills,* Chicago, University of Chicago Press.

ROBINS, R.H. (1967): *A short history of linguistics,* London, Longman.

ROULET, E. (1969): *Syntaxe de la proposition nucléaire en français parlé,* Bruxelles, AIMAV.

ROULET, E. (1971): « Les modèles de grammaire et leurs applications à l'enseignement des langues », *Le Français dans le Monde,* no 85.

ROULET, E. (1972): *Théories grammaticales, descriptions et enseignement des langues,* Paris, Nathan.

ROULET, E. (1980): *Langue maternelle et langues secondes, vers une pédagogie intégrée,* Paris, Crédif-Hatier, coll. L.A.L.

ROULET, E. (1981): « Analyse de conversations authentiques », *Etudes de Linguistique Appliquée,* no 44.

ROULET, E. et al. (1980 b): « Actes de langage et structures de la conversation », *Cahiers de linguistique française 1*, Université de Genève, Unité de linguistique française, multigr.

RUWET, N. (1967): *Introduction à la grammaire générative*, Paris, Plon.

SAUSSURE, F. de (1964): *Cours de linguistique général*, Paris, Plon.

SCOLLON, R. (1973): « A Real early stage: An Unzippered Condensation of a Dissertation on Child Language », *University of Hawaï, Working Papers in Linguistics 5*.

SEARLE, J.R. (1972) [1969]: *Les actes de langage*, Paris, Hermann. (trad.)

SEARLE, J.R. (1979): « Le sens littéral », *Langue française*, n° 42, mai.

SELINKER, L. (1972): « Interlanguage », *International Review of Applied Linguistics*, vol. X, n° 3.

SINCLAIR, J.; COULTHARD, R.M. (1975): *Towards an analysis of discourse*, London, Oxford University Press.

STEELE, R. (1975): « Une expérience de *De Vive Voix* dans un cours universitaire pour débutants (à Sydney) », dans H. BESSE (dir.): *Pratique de la classe audio visuelle au niveau 1*, Paris, Didier.

STEINBERG, N. (1966): *Grammaire française*, Moscou, Leningrad (2 vols.).

STERN, H.H. (1980): « Some approaches to communicative language teaching in Canada », *The foreign language syllabus and communicative Approches to teaching. Studies in second language acquisition 3*, Bloomington, Indiana University Press.

STERN, H.H. (1983): *Fundamental concepts of language teaching*, Oxford, Oxford University Press.

STEVICK, E.W. (1976): *Memory, meaning and method*, Rowley, Newbury House.

STREVENS, P. (1964): « Recherche linguistique et enseignement des langues », *Tendances nouvelles en matière de recherche linguistique*, Strasbourg, Conseil de l'Europe.

TARONE, E.; SWAIN, M.; FATHMAN, A. (1976): « Some limitations to the classroom applications of current second language acquisition research », *TESOL Quarterly*, n° 10.

TARONE, E. (1982): « On the variability of inter-language systems », *Milwaukee symposium on linguistics*, multigr.

TREVISE, A. (1979): « Spécificité de l'énonciation didactique dans l'apprentissage de l'anglais par des étudiants francophones », *Encrages. numéro spécial de linguistique appliquée*, automne, Université de Paris VIII - Vincennes à Saint-Denis.

VAIREL, H. (1979): « Le problème de la personne », *L'information grammaticale, n° 2*.

VALDMAN, A. (1973): « La contribution de la linguistique appliquée américaine à l'élaboration de progressions modernes », *Etudes de Linguistique Appliquée*, n° 10.

VALIN, R. (éd.) (1971): *Leçons de linguistique de Gustave Guillaume 1948 - 1949*, Québec, Les Presses de l'Université Laval.

VAN EK, J.A.; ALEXANDER, G. (1977): *Waystage*, Strasbourg, Conseil de l'Europe, multigr.

VASSANT, A. (1981): « Ambiguïtés et mésaventures d'une théorie linguistique: Les relations de temps dans le verbe français d'E. Benveniste », *L'information grammaticale*, n° 9, mars.

277

VENERONI (1769): *La maître italien ou la grammaire française et italienne,* Lyon, J.M. Bruyset.

VERDELHAN, M. (1982): «L'exercice à trous», *Etudes de Linguistique Appliquée,* n° 48, oct.-déc.

VIGNAUX, G. (1976): *L'argumentation. Essai d'une logique discursive,* Genève, Droz.

VIGNER, G. (1982): «L'exercice en français langue étrangère», *Etudes de Linguistique Appliquée,* n° 48, oct-déc.

VILLIERS, P.A. de; VILLIERS, J.C. de (1973): «A cross-sectional study of acuisition of grammatical morphemes in child's speech», *Journal of Psycholinguistic Research,* vol. 2, n° 3.

VINAY, J.P (1968): «Enseignement et apprentissage d'une langue seconde», dans A. Martinet (dir.): *Le langage,* Paris, Gallimard.

VORONIN, B.F. (1970): «Le modèle métalinguistique du mécanisme de production de fautes grammaticales par les étrangers dans le langage verbal,» dans *Les problèmes actuels du langage et de la psychologie de l'apprentissage d'une langue,* Moscou, H.G.V.

WAGNER, R.L. (1966): «A propos de grammaires», *Le Français dans le Monde* n° 40, avril-mai.

WAILLY, N.F. de (1782) [1754]: *Principes généraux et particuliers de la langue française,* Paris, J. Barbou.

WEINREICH, U. (1953): *Languages in contact; findings and problems,* New-York, Publications of the Linguistic Circle of New-York.

WEINRICH, H. (1973) [1964]: *Le temps,* Paris, Seuil (trad.).

WEISS, F. (1983): *Jeux et activités communicatives dans la classe de langue,* Paris, Hachette.

WIDDOWSON, H.G. (1980): «The partiality and relevance of linguistic descriptions», *Studies in second language acquisition,* vol. 1, n° 2.

WILKINS, D.A. (1974): «Facteurs sémantiques, situationnels et linguistiques dans une approche conceptuelle de l'établissement d'une progression», *Etudes de Linguistique Appliquée,* n° 16, oct. déc.

WILKINS, D.A. (1976): *Notional Syllabuses,* London, Oxford University Press.

WILKINS, D.A. (1981 a): «Communication language teaching: Some misconceptions and some proposals», *Bulletin de l'ACLA,* n° 3/2.

WILKINS, D.A. (1981 b): «Notional Syllabuses Revisited», *Applied Linguistics,* vol. II, n° 1, Spring.

WILKINS, D.A. (1984): «Teaching without a language syllabus but with a linguistic focus», papier pour le *Colloque du Centre de Linguistique Appliquée de l'Université de Neuchatel (29.9.-1.10. 1983),* multigr.

WISNIEWSKA -VISNIN, A. (1980): «Apprendre à lire la grammaire aux étudiants étrangers. Principes généraux», *L'information grammaticale,* n° 5, mars.

WOLFF, H. (1964): «Intelligibility and inter-ethnic attitudes», dans D. HYMES (ed.): *Language in culture and society,* New-York, Harper Row.

YOURCENAR, M. (1951): *Mémoires d'Hadrien,* Paris, Plon.

YVON, H. (1949): «Le, la, les, articles ou pronoms», *Le Français Moderne,* t. 18.

YVON, H. (1950) : « Le, la, les, articles ou pronoms », *Le Français Moderne*, t. 18.

YVON, H. (1955) : « La notion d'article chez nos grammairiens », *Le Français Moderne*, t. 23.

YVON, H. (1956) : « La notion d'article chez nos grammairiens », *Le Français Moderne*, t. 24.

ZAHAN, D. (1963) : *La dialectique du verbe chez les Bambara*, La Haye. Mouton.

ZEMB, J.M. (1980) : *L'économie de la langue et le jeu de la parole*, Mannheim, Bibliographisches Institut.

ZOLKOVSKIJ, A.K. ; MEL'CUK, I. A. (1971) : « Construction d'un modèle actif de la langue : 'Sens-Texte' », dans *Documents de linguistique quantitative* n° 10. *La sémantique en U.R.S.S.*, Université de Paris VI.

Index des notions

Accommodation 243, 244
Actes de langage 23, 27, 138, 139, **141**, 142, 164, 169
- de parole 126, 132, 144, 152, 170
Acquisition vs **apprentissage** 75-76
- naturel 15, 73, 91, **154-155**, 176, 182
- institutionnel, guidé 17, 73, 91, 176, 182
Activités
- cognitives 93, 98, 153, **241-260**
- communicatives 93, 98, 127, 157, 158
- interactives 124, 125, 145, 146, 148, 156, 157, 158
- métalinguistiques **77-79**, 92, 121, 161, 162, 167, 176, 177, 231, 236, 248, 258, 260
- de simulation **172-173**
Agrammatical 11, 13, 72, 134
Analyse
- contrastive *a priori* 152, **200-206**, 212
- contrastive *a posteriori* 152, 206
- d'erreurs 152, 200, **206-215**, 225
- pré-pédagogique **169**
Aoriste 55
Approche (voir méthode)
Appropriation 182, **243-244**
Argumentation 21, 138, 162, 169
Argument 126, 129, 169, 175
Article 23, **31-47**, **111-112**
- défini **35-37**, 101, 127, 128, 159, 160
- indéfini **35-37**, 159, 160
- partitif **38-40**, 42, 43, 100, 127, 128
Aspect 53, 55, 133, 134
Assimilation 243-244
Audio-oral (voir méthode -)
Audio-visuel (voir méthode -)

Behaviourisme 81, 89, 121, 129, 200, 201, 203, 205

Calque 26, 91, 92, 103, 116
Cas 25, **33-35**, 36, 37, 110
Catégorie grammaticale 16, **24-26**, 84, 95, 99, 100, 103, 110, 111, 156, 159
Classificateur 112
Cognitif (voir activités -)
Commentaire 57, 145
Compétence
- communicative 10, 89, 147, 158, 234, 237, 238
- linguistique 10, 90, 92, 130, 158, 236
- sociale 146, 237

Complexification 150, 152, 222, 226
Conceptualisation 24, 44, **113-115**, 135
Conjugaison **49-53**, 123, 136
Constructivisme 16, 121
Contexte neutre 20, 128, 140
Contextualisation 103, 129, 130, 131, 133, 134, 150, 160
Contrainte sémantique 99, 135
Corpus **13**, 99, 144
Correction 129, 173, 212, 214
Crible
- phonologique 109
- métalinguistique 109, 113

Déixis 45, 162, 163, 170
Délibératif (discours -) 116
Dénombrable vs indénombrable 107
Description grammaticale **16-22**, **61-66**, 78, 86, 88, 91, **93-96**, 98, 99, 149, 150, 159, 166, 176, 181, 182, **185-187**, 197, 199
Déterminant 23, 40, 47
Dialogisme **155**
Dialogue
- de situation 141, 171
- didactique 148, 150, **158-159**, 166, 176
- authentique 148-168
Discours (plan du -) **54-56**, 59
Discours rapporté 138, 145
Dispositif cérébral inné (voir L.A.D.)
Documents authentiques 90, 116, 150, 153, 157, 158, **159-166**

Ecrit 17, 27, 148, **174-176**
Enoncé **18**
- élémentaire 46
Enonciation **20**, 67, 102, 103, 159, 162, 165, 168
plan d'- **53-57**
Enseignement/Apprentissage
- naturel 15, 73, 91, **154-155**, 176, 182
- institutionnel, guidé 17, 73, 91, 176, 182
Epilinguistique 113, 114, 236
Epidictique (discours -) 116
Epistémologie **9**, **22-29**, **61-66**, 68
Erreur
- systématique vs non systématique 114, 208, **209-210**
- intralinguale 103, 135, 147, 150, 169, 170, 195, 204, 208, **209-211**
- interlinguale 91, 92, 116, 195, 204, 208, **209-211**
Evaluation 79, 87, 120, 121, 146, 176, 211

Exercice grammatical 72, **119-147**, 153, 157, 172
- de répétition 124, **125**
- structural **82-86**, 101, 103, 119, 123, 127, 131, 135, 162, 171, 245
- structurel **131-138**, 144, 146
- à trous 125, **126-130**
- de reformulation 126, **138-146**, 173
- de conceptualisation **113-115**, 135
- explicite vs implicite **80-86**
Explication grammaticale 17, 80, 101, 114, 118, 119, 135, 153
Exploitation 134
Extraction (opération d'-) 46, 47

«**Faire la construction**» (*construere*) 108
Faute - vs erreur 208, **209**, 253
Fléchage (opération de -) 46, 47
Fonction
- syntaxique 24, 33
- communicative **138**, 152, 156, 170
Fonctionnelle (approche -)
Fossilisation 157, 216, 223, 227
Fréquence 151, 177
Français Fondamental 149, 150, 151

Généralisation (mouvement de -) **41**
- intralinguale 82, 126, 134, 135, 147, 150, 169, 170, 210, 211
Genre 25, 26, 33
Gestalttheorie 89
Global 158, 160
Glossématique 18, 68, 104
Gradation 149, 151, 153, 158, 159
Grammaire 10-12, 18, 25
- générale vs particulière 16, 19, 44, 48, **108**
- d'apprentissage 3, 161, 166, 179, 180, 181, **183-187**, **195-199**, 207, 208, 212
- descriptive (voir description grammaticale)
- intériorisée **13-16**, 18, 61, 65, 81, 99, 163, 164, 171, 209, 216, 217, 222, 224
- explicitée 72, **98-102**, 134
- implicitée **148-178**
- pédagogique 182, **185-195**, 199, 212
- implicite vs explicite **80-86**, 93, 101, 148
- déductive vs inductive 64, **80, 86**, 115
- traditionnelle **25**, 111, 132, 133, 141, 151, 174, 207
- scolaire 95, 128, **174**
- casuelle **33-34**, 36
- structurale 14, 18, 67, 68, 69, **80-81**, 86, 132, 133, 200, 201, 206
- générative-transformationnelle 16, 18, 28, 67, 69, 83, 151, 159, 166, 176, 196, 201, 207
- notionnelle-fonctionnelle 83, 90, 124
- textuelle 20, 23, 115
- énonciative 20, 124, 128
- pragmatique 20, 23, 115, 124, 138, 155, 158, 169

Groupage 149, 151, 153, 158, 159

Histoire (plan de l'-) **54-56,** 59
Hypothèses 15, 22, 24, 62, 63

Idéologie positiviste 64-65
Idiolecte 16, 99
Inné 15
Intention (de communiquer) 19, 126, 138, 142, 144, 145, 158
Interaction 19, 71, 74, 90, 92, 98, 155, 156, 171, 177
Interférence 110, 169, 173, 201, 205, 210, 225, 233
Intériorisation 91, **243-247**
Interlangue 79, 144, 157, 178, 199, **216-239**
Interlinguale (erreur -)
Intralinguale (erreur -)
Intuition linguistique 13, 14, 15, 99, 113, 171

Jeux 79, 148, **171-173,** 178
- de langage 171, 172
- de rôles 173
Jugement de grammaticalité 13, 15
Judiciaire (discours -) 166

L.A.D. 16, **154**
Langue 22, 26
Lexis 46

Métalinguistique (voir activité -)
Modalité 20, 26, **44-45,** 47, 54, 132, 133, 134, 141, 169, 170
Mode 26, 49, 50, 54, 60, 163, 165
Modèle métalinguistique 22-29, 48, **66-69,** 80, 85, 93, 106, 123, 126, 152, 166, 178
Modèle taxinomique 23-24
Monde commenté 57-58
Monde raconté 57-58
Moniteur (modèle du -) **75,** 248, 251
Morpho-syntaxe 18-19
Méthode
- audio-orale 74, 150, 158, 179
- audio-visuelle 74, 89, 92, 102, 150, 158
- communicative 74, 90, 123, 150
- directe 74, 87, 88, 171
- fonctionnelle 90, 123, 150, 153
- grammaire-traduction 74, 123, 150
- interactive 74, 90, 156
- naturelle 74, 87
- traditionnelle 74

Notion 46, 124, 126, 149, 157
Norme 10, 95, 123, 148, 169, 174, 175, 176
- objective 14, **78**, 171
- subjective 14, **78**, 97
- évaluative 79

Ordre des mots 28, 37, 110
Opération (voir extraction, fléchage, parcours)
- énonciative 169
- discursive 169
Orthographe 20, 64, **174-176**

Paraphrase 138
- discursive **142-145**, 159
Parole 21, 22, 27
Parcours (opération de -) 46, 47
Particularisation (mouvement de -) 41
Pattern 81
Pédagogue 86
Pédagogisation **100-101**
Performance 21
Perméabilité **224-225**, 227, 235
Personne 49, 50, 54
Phrase 19
Pidgin 71, 218
Prénom **38**, 40
Processus d'apprentissage 179, 180, 190, 202, 207, **241-260**, 246, 247
Processus d'acquisition **241-253**
Progression 88, 89, 91, 148
- d'enseignement **149-155**, 159, 161, 176, 195, 212, 213
- d'apprentissage 150, 213, **227-234**
- naturelle **154-158**
Productivité morpho-lexicale 152
Pronom 54, 84, 163
Pseudo-communication 90, 146
Psycho-systématique 41

Récit 20, 21
Réemploi 89, 131, 133, 153, 173
Référence 18, 126, 138, 159, 167, 169, 170
Réflexion grammaticale 102, 113, 131, 135, 137
Règles 13, 17, 19
- grammaticales 76, 87, 88, 93, 101, 104, 110, 169, 175, 176, 213
- communicatives 167, 169, 171
- interactionnelles 167, 189

Relation
- de sélection 104
- de solidarité 104
- combinaison 104
- distributionnelle 104
Répartition 151, 177
Répétition 125
Représentations 78, 91, 98, 100, **109-110**, 149, 176
Rhétorique 20, 67, **115-117**, 124, 174
Routine 113, 175

Sabir 71
Sélection 149
Sens littéral 19, 20, 128, 140, 141
Schéma de lexis (voir lexis)
Simplification 222-224, 225
Simulation (- grammaticale) **16**
(activité de -) 79, 89, 106, 148, **172-173**
Singulier vs pluriel 26, 107
Singulier numérique 42, 45
Situation 18, 89, 126, 127, 128, 131, 132, 141
Solidarité (relation de -) 104
Spécificatif (voir classificateur)
Stratégie d'apprentissage 199, 208, 222, 232, **246-247**, 255, 257
Stratégie de communication 158, 208, 224, 235, **238-239**
Structuralisme 19, 23, 46, 67, **81-82**, 126, 153, 156
- distributionnel 14, 89, 96, 112
Structure 16, 46, **82**, 126, 153, 156
- de surface 48, 83, 133
- profonde 48, 83, 131, 132, 133, 154, 201
Structure d'entendement 44
Structuro-global 89, 117, 125, 132
Stylistique 67, 89, 163, 165, 166, 171
Surapprentissage 82
Surgénéralisation 99, 101, 104
Systématicité 210, 217, **219-222**, 227

Tableau de feutre 103, 131
Tâche pédagogique 120, 121, 124, 146, 147, 148, 252, 261
Temps 26, 49, 53, **58**, 60, 162
- simple 50, 51, 55, 61
- composé 50, 51, 55, 61
- surcomposé 52, 56, 61
- narratif **57-59**
- commentatif **57-59**

Traduction
- interlinguale 157, 158, 165, 171
- intralinguale 126
Transfert 147, 200, 201, 202, 203, 233
Transformation 65, 66

Variabilité 210, 217, **219-222**, 225, 227
Verbe 49-61
- défectif 53, 163
Visée 43, 44
Vision prospective 59
Vision rétrospective 59
Voix 26, 54

Titres parus dans la même collection

Cette collection a été dirigée jusqu'en 1984 par H. Besse et D. Coste; depuis cette date, elle est dirigée par H. Besse et E. Papo (Ecole Normale Supérieure de Saint-Cloud - CREDIF).

E. Roulet : Langue maternelle et langues secondes. Vers une pédagogie intégrée.

H. Rück : Linguistique textuelle et enseignement du français. Traduction de J.-P. Colin.

G. Gschwind-Holtzer : Analyse sociolinguistique de la communication et didactique. Application à un cours de langue : De Vive Voix.

H. G. Widdowson, R. Richterich (éds.) : Description, présentation et enseignement des langues (Actes du colloque de Berne 1980).

C. Bachmann, J. Lindenfeld, J. Simonin : Langage et communications sociales.

R. Galisson, *et al.* : D'autres voies pour la didactique des langues étrangères.

H. G. Widdowson : Une approche communicative de l'enseignement des langues (traduit de l'anglais et annoté par K. et G. Blamont).

Sous la direction de J. Peytard : Littérature et classe de langue — français langue étrangère.

Ludger Schiffler : Pour un enseignement interactif des langues étrangères. Traduction de J.-P. Colin.

Henri Besse et Rémy Porquier : Grammaires et didactique des langues.

Dell H. Hymes : Vers la compétence de communication. Traduction de F. Mugler.

Claire Kramsch : Interaction et discours dans la classe de langue.

Blanche-Noëlle Grunig - Roland Grunig : La fuite du sens. La construction du sens dans l'interlocution.

Jacques Moeschler : Argumentation et conversation. Eléments pour une analyse pragmatique du discours.

Achevé d'imprimer sur rotative numérique par Book It en juillet 2005 !
dans les ateliers de l'Imprimerie Nouvelle Firmin Didot
Le Mesnil-sur-l'Estrée

Dépôt légal : Décembre 2004-6933/12
N° d'impression : 74732

Imprimé en France